电动汽车
结构原理与维修

曹砚奎 主编

DIANDONG QICHE
JIEGOU YUANLI YU WEIXIU

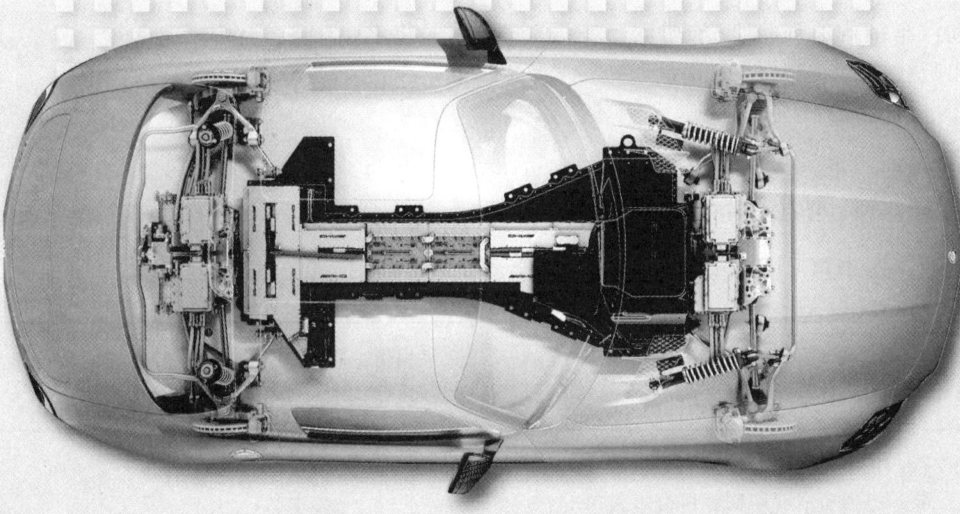

化学工业出版社
·北京·

本书主要阐述了电动汽车的基础知识、驱动电机、动力电池及动力电池管理系统、控制器、充电系统、高压系统及安全防护、空调系统、仪表显示及无人驾驶、故障诊断维修九个方面，全面介绍了电动汽车技术的特点，并与传统燃油汽车的主要零部件做了对比，是了解学习电动汽车的一本实用工具书。

本书可供电动汽车开发生产人员、销售人员、技术应用人员以及汽车专业大中专院校教师、学生参考使用。

图书在版编目（CIP）数据

电动汽车结构原理与维修/曹砚奎主编．—北京：化学工业出版社，2018.5（2023.1 重印）

ISBN 978-7-122-31817-6

Ⅰ.①电… Ⅱ.①曹… Ⅲ.①电动汽车-结构②电动汽车-车辆修理 Ⅳ.①U469.72

中国版本图书馆 CIP 数据核字（2018）第 058332 号

责任编辑：陈景薇　　文字编辑：张燕文

责任校对：宋　玮　　装帧设计：王晓宇

出版发行：化学工业出版社（北京市东城区青年湖南街 13 号　邮政编码 100011）

印　　装：三河市双峰印刷装订有限公司

787mm×1092mm　1/16　印张 14½　字数 351 千字　2023 年 1 月北京第 1 版第 2 次印刷

购书咨询：010-64518888　　售后服务：010-64518899

网　　址：http://www.cip.com.cn

凡购买本书，如有缺损质量问题，本社销售中心负责调换。

定　　价：66.00 元

前言

Foreword

被誉为“亚洲电动汽车之父”的陈清泉院士在上海“2016第四届汽车与环境创新论坛”发表演讲指出，中国有望用10年左右的时间成为电动汽车强国。汽车发展已经100多年，而今后30年汽车将会发生巨大变化，变化的特点是汽车能源的革命，汽车动力总成的革命。我国对新能源汽车的需求比任何国家都迫切，因为面临着能源安全、空气污染的挑战，我们要以此为契机让我国由汽车大国转变为汽车强国。我国的交通与外国不一样，由于自身的特点，需要开发各种各样的电动的、燃料的汽车，以满足大多数人出行的需求。

电动汽车不是简单的交通工具，它是电动产业，是能源信息的载体。汽车的发展方向是电动化、轻量化、智能化、共享化。未来的发展我们要四网——交通网、能源网、信息网、人文网互相融合，将电动汽车、智能汽车、智能交通、智慧城市建设结合起来。

本书针对电动汽车的基础知识、驱动电机、动力电池及动力电池管理系统、控制器、充电系统、高压系统及安全防护、空调系统、仪表显示及无人驾驶、故障诊断维修九个方面进行分析阐述，全面介绍了电动汽车技术的特点，并与传统燃油汽车的主要零部件做了对比，是了解学习电动汽车的一本实用工具书。

本书献给有志于献身中国电动汽车建设事业的同仁们，参加本书编写的还有许峰、王超、张琳梓、王玉芳、郝静、李伟、蒋丽双、牛桂秋、崔秀杰、孙义敏、李姿怡、王潇涵、栾庆宇、王连明、刘学敏、陈欢欢。由于笔者能力所限，不足之处在所难免，希望广大读者不吝赐教。

编者

目录

Contents

第9章 电动汽车故障诊断维修

参考文献

第1章 电动汽车基础知识

1.1 电动汽车的历史与现状

1885年，世界上第一辆汽油机汽车由德国人本茨研制成功，并于1886年1月26日获得专利，后人为了纪念本茨对汽车发展所作的贡献，将1886年1月26日定为世界上第一辆汽车诞生日。电动汽车的历史同样可以追溯到19世纪，并且早于内燃机汽车的发明时间，最早在1834年英国苏格兰人德文波特（T. Davenport）制造了一辆由不可充电的干电池驱动的三轮车，如图1-1所示。最早的电动车比最早的汽油机汽车早了50多年，由于使用的是一次性干电池作为动力源，因此该车是否为第一辆电动汽车存有争议。

图1-1 最早的电动车

1881年，法国人古斯塔夫·特鲁夫发明了用可充电铅酸电池作电源的电动三轮车，该车采用直流电动机，有效功率70W，最高车速12km/h。1881年8月在巴黎举办的国际电器展览会上，特鲁夫向人们展示了他发明的电动三轮车，并在大街上进行了行驶演示。目前多数人赞成特鲁夫发明的电动三轮车为第一辆电动汽车。1899年4月29日，比利时人卡米乐·热纳茨驾驶着一辆电动汽车以105.88km/h的速度刷新了汽油机发动机保持的世界纪录，这是汽车速度首次超过100km/h大关，如图1-2所示。

电动车的黄金时代并没有持续太久，20世纪20年代后，内燃机技术达到了一个新水平，装备内燃机的汽车速度更快，加一次油可持续行驶里程是电动车的3倍左右，且使用成本低。由于起动机的发明促进了汽油机汽车的发展和美国州际公路的发展，使电动汽车不能适应长距离行驶的缺点更为突出。这种背景下，电动车很快失去了存在的意义，在1940年左右电动车基本上就从欧美汽车市场中消失了。

1935 年到 1960 年的 25 年里，电动汽车几乎处于停产状态，并逐步退出使用。

图 1-2 1899 年车速突破 100km/h 的 La Jamais Contente 电动汽车

1973 年爆发的中东石油危机令全世界陷入石油短缺的境地，人们又开始关注其他动力的汽车，电动车再一次进入了人们的视线。20 世纪 80 年代至 90 年代，日本和美国的汽车厂家生产了一系列电动车，比如 Chrysler TEVan 和丰田 RAV4EV，名气最大的是 1996 年通用汽车公司投产的 EV1 电动轿车，不过，它们最终都是昙花一现。1997 年，丰田用一辆普锐斯掀起了混动车的狂潮。

由于能源的紧缺和人们环保意识的进一步加强，电动汽车现今已成为汽车发展的新方向。电池、电机、电控领域的新技术不断问世，各大车企都在加快电动汽车的研发步伐。目前市场上主流电动车主要使用磷酸铁锂电池、钴酸锂电池和三元聚合物锂电池等几种电池。电机类型主要有永磁同步电机和感应异步电机两类。近 20 年来，电动汽车的电池和电机技术不断发展，使电动汽车的续驶里程不断延长，车速不断提高，性能不断完善。除了电池、电机技术不断完善外，一些互联网企业也在推出互联网汽车，集成互联网的操作系统、大数据、通信、导航、多媒体等资源和汽车集团的资源，如整车零部件服务资源，并整合线上线下为人们提供智慧的出行方案。

自普锐斯后，世界各大汽车公司和新成立的汽车企业又重新拉开了电动汽车开发的大幕，尤其是在新兴 IT 业中崛起的特斯拉公司（Tesla Inc.）。特斯拉公司是美国一家产销电动车的公司，由马丁·艾伯哈德（Martin Eberhard）工程师于 2003 年 7 月 1 日成立，总部设在美国加利福尼亚州的硅谷。IT 技术是互联网技术在计算机技术的基础上开发建立的一种信息技术，英文为 Internet Technology（IT）。用 IT 信息技术理念来造汽车是全新的思路模式，是对以底特律为代表的传统汽车厂商思路模式的巨大挑战。特斯拉开发的第一款车 Roadster，是在莲花汽车公司（Lotus）的 Elise 跑车基础上开发的。电动汽车最主要的三项技术是电池、电机和传动系统。特斯拉的传动技术来自 AC Propulsion 公司；它的电池是松下公司生产的 18650 电池；它的电机采购的是中国台湾富田电机。这种交流电机的源头，可以追溯到 150 多年前的天才发明家尼古拉·特斯拉（Nikola Tesla）。特斯拉公司的命名正是为了纪念这位发明家。

最早的燃料电池汽车的开发时间可以追溯到 1968 年，通用汽车公司在这一年产出了世界上第一辆可使用的燃料电池汽车，该燃料电池汽车以厢式货车为基础制作，装载了最大功率为 150kW 的燃料电池组，燃料为低温冷藏的液氢，汽车的续驶里程为 200km，但由于该车的复杂结构几乎占去所有车内空间，加上当时人们环境意识的淡薄和能源供需矛盾并不突出，因此后续的开发工作停止。到了20世纪90年代，作为解决环境污染和能源供需问题的重要途径之一燃料电池汽车技术受到了空前重视，主要汽车生产国和各大汽车制造商几乎都投入了大量的人力和物力研发燃料电池汽车。1993年加拿大Ballard公司研制出世界上第一辆燃料电池公共汽车，1994年戴姆勒-克莱斯勒公司推出了NECAR Ⅰ（New Electric Car Ⅰ）燃料电池轿车，NECAR Ⅰ使用的是Ballard公司生产的质子交换膜燃料电池组，功率为50kW，燃料为压缩氢气。目前，各大汽车公司几乎都研制出了燃料电池汽车概念车，在我国上海、宁波等地，也有轿车和大巴燃料电池概念车被研制出来。但是，由于安全、高效的储氢、运氢等问题的存在和燃料电池汽车的价格较高等方面的原因，燃料电池汽车投入市场尚需时日。

1.2 电动汽车的定义及种类

电动汽车指全部或部分用电能作为动力驱动系统的汽车。电动汽车的动力能源常见的有各种蓄电池（又称二次电池）、燃料电池、太阳能电池等。最常见的分类方法是把电动汽车分为蓄电池电动汽车（BEV，Battery Powered Electric Vehicle）、燃料电池电动汽车（FCEV，Fuel Cell Electric Vehicle）和混合动力电动汽车（HEV，Hybrid Electric Vehicle）三类。其中，蓄电池电动汽车也称纯电动汽车；混合动力电动汽车也称复合动力汽车，又可分为弱混合动力、中混合动力、强混合动力和插电式混合动力（PHEV，Plug-in Hybrid Electric Vehicle）几种。需要引起注意的是混合动力电动汽车的定义，国际机电委员会下属的电力机动车技术委员会［Technical Committee 69（Electric Road Vehicles）of the International Electrotechnical Commission］建议把混合动力电动汽车定义为由两种和两种以上的储能器、能源或转换器作驱动能源，其中至少有一种能提供电能的车辆。如此一来，混合动力汽车不仅包括油电混合（燃油-电），还包括气电混合（天然气-电）动力汽车。一般电动汽车是指能够接入电网补充电能的蓄电池汽车（BEV）和插电式混合动力汽车（PHEV）。

1.3 电动汽车的优缺点

1.3.1 电动汽车的优点

（1）良好的环境保护效果　燃料电池电动汽车通常以富氢气体为燃料，而富氢气体主要通过矿物燃料制取。在富氢气体的制取过程中，其CO_2的排放量比热机过程减少40%以上，这对缓解地球的温室效应是十分重要的。由于燃料电池的燃料在反应前必须脱除硫及其化合物，而且燃料电池是按电化学原理发电，不经过热机的燃烧过程，所以它几乎不排放氮、硫的氧化物，减轻了对大气的污染。当燃料电池以纯氢为燃料时，它的化学反应产物仅为水，从根本上消除了NO_x、SO_x及CO_2等的排放。故以纯氢为燃料的燃料电池电动汽车在行驶中不排放任何有害气体（包括CO_2）。蓄电池电动汽车以电力为动力，混合动力电动汽车在城市运行时也可以仅使用储存的电力。因此可以说，电动汽车是零排放汽车。

（2）工作噪声低　普通汽车在加速和等速运行时发动机及其排气系统的噪声占有很大比例，等速行驶时轮胎的噪声大。在汽车加速时，对于电动汽车而言没有与发动机相关的如排气系统等的噪声；对混合动力汽车而言，发动机仍然稳定运转，与发动机相关的噪声大约为汽油机和柴油机的一半；燃料电池汽车加速时动力系统的噪声主要来自进气系统和冷却风扇等，而燃料电池运动部件很少，无内燃机的燃烧噪声和进气门、排气门、活塞与曲轴等运动部件的机械噪声。如果以柴油车和汽油车加速时噪声作为比较，则燃料电池车、蓄电池车及混合动力车加速时的噪声明显低于普通汽车。

（3）热效率高　燃料电池按电化学原理等温地直接将化学能转化为电能。它不经过热力过程，因此不受卡诺循环的限制。在理论上它的热电转化效率可达85%～90%。但实际上，在工作时由于各种限制，目前各类电池实际的能量转化效率均在40%～60%的范围内。若实现热电联供，燃料的总利用率可高达80%以上。

（4）排放的废热少　汽车运行时，内燃机燃烧排出气体温度明显高于环境大气，排气携带的热量将导致环境大气温度升高，进一步对大城市的“热岛效应”产生一定影响。燃料电池电动汽车和混合动力电动汽车由于有较高的热效率，单位里程排出的热量少，蓄电池电动汽车不带出废热的排气，故使用电动汽车可以减轻城市的“热岛效应”。

（5）可回收利用的能量多　对电动汽车而言，很容易利用电动机反转时发电的功能回收制动或下坡时的能量，从而使汽车的续驶里程增加、经济性提高。近年来新开发的电动汽车都具有下坡、制动或减速时的能量回收系统，具有能量回收系统的电动汽车的续驶里程可增加10%～15%。

1.3.2 电动汽车的缺点

（1）续驶里程短、载质量小　目前生产的电动汽车一般以铅酸电池和锂电池作为动力能源。虽然这两种电池的制造技术较为成熟、规模效益较好，但这两种电池的单位质量能量即比能量偏低。汽车需要背负相当重的电池才能行驶合适的里程，如宝雅公司的雅贝电动车需背负350kg的铅酸电池，使整车质量达1.2t，40km/h等速行驶方可达200km。目前还不能和同类型的几百千克重、行驶里程在五六百千米的普通燃油车相比。但随着高能量动力电池的开发使用，未来的纯电动汽车超越燃油车的续驶里程是没有问题的。

（2）制造成本高　目前纯电动汽车的价格一般为同级燃油汽车的2～5倍。当然生产规模扩大后，会有一定幅度的降低，但仍然难以达到内燃机汽车的水平。内燃机混合动力汽车价格明显高于同级别的燃油汽车。燃料电池汽车的价格非常昂贵，达到同级别的燃油汽车的数十倍，甚至上百倍，还处于消费者无法接受的地步。目前国家对电动汽车采用的是高补贴的办法，随着技术的进步和电动汽车产销量的规模提升，其制造成本会逐渐大幅度下降，到2020年国家取消补贴时，预计电动汽车的制造成本会与燃油汽车持平，并具备同等的市场竞争力。

（3）充电基础设施欠缺、使用不够方便　因为充电桩、充电站等基础设施的欠缺，使目前的电动汽车使用主要依靠用户自己的家用充电设施，使电动汽车只能在近距离的范围内活动。电动汽车若发展必须大规模地建设充电基础设施，这些基础的充电设施既有路边的也有居民小区的。这些充电基础设施的建设又牵扯到整个输送电网络的配套运行和建设问题，从而造成投资规模大、周期长。

1.4 电动汽车与燃油汽车的主要区别部件

常规的汽油发动机汽车是通过发动机燃油喷射系统将汽油和空气混合后的燃烧能量转换为转矩来驱动汽车前进的，而电动汽车则依靠直流或交流电动机，将电能转换为机械能来驱动汽车前进。因为没有了发动机，原本由发动机带动的发电机、空调压缩机、助力转向油泵等部件需要相应的替换。由于没有了发动机也就没有了真空，制动需要的助力真空需另外采用装置解决。替代发电机给低压系统供电、给低压蓄电池充电的是高低压转换器（DC），它将动力电池的高压电转换为 12V 系统的低压电（实际为保障蓄电池不亏电同发电机一样在 14.4V 左右）。替代空调压缩机的是使用高压电源的电动压缩机。在转向方面取消了液压助力转向装置，选择了电动助力转向系统。在制动助力方面采用的是电动真空泵为主要部件的电动真空助力系统。除此之外还有电动汽车特有的动力电池、电驱动系统和充电装置等。

（1）高低压直流转换器　电动汽车没有发电机，需要新增部件为整车低压系统供电并为 12V 小蓄电池充电。高低压直流转换器的作用就是将动力电池输出的高压直流电转换为可供蓄电池充电和整车低压系统用电设备使用的 12V 低压直流电。智能化的高低压直流转换器可以同时对整车低压系统的用电量进行监控，当整车用电设备工作较多、所需电量大时，转换器进行大功率的转换；当整车用电设备工作少、所需电量小时，转换器进行小功率的转换。这种智能化的功率转换可以防止定功率转换所造成的电量不够或电量浪费。

（2）充电装置　电动汽车的能量补充可采用两种方式：一种是通过交流充电桩或车载充电机进行小倍率慢充；另一种是通过直流充电桩对动力电池进行大倍率快充。慢充需要将车载充电机的输入电缆接入家用 220V 交流电插座或交流充电桩，将 220V 的交流电转换为与动力电池电压值一致的直流高压电，这种慢充方式的充电一般需 6～10h。快冲方式充电电流经充电线缆直接从直流充电桩到动力电池，中间不再经过其他部件。以 2C～3C 的充电率进行充电，一般情况下要求 0.5h 内充满动力电池电量的 80%。目前在电动汽车的推广城市和部分线路的高速公路服务区内都在建造电动汽车专用的充电站，充电站内多数配置的是直流充电桩。

（3）动力电池　电动汽车的核心在于整车所有部件的能量都来自于电能，电能全部由动力电池提供。动力电池的作用是充电时储存电能，运行时为整车所有用电设备提供电能。目前电动汽车使用的动力电池主要有铅酸电池、磷酸铁锂电池和三元聚合物锂电池等，主要布置在地板下面和行李厢内，如图 1-3 所示。为了正常地使用电能和延长动力电池寿命，动力电池设置有动力电池管理系统（BMS），监控动力电池内部各电池组模块的电压、电流和温度等电池工作状态的信息参数，通过这些参数来判定目前的电池状态，同时将这些参数信息通过 CAN 发送给整车控制器。

（4）电驱动系统　包括驱动电机和电机控制器等部件。汽油车的动力源是发动机，电动车的动力源是驱动电机。驱动电机的作用受驱动电机控制器控制，在汽车行驶时将电能转化为机械能驱动车辆行驶，在汽车制动时将机械能转化为电能回收部分能量。目前电动汽车使用较多的是交流异步电机和永磁同步电机，工作电压多在直流 144～600V 之间，一般驱动电机的电压等级与动力电池的电压相一致。前置前驱的电动汽车电机控制器和驱动电机组成的驱动系统都布置在机舱内，如图 1-3 所示，控制器在驱动电机的上方。

（5）整车控制器　许多燃油汽车在发动机动力系统控制器的基础上增加有整车控制器（VCU，Vehicle Controller Unit），同样电动汽车也需要整车控制器。电动汽车整车控制器接受车速、制动踏板、加速踏板和剩余电量等信号，通过网络综合控制驱动行车所需要的工作部件。整车控制器是纯电动汽车整车控制系统的核心部件，它对汽车的正常行驶、再生能量回收、网络管理、故障诊断与处理、车辆的状态与监视等功能起着关键的作用。与各部件控制器的动态控制相比，整车控制器属于管理协调型控制部件，其安装位置如图 1-3 所示。

（6）电动压缩机　纯电动汽车与燃油汽车的制冷系统相比，主要是压缩机发生了变化，由原来的发动机曲轴皮带轮驱动的机械式压缩机，改成了由整车动力电池电源驱动的电动压缩机。电动压缩机一般输入功率在 2～6kW 之间，比较适用于连接在动力电池的输出端，由高压电进行驱动。

（7）电动真空泵　电动汽车与传统的内燃机动力汽车相比，没有发动机，失去了传统制动系统真空助力装置的真空源，仅由人力所产生的制动力无法满足行车制动的需要，这就需要为制动系统增加电动真空助力系统。汽油发动机汽车可将进气歧管处产生的真空，通过管路连接到真空助力器上，在制动时提供真空助力。电动汽车增设电动真空泵产生真空，为了保证整个真空助力系统的正常工作，需要设置一个真空度传感器和真空罐，保证系统较长时间处在一个合适的真空度范围内工作。电动真空泵在电动汽车上的集成应用是采用合适的真空泵控制单元，根据对该真空泵试验分析和实际的汽车操纵需要，使用合适的真空开关与压力控制模块，对真空泵发出实时关闭或开启指令。电动汽车真空助力系统如图 1-4 所示。

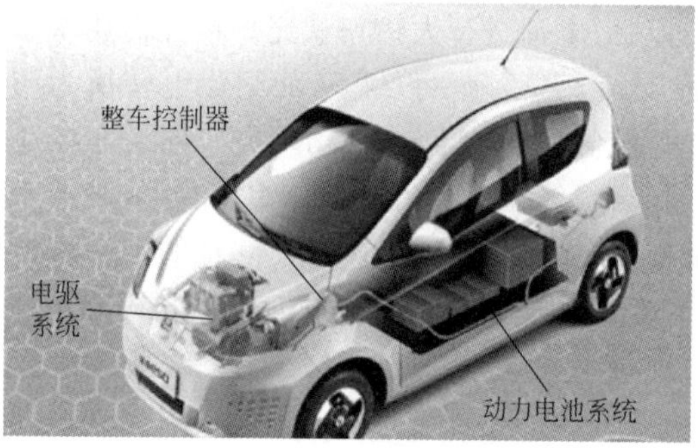

图 1-3　电动汽车部件布置

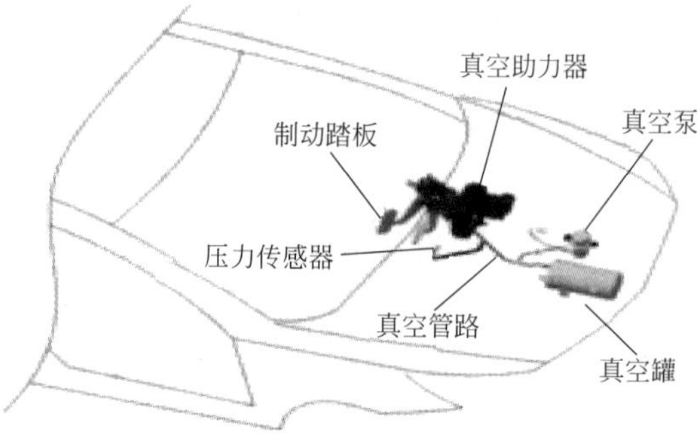

图 1-4　电动汽车真空助力系统

（8）电动助力转向系统（EPS）　电动汽车的电动助力转向系统是在传统机械转向系统的基础上发展起来的。它利用电动机产生的动力来帮助驾驶员进行转向操作，系统主要由三大部分构成，包括信号传感装置（包括转矩传感器、转角传感器和车速传感器）、转向助力机构（电机、离合器、减速传动机构）及电子控制装置。电动机仅在需要助力时工作，驾驶员在操纵转向盘时，转矩传感器和转角传感器根据输入转矩和转角的大小产生相应的电压信号，车速传感器检测到车速信号，控制单元根据电压和车速的信号，给出指令控制电动机运转，从而产生所需要的转向助力。电动助力转向系统（EPS）具有节能与环保等诸多优点，取代液压助力转向系统（HPS）是今后汽车转向系统发展的趋势。

电动助力转向系统按照电动机布置位置的不同，可以分为转向轴助力式、齿轮助力式、齿条助力式三种，如图 1-5 所示。

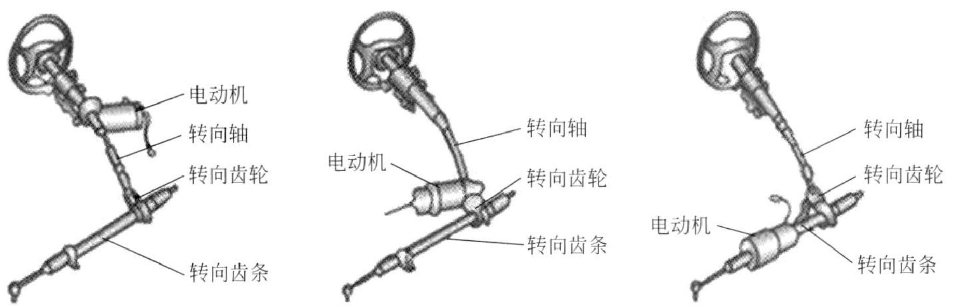

(a) 转向轴助力式　(b) 齿轮助力式　(c) 齿条助力式

图 1-5　电动助力转向系统

（9）采暖系统　传统燃油汽车的采暖是将发动机的余热通过管路引到驾驶室的暖风芯体，利用驾驶室内的空气流动进行热交换而采暖。电动汽车没有发动机，也就没有了余热可以用来采暖，需要设置单独的部件对驾驶室进行加热。目前，采用的方式有两种：一种是风暖，采用 PTC 电加热材料进行加热，这种方式改动小，投入成本低，但与塑料壳体近距离接触，存在一定的安全隐患；另一种是水暖，仍保留原来燃油发动机的冷却水采暖系统，将电加热装置接入暖气管路接口替代发动机产生热量。采用这种加热方式必须合理设置电加热器的位置，充分利用冷却水的自然循环，或另外添加循环水泵来促进冷却水的循环流动以提高热效率。

（10）组合仪表　在传统燃油汽车仪表信息显示的基础上，又增加了电压、电流、荷电状态、系统准备就绪等电动汽车专用信号显示，这都在整车控制器的监控中。仪表与整车控制器采用 CAN 总线通信形式，既可保证传输信息的多样化，又可保证准确性。

（11）电子换挡器　电动汽车使用的驱动电机转速可调范围宽，且本身具有正反双向旋转功能，可较方便地实现车辆的向前、向后驱动运行，无需再像燃油汽车那样配置一套复杂的变速机构。一般电动汽车使用的是将驾驶者的操作意愿信息转化成电子信号的电子换挡器，电子换挡器将操作意愿信息转换为电子信号后传给整车控制器或驱动电机控制器，来控制驱动电机正反双向和调速运转。

（12）警示安全部件　电动汽车在运行时没有发动机的运行噪声，比较安静，但同时由于运行声音小，路边的行人无法意识到，容易造成意外的人身伤害。因此我国在 2012 年颁布实施的 GB/T 28382—2012《纯电动乘用车技术条件》规定要求，车辆在设计时应考虑车辆在起步、低速（低于 20km/h）行驶时能够给车外人员发出适当的提示性声响。另外针对汽车的运行安全性，要求电动汽车具备远程监测能力。

行人警示器能够给车外人员发出适当的提示性声响。该警示器在车辆起步或低速行驶时，传感器能识别到行人或其他物体，自动发出低频的比发动机工作声音低 5dB 以上的提示声音。目前电动汽车使用较多的警示器有两种：一种是单一的行人警示器，由以前的电喇叭转变而来，按通开关后发出低频的喇叭声音；另一种是自动的行人警示器，可结合车辆的行驶状态，自动识别行人，自动发出低分贝的模拟发动机声音或其他声音。

远程监控系统是指对整车、动力电池、驱动电机等进行实时监测，并将监测数据通过通信服务商网络，实时发送给各地的电动汽车综合服务和管理平台，确保车辆的安全运行。

电动汽车与燃油汽车主要部件及功能对比汇总见表 1-1。

表 1-1 电动汽车与燃油汽车主要部件及功能对比汇总

电动汽车部件及功能		燃油汽车部件及功能	
动力电池	储存高压电能，输出高压电，为整车提供动力源	燃油箱	储存燃料，为发动机提供燃料
驱动电机及控制器	将高压直流电转换为机械转矩和转速，驱动汽车运行	发动机	将燃料的化学能通过燃烧转变为机械能和热能
高低压转换器(DC)	将高压电转换为低压电为整车低压部件提供电源，并为小蓄电池充电	发电机	通过发动机驱动，将机械能转变为电能
充电机	将电网电能转化后为动力电池充电	加油机	将燃油通过管路加注到燃油箱内
整车控制器	与燃油车的整车控制器作用相同，收集整车相关信息，向其他控制器发出控制指令	整车控制器	收集整车相关信息，向其他控制器发出控制指令
电动助力转向	将电能转化为机械的转速和转矩，为转向提供助力	液压助力转向	由发动机驱动，将机械能转变为液压能为转向提供助力
电子真空助力	采用电子真空泵提供真空，为制动提供真空助力	发动机真空助力	利用发动机产生的工作真空度，为制动提供真空助力
制冷系统	采用电动压缩机，将电能转变为机械能为空调系统建立压力差	制冷系统	采用发动机驱动压缩机为空调系统建立压力差
采暖系统	将电能转化为热能，提供采暖热量	采暖系统	利用发动机余热，提供采暖热量
换挡器	为电子换挡器，仅提供电子信号	换挡器	为机械换挡器，提供换向和变速

注：本书讲的电动汽车是指纯电动汽车和插电式混合动力汽车，即能接入电网进行慢速和快速补充电能的，主要以电动机驱动方式运行的汽车。

1.5 电动汽车高压电系统安全常识

1.5.1 高压电的危害

高压电可对人体构成多种伤害，主要有电流通过人体的触电伤害、电击伤害和人在电磁场环境下的辐射伤害等。人碰到带电的导线，电流通过人体称为触电。触电后，电流会对人体及人体内部组织造成不同程度的损伤。电击是指电流通过人体，破坏人体心脏、肺及神经系统的正常功能。电伤是指电流的热效应、化学效应和机械效应对人体的伤害，主要是指电弧烧伤、熔化金属溅出烫伤等。人体直接接受电流能量会遭到电击，电能转换为热能作用于人体，致使人体受到烧伤或灼伤。与其他一些伤害不同，电流对人体的伤害事先没有任何预兆。伤害往往发生在瞬间，而且人体一旦遭受电击后防卫能力迅速降低。人在电磁场的照射下吸收电磁场的能量也会受到伤害。电磁场生理伤害指在高频磁场的作用下，人会出现头晕、乏力、记忆力减退、失眠和多梦等神经系统的症状。

（1）人体的触电方式　人体的触电一般有直接触电、跨步电压触电、接触电压触电等几种类型。

① 直接触电。人体直接接触带电导体造成的触电，或人体某部分与高压电的距离太近，造成高压电对人体放电引起的触电称为直接触电。如果人体直接接触到电气设备和线路中一相带电导体，或者与高压系统中一相带电导体的距离小于该电压的放电距离，造成其对人体放电，这时电流将通过人体流入大地，这种触电称为单相触电。如果人体同时接触电气设备或线路中两相带电导体，或者在高压系统中，人体同时分别靠近两相导体而发生电弧放电，则电流将从一相导体通过导体流入另一相导体，这种触电称为两相触电。显然发生两相触电的后果更严重，因为这时作用于人体的电压是线电压。在电动汽车中的动力高压电主要是直流高压电，若人体直接接触或靠近高压电的正、负极的任何一极即会造成触电。

② 跨步电压触电。当电气设备或线路发生接地故障时，接地电流通过接地体将向大地四周流散，这时在地面上形成分布电位，要 20m 以外，大地的电位才等于零。人假如在接地点周围 20m 以内行走，其两脚之间就有电位差，这就是跨步电压。图 1-6 中由跨步电压引起的人体触电，称为跨步电压触电。人行走在流散区内，由图 1-6 的曲线及 U_{W1}、U_{W2} 可见，电压 U_W 由跨步所产生。在 U_W 的作用下，人体电流从人体的一只脚，流过人体电阻，再流经另一只脚。当电气装置绝缘损坏时，在流散区内跨步的条件下，人体所承受的电压 U_W 为跨步电压。一般人的步距约为 0.8m，因此跨步电压 U_W 以地面上 0.8m 水平距离间的电位差来计算。当人越靠近接地极，U_W 越大；反之，人越远离接地极，则跨步电压越小。当人在流散区以外时，不再呈现跨步电压。

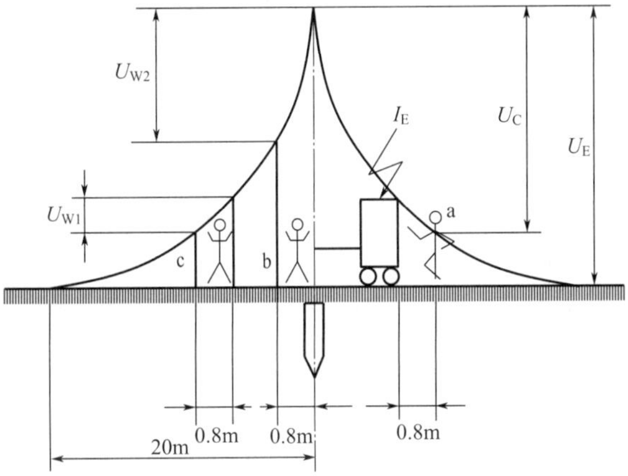

图 1-6　对地电压、接触电压和跨步电压

跨步电压的大小取决于人体离接地点的距离和人体两脚之间的距离。离接地点越近，跨步电压的数值就越大。高压设备发生接地时，室内不得接近故障点 4m 以内，室外不得接近故障点 8m 以内。进入上述范围内的人员必须穿绝缘靴，接触设备的外壳和构架时应戴绝缘手套。雷雨天气，需要巡视室外高压设备时，应穿绝缘靴，并不得靠近避雷器和避雷针。这些都是为了防止跨步电压触电。在使用快速充电桩时需注意跨步电压触电。

③ 接触电压触电。电气设备的金属外壳本不应带电，但由于设备使用时间过长，内部绝缘老化，造成击穿；或由于安装不良，造成设备的带电部分碰壳；或其他原因使电气设备的金属外壳带电时，人若碰到带电外壳，就要触电。这种触电称为接触电压触电。

电动汽车维修作业中，常见的触电形式有以下几种。

① 触碰到了带电导体。这种触电往往是由于用电人员缺乏用电知识或在工作中不注意，不按有关规章和电动汽车的断电维修要求工作，直接触碰到了裸露在外面的导电体，这种触电是最危险的。

② 由于某些原因，电气设备绝缘受到了破坏，而没有及时发现或疏忽大意，触碰了漏电的设备。

③ 由于外力的破坏等原因，如雷击等，使送电的导线断落，导线周围有大量的扩散电流向大地流入，将出现高电压，人行走时跨入了有危险电压范围，造成跨步电压触电。

④ 高压送电线路处于金属壳体环境中，由于摩擦或因与其他带电导线靠近绝缘度降低等原因，受到感应，在金属壳体上带了静电，工作时不注意或未采取相应措施，维修作业时触碰到带有静电的导线而触电。

（2）维修作业时的电击预防技术　电动汽车维修作业时最常见的电击预防技术分为绝缘、屏护、间距和防护用具四种类型。

① 绝缘。就是使用不导电的物质将带电体隔离或包裹起来，以对触电起保护作用的一种安全措施。陶瓷、玻璃、云母、橡胶、木材、胶木、塑料、布、纸和矿物油等都是常用的绝缘材料。应当注意很多绝缘材料受潮后或在强电场作用下会遭到破坏，丧失绝缘性能。

绝缘材料包括气体绝缘材料、液体绝缘材料和固体绝缘材料。绝缘材料的绝缘性能是以绝缘电阻、泄漏电流、击穿强度和介质损耗等指标来衡量并通过绝缘试验来判定的。绝缘电阻是最基本的绝缘性能指标，绝缘电阻值是直流电压与流经绝缘体表面泄漏电流之比，绝缘电阻越大，绝缘性能越好。不同的电气设备和线路对绝缘电阻有不同的要求，一般来说，高压的比低压的要求高。

当绝缘材料所能承受的电压超过某一数值时，在强电场的作用下，会在某些部位发生放电，使其绝缘性能遭到破坏，这种放电现象称为电击穿。当固体绝缘击穿后一般不能恢复绝缘性能，气体绝缘在击穿电压消失后，绝缘性能还能恢复，液体绝缘击穿一般是沿电极间气泡、固体杂质等连成的“小桥”击穿。液体绝缘多次击穿可能导致液体失去绝缘性能。

② 屏护。是指采用遮拦、护罩、护盖箱闸等把带电体同外界隔绝开来。电气开关的可动部分一般不能使用绝缘而需要屏护。高压设备无论是否有绝缘，均应采取屏护。电动汽车中的高压互锁信号线路就属于屏护的一种形式。

③ 间距。是保证安全的必要距离。间距除了可防止触电或过分接近带电位外，还能起到防止火灾、防止混线、方便操作的作用。间距包括电气间隙（空间距离）、爬电距离（沿面距离）和绝缘穿透距离。电动汽车动力源部分多使用的是高压电器，对最小爬电距离的要求和两导电部件间的电压有关，和绝缘材料的耐泄痕指数有关，和电器所处环境的污染等级有关。对最小爬电距离进行限制，是为了防止在两导电体之间，通过绝缘材料表面可能出现的污染物出现爬电现象。所要安装的带电两导体之间的最短绝缘距离要大于允许的最小爬电距离。

④ 防护用具。包括绝缘手套、绝缘靴、绝缘服、护目镜和绝缘工具。绝缘工具选用要根据操作的高压范围确定，在电动汽车高压系统维修时应视情况选用高压防护用具。

（3）触电事故急救　在进行维修操作时如果遭受了电击，要及时对受伤人员进行救助。在援救电气事故中受伤人员时，应谨记自身的安全是第一位的！绝对不要去触碰仍然与电压有接触的人员！如果可能，马上将电气系统断电（关闭点火开关或马上拔出维修开关），用不导电的物体（木板、扫帚等）把事故受害者或者导电体与电压分离。触电者脱离危险后若呼吸正常，使其保持侧卧状态，紧急呼叫 120 送医；若触电受伤人员停止呼吸和心跳，应立即按压心肺复苏进行就地抢救，不可轻易放弃。

1.5.2 电动汽车的高压安全防护

在电动汽车上使用的是高压电，为了保证驾乘人员和维修、保养人员的安全，必须进行必要的电气防护。防护措施主要有高压正极和负极使用各自独立的高压线缆；高压系统带有等电位线，用于引开接触电压，插头和连接均有接触防护；在动力电池控制器上有可控的高压正极触点和高压负极触点；在动力电池上安装有维修开关，在拔下维修开关后高压系统断电；采用隔离绝缘式高低压直流转换器；在高压元器件内采用互锁安全线，在识别出碰撞故障时，动力电池上的高压触点立即断开；在高压元器件上使用绝缘监控。

（1）电动汽车高压电气网络系统防护　对于电动汽车的高压部分采用双线制结构，其结构就决定了从动力电池（供电元件）到驱动电机（用电元件）的电能传输路径，对于这种网络系统称为 IT 网络系统，如图 1-7 所示。在电动汽车高压系统使用 IT 网络，高压电与壳体绝缘有单独的回路，所以不会有高压电流通过车身，保障了驾乘人员的安全，另外即使高压系统电源正极到壳体出现故障，IT 网络系统也不会断电。IT 系统正、负极均出现连接故障，如图 1-8 所示。第一个故障在车上出现时，系统仍能工作，但会出现报警信息；当第二个故障出现时，动力电池管理系统（BMS）会将高压系统断电，同时系统内会短路，维修开关熔丝爆开，切断高压回路，组合仪表上有报警信息，车辆的高压系统无法工作，车辆也就无法启动运行。

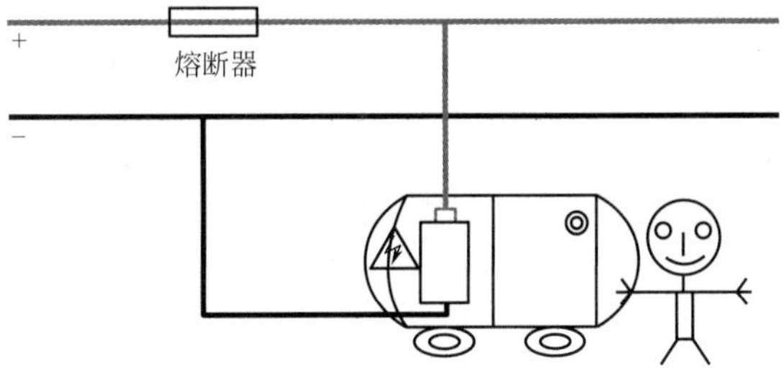

图 1-7　IT 网络系统

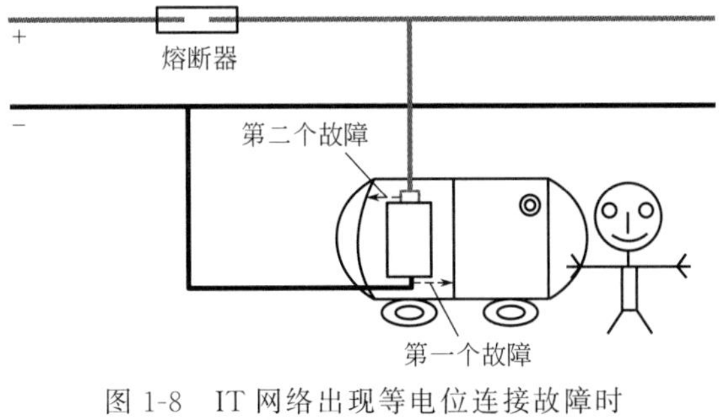

图 1-8　IT 网络出现等电位连接故障时

（2）高压线缆防护　电动汽车上的高压线缆一般都用橙色，高压正极和高压负极均有各自独立的导线与高压部件连接，车身不用作搭铁。电动汽车上的高压线缆俗称高压线，如

图 1-9 所示。高压线缆有单芯高压线缆和双芯高压线缆之分。

（3）插头和插座的接触防护 电动汽车高压线缆的插头和插座都具有特殊的结构形式，进行高压电气防护。电动汽车的高压线缆插头结构如图 1-10 所示。

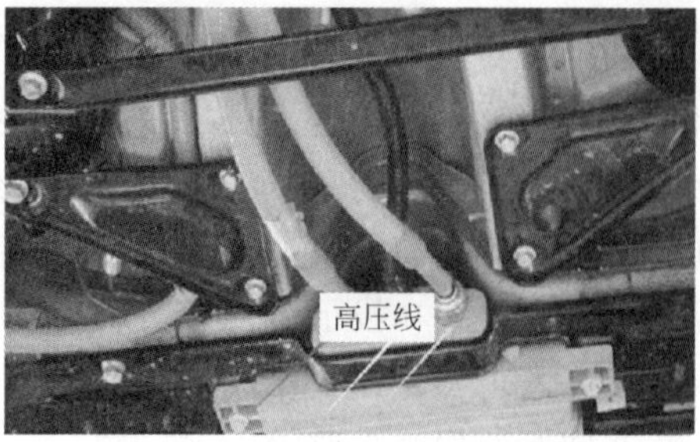

图 1-9 电动汽车上的高压线缆

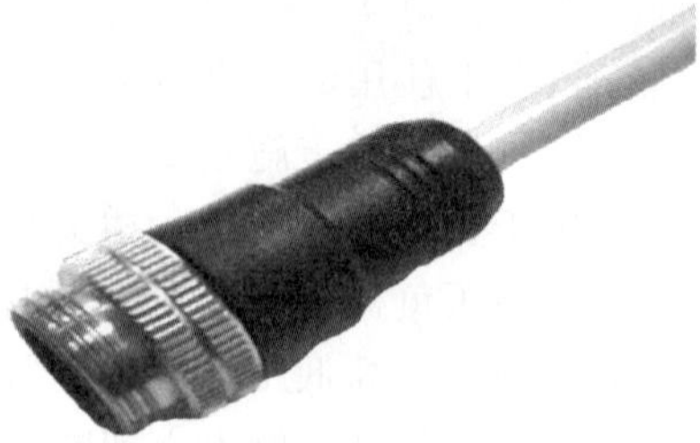

图 1-10 电动汽车高压线缆插头结构

（4）维修开关 在电动汽车上都安装有维修开关，其作用一是车辆维修作业时拉开此插头，高压触点监控电路断开使高压系统自动关闭切换到无电压状态；二是维修作业拉开此插头并固定住，以防止非人为作业需要而接通。宝马 i3 电动汽车高压维修开关如图 1-11 所示，位于车辆正前方左侧冷却液补液罐旁边。

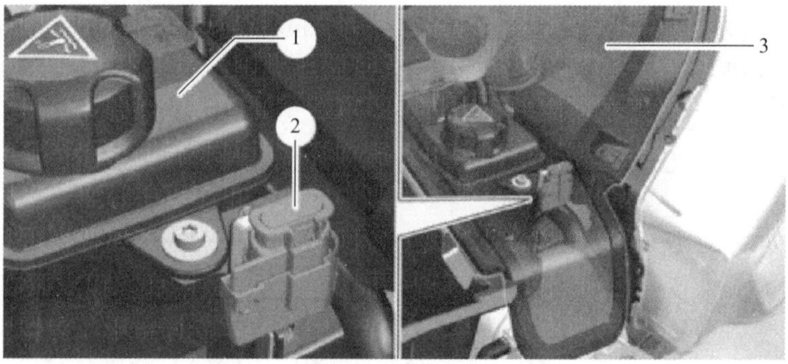

图 1-11 宝马 i3 电动汽车高压维修开关

1—冷却液补液罐；2—维修开关

（5）高压互锁 在电动汽车上高压互锁安全回路是个环形线路，通过低压电网来监控高压电网。不可在未断开维修开关的情况下拔下高压电插头，如果安全回路断线，会导致高压系统立即切断，以形成防触电保护。北汽电动汽车某车型高压互锁回路示意图如图 1-12 所示。

（6）直流转换器（DC）的安全防护 高低压直流转换器（DC）内的高压部分和低压部分是隔离分开的，DC 的低压输出负极仍采用与车身搭铁的方式，这样使其他低压用电设备的 12V 供电网络系统与传统燃油汽车一样，如图 1-13 所示。

（7）电容器放电防护 在电机控制器或其他功率电子装置内安装有电容器。通过电容器放电可以消除功率电子装置内的电容器上的残余电压。由整车管理系统来进行主动放电，在每次切断高压系统或发生中断控制线时，都会发生这种使电容主动放电现象。在拆卸高压部件之前把残余电压卸掉称为被动放电。为了能可靠地把残余电压清除掉，在拔下维修开关之

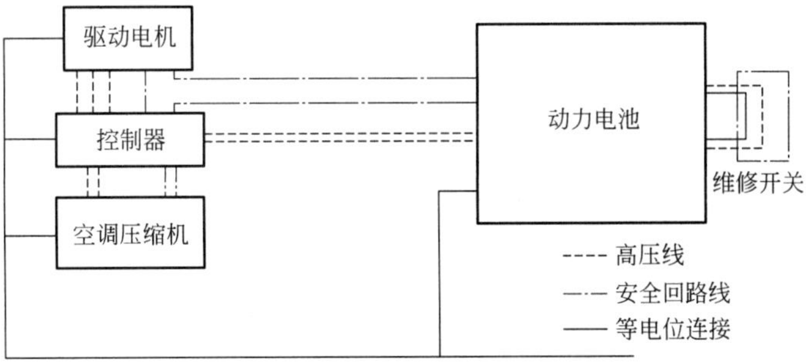

图 1-12 北汽电动汽车某车型高压互锁回路示意图

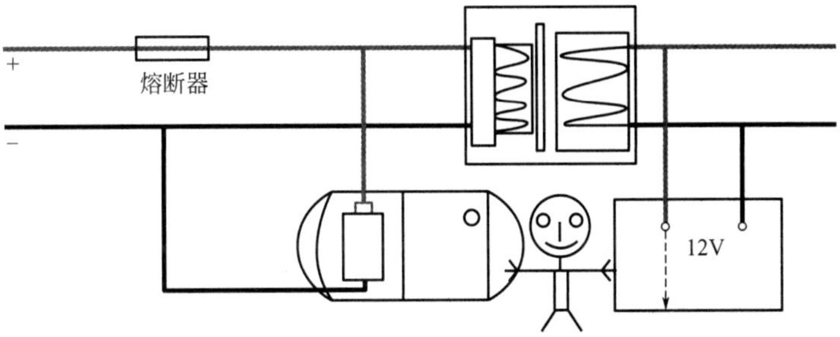

图 1-13 直流转换器（DC）内部的防护原理

前，需等待一段时间（一般为 10min），然后才可以对高压部件进行拆卸检修工作。

第2章 驱动电机

电动汽车动力驱动系统主要由电机、控制器、各种检测传感器和电源等部分组成。电机是电动汽车动力驱动系统的核心部件之一，起到驱动车辆前进与回收制动能量的作用，其驱动性能决定了车辆的行驶性能指标。在纯电动汽车和燃料电池汽车中，作为唯一的驱动力来源，它提供全部的驱动力，相当于传统燃料汽车的发动机。由于新能源汽车系统能够工作在回馈制动状态，在车辆制动时车辆的动能能够通过车辆驱动系统的发电特性转换成电能，存储到车辆的电源系统中，具备传统燃油发动机无法实现的能量吸收回馈功能。

2.1 电动汽车用驱动电机简介

2.1.1 电动汽车对驱动电机的要求

电动汽车驱动电机性能的好坏，将直接影响到电动汽车的起步、停车、加减速、高速行驶和爬坡等技术性能指标。为满足电动汽车的动力性、经济性，电动汽车对驱动电机有一些特殊的要求。

① 驱动电机要以电磁转矩为控制目标，加速踏板的开度是通过控制器给电机电磁转矩的目标值。要求电机转矩响应迅速、波动性小、稳定性好。

② 由于电动汽车在使用时，有起步、加速、巡航、减速和制动等多种工况，要求驱动电机具有较宽的调速范围。为保证加速时间，要求电机在低速加速时具有较大的输出转矩和过载能力（一般为额定转矩的2～4倍），过载时间在3min以上。为保证电动汽车在巡航时行驶在最高车速，驱动电机在高速运转时具有高的功率。电机最高转速一般在基速额定值的2倍以上。

③ 驱动电机的损耗要低，在整个运行范围内要效率高，尽可能地提高一次充电的续驶里程。

④ 电动汽车在减速时要实现再生制动，将能量回收并反馈给蓄电池，能量回收率应占总能量的15%以上。

⑤ 电机安全性应符合国家有关车辆电气安全的性能标准规定，对高电压的还需装备高压防护装置。

⑥ 驱动电机的耐振动、耐高温和防水耐湿能力强、等级高，能在恶劣的气候条件下和各种道路上长时间工作，可靠性高。

⑦ 由于电动汽车留给电机的安装空间有限，整车又要求轻量化，因此驱动电机体积和

质量应尽可能小，结构要简单，使用维护要方便。

⑧ 电机的运行噪声低。

⑨ 驱动电机在允许的电压等级范围内，尽量采用高压电，电机的电磁兼容性要好。

⑩ 驱动电机的制造工艺简单，价格合理，适合于批量生产。

2.1.2 电动汽车驱动电机的种类

电动汽车早期采用的是直流电机，随后逐步采用的是交流感应电机、永磁同步电机和开关磁阻电机等。电动汽车驱动电机根据工作原理和结构的不同有如下几种。

（1）有换向器有刷电机　在有换向器有电刷的电动汽车驱动电机中又分为直流串励电机、直流他励电机和永磁电机。

（2）无换向器无刷电机　无换向器无刷电机按输入磁场电流的波形分为正弦波电机和方波电机。

① 正弦波电机　又可分为异步电机和同步电机，其中异步电机根据结构又可分为感应式异步电机和绕线式异步电机；同步电机按励磁方式又可分为永磁同步电机和电励磁同步电机。

② 方波电机　按结构分为开关磁阻电机和永磁无刷电机。

（3）无轴承同步磁阻电机　为特种驱动电机。

2.1.2.1 电动汽车直流驱动电机

早期电动汽车采用的是直流电机，最主要的原因是直流电机具有优良的转矩特性，其控制原理和控制装置简单、控制成本低、启动和加速转矩大、调速性能好。但其致命的缺点是，电刷和机械换向器限制了电机的过载能力、速度、功率体积比、功率质量比和效率的进一步提高。而且换向器产生的电火花、电磁干扰和噪声等极大地降低了可靠性，影响了其应用，同时其必须定期维护才能正常使用。现在一些低速短程电动汽车上广泛使用直流电机。

直流电机主要通过改变电枢电压，采用脉冲宽度调节（PWM）斩波器和PI调节器来实现调速控制。不同类型的斩波器适用于不同的模式，如一象限型适用于正向电动模式，二象限型适用于电动和再生制动模式，三象限型适用于反向电动模式，四象限型适用于通过电子控制的正向电动和反向制动模式。

直流电机在国外电动汽车上的应用如下。

① 法国雪铁龙SAXO电动汽车，采用120V、20kW直流驱动电机，最高车速达90km/h，该车续驶里程为100km。

② 法国标致QCGS106电动汽车，采用120V、20kW直流驱动电机，最高车速达110km/h，该车续驶里程为200km。

2.1.2.2 电动汽车交流感应驱动电机

交流感应电机又称交流异步电机。随着微电子、电力电子技术和自动化控制技术的快速发展，电动汽车的驱动电机采用交流感应电机的情况日益增多。国外对交流异步铸铜转子感应电机作为牵引驱动电机使用非常重视，它与直流电机相比，具有结构简单、坚固、体积和质量小、成本低、效率高且价格低廉等优势。电机的定子输入频率可在较大范围内变化，调速范围宽，是电动汽车用驱动电机较理想的选择，尤其是对驱动系统功率需求较大的电动客车。但交流异步感应电机在低速运行时，也存在效率低、发热严重、控制系统复杂等有待解决的技术问题。

交流感应电机有笼型转子式和绕线转子式两种。绕线转子式可通过改变外电路参数来改善电机的运行性能，但其成本高、需要维护、耐久性能不足，因而没有笼型转子式应用那么广泛。特别是在纯电动汽车和混合动力汽车上，笼型转子式交流感应电机得到了广泛应用。电动汽车使用的交流感应驱动电机的额定电压一般为380V，其功率电动乘用车为20～80kW，电动商用车为100～150kW。电动汽车采用交流感应电机时，应合理选定电机的容量，尽可能地避免出现“大马拉小车”的现象。根据有关动力性能参数正确地予以选择，以尽量缩短电机空载运行时间。

目前国内外高性能电动汽车交流感应电机控制，主要有矢量控制和直接转矩控制两种控制方法。矢量控制方法已比较成熟，应用普遍，直接转矩控制方法有待于进一步完善。

矢量控制下的三相交流感应电机的机械特性如图2-1所示。

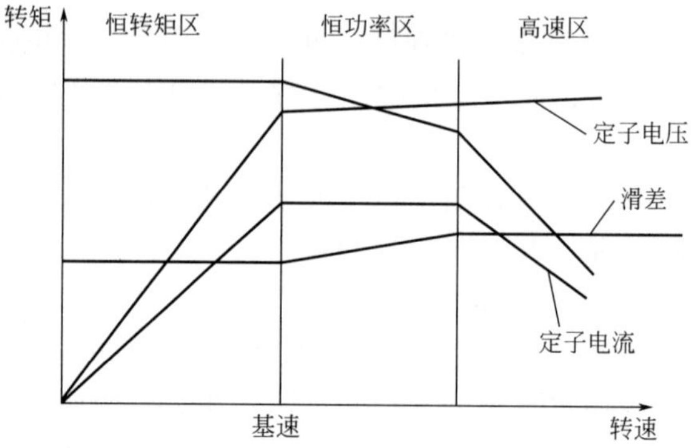

图2-1 矢量控制下的三相交流感应电机的机械特性

交流异步感应电机在国内外电动汽车上的应用如下。

① 美国通用公司的EV1/EV2纯电动汽车，采用功率102kW交流异步感应电机，在0～7000r/min间的任何转速下可产生149N·m的转矩。

② 京华电动公交车、客车采用额定功率为100kW的交流异步感应电机JD132A，额定电压为360V，额定转速为2000r/min，额定转矩为447.8N·m，峰值功率为150kW，峰值转速为4500r/min，峰值转矩为850N·m。

③ 中通纯电动豪华旅游客车，采用额定功率为100kW的交流异步感应电机JD144C，额定功率为100kW，额定转速为2000r/min，额定转矩为447N·m，峰值功率为150kW，峰值转速为5300r/min，峰值转矩为1000N·m。

2.1.2.3 电动汽车永磁同步电机

永磁同步电机具有高功率密度、高效率、易散热、高可靠性和较好的动态性能等优点，是当前电动车辆用驱动电机的热点。永磁同步电机分为交流永磁同步电机、直流无刷永磁电机、新型永磁电机三大类，目前在电动汽车中主要采用的是前两类。

(1) 交流永磁同步电机（PMSM） 交流永磁同步电机是反电动势波形和供电电流波形都是正弦波的电机，又称为正弦波永磁同步电机，采用定子磁场的定向矢量控制和转子连续位置反馈信号来控制电机的调速和换向。

交流永磁同步电机由定子和转子两部分组成，定、转子之间有气隙，定子和普通交流电机相同，在定子槽内嵌入三相绕组；转子采用永磁体励磁。根据永磁体在转子上的安放位置，转子分为三种：永磁体表面凸出式结构，电机的极性是隐极式；永磁体表面嵌入式结构，电机的极性是凸极式（凸极度低）；永磁体内置式，电机的极性是凸极式（凸极度高）。永磁同步电机所用的永磁材料一般为钕铁硼，该永磁材料具有很高的剩磁感应强度、矫顽力和最大磁能积，可大大提高电机的功率质量比。采用钕铁硼制成的永磁同步电机具有体积和质量小等优势，故得到广泛应用。

交流永磁同步电机根据转子对定子的位置不同可分为三种：外转子式，将定子固定在电机中心，转子处于定子外圆之外围绕电机的中心做旋转运动；内转子式，将定子固定在电机中心，转子在定子腔内围绕电机的中心做旋转运动，外转子式和内转子式这两种电机的气隙是圆柱面的，气隙磁场是径向的，称为圆柱式电机或径向磁场电机；盘式电机，与圆柱式电机不同，其定子和转子均为圆盘形，在电机中心对等放置，气隙是平面形的，气隙磁场是轴向的，故称为轴向磁场电机，此类电机结构简单、紧凑，轴向尺寸短，有较高的功率和质量比。以上三种永磁同步电机，在电动汽车上采用的多是内转子式交流永磁同步电机。

交流永磁同步电机无需励磁电流，效率和功率因数较高，体积小、结构简单可靠。交流永磁同步电机具有频带宽、反应快、精度高、调速范围宽等优点。功率驱动器运转时无噪声、无电火花。在低速直接驱动的场合交流永磁同步电机具有比交流感应电机和直流无刷电机更优越的性能。自20世纪80年代以来，随着微电子、电力电子技术、永磁材料技术和交流可调速驱动技术的发展，交流永磁同步电机驱动技术有着长足的进步。在20世纪90年代后全数字控制的正弦波交流永磁驱动技术已完全成熟，并实现了商品化。由于具有优良的低速性能，又可实现弱磁高速控制，拓宽了系统的调速范围，满足了电动汽车高性能驱动要求。随着永磁材料及电机控制技术的飞速发展，进一步提高了交流永磁同步电机的性价比，因此交流永磁同步电机在电动汽车驱动系统中的应用会越来越广泛。

交流永磁同步电机在国内外电动汽车上的应用如下。

① 福特公司纯电动汽车福克斯采用额定功率为90kW、额定转矩为245N·m的交流永磁同步电机。该车最高车速为136km/h，续驶里程为160km。电机效率比相同内燃机提高3倍，有效地减少了能量损失和热量的产生。

② 日本KAZ纯电动汽车采用额定功率为90kW的交流永磁同步电机，该车最高车速为320km/h，最大续驶里程为300km。

③ 米其林公司制成额定功率为30kW、峰值功率为60kW的交流永磁同步轮毂电机，装配在车辆上使0～100km/h的加速时间大大缩短。

④ 丰田普锐斯第三代采用功率为60kW、最大转速为13500r/min、最大输出转矩为207N·m的交流永磁同步电机。

⑤ 一汽解放CA6127URE31纯电动城市客车，采用额定电压为380V、额定功率为115kW、额定转速为2000r/min的交流永磁同步电机，该电机峰值功率达150kW，峰值转矩为850N·m。

（2）直流无刷永磁电机（BLDCM） 直流无刷永磁电机是在传统直流电机的基础上发展起来的，其电磁结构和传统直流电机一样，其反向电动势波形和供电电流波形都是矩形波，又称为矩形波永磁电机。直流无刷永磁电机定子采用集中绕组，内置PTC热敏电阻进行热保护，使用霍尔元件作位置传感器镶嵌在转子永磁体中。通过转子位置传感器、控制电路和换向电路共同组成电子换向装置，代替电刷机械换向，取消了滑动式机械接触机构。电机相数可有三相、四相、六相甚至十几相等，根据发热量的不同采用自然冷却或外加风机强制通风散热冷却等方式。

当直流无刷永磁电机的定子绕组为星形接法时，其控制器采用半桥电路或全桥电路均可；定子绕组为三角形接法时，则只能采用全桥电路。直流无刷永磁电机电极数少则效率高，但转矩脉动大；极数多则转矩的脉动小，但过多的极数会导致结构复杂，控制功率和开关管的增加，其成本也相应增大。目前电动汽车中采用最多的是三相全桥星形两两通电的驱动控制方式。

直流无刷永磁电机的优点：结构简单、质量轻、使用维护方便；无转子耗损，易于实现高速和快速制动；效率高、动态响应性好；具有和传统直流电机一样好的转矩-转速控制特性，能实现大范围内的调速控制；控制简单，具有硬机械特性且制造成本低；能适应电动汽车恶劣的运行环境。

直流无刷永磁电机的缺点：运行时转矩脉动大，不适于轻载低速直接驱动的场合；铁芯附加耗损大，不适于高精度、高性能要求驱动的场合。

直流无刷永磁电机在国内外电动汽车上的应用如下。

① 日本 EV-plus 纯电动汽车采用额定功率为 49kW、额定电压为 288V 的直流无刷永磁电机，该车在经济转速下的最大续驶里程为 180km。

② 戴姆勒-奔驰公司的 Smart 纯电动汽车，采用功率为 30kW 的直流无刷永磁电机，该车最高车速为 97km/h，续驶里程为 160km。

③ 长城精灵纯电动汽车采用功率为 50kW 的直流无刷永磁电机，简化了结构，提高了效率，速度可达 130km/h，采用锂离子电池 10min 充电 70%，续驶里程达 180km。

（3）新型永磁电机　目前在电动汽车使用的驱动电机中，处于研发试验阶段的还有两种新型永磁电机：一种是混合式永磁电机（HSM）；另一种是续流增磁永磁电机。

混合式永磁电机又分为以下三种。

① 永磁和磁阻混合。有两种混合方式：将永磁体嵌入转子回路中，电机同时产生永磁转矩和同步磁阻转矩；将永磁体和开关磁阻结构结合起来，成为具有高效、高功率密度和宽调速范围的双凸极永磁电机（DSPM）。

② 综合利用永磁转矩和磁滞转矩。将永磁体嵌入磁滞环槽内从而综合利用永磁转矩和磁滞转矩而制成电机，这种磁滞混合电机具有启动转矩高、运行平稳、噪声低等许多独特的优点，很适合用于电动汽车的驱动系统中。

③ 把永磁体置于转子内，直流励磁绕组安放在定子上，通过控制励磁电流的大小和方向很容易调节电机的气隙磁通，以达到电动汽车驱动电机对转矩和转速特性的要求。

续流增磁永磁电机是一种复合励磁的特殊直流电机，它兼顾了串励直流电机和他励直流电机的优点。该电机采用稀土永磁体和增磁绕组复合励磁的方式，增磁绕组利用续流回路的电流进行增磁，和稀土永磁体共同产生复合磁场，能很好地满足电动汽车驱动电机在低速时增磁增矩、高速时弱磁增速的特性要求。双象限范围运行可实现电动汽车再生制动能量回收利用，采用 PWM 脉宽调制控制技术使电机运行平稳且噪声低，在电动汽车驱动领域具有独特的优越性。

2.1.2.4 电动汽车开关磁阻电机

开关磁阻电机（SRM）又称可变磁阻电机，是近二十年来是备受重视的一种新型特种电机，它是集电机技术、现代电力电子技术与计算机控制技术相结合的产物，它综合了感应电机和直流电机传动系统的优点，有着结构简单、容错性好、低速输出转矩高、成本低、效率高等许多优良的特性，特别适合作电动汽车用驱动电机在各种工况下运行，近年来为电动汽车行业所关注。

开关磁阻电机是基于“磁阻最小”的原理而设计的具有凸极结构的新型电机，其定子凸极和转子凸极有多种组合方式。一般转子凸极数比定子凸极数少 2 个，且定子和转子的凸极数均为偶数，相数为三相或四相（也可以为多相），共同组成不同极数的开关磁阻电机。开关磁阻电机由于无永磁体，解决了永磁同步电机和直流无刷永磁电机现存的高温退磁、磁钢使磁极分配不均匀、成本高等问题。开关磁阻电机具有制造容易、生产工艺简单、成本低、控制方便、免维护和结构紧凑等特点，现代电力电子技术与计算机控制技术充分发挥了开关磁阻电机启动转矩大、效率高、运行平稳以及安全可靠的特长。

开关磁阻电机的双极结构，使电机在运行时产生转矩脉动和噪声等问题，直接影响电动汽车的行驶稳定和乘坐舒适性，这两个问题是以往制约开关磁阻电机应用于电动汽车行业的主要障碍。现在研发的低噪声低振动开关磁阻电机有效地抑制了转矩脉动及噪声，为开关磁阻电机在电动汽车中的应用起到了积极的推动作用。有研究表明，通过对开关磁阻电机的灵活控制，能够实现在宽调速范围内电动或发电模式下的高效率运行。如此以来开关磁阻电机用于混合动力汽车或纯电动汽车驱动系统中具有良好的开发价值，具有良好的应用前景。奔驰、沃尔沃、菲亚特、通用等国际大公司正大力研发电动汽车用开关磁阻电机。

开关磁阻电机的机械特性如图 2-2 所示。开关磁阻电机的控制方式可分为电流斩波控制（CCC）、角度位置控制（APC）和电压控制（VC）三种。

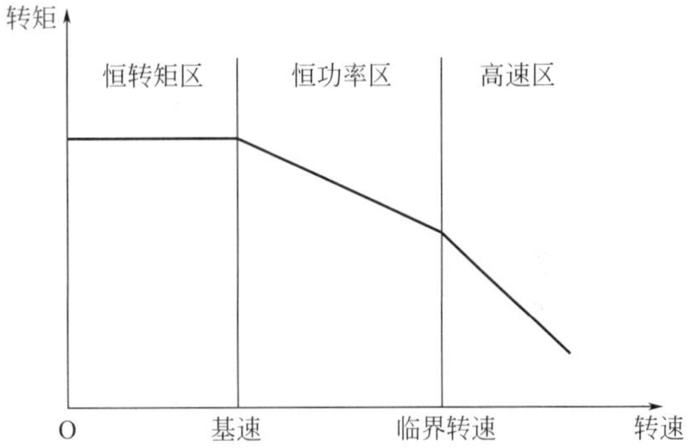

图 2-2 开关磁阻电机的机械特性

开关磁阻电机在国内外新能源电动汽车上的应用如下。

① 英国捷豹公司 C-X75C 插电增程式四驱超跑概念车采用两个开关磁阻电机。

② 艾默生公司混合动力客车电机 1 额定功率为 55kW，电机 2 额定功率为 130kW，均为开关磁阻电机。

③ 东风公司混合动力客车采用额定功率为 60kW、额定电压为 336V、输出转矩为 355N·m 的开关磁阻电机。

④ 中纺锐力公司混合动力公交车采用额定功率为 35kW、额定电压为 336V、额定转速为 2000r/min、峰值功率为 60kW、最大转速为 7000r/min 的水冷式开关磁阻电机。

2.1.3 驱动电机旋转变压器和工作模式

2.1.3.1 旋转变压器

旋转变压器安装在驱动电机上，是一种电磁传感器，又称同步分解器，用来测量转轴的角位移和角速度。在电动汽车上，使用旋转变压器作为测量驱动电机的转速元件，并将转速信号传递给电机控制器。

（1）旋转变压器的结构　在电动汽车上应用的旋转变压器结构分为线圈和信号齿圈两部分。传感器的线圈固定在壳体上，信号齿圈固定在转子上，如图 2-3 所示。传感器线圈由励磁、正弦和余弦三组线圈组成。

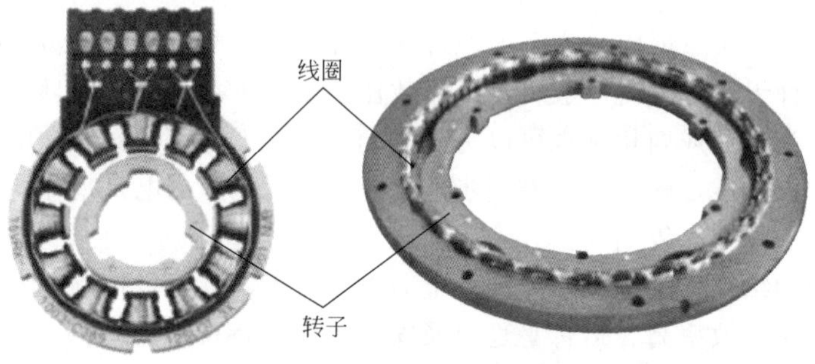

图 2-3　旋转变压器的结构

（2）旋转变压器的工作原理　和普通变压器的原理基本相似，区别在于普通变压器一次、二次线圈绕组是固定的，所以输入电压和输出电压之比是常数。而旋转变压器的一次、二次线圈绕组随转子的角位移发生相对位置的改变，因而输出电压的大小随转子角位移的变化而变化，输出绕组的电压波形与转子转角成正弦或余弦关系，电压幅值与转子转速成正比例函数关系。其中定子绕组作为变压器的一次侧，接受励磁电压；转子绕组作为变压器的二次侧，通过电磁耦合得到感应电压。随着两者相对角度的变化，在输出侧就可以得到幅值变化的波形。驱动电机传感器用的旋转变压器包含三个绕组，即一个转子绕组和两个定子绕组。转子绕组随电机旋转，定子绕组位置固定且两个定子互成 90°，如图 2-4 所示。这样，绕组形成了一个具有角度依赖系数的变压器。将施加在转子绕组上的正弦载波耦合至定子绕组，对定子绕组输出进行与转子绕组角度相关的幅度调制。由于安装位置的原因，两个定子绕组调制输出信号的相位差为 90°。通过解调两个信号可以获得驱动电机的角度位置信息。

（3）旋转变压器的特点　旋转变压器结构简单、动作灵敏、对环境无特殊要求，能辨别正反转位置、输出信号幅度大，抗干扰性强、工作可靠且维护方便，因此在电动汽车上广泛应用。

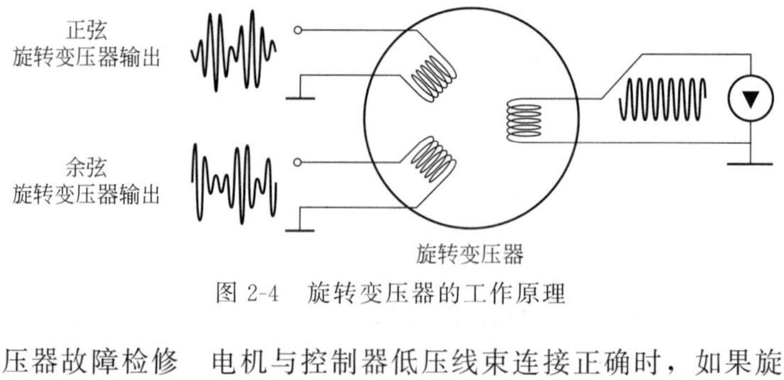

图 2-4　旋转变压器的工作原理

（4）旋转变压器故障检修　电机与控制器低压线束连接正确时，如果旋转变压器出现故障，一般分为两种：一种是旋转变压器本身故障；另一种是控制器旋变解码电路故障。不管哪一种故障，都将会导致电机无法启动或输出转矩偏小。

以某车型为例，检查电机旋转变压器是否损坏。首先检查驱电机控制器与电机连接低压线束无退针与虚接现象，检查电机控制器低压控制插件 12V 供电正常。

① 检查线路的通断。根据电路图脱开电机控制器插头，测量电机旋变插头 35 针脚至电机控制器 19 针脚之间导线是否出现断路/短路情况。

② 检查励磁绕组的电压。打开上电（点火）开关至 ON 挡，测量插件端应有 3～3.5V 的交流电压。

③ 检查线圈的电阻值。用万用表测量电机旋变传感器的阻值，正确的线圈阻值如下。

a. 正弦绕组阻值：拔下插件测量传感器端子应有（60±10)Ω。

b. 余弦绕组阻值：拔下插件测量传感器端子应有（60±10)Ω。

c. 励磁绕组阻值：拔下插件测量传感器端子应有（30±10)Ω。

若线圈的阻值超出正常范围，需更换旋转变压器。若阻值正常，则可能是控制器内部旋变解码电路故障，需更换控制器主控板。

2.1.3.2 工作模式

驱动电机系统有驱动电机、电机控制器，通过高低压线束、冷却管路与整车其他系统连接。整车控制器根据加速踏板信号、制动踏板信号和挡位等信号通过 CAN 总线向电机控制器发送指令，实时调节驱动电机的输出转矩，以调整整车的低速、加速、停车和能量回收等功能。电机控制器能对自身的温度、转子位置进行实时监测，并把相关信息传递给整车控制器，进而调节水泵和电子冷却风扇的工作，使驱动电机保持在理想的状态。这就使目前电动车辆的行驶有 D 挡加速、E 挡省电、制动能量回收、R 挡倒车四种模式。

① D 挡加速行驶。驾驶员打开上电开关，将挡杆置入 D 挡位置并踩下加速踏板，此时挡位信号和加速踏板信号传递给整车控制器，整车控制器把驾驶员的操作意图通过 CAN 总线传递给电机控制器。再由电机控制器结合旋变传感器（驱动电机的转子位置信息），向驱动电机输入三相电，三相电流在定子绕组上产生旋转磁场，电磁力拖动转子以同步转速正向旋转。随着加速踏板行程不断加大，电机控制器控制 IGBT 的导通频率不断上升，驱动电机的转速随着电流的增加而增加。在电动汽车上要求驱动电机的输出功率保持恒定，电机控制器会通过电流传感器和电压传感器，来计算当前的驱动电机功率，并把这些信息数据通过 CAN 总线发给仪表进行显示。

② E 挡省电行驶。E 挡为能量回收行驶挡，与 D 挡的根本区别在于电机控制器与整车控制器的内部程序、控制策略目标不同。如果说 D 挡主要体现驾车时的动力加速性，那 E 挡主要体现节省电量以延长续驶里程，也称为省电节能性。挡杆在 D 挡注重加速灵敏、响应较快，E 挡则注重能量回收、放电平缓。当车辆高速行驶或下坡行驶时，松开加速踏板后驱动电机会被车轮反拖动成为发电机，此时由于发电反拖动消耗了部分机械能，牵制了车辆滑行起到了一定的降速制动的效果。驾驶时会发现 E 挡位比 D 挡位所滑行的距离明显偏短。

③ 制动能量回收。当车辆行驶时松开加速踏板后，驱动电机在惯性的作用下仍在旋转。当电机转速下降至车轮转速以下，车轮带动电机旋转，此时原来的驱动电机就变为发电机。动力电池管理系统（BMS）根据电池充电特性曲线（充电电流、电压变化曲线和电池的容量关系）以及采集的电池温度等参数，计算出相应的允许最大充电电流。电机控制器根据电池的最大允许充电电流控制 IGBT 模块使充电机定子线圈旋转磁场的角速度与电机转子的角

速度保持到发电电流不超过电池允许的最大充电电流，以调整发电机向动力电池充电的电流，同时也控制了车辆的减速度。当踩下加速踏板时反馈电流在驱动电机控制器的调节控制下充入高压动力电池。当驾驶员感觉车速下降较慢制动效果不理想，继续踩下制动踏板时液压制动系统才进入工作状态。

④ R 挡倒车。当驾驶员打开上电开关，将挡杆置入 R 挡位置并踩下加速踏板，驾驶员的请求信号发给整车控制器，再通过 CAN 总线发给电机控制器，此时电机控制器结合旋变传感器测得的驱动电机的转子位置信息，通过改变 IGBT 模块向驱动电机输入三相电（W/V/U 的通电顺序），进而控制电机反向转动，从而驱动车辆倒车行驶。

2.2 他励直流电机

他励直流电机的励磁绕组和转子电枢绕组要分别单独供电，因此需要两个电源。他励直流电机定子线圈是励磁绕组，用来建立磁场，其单独供电的电源电压和电流是可调的。

2.2.1 他励直流电机驱动汽车的结构

他励直流电机驱动汽车主要由动力电池组、底盘、车身、驱动电机及控制器等组成。除承载型车身和底盘件外，电气部分是主要的组成部分，分为电源系统、动力驱动系统、空调暖风系统、仪表信息显示和灯光信号系统及制动和转向助力系统等。

（1）电源系统

① 充电机　在接入 220V 交流电时将交流电转变为 60V 直流电充入动力电池，同时根据其检测到的动力电池的温度控制调节充入动力电池电流的大小。在充电状态时指示灯呈红色并闪烁，达到设定的充满状态时，指示灯呈绿色并停止闪烁。在充电状态时禁止该车移动和行车。

② 动力电池　由 10 块 200A·h 单体组成 60V 电源系统。

③ 总开关　安装在驾驶座椅侧，控制全车动力电池的全部输出。

④ DC/DC 转换器　将 60V 高压电转换成 12V 的低压电，供电给全车除动力电机、空调之外的低压系统用电设备，同时给辅助电池充电。

⑤ 辅助电池　电压为 12V，容量为 20A·h，与 DC/DC 并联，协助或单独对低压 12V 电气系统供电。

⑥ SA1 上电开关　相当于燃油汽车的点火开关。

（2）动力驱动系统

① 电机控制器　接受加速器和挡位器的信号，控制驱动电机前进、加速、后退等运行方式，同时通过串行通信或 CAN 总线通信向仪表提供信号。

② 动力电机　将电能转换为驱动车辆行驶的机械能，与控制器配合，可采用他励、串励、永磁等电机。

（3）空调暖风系统

① 空调控制器　接受 A/C 空调开关信号和蒸发器、环境温度信号，控制压缩机、冷凝风扇工作。

② 风机　即鼓风机，有四个挡位，可以独立工作进行室内外通风。

③ PTC 为1.2kW加热器，可以除霜、采暖，替代燃油汽车的冷却水循环器，当打开暖风开关时通过J3继电器同时打开风机进行低速运转。

（4）仪表信息显示和灯光信号系统 原理、功能与传统燃油汽车完全相同。

（5）制动和转向助力系统

① 制动助力装置 由制动助力控制器、真空泵M2和真空罐组成，行车时产生真空辅助制动总泵进行工作，以减小制动踏板力。

② 转向助力装置 由转向助力控制器、电机和传感器组成，在低速转向时起到减小转向盘扭转力矩的作用。

2.2.2 他励直流电机的工作原理

（1）启动 电机的启动是指电机接通电源后，由静止状态加速到稳定运行状态的过程。启动瞬间，启动电流和启动转矩分别为

$$I_S=\frac{U_N}{R_a}\gg I_N \tag{2-1}$$

$$T_S=C_t\Phi_N I_S\gg T_N \tag{2-2}$$

式中 I_S——启动瞬时电流，A；

U_N——电机端电压，V；

R_a——电机电枢回路电阻，Ω；

I_N——电机额定电流，A；

T_S——启动瞬时转矩，N·m；

C_t——转矩常数，取决于电机的结构；

Φ_N——磁极磁通，Wb；

T_N——电机额定转矩，N·m。

可以看出，电机启动时的瞬时电流远大于额定电流，同时启动的瞬时转矩也远大于额定转矩。过大的启动电流将引起电源电压下降，影响电源上其他用电设备的正常使用；同时过大的启动瞬时冲击转矩会损坏传动机构。除微型电机外，一般直流电机不允许直接启动。

电动汽车用他励直流电机采用的是降压启动的方法，即采用通过控制器来降低电枢电压的方法启动，如图2-5所示。降压启动使电机启动平稳，启动过程能量损耗小，因此在纯电动汽车他励直流电机启动控制中广泛应用。

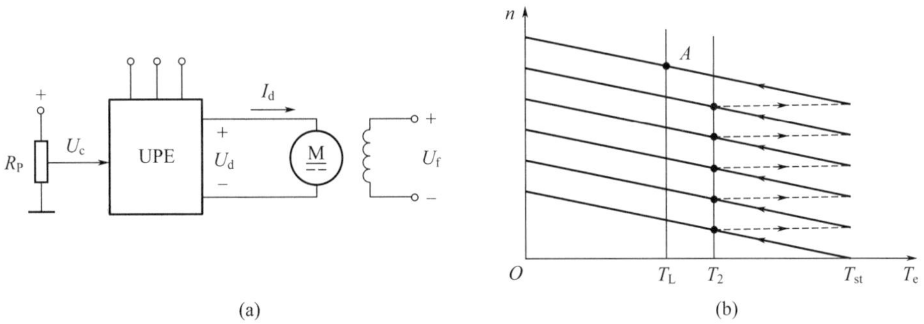

图2-5 他励直流电机启动

U_f—励磁电压；R_P—加速踏板传感器信号；U_d—他励电机电枢端电压；I_d—电枢电流

（2）调速　电动汽车的调速方法有两种：一种是机械调速，通过改变传动机构速比来进行调速的方法；另一种是电气调速，通过改变电机的电气输入参数进行调速的方法。这两种方法在电动汽车上均可使用，改变电机的输出齿轮速比就是人为地改变电机的机械特性，使工作点发生变化，从而使转速发生变化。调速前后，电机工作在不同的机械特性上。如果机械特性不变，因负载变化而引起转速的变化，则不能称为调速。电动汽车驱动电机工作时，对电机的转速不仅要能调节，而且要求调节的范围宽、过程平滑、方法简单、经济。

他励直流电机的转速公式为

$$n=\frac{E}{C_e\Phi}=\frac{U-I_a(R_a+R)}{C_e\Phi} \tag{2-3}$$

式中　n——电机转速，r/min；

U——电机端电压，V；

R_a——电机电枢回路电阻，Ω；

R——电机导体电阻（电机电枢与电枢端子间的电阻），Ω；

I_a——电机电枢电流，A；

E——电机反电动势，V；

C_e——电动势常数，取决于电机的结构；

Φ——磁极磁通，Wb。

由此可以得出他励电机电气的调速方法有以下三种：在电枢电路中串联电阻调速；降低电机电压调速；减弱励磁的磁通量调速。

① 在电枢电路中串联电阻调速，如图 2-6 所示。带恒转矩负载时，串联电阻越大，转速越低。

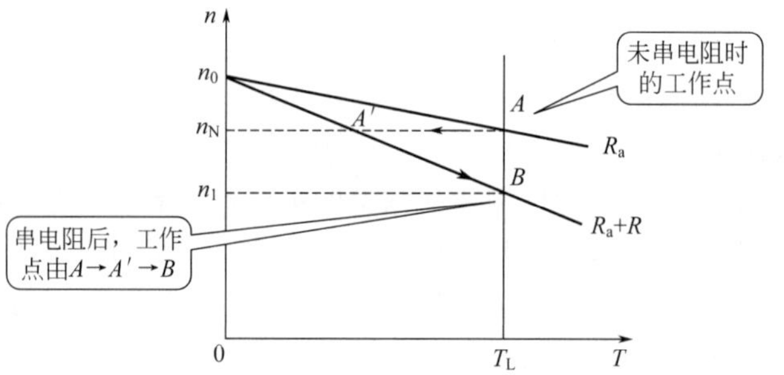

图 2-6　串联电阻调速

n_0—空载转速；n_N—特定负载时转速；n_1—调节后转速

优点：电枢串电阻调速设备简单，操作方便。

缺点：由于电阻只能分段调节，所以调速的平滑性差；低速时静差率[1]大，所以转速的相对稳定性差；轻载时调速范围小，额定负载时调速范围一般为 $D\leqslant2$；损耗大、效率低、

---

[1] 静差率指电机由理想空载到额定负载时转速的变化率，用 δ 表示：

$$\delta=\frac{n_0-n_N}{n_0}\times100\%=\frac{\Delta n_N}{n_0}\times100\%$$

δ 越小，相对稳定性越好。δ 与机械特性硬度和 n_0 有关。

不经济，对恒转矩负载，调速前后因磁通不变而使 T 和 I_a 不变，输入功率不变，输出功率却随转速的下降而下降，减少的部分被串联电阻消耗了。

② 降低电机电压调速，如图 2-7 所示。降低电机的电压后，其转矩、转速迅速下降，但转矩会很快恢复到电压未降低前的转矩数值。

优点：电源电压能够平滑调节，可实现无级调速；调速前后机械特性曲线的斜率不变，硬度较高，负载变化时稳定性好；无论轻载还是额定负载，调速范围相同，一般可达 $D=2.5\sim12$；电能损耗较小；对恒转矩负载，调速前后因磁通不变而使 T 和 I_a 不变。

缺点：需要一套电压可连续调节的直流电源；固有机械特性处的转速称为基速，降电压转速只能下调。

③ 减弱励磁的磁通量调速，如图 2-8 所示。由图中看出磁场越弱，转速越高，电机运行时励磁回路绝对不能开路。

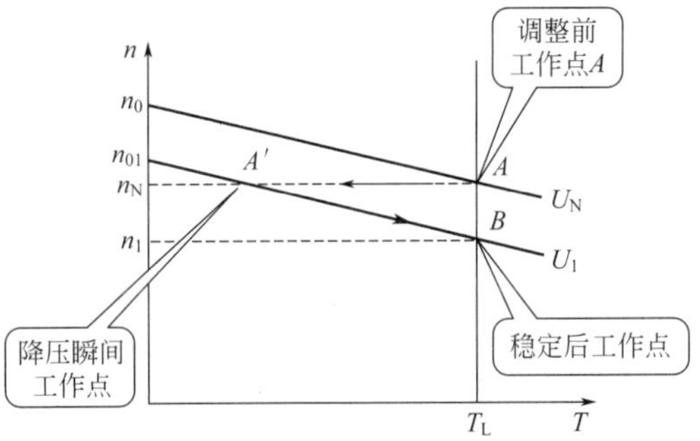

图 2-7 降低电压调速

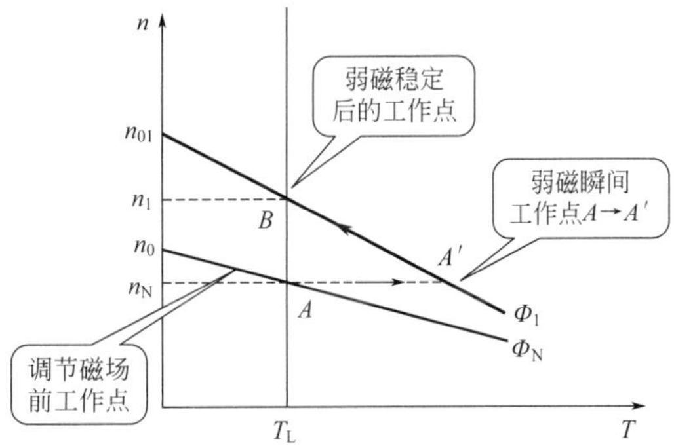

图 2-8 减弱磁通量调速

优点：控制方便，能量损耗小，设备简单，平滑性好；弱磁升速后电枢电流增大，电机的输入功率增大，但由于转速升高，输出功率也增大，电机的效率基本不变，因此经济性较好。

缺点：机械特性曲线的斜率变大，特性变软；转速的升高受到电机换向能力和机械强度的限制，升速范围不可能很大，一般不能超过 $1.2n_0$。

纯电动汽车他励驱动电机为了扩大调速范围，通常把降压和弱磁两种调速方法结合起来，在额定转速以上，采用弱磁调速，在额定转速以下采用降压调速。

(3) 制动能量反馈　制动运行状态：电机的旋转方向与电磁转矩方向相反，此时电机吸收机械能转变为电能。此时电动车很快停车，或者由高速运行状态很快进入低速运行状态。

$$n=-\frac{R+R_a}{C_e C_t \Phi_N^2}T=0-\beta T \tag{2-4}$$

电动状态下运行的电机，在某种条件下会出现 $n>n_0$ 的情况，此时电动势 $E_a>U$，转矩 T 反向，电枢电流 I_a 反向，由驱动变为拖（制）动。从能量方面看，电机处于发电状态。

能量关系电磁功率 $P_{em}=E_a I_a<0$，电机从轴上输入机械功率转变为电功率；输入功率 $P_1=UI_a<0$；回馈给电网的功率；电枢回路能量损耗为 $I_a^2(R_a+R)$。

结论：他励驱动电机的电动汽车在车辆长距离拖动作业时，需将变速器置于空挡位置，

图 2-9 电机+单级减速器

以防止驱动电机运转发电增加拖动阻力负荷；在电机+单级减速器（图 2-9）无空挡设置的驱动车辆中，长距离拖动时，需将变速杆置于前进 D 挡，并打开上电（点火）钥匙开关，接通控制器构成回路，使其在拖动过程中产生的电能回馈给电源，以防止开路造成电压过高，击穿损毁电机绝缘。

（4）控制 他励直流电机的控制，由控制器在接收到加速踏板等的信号后，分别控制输入电机的电枢电流和磁场电流来控制电机的转速和转矩。他励电机控制器主要是矢量控制模拟直流他励电机的工作特性，由于他励电机励磁绕组与电枢绕组所产生的磁场在空间上是互相垂直的，在不考虑电机电枢反应的情况下，两个磁场不会互相交链。直流电机调速时，通过保持磁场恒定，改变电枢电压来线性地调节电机转速。在达到最大限制电压之后可以通过减弱磁场磁通来提高电机转速。矢量控制精度高，拥有良好地动态性能，能够很好地满足电动汽车在不同工况下的稳定性要求。IPMC 系列他励电机控制器可以为电机提供平滑的无极调速控制和正反转控制。他励电机不仅拥有与串励电机相媲美的低速大转矩及高速性能，同时可以实现电机的能量回馈制动，使刹车能量高效回收，增加续驶里程，提高车辆的操控性能和安全性能。它采用高频电力电子技术，并由高性能的微处理器进行控制，使电机具备了平滑、无噪声、高效率的运行性能，同时减少了电池的损耗。通过手持式编程器或计算机（USB 接口）可以直观方便地对各种参数进行读取和设置，以满足不同地形对车辆操控性能的要求。例如在下坡行驶时，具有下坡限速功能，防止车辆超速，提高了安全性能；上坡行驶时，防倒滑功能提高了安全性能和车辆控制性能。具有全面的故障检测和保护功能，并采用蜂鸣器提示各种故障，方便检修、确定调节参数、测试和诊断。

2.3 三相异步交流电机

三相异步交流电机（Triple-phase asynchronous motor）是靠同时接入三相交流电源（相位差 120°）供电的一类电机，由于三相异步电机的转子与定子旋转磁场以相同的方向、不同的转速旋转，存在转差率，所以叫三相异步交流电机。当电机的三相定子绕组通入三相对称交流电后，将产生一个旋转磁场，该旋转磁场切割转子绕组，从而在转子绕组中产生感应电流（转子绕组是闭合通路），载流的转子导体在定子旋转磁场作用下将产生电磁力，从而在电机转轴上形成电磁转矩，驱动电机旋转，且电机旋转方向与旋转磁场方向相同。

2.3.1 三相异步交流电机分类

（1）按转子的结构 按转子的结构不同，电机可分为笼式转子感应电机（旧标准称为绕线型异步电机）和绕线式转子感应电机（旧标准称为绕线型异步电机）。笼式转子的异步电机结构简单、运行可靠、重量轻、价格便宜，得到了广泛的应用；其主要缺点是调速困难。

绕线式三相异步电机的转子和定子一样也设置了三相绕组，并通过滑环、电刷与外部变阻器连接，调节变阻器电阻可以改善电机的启动性能，还可以调节电动机的转速。

（2）按运转速度　按运转速度不同，电机可分为高速电机、低速电机、恒速电机、调速电机。低速电机又分为齿轮减速电机、电磁减速电机、力矩电机和爪极同步电机等。调速电机除可分为有级恒速电机、无级恒速电机、有级变速电机和无级变速电机外，还可分为电磁调速电机、直流调速电机、PWM 变频调速电机和开关磁阻调速电机。异步电机转子的转速总是略低于旋转磁场的同步转速。

2.3.2 交流异步电机的结构

交流异步电机的种类很多，但各类三相异步电机的基本结构是相同的，它们都由定子和转子这两大基本部分组成，在定子和转子之间具有一定的气隙。此外，还有端盖、轴承、接线盒、吊环等其他附件，如图 2-10 所示。

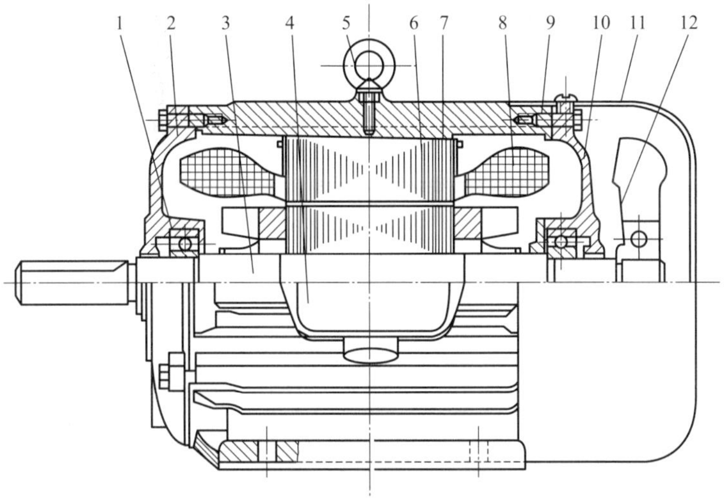

图 2-10　封闭式车用交流异步电机结构

1—轴承；2—前端盖；3—转轴；4—接线盒；5—吊环；6—定子铁芯；7—转子；8—定子绕组；9—机座；10—后端盖；11—风罩；12—风扇

（1）定子部分　定子是用来产生旋转磁场的。三相交流异步电机的定子一般由外壳、定子铁芯、定子绕组等部分组成。

① 外壳　交流异步电机外壳包括机座、端盖、轴承盖、接线盒及吊环等部件。机座由铸铁或铸钢浇铸成形，它的作用是保护和固定三相交流异步电机的定子绕组。车用交流异步电机的机座还有两个端盖支承着转子，它是三相电机机械结构的重要组成部分。通常，机座的外表要求散热性能好，所以一般都铸有散热片。端盖用铸铁或铸钢浇铸成形，它的作用是把转子固定在定子内腔中心，使转子能够在定子中均匀地旋转。轴承盖也是由铸铁或铸钢浇铸成形的，它的作用是固定转子，使转子不能轴向移动，另外起存放润滑油和保护轴承的作用。接线盒一般是用铸铁浇铸的，其作用是保护和固定绕组的引出线端子。吊环一般是用铸钢制造的，安装在机座的上端，用来起吊、拆装电机。

② 定子铁芯　交流异步电机定子铁芯是电机磁路的一部分，由 0.35～0.5mm 厚表面涂

有绝缘漆的薄硅钢片叠压而成，如图 2-11 所示。由于硅钢片较薄而且片与片之间是绝缘的，所以减少了由于交变磁通通过而引起的铁芯涡流损耗。铁芯内圆有均匀分布的槽口，用来嵌放定子绕组。

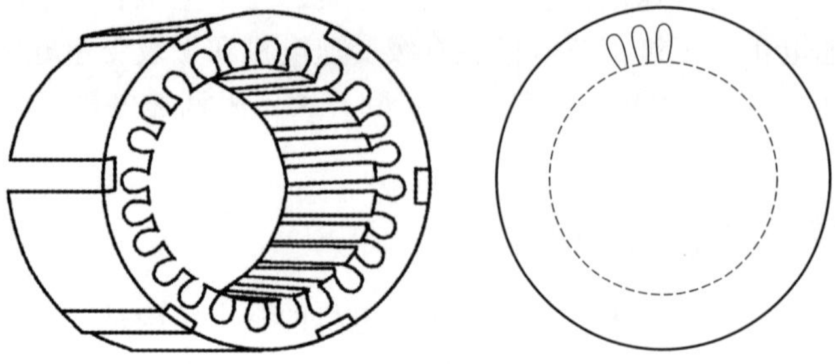

(a) 定子铁芯　　(b) 定子冲片

图 2-11　定子铁芯及冲片示意图

③ 定子绕组　交流异步电机的定子绕组是三相电机的电路部分，三相电机有三相绕组，通入三相对称电流时，就会产生旋转磁场。三相绕组由三个彼此独立的绕组组成，且每个绕组又由若干线圈连接而成。每个绕组即为一相，每个绕组在空间相差 120°电角度。线圈由绝缘铜导线或绝缘铝导线绕制。中、小型三相电机多采用圆漆包线，大、中型三相电机的定子线圈则用较大截面的绝缘扁铜线或扁铝线绕制后，再按一定规律嵌入定子铁芯槽内。定子三相绕组的六个出线端都引至接线盒上，首端分别标为 U_1、V_1、W_1，末端分别标为 U_2、V_2、W_2。这六个出线端在接线盒里的排列如图 2-12 所示，可以接成星形或三角形。

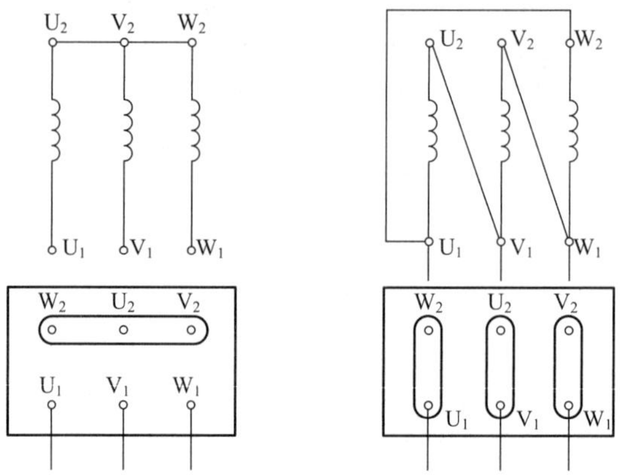

(a) 星形连接　　(b) 三角形连接

图 2-12　定子绕组的连接

（2）转子部分

① 转子铁芯　转子铁芯是用 0.5mm 厚的硅钢片叠压而成的，套在转轴上，作用和定子铁芯相同，一方面作为电机磁路的一部分，另一方面用来安放转子绕组。

② 转子绕组　异步交流电机的转子绕组分为绕线式与笼型两种。笼型绕组在转子铁芯的每一个槽中插入一根铜条，在铜条两端各用一个铜环（称为端环）把铜条连接起来，称为铜排转子，如图 2-13(a) 所示。也可用铸铝的方法，把转子导条和端环及风扇叶片用铝液一

次浇铸而成，称为铸铝转子，如图 2-13(b) 所示。100kW 以下的异步电机一般采用铸铝转子。

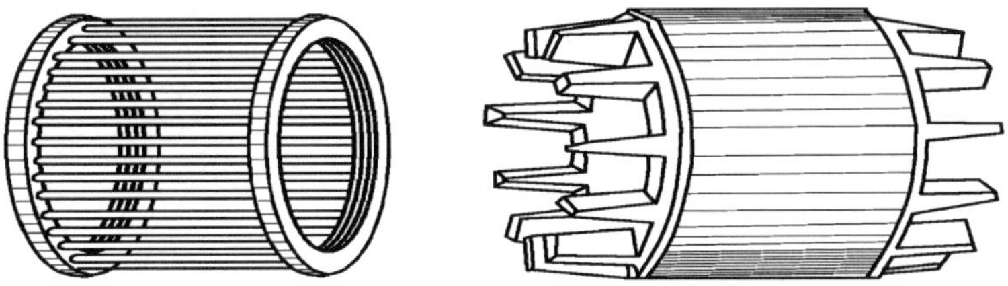

(a) 铜排转子　　(b) 铸铝转子

图 2-13　笼型转子绕组

(3) 端盖、风扇、轴承　除定子和转子外交流异步电机还包括端盖、风扇等。端盖起防护作用，在端盖上还装有轴承，用以支撑转子轴。风扇则用来通风冷却电机。三相异步电机的定子与转子之间的空气隙，一般仅为 0.2～1.5mm。气隙太大，电机运行时的功率因数降低；气隙太小，使装配困难，运行不可靠，高次谐波磁场增强，从而使附加损耗增加以及使启动性能变差。

2.3.3　交流异步电机的工作原理

(1) 三相交流电机的旋转磁场　三相异步电机转子之所以会旋转，实现能量转换，是因为转子气隙内有一个旋转磁场。下面来讨论旋转磁场的产生。

U_1U_2、V_1V_2、W_1W_2 为三相定子绕组，在空间彼此相隔 120°接成星形。三相绕组的首端 U_1、V_1、W_1 接在三相对称电源上，有三相对称电流通过三相绕组。设电源的相序为 U、V、W 初相角为零，三相交流电流波形如图 2-14 所示。

$$i_U = \sin\omega t$$

$$i_V = \sin(\omega t - 120°)$$

$$i_W = \sin(\omega t + 120°)$$

为了分析方便，假设电流为正值时，在绕组中从始端流向末端，电流为负值时，在绕组中从末端流向首端。

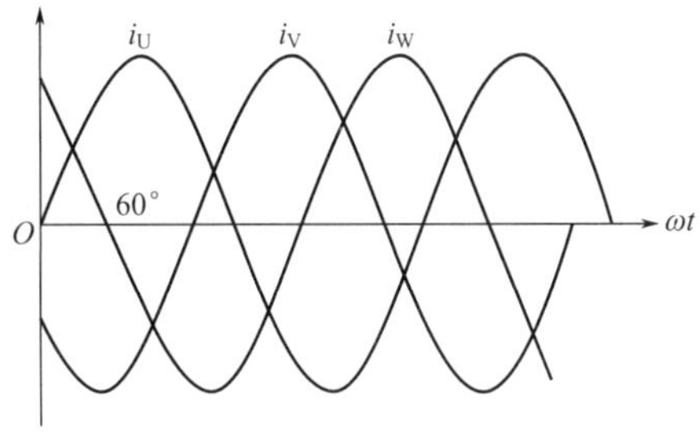

图 2-14　三相交流电流波形

当 $\omega t = 0°$的瞬间，$i_U = 0$，i_V 为负值，i_W 为正值。根据右手螺旋定则，三相电流所产生的磁场叠加的结果，便形成一个合成磁场，如图 2-15(a) 所示，可见此时的合成磁场是一对磁极（即两极），右边是 N 极，左边是 S 极。

当 $\omega t = 120°$时，即经过 1/3 周期后，i_U 由零变成正的最大值，i_V 仍为负值，i_W 已变成负值，如图 2-15(b) 所示，这时合成磁场的方位与 $\omega t = 0°$时相比，已按逆时针方向转过了 120°。同理，当 $\omega t = 240°$时，合成磁场就转过了 240°，如图 2-15(c) 所示。依此类推，当 $\omega t = 360°$时合成磁场旋转了 360°，即转了 1 周，回到图 2-15(a) 所示位置。

由此可见，对称三相电流 i_U、i_V、i_W 分别通入对称三相绕组 U_1U_2、V_1V_2、W_1W_2 中所形成的合成磁场，是一个随时间变化的旋转磁场。

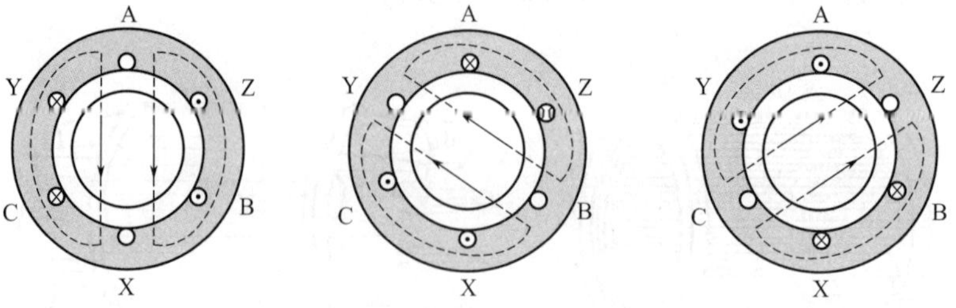

图 2-15 两极旋转磁场示意图

以上分析的是电机产生一对磁极时的情况，当定子绕组连接形成的是两对磁极时，运用相同的方法可以分析出此时电流变化一个周期，磁场只转动了半圈，即转速减慢了一半。

依此类推，当旋转磁场具有 p 对磁极时（即磁极数为 $2p$），交流电每变化一个周期，其旋转磁场就在空间转动 $1/p$ 转。因此，三相电机定子旋转磁场每分钟的转速 n_1、定子电流频率 f 及磁极对数 p 之间的关系是

$$n_1=\frac{60f}{p}$$

（2）三相电机的转动原理　图 2-16 所示为三相异步电机转动原理。三相交流电通入定子绕组后，便形成了一个旋转磁场，其转速 $n_1=60f/p$，旋转磁场的磁力线被转子导体切割，根据电磁感应原理，转子导体产生感应电动势。转子绕组是闭合的，则转子导体有电流流过。设旋转磁场按顺时针方向旋转，且某时刻上为 N 极下为 S 极，如图 2-16 所示。根据右手定则，上半部转子导体的电动势和电流方向由里向外，用⊙表示；下半部则由外向里，用⊗表示。

定子旋转磁场以速度 n_0 切割转子导体感生电动势，在转子导体中形成电流，使导体受电磁力作用形成电磁转矩，推动转子以转速 n 按 n_0 方向旋转（左手定则），并从轴上输出一定大小的机械功率。

电机内必须有一个按 n_0 旋转的磁场，实现能量转换的前提是电机运行时 n 恒不等于 n_0（异步），必要条件为 $n<n_0$，建立转矩的电流通过感应产生（图 2-17）。

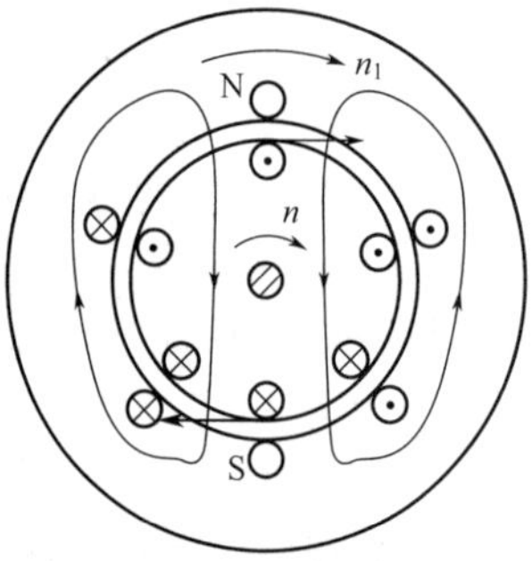

图 2-16 三相电机的转动原理

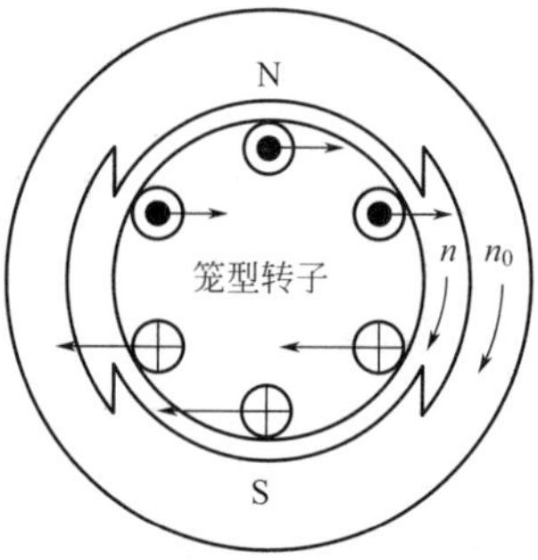

图 2-17 异步电机模型

（3）交流三相异步电机防护等级和接法

① 交流三相异步电机的防护等级　防护等级表示三相电机外壳的防护等级，其中IP是防护等级标志符号，其后面的两位数字分别表示电机防固体和防水进入的能力，数字越大，防护能力越强。例如，IP44中第一位数字“4”表示电机能防止直径或厚度大于1mm的固体进入电机内壳，第二位数字“4”表示能承受任何方向的溅水。

② 交流三相异步电机的接法　三相电机定子绕组的连接方法有星形（Y）和三角形（△）两种。定子绕组的连接只能按铭牌标注规定方法连接，不能任意改变接法，否则会损坏三相电机。

2.3.4 SLG6120EV纯电动客车交流异步驱动电机的维护及故障处理

纯电动汽车的驱动系统和电源系统是传统燃油汽车所没有的两大系统，在电动汽车的使用中，其维护检查也与传统燃油汽车有较大区别。

（1）驱动系统的检查维护

① 日常检查　定期检查电缆线、电机紧固件的紧固情况。为了使驱动电机有良好的散热，需定期清除电机表面以及风机进、出风口的尘土、纤维等杂物。

② 轴承维护　驱动电机轴承每半年补充润滑脂一次，传动端15g，非传动端20g。根据电机的运行情况和轴承的声音及发热情况，来确定是否更换新轴承。

③ 绝缘电阻的测量　当车辆很长时间搁置不用时，应测量驱动电机的绝缘电阻，其绝缘电阻值应不低于5MΩ，否则应对电机绕组进行干燥绝缘处理，以去除潮气。

④ 驱动电机散热风机的检查　使用中应每天检查风机的工作是否正常，叶轮是否有异响；并经常检查外罩的紧固螺钉是否有松动。

（2）驱动电机常见故障及处理方法

① 电机在空载时不能启动

故障现象　将上电运行开关置于ON接通位置，观察仪表显示正常，踩下加速踏板，驱动电机无反应。

处理检查方法

a. 检查电源电压是否正常。

b. 检查电机控制器是否上电。

c. 检查电机控制器是否接收到整车控制器的驱动信号。

d. 检查电机是否正常。

e. 检查电机与电机控制器之间接线是否正常。

f. 检查整车控制器是否接收到驾驶员的意图信号。

g. 检查整车控制器是否有驱动信号发出。

h. 检查整车控制器与电机控制器之间CAN总线连接是否正常。

一般故障原因

a. 电源未接通或电源电压过低。

b. 电机控制器未接收到来自CAN总线的驱动信号。

c. 驱动电机故障。

② 电机通电后嗡嗡响，不转动

故障现象　将上电运行开关置于ON接通位置，踩下加速踏板，驱动电机通电后嗡嗡响，不转动。

处理检查方法

a. 检查电源电压是否正常。

b. 检查电机是否过载或被卡住。

c. 检查电机三相中的某一相是否断线或虚接缺相。

d. 检查绕组首末端连接是否正确。

e. 检查电机定子绕组极性排序是否正确。

一般故障原因

a. 电源电压过低。

b. 电机负载过大或被卡住。

c. 电机断线或虚接缺相。

③ 电机振动

故障现象 驱动电机通电运行后运转不平稳，振动幅度较大，从而导致噪声较大。

处理检查方法

a. 不通电快速空转电机检查电机的转子动平衡情况。

b. 检查电机轴承是否磨损松旷。

c. 检查电机转子和定子之间的气隙是否均衡。

一般故障原因

a. 轴承磨损松旷。

b. 转子失去动平衡。

c. 转轴弯曲使电机转子和定子之间的气隙不均衡。

d. 电机铁芯变形。

e. 电机定子绕组故障。

④ 电机过热

电机工作温度 电机的绝缘材料按耐热能力分为 y、a、e、b、f、h、c 七个等级，其极限工作温度分别为 90℃、105℃、120℃、130℃、155℃、180℃及 180℃以上。绝缘材料的极限工作温度是指电机在设计预期寿命内，运行时绕组绝缘中最热点的温度。根据经验，a 级材料在 105℃、b 级材料在 130℃的情况下寿命可达 10 年，但在实际情况下环境温度和温升均不会长期达设计值，因此一般寿命在 15～20 年。如果运行温度长期超过材料的极限工作温度，则绝缘的老化加剧，寿命大大缩短。所以电机在运行中，温度是寿命的主要因素之一。电机各部位的温度限度：与绕组接触的铁芯温升（温度计法）应不超过所接触的绕组绝缘的温升限度（电阻法），即 a 级为 60℃，e 级为 75℃，b 级为 80℃，f 级为 100℃，h 级为 125℃；滚动轴承温度应不超过 95℃，滑动轴承温度应不超过 80℃，因温度太高会使油质发生变化和破坏油膜；机壳温度实践中往往以不烫手为准；笼型转子表面杂散损耗很大，温度较高，一般以不危及邻近绝缘为限，可预先刷上不可逆变色漆来估计。

处理检查方法

a. 用手触摸电机外壳检查是否烫手。

b. 用红外线温度检验仪检查电机各部位温度。

c. 检查风机散热是否正常。

d. 检查电机轴承转动是否卡滞或松旷，润滑脂是否脏污。

e. 检查定子绕组是否短路。

一般故障原因

a. 电机散热风扇不能正常工作。

b. 电机轴承转动卡滞或松旷，润滑脂脏污。

c. 电机定子绕组匝数缺少或匝间短路。

⑤ 电机绝缘阻值低

故障现象 驱动电机的绝缘低于标准值 5MΩ。

处理检查方法 对电机绕组进行干燥绝缘处理去除潮气和水分。

一般故障原因

a. 车辆很长时间搁置不用，在潮湿的环境中使驱动电机的绝缘电阻低于标准值 5MΩ。

b. 车辆涉水时造成驱动电机受潮造成绝缘电阻降低。

c. 长时间雨雪天气使电机绝缘电阻值降低。

2.4 永磁同步驱动电机

永磁同步驱动电机具有无刷直流电机的结构简单、运行可靠、功率密度大、调速性能好等特点，同时还具有噪声低、体积小、布置灵活、控制精度高、坚固耐用的优点。永磁同步驱动电机一般转速范围为 4000～10000r/min，是多数混合动力电动汽车和高端电动汽车驱动电机的首选类型。上海汽车集团的荣威 E50 采用的是永磁同步驱动电机，使用镍钴锰酸锂电池，匀速工况下续驶里程为 220km。荣威 E50 纯电动轿车是我国第一款自主开发的新能源纯电动汽车，采用完全自主研发、并达世界一流水平的高性能永磁同步电机。

2.4.1 荣威 E50 纯电动汽车简介

E50 可在低转速下输出高转矩，起步迅猛，0～50km/h 加速性能为 5.6s，最大功率为 52kW，峰值转矩达 155N·m。该车运用各种科技手段与技术，最大限度地减轻了车重，在欧洲 NEDC 工况下，荣威 E50 的最高有效续驶里程为 170km（匀速工况下最高可达 220km）。荣威 E50 采用了完全自主开发的电动转向系统（EPS），具有低能耗、转向精准、低速轻便、高速稳定、自回正等特点。

电动车特有的车体重心设计与传统内燃机车不同，荣威 E50 采用全新构架纯电动车平台研发，将电机与电池合理布局，实现良好的重量平衡配比，使行车操作更为灵巧，出行更为便捷，尤其适合城市使用。与传统汽油微型车相比，荣威 E50 无需过多能耗即可换来高效能，让行车成本更低，带来更多经济效益。

2.4.2 永磁同步电机的结构原理

汽车在起步、加速阶段或爬坡时需要较大的牵引力，驱动电机转速较低；在高速行驶时需要的牵引力较小，驱动电机转速较高。目前在电动汽车上使用的永磁同步电机有直流无刷永磁同步电机（BLDCM）和交流永磁同步电机（PMSM）。

(1) 永磁同步电机结构　以荣威 E50 纯电动汽车采用的直流无刷永磁同步电机为例，

其结构如图 2-18 所示，主要由定子绕组、转子磁铁和霍尔传感器三部分组成。

图 2-18 直流无刷永磁同步电机结构

定子绕组一般制成多相（三、四、五相不等），通常为三相绕组。三相绕组沿定子铁芯对称分布，在空间互差 120°电角度，通入三相交流电时，产生旋转磁场。定子绕组Y形连接成三相整距绕组。

转子采用永磁体，目前主要以钕铁硼作为永磁材料。采用永磁体简化了电机的结构，提高了可靠性，没有转子铜耗，提高了电机的效率。永磁体的弧极为 180°，永磁体产生的气隙磁场呈梯形波分布，线圈内感应电动势也是交流梯形波。

霍尔效应式转速传感器是一种小型封闭式传感器，具有性能稳定、功耗小、抗干扰能力强、使用温度范围宽等优点。其原理是在旋转物体上粘一小块磁钢，传感器固定在离磁钢一定距离内，对准磁钢 S 极即可进行测量。当磁力线穿过传感器上感应元件时产生霍尔电动势，经过霍尔芯片的放大整形后，形成电信号供控制器和二次仪表等使用。

三相永磁同步电机是从绕线式转子同步伺服电机发展而来的，采用强抗退磁的永磁体转子代替了绕线式转子，具有体积和质量小、惯性低、效率高等特点。永磁同步电机转子分为凸极式和嵌入式两类。凸极式转子将永磁体安装在转子轴的表面。凸极式永磁转子模型如图 2-19 所示。在转子轴上粘贴安装永磁体，永磁材料的磁导率十分接近空气的磁导率，所以在交轴和直轴上的电感相同。嵌入式永磁转子则将永磁体嵌入转子轴内部，如图 2-20 所示。这种类型的电机转子交轴的电感大于直轴的电感，电机除了电磁转矩外还有磁阻转矩的存在。一般电动汽车驱动电机多采用这种形式，能够利用这种磁阻转矩，通过调整和控制转矩角，用最小的电流幅值来获得最大的输出转矩。

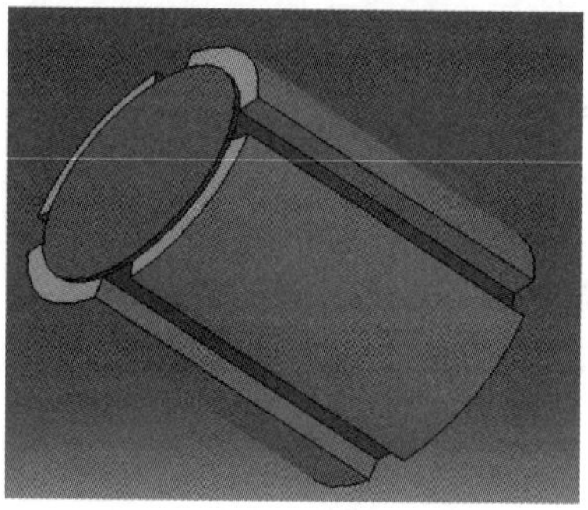
图 2-19 凸极式永磁转子

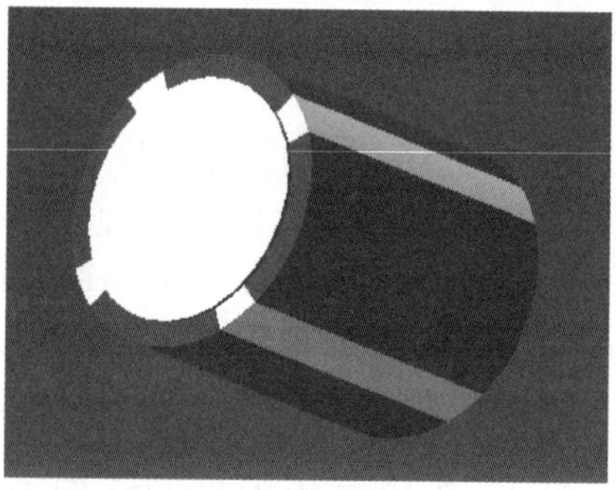
图 2-20 嵌入式永磁转子

荣威 E50 直流无刷永磁同步电机的控制方式采用两两绕组通电方式，每一瞬间有两个功率开关导通，每隔 60°换相一次，每次换相一个功率开关，每个功率开关导通 120°电角度。功率开关的导通顺序依次为 VF_1VF_2—VF_2VF_3—VF_3VF_4—VF_4VF_5—VF_5VF_6—

VF_6VF_1—……如图 2-21 所示。三只霍尔集成电路传感器按相位差 120°安装在电机尾端，用以检测转子的位置。

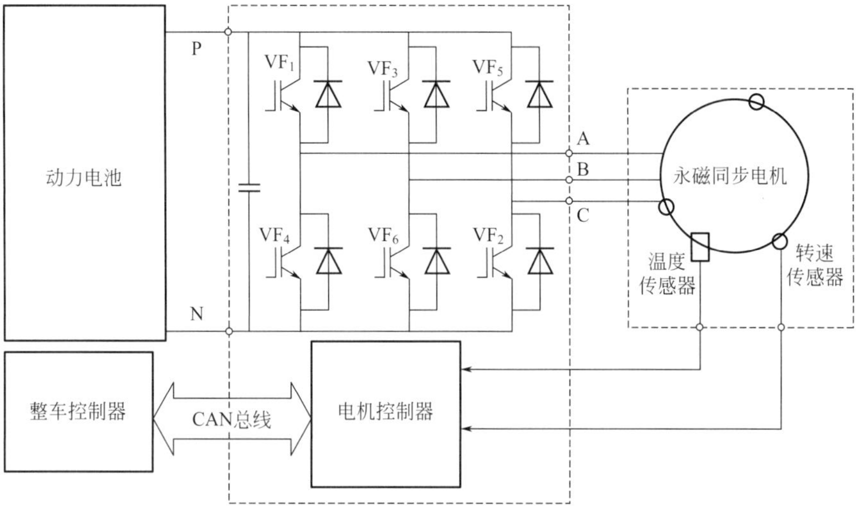

图 2-21 电机通电控制电路原理

(2) 永磁同步电机的原理 车辆上动力电池提供的直流电经驱动电路（IGBT），变换为电压幅值和频率可调的三相交流电，驱动电机运转；同时检测当前的转子位置信号，对电机的相电流进行实时采样，并送入驱动电机的控制器，电机控制器根据整车需求转矩指令、运行模式和旋转方向，并根据反馈得到的电机转子位置信号，控制电机驱动产生所需要的三相交流电，从而实现电机的正常运转。

永磁同步电机的转速控制分为两个阶段：低速阶段，通电后随着电压的升高电机转速从零开始上升到一定转速，同时端电压也上升直至达到最大值；高速阶段，端电压达到最大值后若希望再继续升高转速，就必须降低电机的励磁电流，使磁场减弱，才能保持转子所产生的电动势和电压平衡。由于永磁同步电机的励磁电动势由永磁体产生，所以无法调节，只有通过调节定子电流，即增加定子直轴的去磁电流分量，来维持电机高速运行时的电压平衡，从而达到弱磁增速的目的。

弱磁控制的目的是提高驱动电机转速，在进行弱磁控制时必须确定弱磁控制的转速区域，即确定何时进行弱磁控制。电机控制器的电流饱和是由于电机的反电动势升高，当电机端电压达到逆变器能够输出的最高电压时，电机电流不能跟随给定电流而引起的。当电流调节饱和后，电机的功率随转速先增大后减小。

电机转速公式为

$$n=\frac{U-\Delta U}{K_e}-\frac{R}{K_eK_T}T_a$$

式中 n——电机转速，r/min；

U——电源电压，V；

ΔU——功率开关压降，V；

K_e——电动势系数；

T_a——电机产生的平均电动转矩，N·m；

K_T——转矩系数；

R——电机的内阻。

例 某电动汽车的驱动电机，采用嵌入式转子结构，其额定电压为336V，额定转速为3000r/min，定子电阻 R_s 为0.05Ω，直轴电感 L_d 为0.635mH，交轴电感 L_q 为1.635mH，永磁体磁通 Φ 为0.192Wb，极对数为4。如图2-22所示，永磁电机的转速在0.05s内由零上升至500r/min，若采用普通控制方式，电机转速最高只能达到3000r/min，实施弱磁控制后电机转速在0.2～0.3s内上升至6000r/min，最后稳定运转在6000r/min。该电机的外特性曲线如图2-23所示，从外特性曲线看出，电机在小于额定转速时基本保持恒转矩输出；在大于额定转速时则恒功率输出，转矩下降；在进入弱磁控制模式高速运转时，转矩和功率均下降。

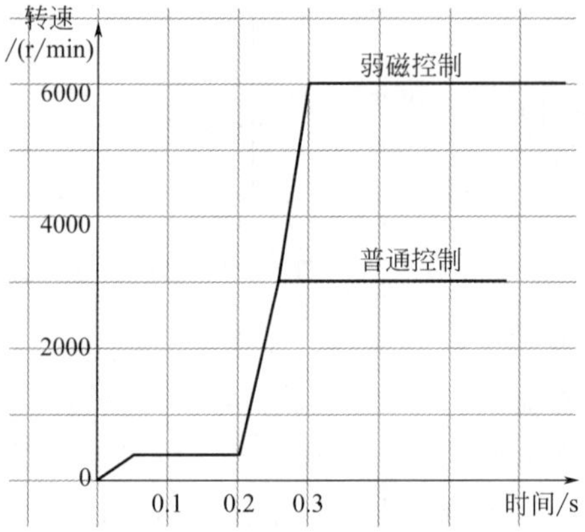

图2-22 永磁同步电机有无弱磁控制转速示意图

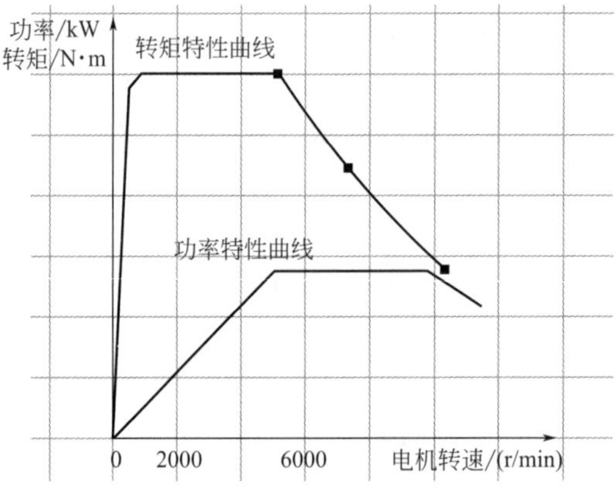

图2-23 永磁同步电机外特性曲线

2.5 电动汽车的制动

制动系统的作用是根据需要使汽车减速或在最短的距离内停车，以确保行车安全，并保障汽车停放可靠不能自动滑移。电动汽车的制动系统在传统燃油汽车液压制动系统的基础上增加了制动能量回收功能。汽车制动系统一般至少装用两套各自独立的装置：一套是行车制动装置，主要用于汽车行驶中的减速和停车；另一套是驻车制动装置，主要用于停车防止滑移。有的汽车还装有紧急制动装置和安全制动或辅助制动装置，高级汽车还装有制动力调节装置、报警装置、压力保护装置等。汽车两套制动装置都由制动器和操纵制动器的传动机构两部分组成。行车制动器主要由旋转部分、固定部分、张开机构和调整机构组成。旋转部分是固定在轮毂上并与车轮一起旋转的制动鼓；固定部分主要包括制动蹄和制动底板；张开机构是液压制动轮缸或气压制动凸轮；调整机构主要由偏心支承销和调整凸轮组成。

电动汽车制动系统具有制动能量回收功能，其工作原理是，当车辆行驶时松开加速踏板后，驱动电机在惯性的作用下仍在旋转，当电机转速下降至车轮转速以下，车轮带动电机旋转，此时原来的驱动电动机转变为发电机。动力电池管理系统（BMS）根据电池充电特性曲线（充电电流、电压变化和电池容量的关系）以及采集的电池温度等参数，计算出相应的允许最大充电电流。电机控制器根据电池的最大允许充电电流，控制 IGBT 模块使发电机定子线圈旋转磁场的角速度与电机转子的角速度保持到发电电流不超过电池允许的最大发电电流，以调整发电机向动力电池充电的电流，同时也控制了车辆的减速度。当踩下制动踏板时，反馈电流在驱动电机控制器的调节控制下充入高压动力电池（此时驱动电机作为发电机工作）。当驾驶员感觉车速下降较慢，制动效果不理想时，继续踩下制动踏板，液压制动系统进入工作状态。

继续踩下制动踏板通过推杆和主缸活塞，使主缸内的油液产生一定压力后流入轮缸，进而推动轮缸活塞，使两制动蹄绕支承销转动，上端向两边张开而使其摩擦片压紧在制动鼓的内圆面上。不旋转的制动蹄就对旋转的制动鼓产生一个摩擦力矩，其方向与车轮旋转方向相反。这时，制动鼓将该力矩传到车轮。由于车轮与路面间的附着作用，车轮对路面作用一个向前制动力即周缘力，同时，路面也对车轮作用于一个向后的反作用力，即制动力。制动力由车轮经车桥和悬架传给车架及车身，迫使汽车减速或停止。

当放松制动踏板时，油液流回主缸，在各回位弹簧作用下，制动蹄与制动鼓又恢复了原来的间隙，从而制动作用解除。

电动汽车制动能量反馈回收的原则：能量回收制动不能干预 ABS 的工作；在 ABS 进行制动力调节时，制动能量回收系统不工作；当 ABS 报警时，制动能量回收系统不工作；当电机驱动系统有故障时，制动能量回收系统不工作。宝马 i3 为宝马集团第一款纯电动批量生产的车型，已于 2013 年的第四季度上市。宝马 i8（代码 I12）以其独特的插电混合动力方案，使内燃机和电机驱动装置共同形成独特的驾驶体验，同时实现了非常低的油耗和排放量。这两种车型都采用了高电压系统和制动能量反馈回收系统。

2.5.1 液压制动系统

宝马 i 系电动汽车采用对角分布式双回路液压制动系统，即左前制动器和右后制动器共使用一组制动回路，右前制动器和左后制动器共使用另一组制动回路。当一组制动回路失灵时，可通过另一组回路产生制动力，还可在制动过程中进行车桥负荷的动态分配，使前桥较后桥承担更多的制动压力。制动系统液压回路如图 2-24 所示，由制动总泵、制动液压控制总成和 4 个制动分泵组成。

液压制动系统的一般工作原理是，当驾驶员踩下制动踏板时，制动总泵内的油压上升，

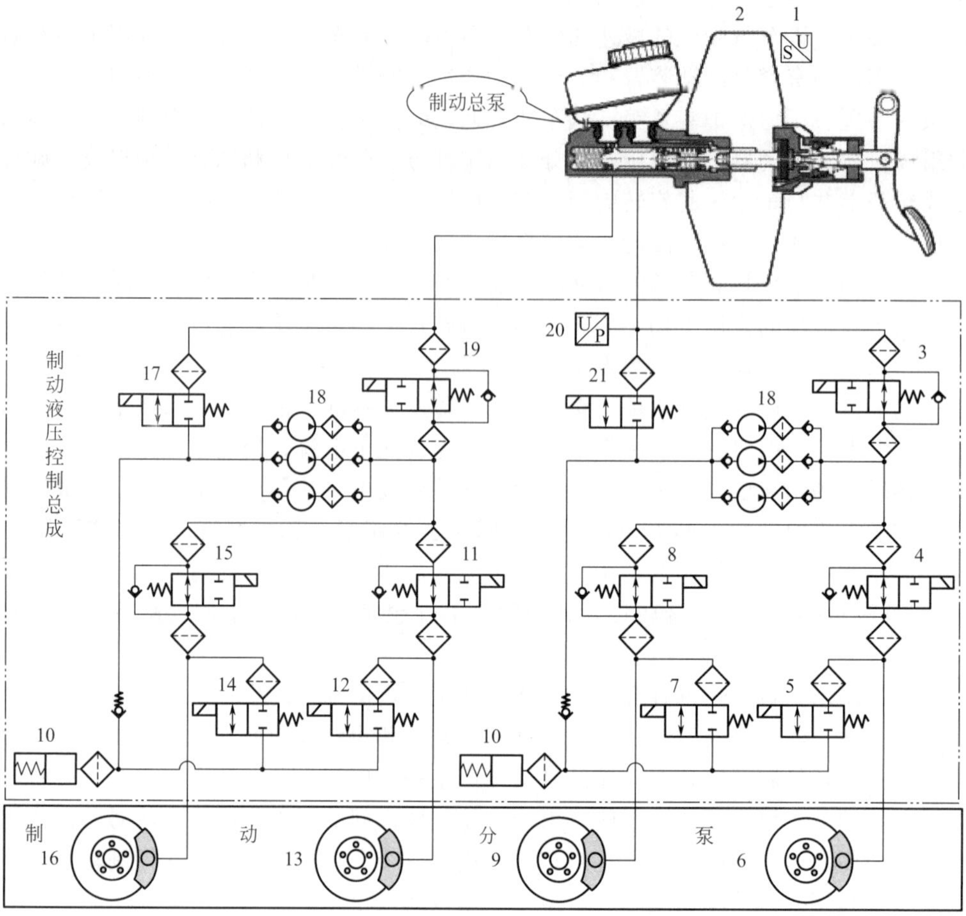

图 2-24 宝马 i 系电动汽车的制动系统液压回路

1—制动踏板角度传感器；2—制动总泵；3—制动回路Ⅰ隔离阀；4—右前输入阀；5—右前输出阀；6—右前车轮制动器；7—左后输出阀；8—左后输入阀；9—左后车轮制动器；10—蓄压器；11—右后输入阀；12—右后输出阀；13—右后车轮制动器；14—左前输出阀；15—左前输入阀；16—左前车轮制动器；17—制动回路Ⅱ转换阀；18—液压泵；19—制动回路Ⅱ隔离阀；20—制动压力传感器；21—制动回路Ⅰ转换阀

通过管路和阀门到达车轮制动器制动分泵，制动分泵内的油压升高使制动摩擦片紧压在制动盘上，使车轮带动旋转的制动盘转速减慢，直至停止运转。

宝马 i 系电动汽车制动系统，在普通液压制动系统的基础上增设了制动能量回收功能，下面以图 2-25 中一个车轮制动器为例介绍制动能量回收时，液压控制总成 DSC 单元内的工作流程。

情况一为纯制动能量回收阶段。当踩下制动踏板时由制动总泵的串联制动主缸 5 排出的制动液，通过隔离阀 6、输入阀 7、输出阀 8 收集在液压控制总成 DSC 单元的一个低压蓄压器 2 内；通过制动踏板角度传感器读取驾驶员的制动要求，再通过 FlexRay 数据总线将相关信息发送至动力电子系统（DME），DME 将制动力矩分配给高电压的动力发电一体机，将制动力矩转换成电能进行回收。液压压力情况如图 2-25(a) 所示。

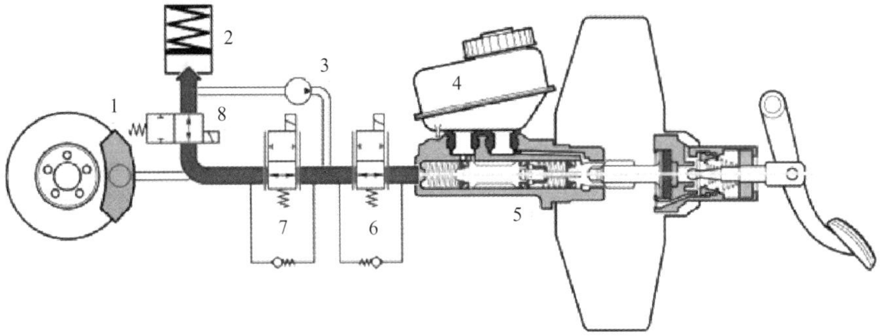

(a) 情况一

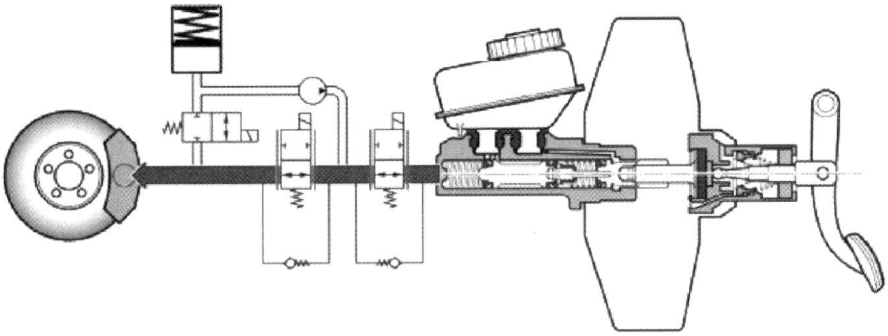

(b) 情况二

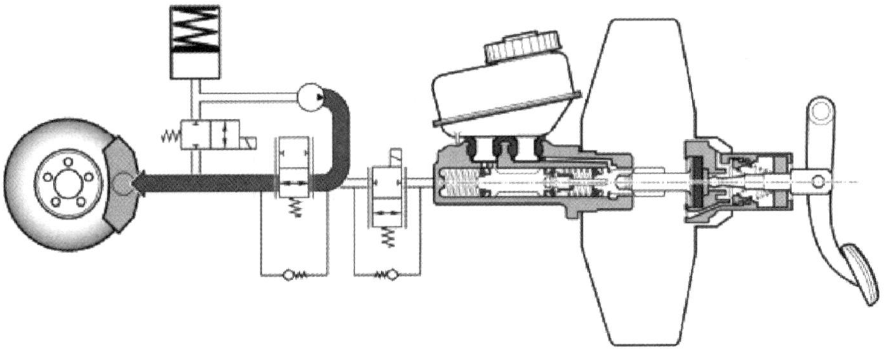

(c) 情况三

图 2-25 制动能量回收时液压控制

1—车轮制动器；2—低压蓄压器；3—液压泵；4—制动液补液罐；
5—串联制动主缸；6—隔离阀；7—输入阀；8—输出阀

情况二为能量回收和液压制动同时进行阶段。如果达到了发电模式下的最大制动功率，且制动踏板行程继续增大，就会关闭输出阀 8 并产生液压压力，这样会使电机和液压制动器的制动效果叠加。液压压力情况如图 2-25(b) 所示。

情况三为关闭制动能量回收阶段。如果出现故障导致能量回收式制动突然失效，系统就会立即通过液压控制总成 DSC 液压单元内的液压泵 3 将收集在低压蓄压器内的制动液输送至车轮制动器 1，并产生当前减速度要求所需要的制动压力。由于隔离阀 6 的单向关闭作用，使驾驶员在操作制动踏板时不易觉察，并随时可提高制动力达到车辆的减速制动停车需求。液压压力情况如图 2-25(c) 所示。

宝马 i 系电动汽车制动系统使用较大制动踏板行程实现制动能量回收，但当车速超过 160km/h 时系统限制不再进行制动能量回收利用，以免相关组件过载。在车辆低于 10km/h 时系统限制也不再进行制动能量回收利用，来确保行驶的舒适性。在车速为 10～160km/h 的运行区间通过前后两个车桥进行制动能量回收时，利用纯电机制动方式可以实现最高约 2.5m/s^2 的制动减速度，同时仪表盘上会点亮制动系统能量回收警告灯。

2.5.2 制动真空助力系统

宝马 i 系电动汽车制动系统以纯电动方式产生真空来实现制动真空助力。制动真空助力系统由电动真空泵 1、制动稳态控制系统（DSC）2、真空度传感器 4 及真空管路 3 和制动助力真空气室 5 等组成，如图 2-26 所示。其工作原理是，电机控制装置（EME）为真空度传感器供电，传感器将大气压力和检测到的制动助力真空气室内的压力差信号转换为电信号，发送至 EME 控制器进行处理。EME 根据分析真空度传感器信号和不同行驶状态参数（车速）决定是否接通电动真空泵，EME 控制电动真空泵不会持续接通或关闭，而是在达到所需最小真空压力前保持接通状态。

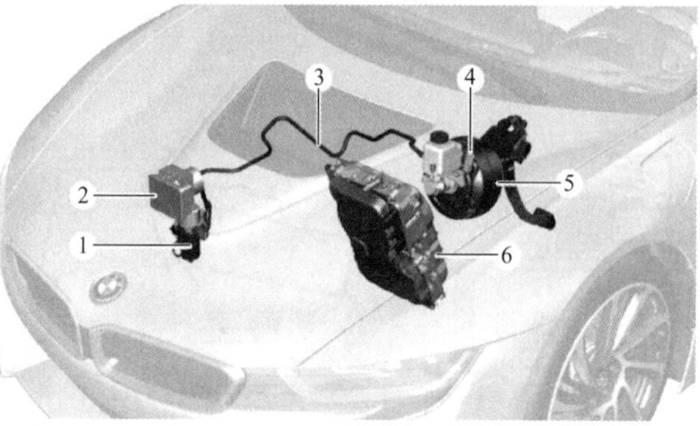

图 2-26 制动真空助力系统

1—电动真空泵；2—制动稳态控制系统（DSC）；3—真空管路；
4—真空度传感器；5—制动助力真空气室；6—电机控制装置 EME

电机控制装置（EME）用一个输出级（半导体继电器）接通或关闭电动真空泵的 12V 电源，接通电流最高可达 30A。EME 为了保护输出级和电源线，通过电子方式限制电流强度。EME 仅负责接通和关闭电动真空泵，不对电动真空泵进行功率和转速控制。制动真空助力系统的控制逻辑关系如图 2-27 所示，图中 A 表示输入信息，B 表示输出信息，C 表示输出电压。

真空助力系统出现故障时，在仪表的制动故障警告灯下面会出现 BRAKE，以提醒驾驶员制动系统出现故障。真空助力系统出现故障有以下两种情况。

当真空度传感器失灵时，电机控制装置（EME）不能收到有关制动助力器内真空度的信息，此时由制动稳态控制系统（DSC）通过制动压力传感器和制动开关信号等信息模糊控制真空泵。由于缺少真空度传感器的信息，无法根据需要进行调节，EME 根据时间模型识

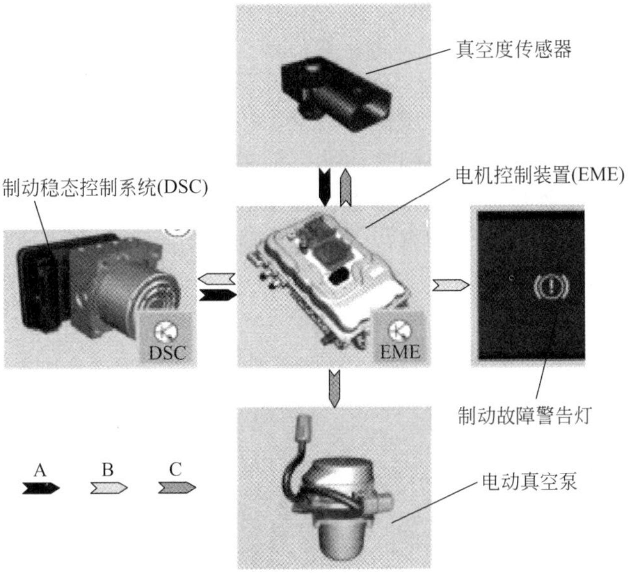

图 2-27 制动真空助力系统的控制逻辑关系

别出制动要求后接通电动真空泵开关，制动开关信号消失后关闭电动真空泵开关。

当电动真空泵失灵时，无法产生真空助力器所需的真空，当识别出制动要求时就会启用制动稳态控制系统（DSC）的功能补偿缺少的制动助力，实施 DSC 液压制动助力。

2.5.3 主要部件介绍

（1）制动器 如图 2-28 所示，宝马 i 系电动汽车制动器采用内通风型结构制动盘。通过

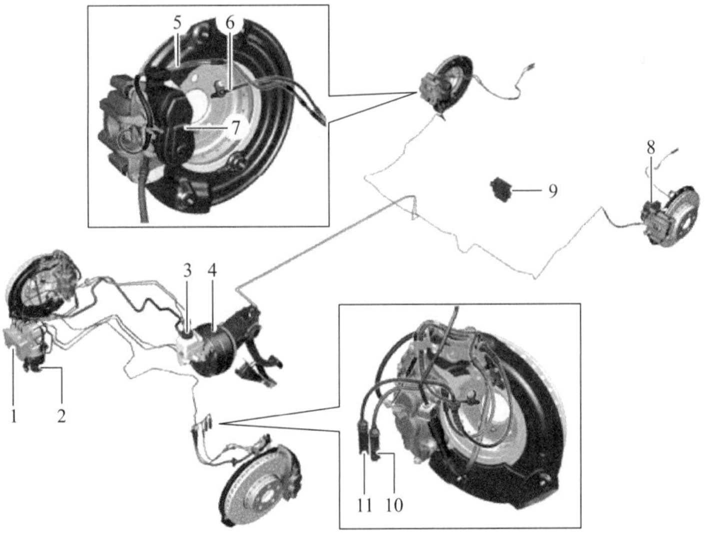

图 2-28 制动系统及制动器

1—制动稳态控制系统（DSC）；2—电动真空泵；3—制动液补液罐；4—制动助力真空气室；5—后制动摩擦片传感器；6—右后车轮转速传感器；7—右侧电动机械式驻车制动器；8—左侧电动机械式驻车制动器；9—电动机械式驻车制动器控制单元（EMF）；10—前制动摩擦片传感器；11—左前车轮转速传感器

电机模式制动可以实现无磨损制动运行，因此制动盘和制动摩擦片受到的磨损比传统车辆要小，可适当减薄其厚度。

（2）制动总泵　如图 2-29 所示，宝马 i 系电动汽车制动总泵由串联式液压制动主缸、带液位传感器的储液器、制动助力真空气室及真空度传感器等组成。其工作原理是当驾驶员踩下制动踏板时，总泵活塞向前移动关闭旁通孔，活塞前面建立油压，然后通过管路将油压输送到制动分泵；松开制动踏板时，总泵活塞在油压和回位弹簧的作用下回位，制动系统压力下降，活塞回位后多余的油回到储液器内；连续两脚制动时，油壶的油从补偿孔进到活塞前面，活塞前面的油增多使制动力增加。

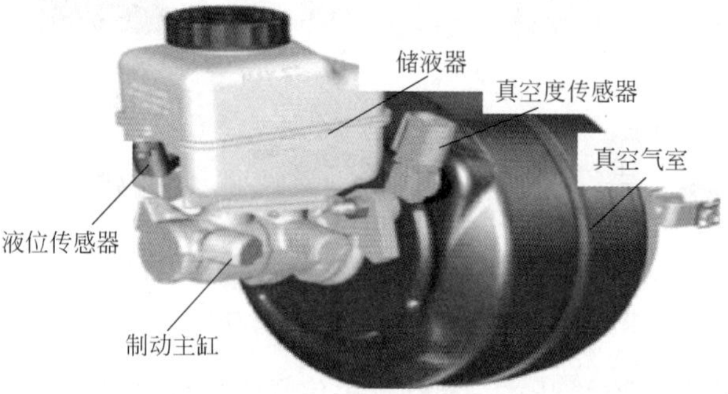

图 2-29　制动总泵

（3）电子驻车制动器　宝马 i 系电动汽车带有电子式驻车制动系统，如图 2-30 所示。EMF 控制单元接收驻车制动按钮发出的驻车指令，要求拉紧电动驻车制动器时，EMF 控制单元检查当前车辆状态下是否满足 EMF 执行机构的工作条件，若满足条件 EMF 就会指令电机工作对其进行相应的控制。

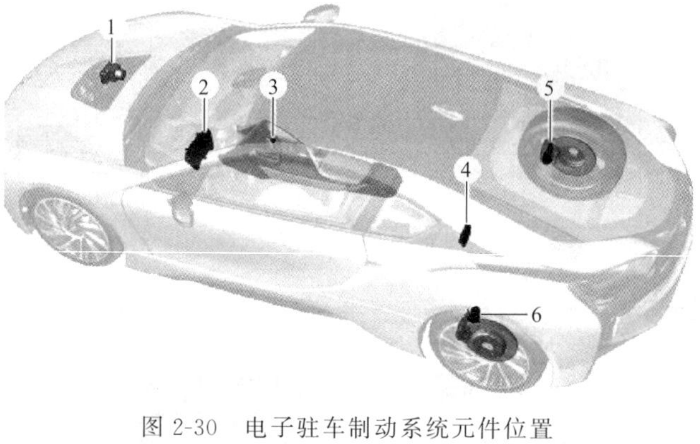

图 2-30　电子驻车制动系统元件位置

1—制动稳态控制系统（DSC）；2—组合仪表 KOMBI；3—驻车制动按钮；4—EMF 控制单元；5—右侧驻车制动器执行机构；6—左侧驻车制动器执行机构

车辆制动静止后，上拉驻车制动按钮（图 2-31），电动机械式驻车制动器的两个执行机构，通过驻车制动器防止溜车。

在车辆行驶期间上拉驻车制动按钮（图 2-31），信号会通过制动稳态控制系统（DSC）执行规定的动态紧急制动系统程序，实施紧急车辆制动减速停车。在行车期间操作电子驻车制动按钮相对于传统机械式驻车装置拉起手制动停车是安全可靠的，因为操作电子驻车按钮制动稳态控制系统（DSC）进行驻车制动是通过液压制动压力作用在车辆的四个车轮制动器上，DSC 功能完全启用且制动信号灯点亮，通过四个轮速传感器监控所有车轮的滑移值，从而确保车辆稳定制动直至停车，车辆静止后电动机械式驻车制动器的两个执行机构，通过驻车制动器防止溜车。

图 2-31 上拉驻车制动按钮

为防止无意操作驻车制动器而导致意外溜车，向下按下驻车制动器按钮后可松开驻车制动器的条件是接通上电开关（点火开关），操作制动踏板或将变速杆置于驻车挡。在车辆起步时无需通过操作驻车制动器按钮，即可自动松开驻车制动器。驻车制动器松开后，组合仪表内的红色指示灯Ⓟ就会熄灭。自动松开驻车制动器的条件：所有车门关闭；系上驾驶员安全带；接通上电开关建立行驶准备；挂入行驶挡位；操作加速踏板。

电子驻车制动器的优点：取消了中控台处的驻车制动拉杆，节省了装备空间；可随时正确调节制动摩擦片的压紧力；驾驶员在起步时自动松开驻车制动器，省去了手动操作步骤；在制动踏板失灵时可通过驻车制动开关，实施平稳的紧急制动。

第3章 动力电池及动力电池管理系统

我国在十二五发展规划中已把发展电动汽车作为汽车产业升级换代的方向，电动汽车已被明确定为国家战略，并陆续出台了各种优惠扶持政策。经过数年的努力，一批富有创新精神的企业在几乎所有电动汽车的关键技术环节上取得了突破，并已经具备了初步的竞争能力，其中动力电池是发展电动汽车关键的技术环节之一。

3.1 动力电池简介

3.1.1 电动汽车对动力电池的要求

① 动力电池能量密度要高。目前电动汽车上使用动力电池的质量能量密度和体积能量密度都很低，其中铅酸电池质量能量密度为35～40W·h/kg，镍氢电池质量能量密度为60～80W·h/kg，锂离子电池质量能量密度为150～180W·h/kg，而汽油的质量能量密度为10000～12000W·h/kg，一辆轿车携带50kg汽油可行驶600km，而同样的轿车若携带400kg的动力电池只能行驶100～300km。

② 动力电池快速充电接受能力要高。以目前电池的充电接受能力及智能充电设备，很难做到在3～5min内快速地为蓄电池充足电。目前锂离子电池为了安全及保障电池的使用寿命，最多使用0.15C～0.2C的充电率进行充电，需要5～8h方可将全放电的蓄电池充满电。快速充电时要能接受数百安甚至上千安的脉冲充电电流，可在10～30min内充满动力电池80%的容量。

③ 动力电池在颠簸振动、深度放电时不影响寿命。电动汽车的使用环境复杂，在使用中受到颠簸振动、高温低温、深度放电是不可避免的，不能因此而影响电池的使用寿命。

④ 动力电池的价格要便宜。目前在电动汽车上使用的动力电池中最便宜的是铅酸动力电池，但该电池能量密度低，使电动汽车的续驶里程短。其他像锂离子电池、燃料电池、锌铝电池等价格均较高，再加上电池管理系统（BMS）价格就更高，几乎占整车成本的三分之一到一半左右。电动汽车要普及，除国家进行补贴外动力电池及管理系统成本降低是关键。

3.1.2 车用动力电池的分类

电动汽车用动力电池根据容量大小和输出功率，可分为能量型动力电池、功率型动力电池、能量和功率兼顾型动力电池三类。

（1）能量型动力电池　通常具有较大的容量，能够提供较持久的电力，常用于纯电动汽车和插电式混合动力电动汽车。不仅能够提高纯电动汽车的续驶里程，降低污染物的排放，还能在车辆制动时回馈吸收部分制动能量。

（2）功率型动力电池　容量可以比较小，但需要在瞬间能提供大功率大电流输出。最典型的就是超级电容器，既能大电流对外放电又能大电流吸收制动回馈能量，便于电动汽车的启动、爬坡、加速和制动回馈能量。

（3）能量和功率兼顾型动力电池　能较长时间提供大功率输出，也能接受大功率输入，主要运用于插电式混合动力汽车上。

3.1.3 动力蓄电池

蓄电池是一种可逆的直流电源，既能将化学能转变成电能，又能将电能转变成化学能，用作电动汽车的电能储存装置。电动汽车就是依靠蓄电池来供应能源，由电动机进行驱动行驶的汽车。电动汽车的蓄电池有铅酸电池、硅酸盐电池、镍氢电池、镍镉电池、锂离子电池、锌镍电池、铝空气电池等。就现有电动汽车市场对动力蓄电池的使用情况来看，主要有铅酸电池、镍氢电池和锂离子电池三种。密封阀控式铅酸电池在动力电池中技术最成熟、历史最悠久、性价比最高，但比能量低（参与电极反应的单位质量电极材料放出电能的大小称为该电池的比能量）。随着国家对新能源电动汽车的扶持，在新型蓄电池中镍氢电池和锂离子电池分别以其各自的性能和技术优势快速发展。

（1）铅酸电池　自 1859 年发明以来，其使用和发展有一百五十多年的历史，早期就是运用于电动汽车的。由于铅酸电池技术成熟、可靠性好，原材料容易获得，价格便宜，比功率也基本上能够满足电动汽车的动力要求，因此在早期的电动汽车和现代微型电动汽车上广泛使用。

（2）镍氢电池　是 20 世纪 90 年代发展起来的一种绿色无污染碱性蓄电池。镍氢动力电容电池由不锈钢壳体、正极板、负极板、隔膜、电解液等组成。正、负极板分别由镍类活性物质、稀土合金粉与活性炭制备而成。隔膜以纤维形式构成。电解液由碱性材料按一定配比构成。镍氢电池的电能储备和使用寿命远优于阀控铅酸电池，且不含铅、镉等重金属。目前主要是用在电动公交车、电动旅游观光车、电动工具车和铁路等系统，还使用在坦克、潜艇等军事装备中。在丰田普锐斯 Prius 等部分混合动力车中也广泛使用这种电池。

（3）锂离子电池　是指以嵌入锂化合物为正极材料的蓄电池的总称。由日本索尼公司在 1990 年向市场推出，属于世界上最新一代充电电池。与其他电池相比，锂离子电池能量密度更高，循环寿命更长，且无污染、无记忆效应，被视为未来理想的动力源之一。但锂离子电池正极嵌入锂化物使电池价格过高，不便于普及使用。大规模用于电动汽车，使锂离子电池低价格化成为最大的问题和最重要的发展目标。

（4）燃料电池　电能来源于氢气和空气中的氧气，在催化作用下经电化学反应生成。燃料电池的能量转换效率高出内燃机的 2～3 倍，且排放物只有水，没有污染。从能源利用和环保的角度考虑，燃料电池是车用电池中最有效的解决方案，但价格高。目前燃料电池最适合在汽车上使用的是质子交换膜燃料电池（PEMFC，Proton Exchange Membrane Fuel Cell）。由于质子交换膜只传导质子，氢质子通过质子交换膜直接到达阴极，而电子通过外电路才能到达阴极。当闭合外电路电子通过外电路流动时，直流电便产生了。上海燃料电池动力系统有限公司已成功研制了3代超越系列燃料电池纯电动汽车，并参加了6界世界新能源汽车挑战赛，取得了好成绩。燃料电池汽车具有噪声小、运行平稳、显著提高燃料的利用率等优点，受到各国研发机构的高度重视。但氢的存储和质子交换膜的成本过高，是普及发展燃料电池汽车的瓶颈。

除了上述的蓄电池、燃料电池外，还有与蓄电池和燃料电池搭配混合使用的超级电容器（Supercapacitors）和飞轮电池（Flywheel Battery）。超级电容器又称黄金电容、双层电容，由电极、电解质、隔膜连接柱和排气阀等组成，是借助电极表面快速的氧化还原反应来储存电能的一种储能装置。由于在储能过程中不发生化学反应，而且储能过程可逆，所以它是一种物理性的储能电源。超级电容器的主要特点是，功率密度比蓄电池高、充电快、循环使用寿命长、绿色无污染，但自放电快、储存电能的时间短。目前在汽车上使用的是碳电极超级电容。另外一种物理方式的储能装置就是飞轮电池，其组成部分主要有飞轮、电动机、超导磁悬浮轴承、电力电子转换器等，其中飞轮是核心部件，通过电动机将外部系统能量转换为飞轮的动能储存起来。1992年美国飞轮系统公司（AFS）开发了一种用在汽车上的机-电电池（EMB），电池内部的飞轮及转子等旋转部分如图3-1所示。电池内部的飞轮及转子等旋转部分全部安装在密闭的真空金属池内，每个“电池”长18cm，直径为23cm，质量为23kg。电池的核心是一个以2×10^5r/min旋转的碳纤飞轮，每个电池储能为1kW·h，将12个“电池”放在IMPACT轿车上，能使该车以100km/h的速度行驶480km。机-电电池总质量为273kg，若采用铅酸电池，则总质量为396kg。机-电电池所储的能量为铅酸电池的2.5倍，使用寿命是铅酸电池的8倍，且它的“比功率”（即爆发力）极高，是铅酸电池的25倍，是汽油发动机的10倍，它可将该车在8s内由静止加速至100km/h。

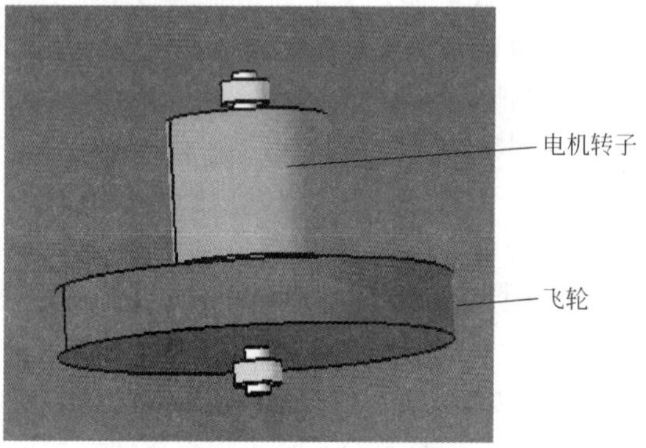

图3-1 飞轮电池内部旋转件

3.2 动力电池成组、故障及安全防护

无论是哪一种电池，单体（节）电池的容量和电压都不能满足汽车的实际需要，因此许多电池都组合成电池组装入箱体形成整体动力电池组来使用。

3.2.1 动力电池成组方式

电池组的组合方式主要有串联、并联和混联（串并结合）三种方式。

电池采用串联方式通常是为了满足高电压的工作需要。电池串联使用时电池组电压为单体电压倍数，例如普通燃油汽车使用的12V蓄电池，就是由6个单格电压为2V的蓄电池串联起来组合而成的。串联电池组的容量取决于所串联单体电池中容量最低者。

电池采用并联方式通常是为了满足大电流的工作需要。电池组的容量为单体电池容量的倍数，n只电池并联容量便为n倍。电池组的标称电压为单体电池的标称电压，若电池组单体电池电压不均匀，则电池组的额定电压取决于单体电池中的电压最低者。并联电池组的内阻，理论上为单体电池的 $1/n$，但实际通常都大于这个数值。

混联也就是一个电池组中既有串联又有并联的组合方式。混联是为了满足电池组既要高电压又要大电流的输出要求。先串后并还是先并后串由电池组的实际需要决定。

3.2.2 动力电池组的成组技术

电动汽车所用的电池必须具有性能好、成本低、寿命长等特点，但是即使性能最好的电池，组合成电池组后也可能导致动力电池组整体性能下降、寿命降低、安全性能变差。动力电池组由动力电池模块组成，电池模块又由多个单体电池组成，电池装在一个有电子控制和热控制的箱体内，箱体内还设有电池管理系统和与车辆其他部分的接口设施。每个电池模块也有独立的包装、热控制以及机械和电子设备，如图 3-2 所示。

图 3-2 动力电池箱及内部设施

(1) 电池组的热管理系统 电动汽车使用的动力电池在工作时会有发热现象，不同的蓄电池其发热程度各不相同，有的蓄电池采用自然通风就可满足电池组的散热要求，但有的电池必须采用强制通风冷却或液体冷却，才能保证电池组正常的工作。另外在电动汽车上，由于动力电池组的各个电池或各个电池模块布置在车架不同的位置上，各处的散热条件和周围环境不同，这些差别也会对电池的充、放电性能和使用寿命造成影响。为了保证每个单节电池都能有良好的散热条件和环境，将动力电池组装在一个强制的冷却系统中，使各个电池的温度都保持一致或相接近，利于动力电池组整体性能的发挥和寿命的延长。根据动力电池组在汽车上的布置，在设置温度管理系统时，应首先合理安排动力电池组的支架，要求便于动力电池组及模块安装，能够实现机械化装卸，并便于各种线束的连接。动力电池组的位置和形状确定后，再设计通风管道、风扇、动力电池组和温度传感器等。动力电池组的水平排列式强制通风冷却系统如图 3-3 所示。

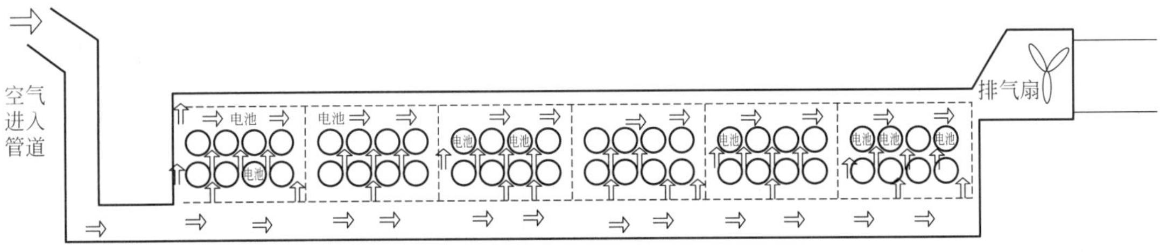

图 3-3 动力电池组的水平排列式强制通风冷却系统

（2）动力电池的不一致性　是指统一规格型号的单体电池组成动力电池组后，其电压、荷电量、容量及其衰退率、内阻及其变化率、寿命、温度影响、自放电率等参数存在着一定的差别。电动汽车动力电池组长期工作在动态负载下，各电池单体散热条件的不一致，会增加电池组内电池的不一致性。电池的自放电率和充放电率会随着循环次数的增加而发生性能衰减，这也会增加不一致性。电池的过充电和过放电，则会更大程度地增加动力电池的不一致性。根据电动汽车电池不一致性扩大的原因和对动力电池组性能的影响，可把电池的不一致分为容量不一致、电压不一致和温度不一致三种类型。

① 容量不一致　电池在出厂前的分选试验，可以保证单体电池的初始容量在分组后不一致性较小，但依然存在。在使用过程中是通过对单体电池的单独充放电来调整单体电池容量，使其差异保持较小。所以初始容量不一致是电动汽车动力电池成组使用后的主要问题。动力电池的使用容量受电池循环次数的影响较为明显，越接近电池寿命后期，实际容量的差异就越大，不一致性就越明显。锂离子电池充放电循环次数对容量的影响如图 3-4 所示。

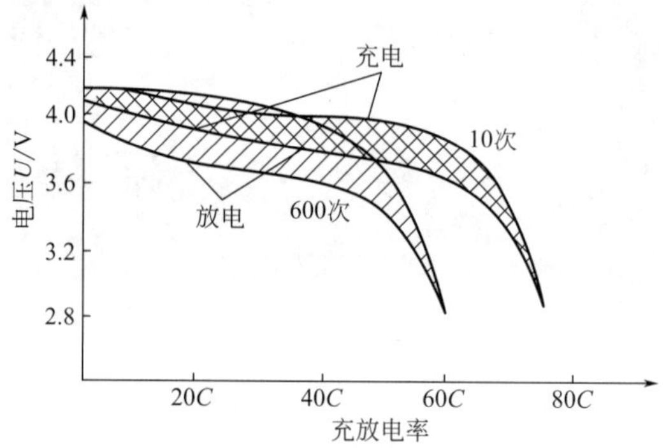

图 3-4　锂离子电池充放电循环次数对容量的影响

可以看出，随着循环次数的增加电池容量在减少，在充电过程中恒压时间在加长，电池再放出同样能量的电压有所下降。例如同样放出 40A・h 的电量，循环 10 次时电压是 3.75V 而循环 600 次时电压是 3.5V，这主要是电池内阻随电池充放电次数的增加而增大所致。电池容量的衰减与电池的储存温度、电池荷电状态（SOC）等因素有关。据有关测试，SOC 为 100%的电池在 40℃环境下保存 1 年后容量衰减 30%。另外，电动汽车动力电池容量不一致还与放电电流有关。

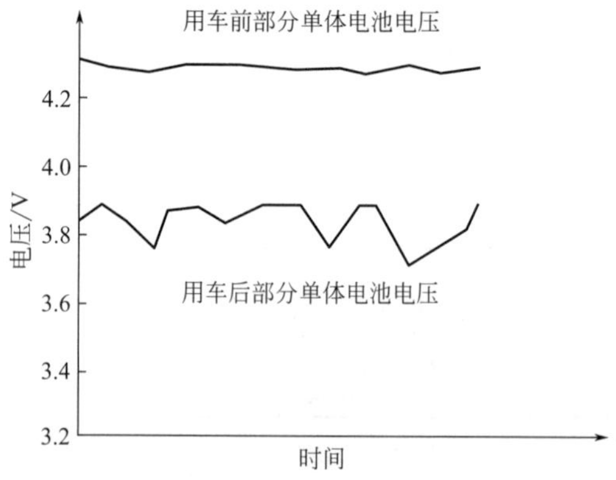

图 3-5　用车前后动力电池电压不一致的情况

② 电压不一致　电压的不一致是电池组不一致性最为直观也最容易测量的表现形式，分为开路电压不一致和工作电压不一致两种。在不同的放电深度下，测量电池组中单体电池电压，可以得到静态单体电池不一致的数据。如图 3-5 所示，某试验电动汽车锂离子电池在使用前后部分单体电池电压不一致情况。

可以看出，电动汽车的动力电池电压不一致性在用车前（充满电）表现并不明显，但在车辆使用一段时间后（动力电池放电 DOC＞60％），电压不一致性会明显地表现出来，成为影响电动汽车行驶性能的主要因素。在这种情况下，单体电池最高电压达到 3.86V，最低电压仅为 3.58V，相差 0.28V。若继续行车动力电池继续放电，电压较低的电池将会因没有能量向外放出，产生一定程度的“损坏”。若“损坏”电池长时间没有被及时发现，使其和正常电池一起使用，将会成为动力电池组的负载，影响其他电池的工作，进而影响整个电池组的寿命。所以在动力电池不一致性明显增加的深放电后，不宜再继续行车，应及时补充电量，以防部分单体电池的损坏。电动汽车的动力电池在使用过一定时间后，必须进行平衡容量、电压等不一致性的充电保养，以弥补单体电池不一致对动力电池组整体的损害。

电池在静态情况下（静止 1h）开路电压在一定程度上是电池 SOC 的集中表现。由于电池 SOC 在一定范围内，还与电池开路电压呈线性关系，开路电压不一致也就是电池能量状态不一致。其不一致的原因可归纳为，电池出厂前原容量、电压不一致，以及电池在行车过程中释放的电量和电池内阻不一致。电池内阻不一致使电池组中每个单体电池在放电过程中热损失的能量各不一样，最终会影响电池单体的能量状态，从而带来电池开路电压的不一致。

③ 温度不一致 动力电池成组应用，其温度的不一致性主要与电池的组装设计特点及使用中各单体电池所处的环境差异有关。串联锂离子电池充电温度特性如图 3-6 所示。随着电流减小，电池温度差异减小，说明串联电池组在同样的条件下，温度差异受电池内阻的不一致影响较大，并随着电流的增大这种差异性变得更明显。

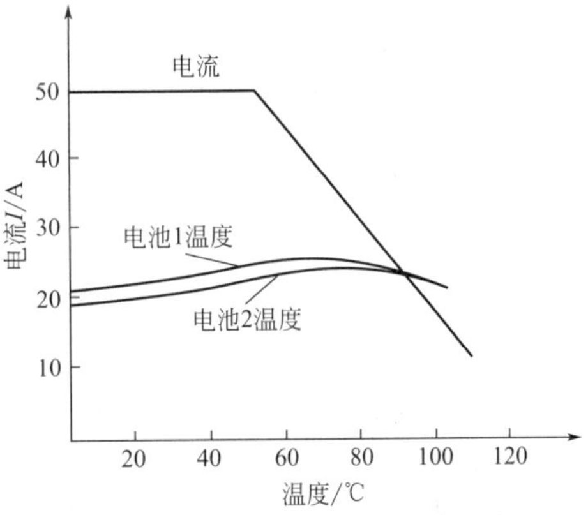

图 3-6 串联锂离子电池充电温度特性

采用恒流充电模式电池温度的变化规律与电压特性一致，在整个放电过程中电池温度一直在上升，尤其在后期接近电池的 100％深度放电时，电池温度上升梯度加剧，电池电压变化的拐点也成为温度变化的拐点。这说明在电池放电的后期，电池内阻急剧增大，发热量大。各单体电池所处环境不可避免地存在差异。例如在方形电池的组装中，中间电池与边上电池的环境温度和电池内部温度等均不相同。在环境温度较高时，若不采取措施，充足电的情况下电池组边上的电池芯体与中心的芯体温度差别达 10℃以上，电池内储氢合金的腐蚀速率会增加 1 倍。这样会造成中间电池与两边电池的衰减程度不一致，中间电池的充电率下降，放电容量降低，各电池间的一致性下降，从而影响电池组的使用性能和寿命。因此在电池组设计时要求保证电池组内的温度要均匀，使各电池单体的衰减程度一致。对于一些大型动力电池组要设置强制冷却和加热系统，使电池组内的温度能保持恒定。

（3）动力电池不一致性的改进措施 根据动力电池应用经验和有关研究，从电池使用和成组筛选等方面，对电池的不一致性可采用以下几种措施，来避免电池的不一致性进一步扩大。

① 在动力电池成组时，必须保证成组的电池是同一类型、同一规格和同一型号的电池。

② 在动力电池组使用过程中定期检测单体电池的参数，并分别在动态和静态两种情况

下检测，以掌握电池组内电池不一致情况的发展规律，并对极端参数电池及时进行调整或更换，以避免电池组内的电池不一致性随使用时间的延长而继续增大。

③ 使用时每隔半年即对电池进行一次小电流维护性充电，以促进电池组自身的均衡和性能的恢复。

④ 对测量中发现的电压偏低的电池进行单独的维护性充电，以促进电池组自身的均衡和性能的恢复。

⑤ 避免过充电，尽量防止电池深度放电。

⑥ 尽量保证电池组处于良好的使用环境，减小振动，避免水、灰尘污染电池极桩。

⑦ 开发电池能量管理和电池均衡系统，对电池组的充、放电进行智能管理。

3.2.3 动力电池故障原因

从锂离子动力电池出现的七种故障情况看，最为严重的是着火和爆炸。电池故障产生的原因可分为以下七点。

(1) 短路　分为外部短路和内部短路。

① 外部短路。外部短路是指电池正、负极间的短路，主要原因是外部结构上的故障或损坏造成的短路，一般为机械或物理原因所导致的。外部短路使电池内部反应相当剧烈，极易造成电池芯体的着火和爆炸等。

② 内部短路。锂离子动力电池除电池正、负极间的物理短路外，还会因电池内部的聚合物隔膜破裂导致内部短路。尤其是过载或循环寿命接近终点的电池极容易出现内部短路。锂离子动力电池内部的聚合物隔膜厚度一般在16～30μm，如此薄的隔膜，一旦受到机械外力或热变形造成的压力等破坏作用时，将会直接导致内部短路。另外，过高的温度也同样会导致隔膜破损造成内部短路。还有隔膜材料的瑕疵或在生产过程中造成微小的损伤，都会使锂离子动力电池工作时局部温度升高，进而形成内部短路。

(2) 过负载　分为过电流、过电压、过充电和过放电四种情况。

① 过电流。电动车辆在起步、加速或爬坡过程中动力电池的工作电流是正常行驶工作电流的几十倍甚至上百倍。动力电池充放电的电流一般用充（放）电率 C 来表示。例如，充电电池的额定容量为100A·h时，即表示以100A（1C）放电时间可持续1h，如以200A（2C）放电时间可持续0.5h，充电也可按此方法对照计算。

② 过电压。在长时间的刹车制动能量回收充电过程中，或充电设备不匹配的条件下充电可能使动力电池处于过电压的工作条件下。过电压极易使锂离子电池芯温升高，引起内部短路而损坏。

③ 过充电。电池充电属于吸热反应，充电初期极化反应小，吸热处于主导地位，温升出现负值；充电后期，阻抗增大，释放多余热量，吸热温升增加。长时间过充时，锂离子电池芯体内部压力升高，放出气体，直至壳体变形、爆裂。通常情况下，动力锂离子电池在恒流充电阶段末期都会发生不同程度的过充，温升到40～50℃，会导致电池容量损失，缩短使用寿命。应特别注意的是过充电使电池芯体温度升高和气体膨胀的惯性导致的滞后着火及爆炸等危险。

④ 过放电。在恒流放电时，电压会出现陡然跌落的现象，这主要是由电阻造成的压降所引起的，电压继续下降经过一定时间后达到新的电化学平衡；当进入放电平台期后继续放

电，电压变化不明显，但电池温升明显；当电池放电电压曲线进入马尾放电阶段时，极化阻抗增大、输出效率降低，损耗发热增加，应在接近终止电压前停止放电。若接近终止电压后继续大电流放电，除会造成电源系统电压迅速降低外，部分动力电池芯会被反向充电使内部的活性物质结构受到破坏，使电池芯报废，同样会产生温度升高、气体膨胀等，反应严重时会发生着火、爆炸的危险情况。

（3）温升　电池温升的定义是电池内部温度与环境温度的差值。电动车辆的动力锂离子电池隔膜都具有自动关断保护的物理特性，提高动力电池使用的安全性。隔膜的自动关断保护功能是锂离子电池限制温度升高，防止事故的第一道屏障。无论什么原因，只要是电池芯内部温度升高到一定值，隔膜的物理特性就会使微孔关闭阻塞电流通过，该温度称为闭孔温度。但热惯性还会使电池内部的温度继续上升，当达到一定温度时就会导致隔膜熔融破裂，该温度称为融破温度。动力电池芯一旦达到融破温度即意味着内部短路。

（4）内部故障　有明显内部故障的电池芯在生产时会被剔除掉。但进入成品阶段的电池芯，即使内部含有故障也是隐形的，不容易被发现，属于工艺瑕疵范畴，如隔膜不均匀、充容材料有金属残留物等。隐形的内部故障对实车装用是个技术隐患。

（5）循环寿命的影响　电池芯的循环使用寿命是构成动力电池耐久性循环使用寿命的重要因素。早期性能下降较大的电池芯，后续使用就意味着过负载，成为将来的故障隐患。

（6）机械损伤　正常装车使用的动力电池芯，因安装在高强度的防撞击容器箱内，受到机械直接碰撞损坏的可能性并不大。但在车辆发生严重事故时和在电池芯运输安装的过程中，均有可能由于振动和碰撞使电池芯内部结构受到机械损伤，严重时会缩短电池芯寿命，甚至造成着火或爆炸。

（7）温度、湿度影响　电动汽车的动力电池使用性能和寿命在使用过程中，会严重受到环境温度和湿度的影响。许多著名公司的电动汽车动力电池箱体内部采用加热和制冷装置，使动力电池芯始终处于适宜的工作温度，以提高其性能和延长其使用寿命。

3.2.4　动力电池的安全防护

动力电池组是直接装车使用的大型箱体部件，其内部除集成的电池芯外，还有电池芯电路以及组成的模块，并且有配线、连接器、冷却液温度传感器、冷却液管路装置、高压充电接口及电池连接线盒和特制的防撞外壳等，如图 3-7 所示。动力电池控制单元（BCU）和电池芯电路可以进行适当调整以有效控制大部分不利于电池性能状态的出现。

电动车辆的锂离子动力电池组是将多个电池芯通过串、并联的方式获得的，有较高的电压、电流和功率。电池芯的相应安全要素在动力电池组中依然存在，由于对电池芯的级联会造成一定的内耗，因此装配在同一组内的电池芯对于其内阻、放电率、循环寿命等有一致性的要求，这就需要对电池芯进行配组。

电动汽车的锂离子电池由于其化学特性、结构特点以及应用环境等因素，若在使用中不注意就会出现泄漏、燃烧、爆炸等不安全的情况。为了保障人员和车辆设施等的安全，需采取以下措施。

（1）人员的防护

① 任何未经培训的人员不得接触、拆动、搬运高压动力电池。

② 在电动汽车的动力电池箱组等显著位置张贴“高压危险！禁止非专业拆动！”明显标

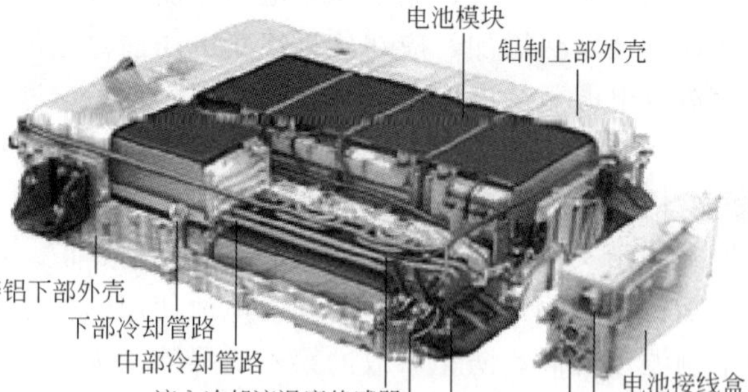

图 3-7 动力电池模块组

志字样。

③ 作业前应首先准备好合适的作业工具、量具，并选择好安全、合适的作业位置。

④ 专业人员作业前首先穿戴好防护的鞋靴、手套、面罩等用具，然后检查车辆是否断开维修保养开关。

⑤ 正式对动力电池作业前再次确认是否已断开维修保养开关。

⑥ 作业中应谨防重物跌落，若两人以上配合作业应事先约定好动作指令。

⑦ 作业前对于动力电池芯体的爆炸和燃烧烈度应有适当的估计，并有灭火的准备。动力电池芯体的爆炸是由于外力破坏或高温，以及电池芯内部损坏产生高温高压瞬间释放造成的，与爆炸物爆炸完全是两个概念，没有可比性，其形式和效果也不可等同，维护作业人员不必产生恐惧心理。

（2）设备的防护

① 由于电动汽车高压电气设备的存在，其危险性远比传统燃油汽车要高得多，在维修保养作业时应首先使用诊断设备确认故障发生的部位和元器件，不可未经确诊盲目拆解，以防发生危险和损坏设备。

② 电动汽车动力电池芯体在电池保护箱内排列紧密，操作时应及时发现和处置损坏和危险的芯体，同时还应防止其他芯体的连锁反应，造成更大的损失。

③ 对于电动汽车的动力电池作业无论是在操作前、操作中和操作后都要时刻监控其温度变化，芯体温度高即意味着发生危险的可能性增加，必要时采取降温措施或中断作业。

④ 动力电池的作业可采用由一人监控指挥的作业方式进行，既提高效率又保障安全。

3.3 铅酸电池

3.3.1 铅酸电池的结构

铅酸电池主要由极板、电解液、隔板、电极、壳体等部分组成。其中极板分为正极板和负极板两种。铅酸电池的充电过程是依靠极板上的活性物质和电解液中硫酸的化学反应来实现的。正极板上的活性物质是深棕色的二氧化铅（PbO_2），负极板上的活性物质是海绵状、青灰色的纯铅（Pb）。正、负极板的活性物质分别填充在铅锑合金铸成的栅架上，加入锑的目的是提高栅架的机械强度和浇铸性能。但锑有一定的副作用，锑易从正极板栅架中析出而引起铅酸电池的自行放电和栅架的膨胀、溃烂，从而影响其使用寿命。负极板的厚度为1.8mm，正极板的厚度为2.2mm，为了提高铅酸电池的容量，国外大多采用厚度为1.1～1.5mm的薄型极板。另外，为了提高铅酸电池的容量，将多片正、负极板并联，组成正、负极板组。在每单格电池中，负极板的数量总比正极板多一片，正极板都处于负极板之间，使其两侧放电均匀，否则因正极板机械强度差，单面工作会使两侧活性物质体积变化不一致，造成极板弯曲。

隔板的作用是减小铅酸电池的内阻和体积。正、负极板应尽量靠近但彼此又不能接触而短路，所以在相邻正、负极板间加有绝缘隔板。隔板应具有多孔性，以便电解液渗透，而且应具有良好的耐酸性和抗碱性。隔板材料有木质、微孔橡胶、微孔塑料以及浸树脂纸等。近年来，出现了将微孔塑料隔板做成袋状，紧包在正极板的外部，防止活性物质脱落。

铅酸电池的外壳是用来盛放电解液和极板组的，外壳应耐酸、耐热、耐震，以前多用硬橡胶制成。现在国内已开始生产聚丙烯塑料外壳。这种壳体不但耐酸、耐热、耐震，而且强度高、壳体壁较薄（一般为3.5mm，而硬橡胶壳体壁厚为10mm）、质量小、外形美观、透明。壳体底部的凸筋是用来支持极板组的，并可使脱落的活性物质掉入凹槽中，以免正、负极板短路，若采用袋式隔板，则可取消凸筋以降低壳体高度。

电解液的作用是使极板上的活性物质发生溶解和电离，产生电化学反应，它由纯净的硫酸与蒸馏水按一定的比例配制而成。电解液的相对密度一般为1.24～1.30（15℃）。

现代铅酸电池一般采用穿壁式连接方式将每一个单格连接起来。铅酸电池各单格电池串联后，两端单格的正、负极桩分穿出蓄电池盖，形成铅酸电池极桩。正极桩标“＋”号或涂红色，负极桩标“－”号或涂蓝色、绿色等。

3.3.2 铅酸电池的工作原理

铅酸电池的充电过程和放电过程是一种可逆的化学反应，充、放电过程中铅酸电池内的导电是靠正、负离子的反向运动来实现的。

（1）放电过程　当极板浸入电解液时，负极板上有少量铅溶入电解液生成Pb^{2+}，从而在负极板上留下两个电子2e，使负极板带负电，此时负极板具有0.1V的负电位；正极板上，少量PbO_2溶入电解液，与水反应生成$Pb(OH)_4$，再形成四价铅离子和氢氧根离子，一部分Pb^{4+}沉积在正极板上，使极板呈正电位，约为+2.0V。故当外电路未接通时，铅酸电池的静止电动势约为$E_0=2.0-(-0.1)=2.1V$。

若接通外电路，在电动势的作用下，使电路产生电流，在正极板处Pb^{4+}和负极板来的电子结合，生成二价铅离子Pb^{2+}，Pb^{2+}再与电解液中的SO_4^{2-}结合，生成$PbSO_4$而沉积在正极板上，使正极板电位降低。

放电时的化学反应式为

$$PbO_2+2H_2SO_4+Pb \longrightarrow 2PbSO_4+2H_2O$$

如果外电路不中断，正、负极板上的PbO_2和Pb将不断地转化为$PbSO_4$。电解液中的

H_2SO_4 将不断减少，而 H_2O 增多，电解液相对密度下降。理论上讲，放电过程将进行到极板上的活性物质全部变为 $PbSO_4$ 为止。但由于电解液不能渗透到活性物质的最内层中去，在使用中，放电完了的铅酸电池，也只有20%～30%的活性物质变成了 $PbSO_4$。故采用薄型板，增加孔隙率，有利于提高活性物质的利用率。

（2）充电过程　充电时，铅酸电池接直流电源，因直流电源端电压高于铅酸电池电动势，故电流从正极流入，负极流出。这时，正、负极板发生的反应与放电过程相反，如正极板处有少量 $PbSO_4$ 溶于电解液变成 Pb^{2+} 和 SO_4^{2-}，Pb^{2+} 在电源作用下失去两个电子变成 Pb^{4+}，它又和电解液中 OH^- 结合，生成 $Pb(OH)_4$，$Pb(OH)_4$ 又分解成 PbO_2 和 H_2O，PbO_2 沉积在正极板上，而 SO_4^{2-} 与电解液中的 H^+ 结合成 H_2SO_4。

负极板上有少量 $PbSO_4$ 溶入电解液中，变成 Pb^{2+} 和 SO_4^{2-}，Pb^{2+} 在电源作用下获得两个电子变成 Pb，沉积在负极板上，SO_4^{2-} 则和电解液中 H^+ 结合成 H_2SO_4。可见充电过程中消耗了水，生成了硫酸，故充电时电解液的相对密度是上升的，而放电时电解液的相对密度是下降的。

充电时的化学反应式为

$$2PbSO_4+2H_2O \longrightarrow PbO_2+Pb+2H_2SO_4$$

3.3.3　阀控铅酸电池的使用管理

阀控铅酸电池的极板栅架主要采用铅钙合金，以提高其正、负极析气（H_2 和 O_2）过电位，达到减少其充电过程中析气量的目的。正极板在充电达到70%时，氧气就开始产生，而负极板达到90%时才开始产生氧气。在生产工艺上，一般情况下正、负极板的厚度之比为6∶4，根据正、负极活性物质量比的变化，当负极上绒状Pb达到90%时，正极上的 PbO_2 接近90%，再经少许的充电，正、负极上的活性物质分别氧化还原达95%，接近完全充电，这样可使 H_2、O_2 气体析出减少。采用超细玻璃纤维（或硅胶）来吸储电解液，并同时为正极上析出的氧气向负极扩散提供通道。这样，氧一旦扩散到负极上，立即被负极吸收，从而抑制了负极上氧气的产生，使浮充电过程中产生的气体90%以上被消除（少量气体通过安全阀排放出去）。自20世纪80年代贫液式阀控密封铅酸电池问世以来，作为一种更新换代产品，较原来富液式开口或防酸隔爆式电池有特殊的优点，在使用过程中无需添加蒸馏水，减轻了维护人员的工作量，实现了电池内部的氧循环，正常使用条件下不会产生大量的氢、氧气体并夹带酸雾逸出。

影响阀控铅酸电池容量的因素有结构因素和使用因素。其中结构因素对电池容量的影响有：极板厚度，极板越薄，活性物质的多孔性越好，电解液越容易渗透，有效利用率越高，电池的容量越大；极板表面积，表面积越大，参加化学反应的活性物质越多，电池的容量越大；同性极板中心距，中心距小可减小电池内阻，增大电池容量。

（1）阀控铅酸电池的放电管理

① 放电时的硫化现象　由放电时的化学反应式看出，铅酸电池在放电过程中两极板的活性物质转换成硫酸铅。长时间充电不足或过度放电的铅酸电池，在电解液中就会有大量的硫酸铅析出并沉积在极板和隔板上，包裹极板的活性物质（正极板氧化铅为 PbO_2，负极板为纯铅Pb），堵塞隔板孔隙，阻碍电解液中的 H_2SO_4 与正、负极板的活性物质进行化学反

应，导致铅酸电池容量降低。铅酸电池充电不足或过度放电的时间越长，内阻越大，接受充电和对外放电的能力越低，以至于无法正常使用。

② 防止电池硫化的措施

a. 驱动控制器设置电源低电压保护。为了增加续驶里程，希望将电源最低电压保护设置得越低越好，但这会造成过放电，严重影响铅酸电池的使用寿命。建议 60V 铅酸电池最低放电保护电压不可低于 52.5V，72V 铅酸电池不低于 63.0V。

b. 使用保护。在使用铅酸电池作动力源时要做到“勤充电、不过充电”。用户可根据自己的出行里程规律估算蓄电池的放电程度，再参考电量表对蓄电池进行适度充电。整车不用或电池存放尚未装车时，也应每个月对电池检查充电一次。

c. 采用新技术保护。随着技术的进步，车用动力电池制造企业正在不断地采用对极板渗碳及在电池正、负极并联大电容器等新技术，以保护动力电池，延长电池的使用寿命。

（2）阀控铅酸电池的充电管理

① 影响电池充电过程的因素

a. 电池温度的影响。温度高低会影响铅酸电池的容量，主要原因是温度变化会导致电解液的密度发生变化，影响极板的活性物质利用率，同时温度高低还会影响铅酸电池内阻的大小、使用寿命的长短。

b. 充电电流的影响。充电电流的大小直接影响充电时间的长短，合理的较大的充电电流会大大缩短充电时间。但过大的充电电流对铅酸电池是有害的。在充电过程中伴随电解水的发生，充电电流越大电解水的反应越激烈，水电解后产生大量的氢气和氧气，当氢气从极板的孔隙向外冲出时会造成活性物质脱落，进而使铅酸电池容量下降，极易造成自放电和极板短路故障。过大的充电电流还会造成铅酸电池内部温度升高过快，容易使铅酸电池过热，内阻下降。铅酸电池内阻的下降又使充电电流进一步增加，充电电流的增加又会导致内阻下降。长时间充电会造成热失控现象，导致铅酸电池壳体变形，线路温升过高、老化加剧。

② 对电池充电采取的保护措施　在充电机内设置稳压限流电路，如图 3-8 所示。

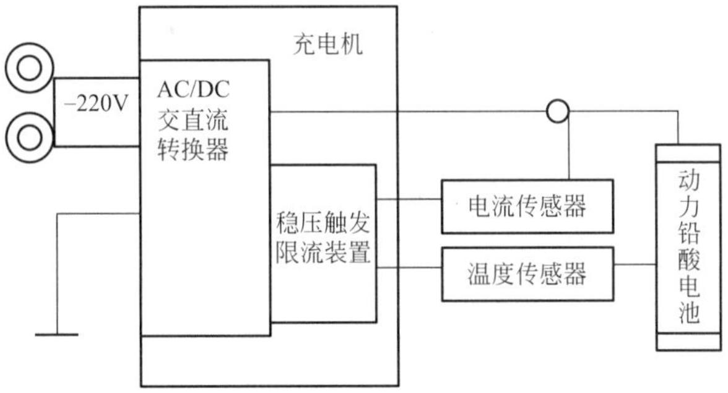

图 3-8　铅酸电池充电电路

充电机通过稳压触发限流装置对铅酸电池充电，稳压限流值与电池的规格有关，充电电流大小根据电池许可按其容量的 0.1～0.3 倍计算（即 1C～3C 充电率）。充电电流过大会造成活性物质脱落，过小会使充电时间延长，难以充足电量。在实际充电过程中，电流传感器检测电池的实际充电电流，通过稳压触发限流装置对电池电流的实际大小实行闭环控制。温度传感器检测电池的实际温度，稳压触发限流装置根据实际温度，适当调整充电电流大小直至停止充电，从而避免充电不足或过充电对电池容量和寿命造成不良影响。

在实际使用中，由于车辆的行驶造成电池过度放电或充电不足，导致容量早期损失；环境温度变化对电池寿命及容量的影响；开关电源电池管理功能的优劣对电池容量和寿命的影响等诸多因素证实，对阀控铅酸电池的维护与普通富液式电池相比“少维护、强管理”的概念较为实际。铅酸动力电池是从普通铅酸电池经技术发展演化来的，一般正常使用寿命为3～5年，严格按铅酸电池规律使用能延长寿命1～2年。传统燃油车铅酸电池充电一般由车载发电机进行，只要发动机运行就会给铅酸电池充电，而低速短途电动汽车只能在停车时充电，放电后必须在24h内补充充电，防止造成铅酸电池的永久损坏。使用铅酸电池的电动汽车要“勤用勤充、不亏不过”。

3.4 镍氢电池

镍氢电池是20世纪90年代发展起来的一种新型电池，是一种碱性电池。镍氢动力电容电池是介于超级电容器和电化学电池之间的储能器，它兼具电容器和电化学电池两者的优点，具有储能容量大、使用寿命长、大电流充放电、低放电率、充电快、安全、环保、无记忆、耐高低温环境以及可回收再利用等突出特点，被誉为“绿色电源”。日本松下EV电池公司早在1997年就开始生产混合动力汽车用的圆形6.5A·h的镍氢电池组，其质量比功率为600W/kg。三洋电机株式会社生产的圆柱形5.5A·h的镍氢电池组，质量比功率为1000W/kg。2001年为Escape配备，后来为本田Accord公司采用。山东淄博贝林特种电池公司生产的镍氢动力电池各项技术指标符合标准QC/T 741—2006《车用超级电容》和QC/T 744—2006《电动汽车用金属氢化物镍蓄电池》的全部技术要求。

3.4.1 镍氢电池的结构

镍氢电池由不锈钢壳体、正极板、负极板、隔膜、电解液等组成。如图3-9所示。镍氢电池正极由镍类活性物质、稀土合金粉与活性炭制备而成，负极由储氢合金材料制成，用氢氧化钾按一定比例配制成电解液，在正、负极之间装有以纤维形式构成的隔膜，组成镍氢单体电池。在金属铂的催化作用下，完成充电和放电的可逆反应。镍氢电池按形状分为圆柱形和方形；按正极制造工艺分为烧结式和泡沫式。

3.4.2 镍氢电池的工作原理

镍氢电池正极的活性物质为NiOOH（放电时）和$Ni(OH)_2$（充电时），负极的活性物质为H_2（放电时）和H_2O（充电时），电解液采用30%的氢氧化钾溶液。镍氢电池是将物质的化学反应产生的能量直接转化成电能的一种装置。镍氢电池的性能特点主要取决于本身体系的电极反应。

充电时正、负极的电化学反应为

$$Ni(OH)_2+OH^-\longrightarrow NiOOH+H_2O+e$$

(a) 镍氢电池实物

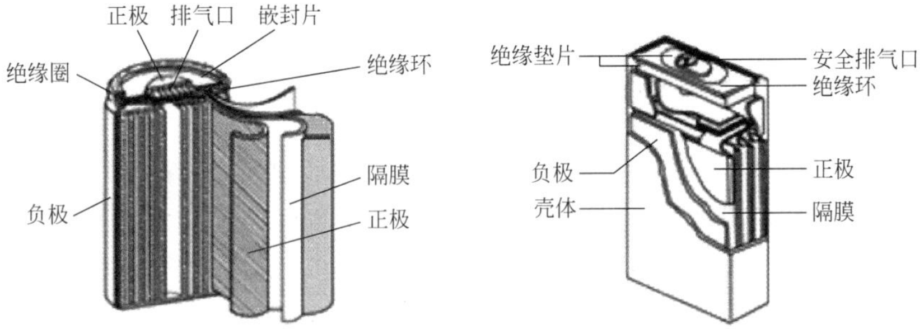

圆柱形镍氢电池　　方形镍氢电池

(b) 镍氢电池构造

图 3-9 镍氢电池实物与构造

$$2MH + 2e \longrightarrow 2M^{-} + H_2$$

放电时正、负极的电化学反应为

$$NiOOH + H_2O + e \longrightarrow Ni(OH)_2 + OH^{-}$$

$$2M^{-} + H_2 \longrightarrow 2MH + 2e$$

3.4.3 镍氢电池的主要技术性能特点

① 蓄能容量大。单体电池可实现 1～10000A·h 的容量。

② 比容量高。体积和质量比容量是目前车用超级电容的 10 倍，是锂离子动力电池的 2/3。

③ 循环使用寿命长。标准检测达 5 万次以上，实际使用充放电循环已达 2 万次以上。

④ 快速充电。充电 10min 可达额定容量的 95%以上。

⑤ 大电流放电能力强。可实现 1000A 以上的放电电流。

⑥ 能量转换效率高，自身功耗小。

⑦ 绿色环保。产品在生产、使用和报废的各个环节无任何形式的污染。

⑧ 使用安全。使用过程中（包括发生碰撞等）不爆炸、不燃烧、不排放任何有毒气体和液体。

⑨ 环境温度适应性强。环境温度在－40～70℃之间，使用安全可靠。

⑩ 性价比高。该产品应用于纯电动汽车的全寿命费用仅为锂离子电池的 1/3，一套电源可供 4 辆车连续使用，比锂离子电池的综合成本低 80%以上。

⑪ 报废电池可回收再利用。

3.4.4 镍氢电池的应用

镍氢电池在国内已应用在电动公交车、轿车、机场电动摆渡车、电动旅游观光车、警用电动巡逻车及铁路用蓄电池和坦克、战斗机、潜艇等装备系统中。

在世界各大汽车公司中大功率的镍氢电池除使用在纯电动汽车中外，还使用在油电混合动力车辆中，最佳的例子就是丰田的普锐斯，该车使用了特别的充放电程序，使电池充放电寿命可足够车辆使用10年。其他使用镍氢电池的混合动力车辆还有本田普赛特、福特翼虎(Escape)、雪佛兰迈锐宝、本田思域混合动力。

3.5 锂离子电池

锂离子电池是1990年由日本索尼公司宣布开发研制成功的，并在一年内推向市场。由于锂离子电池拥有高电压、高比能量、充放电寿命长、无记忆效应、无污染、快速充电等卓越的性能，已经成为市场中的主流，成为未来电动汽车较为理想的动力电源。相对于采用镍氢电池的电动汽车，若采用锂离子电池可使动力电池组的质量下降40%～50%，体积减小20%～30%。随着成本的大幅降低和性能的大幅提高，已有许多汽车生产厂家开始投入使用锂离子电池。全球已有20余家企业进行锂离子电池研发，如富士重工、NEC、东芝、Johnson Controls、Degussa AG/Enax、Sanyo电机、Panasonic EV Energy等。

我国在锂离子电池方面的研究水平，有多项指标超过了USABC提出的长期目标所规定的指标，目前已经把锂离子电池作为电动汽车用动力电池的重要发展目标。我国的电池企业在近几年也进步神速，如比亚迪、天津力神和ATL等电池生产企业已经成长为全球知名的电池生产商。目前，比亚迪的锂离子电池产量已经超过了三洋，处于国际第一位。

3.5.1 锂离子电池的结构

锂离子电池由正极、负极、隔膜、电解液和安全阀等组成，如图3-10和图3-11所示。

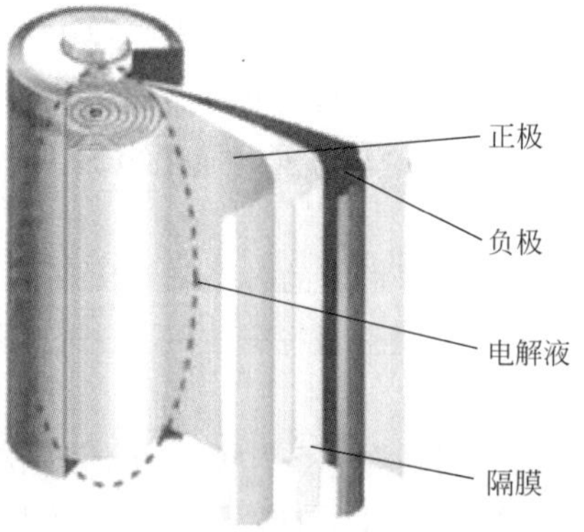

图3-10 圆柱形锂离子电池结构

3.5.2 锂离子电池的分类

(1) 按照锂离子电池外壳形状分类 可分为方形锂离子电池（图 3-11）、圆柱形锂离子电池（图 3-10）。

(2) 按照锂离子电池正极材料的不同分类 汽车用锂离子电池主要分为以下三种。

① 锰酸锂电池 结构稳定、合成性能好的正极材料锰酸锂是锂离子电池正极材料的关键。其工作原理是充电时，锂离子从正极材料的晶格中脱出，通过电解液和隔膜嵌入到负极中；放电时，锂离子从负极脱出，通过电解液和隔膜嵌入到正极材料晶格中。单节额定标称电压为 3.7V，最高电压为 4.2V，最低电压为 2.75V；最大放电电流为 18A，最大充电电流为 5A。成本较低，安全性能良好，循环寿命在 300 次以上。

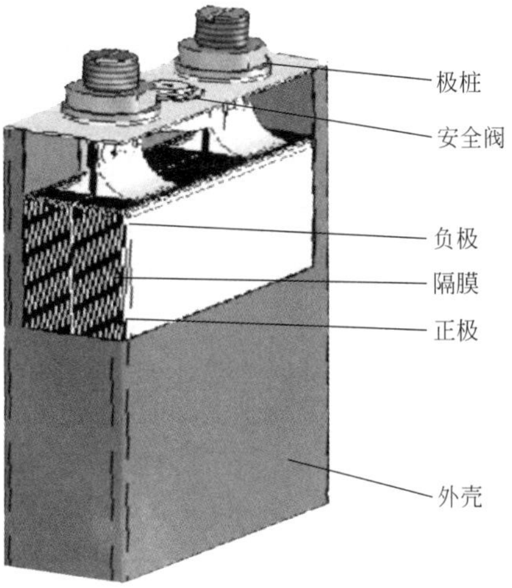

图 3-11 方形锂离子电池结构

② 磷酸铁锂电池 以橄榄石结构的磷酸铁锂（$LiFePO_4$）作为电池的正极，石墨组成电池负极；由铝箔与电池正极连接，铜箔与电池负极连接，中间是聚合物的隔膜，把正极和负极隔开。隔膜可以使锂离子通过而电子却不能通过。磷酸铁锂电池的标称电压为 3.2V，最高充电电压为 3.6V，最低放电电压为 2.0V，最大放电电流为 5C～10C，最大充电电流为 1C～1.5C。型号由直径和高度组成，单位是 mm。例如型号 18650 的磷酸铁锂电池，表示直径为 18mm；高度为 650mm。该型号单节电池容量在 1.1A·h 左右，因不同的生产厂家和生产批次，容量会有一定的差异。

③ 镍钴锰酸锂电池 又称三元材料电池，融合了钴酸锂电池和锰酸锂电池的优点，使电池高温性能优越，循环寿命长，比容量高。标称电压为 3.5V，循环寿命在 500 次以上，是较好的动力电池。缺点是钴材料价格高，使电池成本较高。

3.5.3 锂离子电池的电化学反应

锂离子电池电化学反应机理如下。充电时，锂离子从正极材料中脱嵌，经过隔膜和电解液，嵌入到负极材料中，放电时以相反过程进行。以典型的液态锂离子为例，当以石墨为负极材料，以 $LiCoO_2$ 为正极材料时，其充放电原理为

正极反应 $LiCoO_2 \longrightarrow Li_{1-x}CoO_2 + xLi^+ + xe$

负极反应 $6C + xLi^+ + xe \longrightarrow Li_xC_6$

电池总反应 $LiCoO_2 + 6C \longrightarrow Li_{1-x}CoO_2 + Li_xC_6$

放电时发生上述反应的逆反应。充电时，Li^+ 从 $LiCoO_2$ 中发生脱嵌，释放一个电子，C^{3+} 被氧化为 C^{4+}，与此同时，Li^+ 经过隔膜和电解液迁移到负极石墨表面，进而插入到石墨结构中，石墨结构同时得到一个电子，形成锂-碳层间化合物 Li_xC_6，放电时过程则相反，Li^+ 从石墨结构脱插，嵌入到正极 $LiCoO_2$ 中。锂离子电池电化学反应机理如图 3-12 所示。

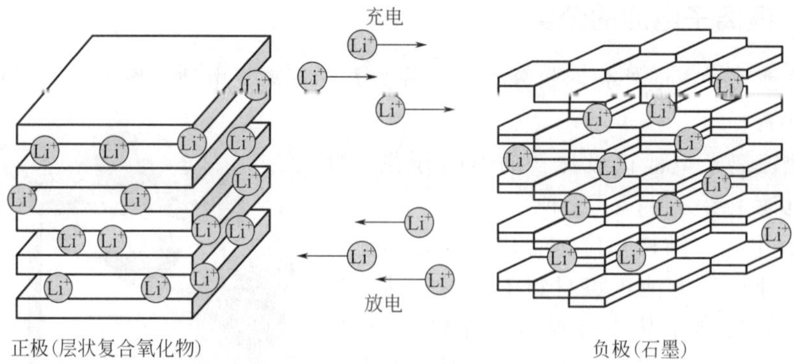

图 3-12 锂离子电池电化学反应机理

3.5.4 锂离子电池的特点及应用

锂离子电池具有质量小、容量大、比能量高达 150W·h/kg。循环寿命在 2000 次以上、自放电率低、无记忆性可随时充电、对环境无污染、能够制造成任意形状等优点以及 10 年的超长寿命，因而得到了普遍应用。现在的许多数码设备都采用锂离子电池作电源，尽管其价格相对来说比较昂贵。锂离子电池的能量密度很高，它的容量是同质量镍氢电池的 1.5～2 倍，目前在我国上汽、比亚迪、北汽、长城等公司研发生产的新能源汽车上应用。锂离子电池成组后在电动汽车上构成的电池箱如图 3-13 所示。

图 3-13 电动汽车用锂离子电池组成的动力电池箱

锂离子电池在奔驰混合动力汽车上也有所使用。为了不影响 S 级轿车空间大、舒适的特点，由德国大陆（Continental）和 JCS Saft 共同研发了紧凑型锂离子电池组。该电池组一共由 35 个电池单元组成，可提供 19kW 的动力，容量为 6.5A·h，如图 3-14 所示，结构非常紧凑，直接就可以装在发动机舱内。

在奔驰 S400 HYBRID 型轿车上的安装位置如图 3-15 所示。

使用过一段时间后动力电池的容量会衰减，当容量低于 80%时该动力电池即不适于在电动汽车上使用。替换下来的动力电池应转入快速充电站作为快充电源或作为备用电源使

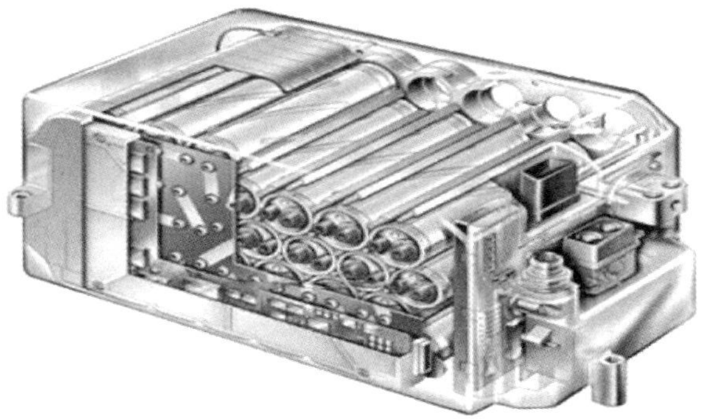

图 3-14　奔驰 S400 使用的锂离子电池组

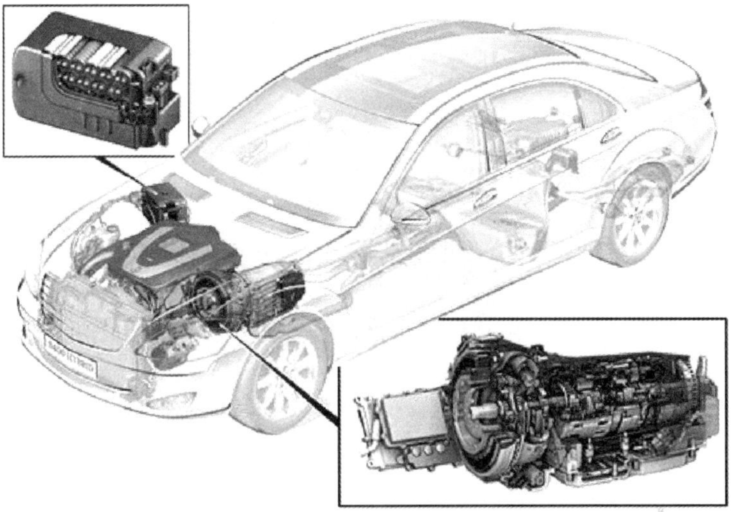

图 3-15　锂子电池组在奔驰 S400 HYBRID 型轿车上的安装位置

用，这样不仅解决了动力电池二次利用的问题，也解决了大量电动汽车快速充电影响电网稳定的问题。

3.5.5　单体锂离子电池故障

电动汽车锂离子动力电池出现故障，无论诱发因素是什么，在装车使用和试验中均显示问题出在电池芯这个环节上。其现象主要有以下七种情况。

（1）变形　锂离子电池芯体膨胀变形是由于电池内部压力增大（电池气压增大是内部反应放出气体所致）引起的。电池芯体内部过大的气压会导致胀破壳体或发生爆裂，基于安全考虑，电池芯体端部都设计有单向的防爆泄压阀门，一般的反应气体从泄压阀门释放，不会引起电池芯体的膨胀变形等问题。但由于温度、电流、电压异常和内部的非正常化学反应等诸多因素引起的过量的反应气体，则会导致电池芯体内部气压增大使外部膨胀变形，甚至壳体爆裂等故障现象产生。

（2）溢出　有雾状电解液从锂离子电池芯体的防爆泄压阀门溢出。

（3）泄漏　有电解液从锂离子电池芯体的通气口、防爆泄压阀门之外如外壳、密封件或端子等结构的结合部位溢出。

（4）冒烟　从通气口冒出有色的气体，一般为汽化的电解液。

（5）破裂　由于内部化学反应或外部温度、机械等原因，使锂离子电池芯壳体受到机械损坏，造成内在物质暴露或溢出。

（6）着火　电池芯体发出火焰或有燃烧的痕迹。

（7）爆炸　电池芯体壳出现爆裂现象。

3.6 燃料电池

燃料电池是一种化学电池，它直接把物质发生化学反应时释出的能量变换为电能，工作时需要连续地向其供给燃料和氧化剂。由于它是把燃料通过化学反应释出的能量变为电能输出，所以被称为燃料电池。燃料电池是能量转换装置，其结构示意图如图 3-16 所示。一个燃料单电池包括质子交换膜、电催化剂层（铂）、扩散层、（阳、阴）电极板四大部件。

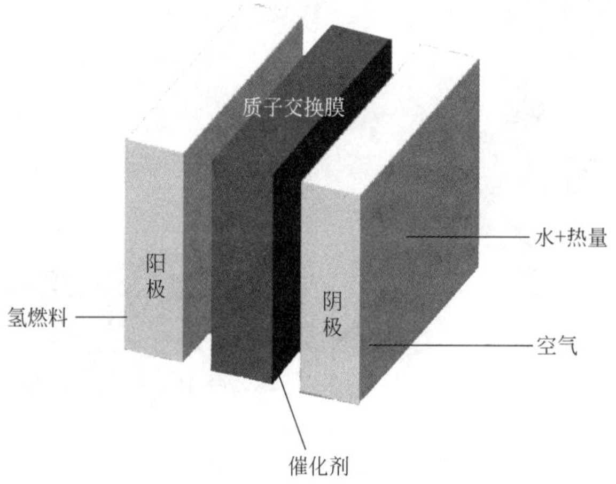

图 3-16　燃料电池结构示意图

3.6.1 燃料电池的特点

燃料电池涉及化学热力学、电化学、电催化、材料科学、电力系统及自动控制等学科的有关理论。燃料电池不受卡诺循环的限制，发电效率高，为 45%～60%，火力发电和核电的效率仅为 30%～40%，其能量转换率为内燃机的 3 倍以上，且安装位置灵活、负荷响应快，运行质量高，在数秒内就可以从最低功率变换到额定功率。

（1）燃料电池的优点

① 节能、转换效率高。

② 排放基本达到了零污染。

③ 无振动和噪声，使用寿命长。

④ 结构简单、运行平稳。

（2）燃料电池的缺点

① 使用的燃料种类单一（氢气的生成、储存和运输等复杂）。

② 要求对燃料进行高质量的密封；制造成本高，致使电池价格昂贵。

③ 需要配备辅助电池系统才能使燃料电池工作。

3.6.2 燃料电池的结构

燃料电池是一个大的发电系统。车用质子交换膜燃料电池由燃料供应系统、氧化剂系统、发电系统、水管理系统、热管理系统、电力系统以及控制系统等组成。

（1）燃料供应系统　给燃料电池提供燃料，如氢气、天然气、甲醇等。这个系统直接采用氢气比较简单，如果用化石燃料制取氢气则相当复杂。

（2）氧化剂系统　主要是给燃料电池提供氧气。可以从空气中获取氧气，也可以从氧气罐中获取氧气，空气需要用压缩机来提高压力，以增加燃料电池反应的速度。

（3）发电系统　是指燃料电池本身，它将燃料和氧化剂中的化学能直接变成电能，而不需要经过燃烧的过程，它是一个电化学装置。

（4）水管理系统　由于质子交换膜燃料电池中质子是以水合离子状态进行传导，所以燃料电池需要有水，水少会影响电解质膜的质子传导特性，从而影响电池的性能。

（5）热管理系统　大功率燃料电池发电的同时，由于电池内阻的存在，不可避免地会产生热量，通常产生的热与其发电量相当。而燃料电池的工作温度是有一定限制的，如对质子交换膜燃料电池而言，应控制在 80℃，因此需要及时将电池生成热带走，否则会发生过热，烧坏电解质膜。水和空气通常是常用的传热介质。

（6）电力系统　是将燃料电池发出的直流电变为适合用户使用的电能。燃料电池所产生的是直流电，需要经过 DC/DC 变换器进行调压，在采用交流电机的驱动系统中，还需要用逆变器将直流电转换为三相交流电。

（7）控制系统　主要作用是控制电池系统的启动与停止；控制维持电池系统稳定运行的各操作参数；对电池运行状态进行监测、判断等。

（8）安全系统　由于氢是燃料电池的主要燃料，氢的安全十分重要，由氢气探测器、数据处理系统以及灭火设备等构成氢的安全系统。

3.6.3 燃料电池的工作原理

燃料电池是将燃料具有的化学能直接变为电能的发电装置。燃料电池工作时，在阳极一侧持续通入燃料气［氢气（H_2）、甲烷（CH_4）］，具有催化作用的阳极表面吸附燃料气体，并通过阳极的多孔结构扩散到阳极与电解质的界面。在阴极一侧持续通入氧气或空气，具有多孔结构的阴极表面吸附氧，由于阴极本身的催化作用，使 O_2 得到电子变为 O^{2-}，在化学势的作用下，O^{2-} 进入起电解质作用的固体氧离子导体，由于浓度梯度引起扩散，最终到达固体电解质与阳极的界面，与燃料气体发生反应，失去的电子通过外电路回到阴极。也就是在燃料极中，供给的燃料气体中的 H_2 分解成 H^+ 和 e，H^+ 移动到电解质中与空气极侧供给的 O_2 发生反应。e 经外部的负荷回路再返回到空气极侧，参与空气极侧的反应。一系列的反应促成了 e 不间断地流经外部回路，因而就形成了发电。燃料和氧化剂由外部供给，只要燃料和氧化剂（空气中的氧气）不断输入，反应产物水（H_2O）不断排除，燃料电池就能连续发电。氢-氧燃料电池反应原理实际上就是电解水的逆过程，其原理如图 3-17 所示。

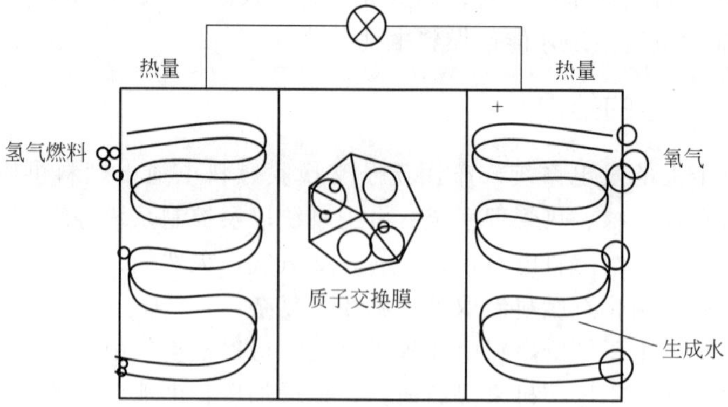

图 3-17 燃料电池原理

电极反应 $H_2 + O^{2-} \longrightarrow H_2O + 2e$（负极）

$1/2O_2 + H_2O + 2e \longrightarrow 2OH^-$（正极）

电池反应 $H_2 + 1/2O_2 \longrightarrow H_2O$

阳极反应 $H_2 \longrightarrow 2H^+ + 2e$

阴极反应 $1/2O_2 + 2H^+ + 2e \longrightarrow H_2O$

总反应 $H_2 + 1/2O_2 \longrightarrow H_2O$

3.6.4 燃料电池汽车的结构

燃料电池汽车由高压储氢瓶、燃料电池、DC/DC 直流电高低压转换器、锂离子动力电池组、DC/AC 直流交流转换器、电机控制器和驱动电机等组成，如图 3-18 所示。

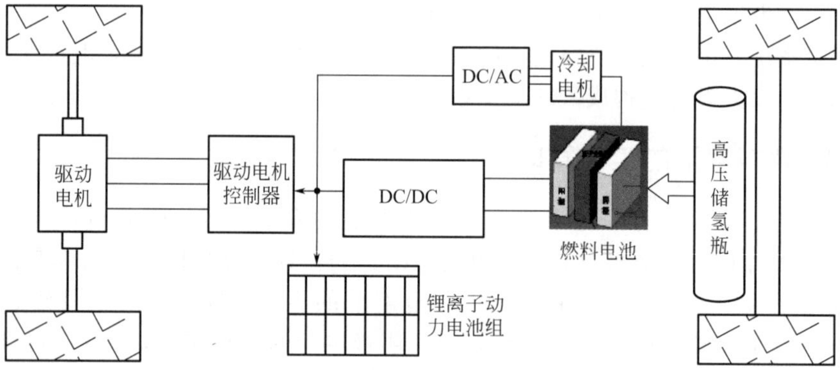

图 3-18 燃料电池汽车结构示意图

3.6.5 燃料电池的应用

近些年来电动汽车的频繁亮相，人们早就习以为常，再加上政府的大力支持，汽车厂商都相继推出了多款纯电动和混合动力汽车，充电站的建设也日趋成熟。相比之下，同样作为新能源汽车的燃料电池汽车却是几度沉浮，但综合看其各方面性能都让它有望成为内燃机汽车的替代者。相信随着科技工作者的努力，必定会解决燃料电池汽车现有的高售价和人们对其可靠性的质疑等问题。

燃料电池汽车的车用储氢器必须具有较高的单位质量储氢密度。美国能源部认为，车用高压储氢的单位质量密度至少应为 6%，即每立方米储存 60kg 氢气。为了满足汽车基本在 480～650km 续驶能力的要求，一次需储氢 4～7kg。目前小型汽车的车用储氢方式大多采用高压储氢，工作压力为 70MPa 的碳纤维储氢瓶是目前家用汽车的最佳选择，其售价约为 3000 美元。研究人员正在致力于开发新的材料和制造工艺，以进一步降低储氢瓶成本。目前正在进行的另一研究方向是，通过采用高表面积材料研究低压吸附储氢。

人类的远景目标是利用可再生的清洁能源，氢能是当前汽车行业公认的可实现零污染的清洁能源。在北京 2008 年奥运会期间就有 20 辆上海大众帕萨特领驭燃料电池轿车在为奥运服务。另外长安、一汽汽车集团公司都分别推出了自己的燃料电池汽车。我国上海群羿能源设备有限公司是著名的研发生产燃料电池的厂家。

丰田推出的燃料电池概念车就是用压缩氢气作为燃料，然后与空气发生化学反应产生水，这一过程中会产生电能，经压缩电池单元组把电能输送到发动机，驱动汽车前进。该车能达到的最大功率为 100kW，充满氢气后车辆可行驶 480km，而加注一次氢气仅需 3min 左右。丰田燃料电池汽车的结构、储氢瓶、整车外观等如图 3-19 和图 3-20 所示。

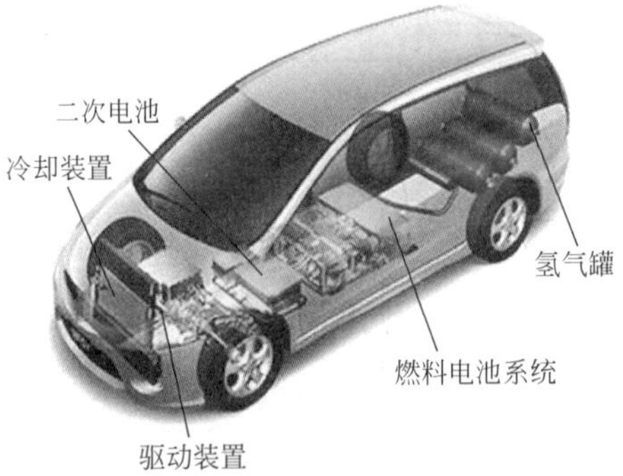

图 3-19 丰田燃料电池汽车的结构

图 3-20 储氢瓶

3.7 锌空气和铝空气电池

3.7.1 锌空气电池

锌空气电池原理发现于 19 世纪末，1932 年其电池被用于铁路上的信号灯。20 世纪 60 年代，Fort Monmouth 基地的美国陆军电子司令部开发了通信用 25A · h、60W、720W · h 的一次锌空气电池；随后又开发出了机械更换阳极板式二次锌空气电池。20 世纪 70～80 年代，各大汽车商开始研发电动车辆。锌空气电池被认为是最有可能的电动车辆电源。20 世纪 90 年代，为满足电动车辆动力电池的要求，以色列 Electric-Fuel Limited 重新开始研发专供电动车辆用的机械更换阳极板式二次锌空气电池。此后，这类动力型的锌空气电池被美国燃料电池协会定名为锌空气燃料电池。随后十余年，德国 Kummrow N. A. 、美国圣地亚

图 3-21 锌空气电池

哥 Metallic Power、美国纽约 Evionyx、中国西安“通锐”等相继开始研发锌空气电池，开发的锌空气电池如图 3-21 所示。十余年间，研发出的锌能源完整工业从专有技术到成套专门设备再到制成产品及其应用的全系列，可适用于从电动自行车到大型电动公交车的所有电动车辆。

锌空气电池相当于燃油车辆的油箱，在电动车辆上只有被充装了锌燃料后，才构成为锌能源。锌燃料在锌空气电池里与空气中的氧反应输出电能，供应电机驱动电动车辆，故锌能源是替代汽、柴油的车用新能源。锌燃料放电后变成氧化锌，其可在电沉积成套专用设备中再生还原为锌燃料。因此，锌能源发电所消耗的不是锌燃料，而是电能。锌燃料只是电能的载体。加工氧化锌成为锌燃料所需的交流电能，可来自水能、风力、太阳能光伏、燃煤发电厂或输配电网等多种来源。因而，锌燃料可离网运载已成为直流电能的交流电能。其加工氧化锌生成锌燃料或再生锌燃料的过程，就是锌燃料吸储各种来源电能的过程。锌燃料电池生产和应用流程如图 3-22 所示。

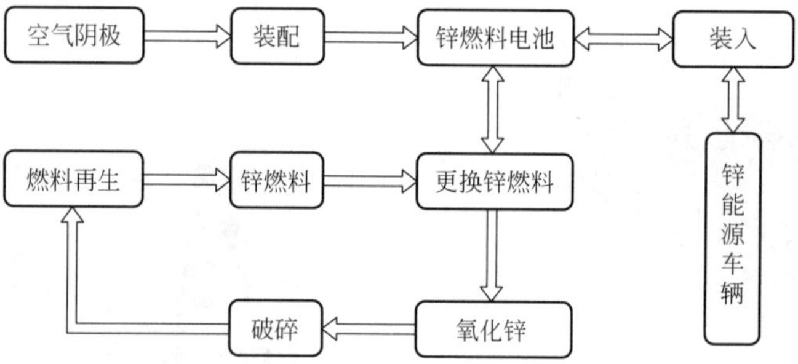

图 3-22 锌燃料电池生产和应用流程

锂电池等电池的储能是电能储存在其电池的本体中。锌能源能量是储存在与锌空气电池本身完全分离状态下的锌燃料中。锌燃料只在锌空气电池进入电动车辆时，才被装进锌空气电池中，与其共同构成锌能源驱动车辆。

3.7.2 铝空气电池

目前以锂离子电池为电源驱动电动汽车的最大障碍是充电时间长和行驶里程短，其续驶能力仅在 135（日产 Leaf）～480km（特斯拉）之间。如此短的续驶里程必须在公路边设置大量的快速充电站。2014 年 2 月在亚特兰大世界汽车电池能源会议上，美国铝业（Alcoa）加拿大公司和以色列飞纳齐（Phinergy）公司联合展示了 100kg 铝空气电池（AAB，Aluminium Air Battery），该电池能储存可供汽车行驶 3000km 的电量，使汽车具有超级续驶能力。这在汽车界成为爆炸性新闻，新化学技术的成熟成功突破了电源核心科技装置，标志着电动车辆动力电源取得了革命性的进展，具有划时代的意义。

铝空气电池不是从普通电网充电，而是在熔炼车间充电。充满电的电池是一块大部分由铝制成的厚重面板。铝板利用从空气中吸收的氧气或水产生的化学作用，将铝变成氧化铝从而释放能量产生电能为汽车提供动力。铝的氧化反应在铝暴露在空气中时会自然发生，表面的氧化铝会阻止深层的铝继续发生反应，新电池采用的新技术则包含了电解质可溶解表面氧化层，使反应持续进行。按照美国铝业（Alcoa）加拿大公司的介绍，使用这种电池汽车的期间只需每月加注清水。通常在一年左右达到使用极限后，到服务站更换充满电的铝电池即可。

（1）铝空气电池的工作原理　新型铝空气电池由含催化剂的阴极、电解质（电解质分为两种：碱性溶液和中性溶液）和金属铝的阳极组成。铝空气电池系统的电化学反应工作示意图如图 3-23 所示。

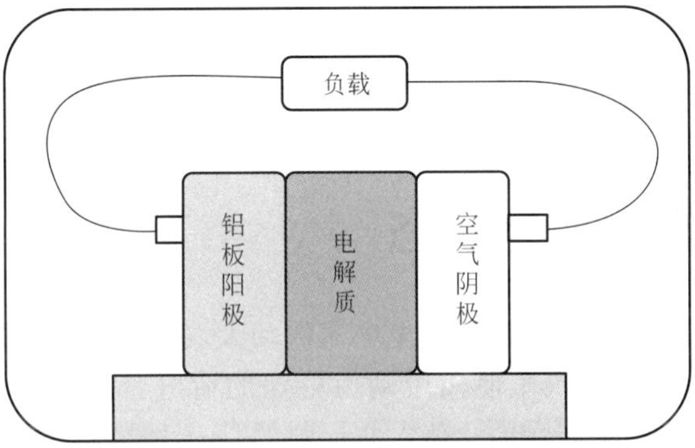

图 3-23　铝空气电池 AAB 系统的电化学反应工作示意图

铝板侧阳极的化学反应是

$$Al+3OH^{-} \longrightarrow Al(OH)_3+3e-2.31V$$

外电路电流经负载到达阴极，阴极侧的化学反应是

$$O_2+2H_2O+4e \longrightarrow 4OH^{-}+0.4V$$

内电路氢氧根离子经电解液到达电池的铝板阳极，AAB 整体的化学反应是

$$4Al+3O_2+6H_2O \longrightarrow 4Al(OH)_3+2.71V$$

铝空气电池的关键技术是在电池的空气阴极上设有银基碱性催化剂，只允许空气中的 O_2 通过，使其与电解液中的 H_2O 一起反应产生 OH^{-}，使内部电路形成电位差，构成源源不断提供电流的化学电源。同时电池空气阴极上的银基碱性催化剂能将 CO_2 隔离在空气阴极之外，有效地防止了空气阴极的碳化问题，使电池的工作寿命提高到上千小时。

（2）铝空气电池的性能特点

① 铝空气电池比能量高。参与电极反应的单位质量电极材料放出的电能大小称为该电池的比能量，单位是 W・h/kg。铝空气电池的理论比能量达 8.1kW・h/kg，作为非充电电池彻底解决了以前金属空气电池充电时间长、续驶时间短的问题。

② 铝空气电池质量小。在以往开发和研制的纯电动车中多数采用动力铅酸电池和锂离子电池，同等能量的电池质量较大，这大大增加了汽车的自重，缩短了续驶里程。例如，某电动汽车需总能量为 14.4kW・h，采用铅酸动力电池 12 块，每块质量为 35kg，总质量达

420kg，而同等能量的锂离子电池组装起来也要达到180kg，但若采用铝电池，同等能量只有不到60kg，这就大大减小了整车质量，从而提高了续驶里程。

③ 铝空气电池无毒害危险。地球上的铝资源储量丰富，且铝产品在人们的日常生活中随处可见。铝对人们的身体不会造成毒害作用，而且铝和氧化铝之间可重复循环利用也不污染环境。

④ 铝空气电池运行稳定、经济性好。我国已有大规模的冶炼电解铝厂，生产成本相对较低。若电动汽车采用更换铝板电池的方式可解决充电电池充电慢、充电时间长的问题。

⑤ 铝空气电池的缺点是比功率低、放电速度慢。铝空气电池虽然有较高的比能量等诸多优点，但比功率较低，放电速度相对缓慢，影响汽车的起步、加速性能。在目前的使用中应与其他能快速放电的电池配合使用效果最佳。并且还需要采用热管理系统来防止铝空气电池在工作时过热。

3.8 动力电池荷电状态

电动汽车行驶状况复杂，动力电池放电电流波动大，电池能否合理的充、放电将严重影响其使用寿命和工作性能。在汽车使用中动力电池的荷电状态（SOC，State of Change），即电池的剩余容量与电池额定容量的比值，它反映的是动力电池的实际可用电量，相当于燃油汽车的剩余可用油料，是汽车运行过程中一个非常重要的参数指标。准确有效地对动力电池进行荷电状态估算，可避免电池过度充、放电，有效保护电池的使用寿命，充分发挥电池的工作性能，降低电动汽车的使用运行成本。

3.8.1 动力电池荷电状态的估算方法

动力电池荷电状态的数值与很多因素有关，而且具有很强的非线性，不但不能直接测量，而且也给估算带来很大的困难。国内外专家学者对动力电池SOC研究通行的估算方法主要分为以下三类。

（1）直接测量法　又可分为安时积分法和开路电压法，均需要直接测量电压和电流等物理量。其中对通过一段时间内的电流进行积分来获得当前电池状态的SOC称为安时积分法，这是较为成熟的方法之一。但安时积分法作为开环预测方法，电池初始SOC不确定，使用中的电流测量误差等限制了它的精度。开路电压法在电池充放电的初期和末期测量较为准确，因此可以与安时积分法结合使用。开路电压法利用的是电池开路电压和SOC之间存在的固定关系，准确的开路电压要求电池处于既不充电也不放电状态在1h以上，防止电池内部不稳定造成的误差，因此该方法不能单独直接用于电动车辆的电池动态的SOC估算，只能和其他方法配合使用。

（2）智能算法　以神经网络算法为代表，该算法不需要建立电池模型，具有非线性特征，自学习能力强，但在实际使用过程中受样本状态和训练方法的影响较大。因此，需要将神经网络算法和其他算法相结合，取长补短，提高估算动力电池SOC的精度。

（3）非线性滤波法　又可分为卡尔曼滤波法和粒子滤波法。卡尔曼滤波法精度高，需要基于精确的电池模型且只适用于线性系统，同时对初始值的选择也较为敏感。粒子滤波法不再受估算 SOC 非线性滤波问题变量必须满足高斯分布的制约，更适合描述非线性系统的特性，提高了动力电池 SOC 的估算精度。

3.8.2 应用举例

雅贝车型 8080 款装备磷酸铁锂动力电池，采用开路电压-安时积分法计算电池的 SOC。

$$\mathrm{SOC}=\frac{Q_{\mathrm{rem}}}{Q_{\mathrm{rat}}}\times 100\%$$

式中 Q_{rem}——电池的剩余容量；

Q_{rat}——电池的额定容量。

当 SOC=100%时，表示电池处于满电状态；当 SOC=50%时，表示电池处于半电容量状态；当 SOC=10%时，仪表电源指示灯闪亮发出报警，同时控制器将最高车速减半运行。

开路电压法（OCV，Open Circuit Voltage）即直接测量动力电池的开路电压，它与电池的电动势在数值上非常接近，在一定条件下与电池的 SOC 存在着一一对应的关系。开路电压法的原理是通过试验得到电池 SOC 与开路电压的直接对应关系，通过这种关系测量开路电压进而即可计算得出电池的 SOC。动力电池开路电压的测量，需要将电池静止相当长的一段时间，待其达到平衡状态时测量才有效，因此开路电压法不适合电动汽车运行时的测量，仅适合驻车时应用，但这种方法可以为测量电池 SOC 的初始值提供依据。

安时积分法是通过对进、出电流的积分得到能量消耗进而计算出剩余电量。假设电池在充、放电起始时刻 t_0 时的电池荷电状态为 SOC_0，那么在 t 时刻的 SOC 可通过以下公式计算得出：

$$\mathrm{SOC}=\mathrm{SOC}_0+\frac{1}{C_{\mathrm{N}}}\int_{t_0}^{t}\eta i(t)\,\mathrm{d}t$$

式中 C_{N}——电池标称容量；

η——充放电效率。

通过对电流 i 从 t_0 到 t 时刻的积分乘以充电效率，再除以电池的标称容量，然后再与电池的初始 SOC 值相加，即可得到 t 时刻的电池 SOC 值。安时积分法简单易行且工作稳定，应用于较多的动力电池 SOC 测量中，但这种方法也存在一些缺点，如它不能准确测量电池的初始值，也不能对累积的误差进行修正，对一些精度要求较高的场合就不适合用此方法。在实际应用中为得到较好的测量精度，安时积分法常与开路电压法等其他方法结合使用。

在动力电池的 SOC 检测中采用开路电压-安时积分法联合测量估算，此方法简单易行且在线精度高，无需考虑电池内部复杂的化学反应，只需关注系统外部的特征和进、出系统的电量，实现检测并计算出电池系统的剩余电量。开路电压-安时积分法流程如图 3-24 所示。

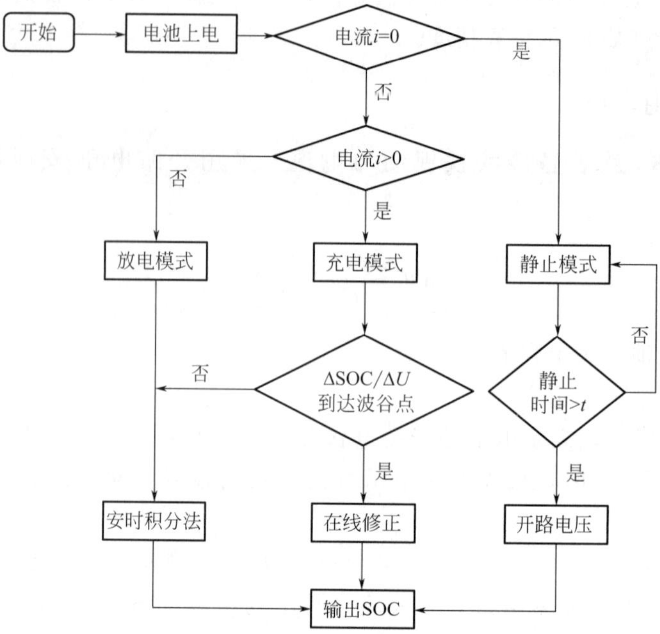

图 3-24　SOC 估算流程

3.9　动力电池管理系统

动力电池是电动汽车动力系统中的关键部件，准确评估电池的 SOC 是电动汽车技术中必须解决的问题。目前多数电池管理系统采用单核控制器为主控芯片，为保证估算电池剩余电量的准确性，采用中断来实现电流的积分。而要保证通信的实时性、准确性以及数据传输的完整性，CAN 通信接收是不能中断的，如此一来就会带来积分中断与 CAN 通信的冲突问题。科烈公司在电池管理系统中采用新一代的飞思卡尔 16 位 S12XE 系列微控制器，其中断处理能力大大增强，能够处理 32 位运算，总线频率高达 50MHz，性能非常优越。该处理器独立于主处理器之外还专门集成设置了 XGATE 处理器，作为高效的直接存取 DMA 控制器使用，是一个 16 位精简指令内核存储器，负责采集电流和计算剩余电量，处理代码较少的电流积分中断。XGATE 处理器独立地实现外设与 RAM 之间数据高速交换，还能作为一个独立的算法单元完成运算功能，能够减轻主处理器的负担，增强系统处理数据的能力和系统设计的灵活性。飞思卡尔 S12XE 系列微控制器较好地解决了积分中断与 CAN 通信冲突问题，同时并没有增加主 CPU 的负担，还提高了数据处理的速度。电池管理系统（BMS）软件功能模块框图如图 3-25 所示。

电池管理系统作为动力电池组的控制器，应能够实时检测电池组内电池的参数并评估其荷电状态，为驾驶员提供剩余电量、续驶里程等信息，能防止蓄电池过充电、过放电、过电压、过电流、过高温等情况的发生，其性能的优劣直接决定着动力电池组的使用寿命。一个良好的电池管理系统能够在充分发挥电池性能的同时给予电池最佳的保护，延长电池组的使用寿命，保证电池的性能，降低电动汽车的运行成本。良好的电池管理系统应具备以下九大

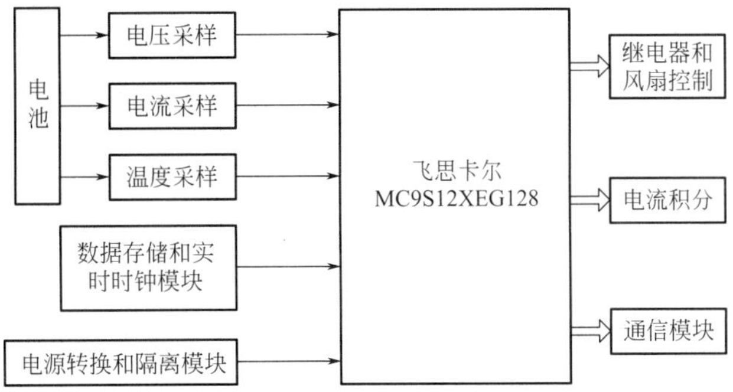

图 3-25 电池管理系统（BMS）软件功能模块框图

功能。

（1）数据采集功能 BMS 实时准确地采集电池总电压、总电流及单体电池电压和温度等信息，是电池管理系统中重要的功能之一，其采集精度和速率代表了 BMS 的优劣。

① 单体电池电压采集 采集单体电池电压是 BMS 控制策略中的重要因素之一，要求采集精度在 3mV 以内。

② 单体电池温度信息采集 动力电池的性能受电池的温度影响较大，当电池温度过高或过低时充、放电会对电池的寿命产生直接的影响，对于电池温度的精度要求一般在 1℃以内。

③ 电池组总电压采集 动力电池组总电压分为箱内电压和箱外电压两路。BMS 通过箱内、外电压的比较，来判断是否完成预充电过程。动力电池组总电压既可直接测量也可通过分压电路采集得到。

④ 电流采集 动力电池组充、放电电流的采集对于评估电池组的荷电状态 SOC 及充、放电保护有重要的意义。在硬件电路设计中多采用霍尔电流传感器或分流器采集电流，精度要求在 1%。为了保证测量精度，通常采用两路电流传感器来互相校正。

（2）评估电池状态功能 利用采集到的电压、电流和温度等数据，进行分析和处理估算出电池的 SOC 值和健康状态（SOH，State of Health）值。电池健康状态（SOH）预测应考虑电池老化（容量衰减）、电池单体的差异等各种因素来预测电池组的各种健康状态。对电池的各种状态进行存储，方便数据的分析和处理。

（3）故障诊断预警功能 利用采集的数据分析电池的各种参数，并给予适当的预警，避免出现故障影响人车安全。在电动汽车研发和测试过程中，会不可避免地出现各种问题，通过故障诊断可方便地及时发现问题，从而使电动汽车的动力电池组合技术越来越成熟。

（4）动力电池组的热管理 电池的温度是影响电池性能的重要因素之一，而电池的性能优劣对于电动汽车的续驶里程有着重要的影响，可通过热管理系统控制电池始终工作在最佳工作状态。

（5）继电器和风扇管理 继电器是动力电池组内主要的部件之一，BMS 通过对继电器的管理可完成对电池组内各个电路的控制，从而对充、放电进行管理和实现热管理。为防止电池过充电和过放电，BMS 控制总高压继电器来实现对电池的保护。BMS 可通过控制冷却风扇的运转来实施对电池的热管理，防止电池在充、放电过程中过热而造成严重损坏。

（6）CAN 总线数据通信 在电池的使用过程中，需按照要求将电池电压、温度、电流和 SOC、SOH 等电池运行的相关状态信息进行上报。对于使用多节电池串、并联组成的电池组来说，这种上报的信息包含两个方面：一方面是上报信息到电池管理系统之外，如整车管理系统和电机控制系统，为其提供所需要的数据，同时接受该系统所提供的信息，为制定合理的电池管理方案提供依据；另一方面是各电池组之间的信息数据交换，为此制定通信方式和协议，实时了解电池容量和性能、保证电池安全可靠运行是 BMS 中一个关键的问题。一般电池管理系统厂商会选用 CAN-BUS 总线的通信方式，实现与整车或其他模块进行数据交换。

（7）高压环路互锁　电池箱（包）的动力输出端需要通过高压插接件连接到动力线缆。BMS 控制器向插接件发送 HVIL 信号，同时接受插接件反馈的此信号。若接收成功则证明插接件高压环路互锁功能正常，反之若接收不到则插接件有松动现象，BMS 发出警示信号提示维修人员进行相应的处理。

（8）电池均衡功能　当多节单体电池组成电池组时，由于电池的不一致性，必须进行均衡处理来使动力电池组内各电池的压差较小，以更好地延长动力电池组的使用寿命。目前电池均衡分为主动均衡和被动均衡两种方式：主动均衡是将单节能量高的电池能量转移到能量低的单节电池中，这是一种无损的均衡方式；被动均衡是通过在每一节单体电池正、负极端并联一个可控电阻，在需要时把多余的能量消耗掉。目前主动均衡方式应用不广，国内厂商多采用被动均衡方式。

（9）电池的绝缘检测功能　绝缘检测功能是保证动力电池组安全的重要功能之一，动力电池组内是数百伏的高压，若出现漏电会对驾乘人员造成严重的安全隐患。BMS 时刻监测动力电源的总正和总负对车身搭铁的绝缘阻值，如果出现阻值低于阀值，BMS 则上报故障，同时断开高压电，确保驾乘人员安全。

第4章 控制器

电动汽车与传统的燃油汽车相比有相当大的区别，绝不是在传统燃油汽车的基础上用动力电池替换燃油箱，驱动电机替代发动机这么简单。传统燃油汽车发动机的特点是转速高、转矩变化范围小，而电动汽车驱动电机的转矩和转速变化范围均可以很大。例如长安公司的CS15汽车采用自然吸气四缸直列式L型排量为1.5L的JL473QF发动机，最大功率为78.5kW，最大功率转速为5500r/min，最大转矩为145N·m；而长安逸动电动汽车驱动电机最大功率（此处多称总功率）为90kW，最大功率转速为3500r/min，最大转矩为280N·m，最大转矩转速为0。电动汽车驱动电机最大转矩也就是堵转时的转矩，这最有利于汽车的起步加速。传统燃油汽车发动机控制器（ECU）主要是通过控制点火、进气和喷油，来控制发动机的转速和转矩，而电动汽车驱动电机控制器（ECU）主要是通过控制电压和电流，来控制驱动电机的转速和转矩。一个显著的驾驶特点是，传统燃油汽车若要停在半坡中需采用制动或半离合的操作方法，而电动汽车则不需要，只要挡杆在前进挡位置，即使松开加速踏板在上坡状态车辆也不会向后溜车。

燃油汽车的控制器主要为发动机控制单元和变速器控制单元（有的将两者合二为一称为动力控制模块），电动汽车控制器主要是驱动电机控制器（ECU）和动力电池控制管理系统（BMS），两种车辆共同存在的系统模块有车辆管理模块、空调控制模块、制动防抱死系统等。下面主要对电动汽车特有的控制器逐一介绍。

4.1 控制器基础知识

4.1.1 控制器的基础元件

电动汽车控制器的基础元件主要是由半导体元件构成的，半导体元件是任何复杂控制系统电路的基本组成部分，主要有固定电阻、固定电容、二极管、三极管和集成电路等。

（1）固定电阻　是阻值固定不变的电阻（与可变电阻相区别），固定电阻器简称电阻，是一种最常用的电子元件，其文字符号为R，在电路中图形符号如图4-1所示，实物如图4-2所示。常见的固定电阻有碳膜电阻、金属膜电阻、有机实芯电阻、绕线电阻、水泥电阻和贴片电阻等，主要参数有标称阻值和额定功率两项。

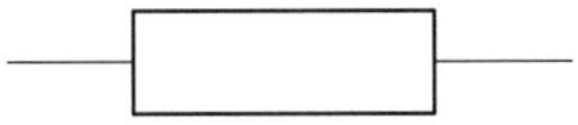

图4-1　电阻在电路中的图形符号

① 标称阻值　简称阻值，基本单位是欧姆，简称欧，符号是Ω。常用的电阻单位还有千欧（kΩ）和兆欧（MΩ）。

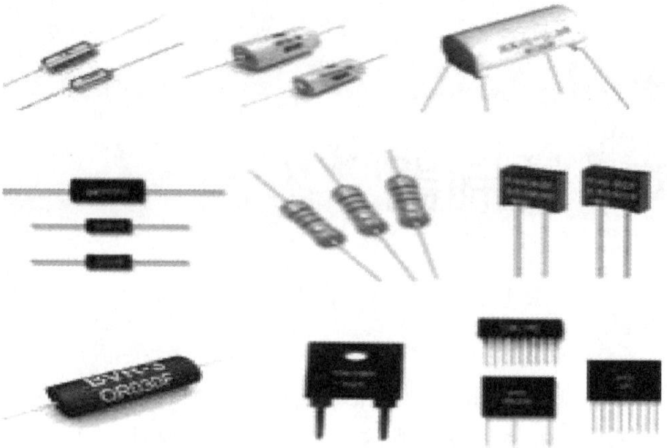

图 4-2 常见的电阻

在电路图中标示电阻器的数值单位时，一般将 MΩ 简标为 M，kΩ 简标为 k，Ω 省略。例如，5MΩ 标作 5M，5kΩ 标作 5k，100Ω 标作 100。

在电阻器上标注阻值的方法有两种：一是在电阻器上直接印出阻值，如图 4-3 所示；二是用色环表示，在电阻器上印出四道、五道或六道色环，如图 4-4 所示。

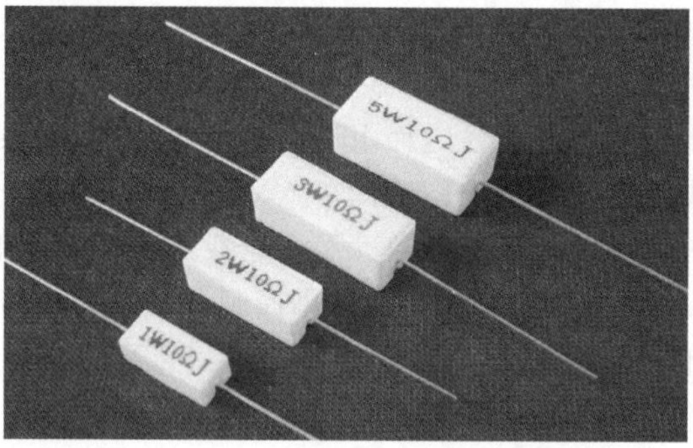

图 4-3 电阻印有功率和阻值

六环电阻的前五环与五环电阻表示方法一样，第六道色环表示该电阻的温度系数。前五环：第一、二、三环表示数字，由黑（0）、棕（1）、红（2）、橙（3）、黄（4）、绿（5）、蓝（6）、紫（7）、灰（8）、白（9）表示。第四环表示倍率（乘数），由黑、棕、红、橙、黄、绿、蓝、紫、金、银表示。第五环表示误差（误差率），由棕、红、灰、白、绿、蓝、紫、金、银表示。先从左向右看第二环有没有金或银色，若没有，则从右向左看第二环有没有金或银色，因为只有表示误差的色环才有这种颜色，表示数字的没有这种颜色。

② 额定功率 电阻器正常工作不致烧坏的功率为额定功率，电阻器工作时实际消耗的功率是消耗功率，它常常只有额定功率的 1/2 或稍大一些。电阻器的额定功率也已系列化，标称值通常有 1/8W、1/4W、1/2W、1W、2W、3W、5W、10W 等。电路图中对电阻功率要求标识，如图 4-5 所示。当电阻器损坏需更换时，除阻值应相同外，还应注意功率要求，可根据电阻器的体积大小粗略判断，一般体积大的电阻器功率也大。如果功率不够，可以用两个电阻器并联后使用，但要注意并联后实际阻值与原阻值应相同。

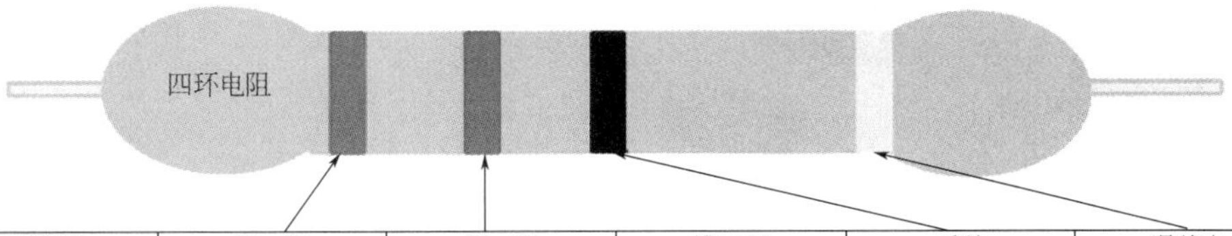

色环环数	第一环	第二环	第三环	乘数	误差率
黑	0	0	0	1	
棕	1	1	1	10	±1%
红	2	2	2	100	±2%
橙	3	3	3	1k	±3%
黄	4	4	4	10k	±4%
绿	5	5	5	100k	
蓝	6	6	6	1M	
紫	7	7	7	10M	
灰	8	8	8	100M	
白	9	9	9	1000M	
金	−1	−1	−1	0.1	±5%
银	−2	−2	−2	0.01	±10%
无色					±20%
色环环数	第一环	第二环	第三环	乘数	误差率

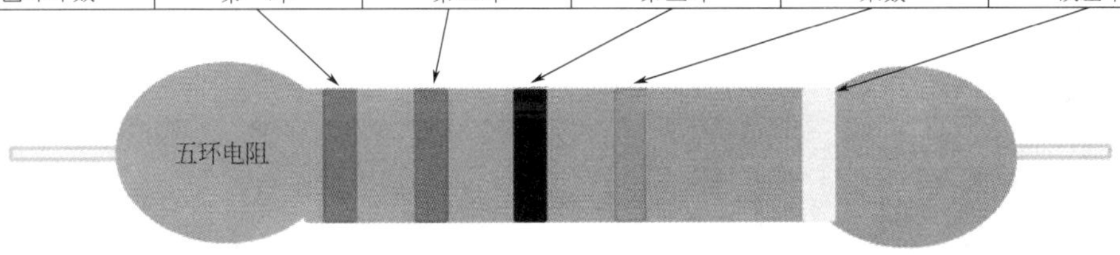

图 4-4　电阻色环及对应的数字关系

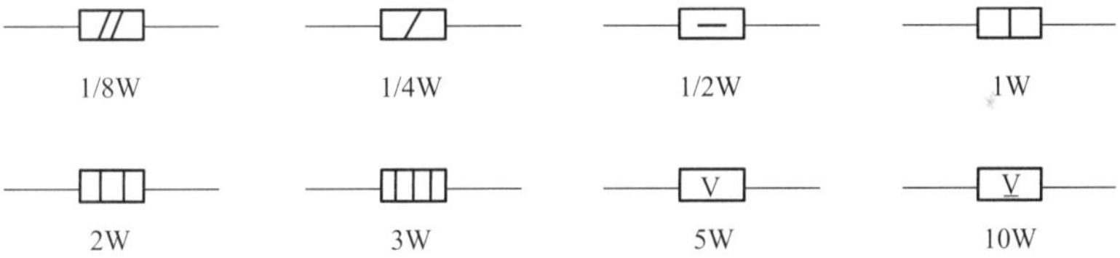

图 4-5　电阻功率

在正规的电路图中，如果电阻无功率标识，表示是功率要求较小的电阻器，一般选用 1/8W 的电阻器即可。在电路图中，有时为了节省位置而省略了一些单位符号，识别方法是，阻值在 1～999Ω 范围时，单位 Ω 省略，仅标数字，如标为“R2/330”表示 R2 为 330Ω；阻值在 1kΩ～1MΩ 时，一般用 k 表示单位，如标为“R2/5k6”表示 R2 为 5.6kΩ；阻值在 1MΩ 以上时，单位省略，在所标数字后面加小数点和 0，表示兆欧，如标为“R2/2.0”表示 R2 为 2MΩ。

③ 贴片电阻　如图 4-6 所示，贴片电阻就是片式固定电阻器，是金属玻璃铀电阻器中的一种，是将金属粉和玻璃铀粉混合，采用丝网印刷法印在基板上制成的电阻器。贴片电阻因体积小、耐潮湿、耐高温、温度系数小等优点，可大大节约电路空间成本，使设计更精细化，广泛应用在各种控制器内。

贴片电阻一般在电阻体上直接标注阻值，如图 4-6 中 301、122、6R2 等一般前两位数值

图 4-6 贴片电阻

为有效数字，第三位是乘数；R 表示单位为欧姆，相当于小数点的作用，前面是整数部分，后面是小数部分。例如，301 表示 $30\times10^1=300\Omega$，122 表示 $12\times10^2=1200\Omega$，6R2 表示 6.2Ω。

（2）固定电容 电容量是一个恒定值的电容称为固定电容，大部分电容都是这种电容。固定电容的文字符号为 C，其电路图形符号如图 4-7 所示。固定电容主要由金属电极、介质层和电极引线组成，两金属电极是相互绝缘的。电容具有隔直流通交流的基本特性。固定电容的种类很多，外形差异很大，几种常见的固定电容为金属电容、管型电容、云母电容，还有陶瓷电容和薄膜电容等，如图 4-8 所示。

图 4-7 电路中电容的图形符号

图 4-8 常见的电容

① 陶瓷电容 是用高介电常数的电容器陶瓷（钛酸钡、一氧化钛）挤压成圆管、圆片或圆盘作为介质，并用烧渗法将银镀在陶瓷上作为电极制成。它又分高频瓷介和低频瓷介两种。

高频瓷介电容器适用于无线电、电子设备的高频电路。具有小的正电容温度系数的电容器，应用于高稳定振荡回路中，作为回路电容器及垫整电容器。低频瓷介电容器限于在工作频率较低的回路中作旁路或隔直流用，或对稳定性和损耗要求不高的场合（包括高频在内）。这种电容器不宜使用在脉冲电容中，因为它们易于被脉冲电压击穿。常见的瓷介电容器有穿心式或支柱式结构瓷介电容器，它的一个电极就是安装螺钉。引线电感极小，特别适于高频旁路用。

独石电容器即多层陶瓷电容器，其结构是在若干片陶瓷薄膜坯上被覆以电极浆料，叠合后一次绕结成一块不可分割的整体，外面再用树脂包封而成，它是一种体积小、容量大、可靠性高和耐高温的新型电容器，高介电常数的低频独石电容器也具有稳定的性能，且体积极小。

② 云母电容 就结构而言，可分为箔片式及被银式。被银式电极为直接在云母片上用真空蒸发法或烧渗法镀上银层而成，由于消除了空气间隙，温度系数大为下降，电容稳定性也比箔片式高。云母电容广泛应用在高频电器中，并可用作标准电容。

③ 玻璃釉电容　由一种浓度适于喷涂的特殊混合物喷涂成薄膜而成，再以银层电极经烧结而成“独石”结构。玻璃釉电容的性能可与云母电容媲美，能耐受各种气候环境，一般可在200℃或更高温度下工作，额定工作电压可达500V，介质损耗正切角 $\tan\delta=0.0005\sim0.008$。

④ 纸质电容　在无线电、电子设备中应用很广，一般是用两条铝箔作为电极，中间以厚度为0.008～0.012mm的电容器纸隔开重叠卷绕而成。制造工艺简单，价格便宜，能得到较大的电容量，一般在0.25μF以下，但容量误差较大且不易控制，质量较好的是±10%，损耗较大（$\tan\delta\leqslant0.015$），温度频率特性稳定性较差。以往的纸质电容为非密封型，仅用石蜡等浸渍封闭，容易老化，稳定性较差，易受湿度影响，受潮后绝缘电阻降低，大气压力对它也有影响。电容器芯置于金属或陶瓷管内加以密封的纸质电容质量较好，外界气候条件的影响极小，可在相对湿度达95%～98%的场合中正常使用。

金属化纸质电容的电极用真空蒸发直接将金属蒸发附着于电容器纸上，体积仅为普通纸质电容的1/4左右，主要特点是具有“自恢复”作用，即在击穿后能“自愈”，是纸质电容的改进型。纸质电容是中频电容，一般应用在低频电路内，通常不能用在频率高于3～4MHz的场合。油浸电容的耐压比普通纸质电容高，稳定性也好，适用于高压电路。

⑤ 薄膜电容　结构与纸质电容相似，采用聚酯、聚苯乙烯等低损耗塑材作介质。聚苯乙烯电容性能优良，低频电路中可作优良的耦合电容使用。还特别适用于 RC 时间常数电路，因为它的介电吸收作用极微而放电快。耐高温的薄膜电容有涤纶电容、聚四氟乙烯电容和聚碳酸酯电容。涤纶电容也称聚酯电容，它的电性能优于金属化纸介电容，在电路中主要用作旁路和隔直流等，以代替纸质电容。聚碳酸酯电容的电性能优于涤纶电容，可长期工作在120～130℃的条件下。

聚丙烯电容的电性能与聚苯乙烯电容相似，但单位体积电容量较大，能耐+100℃以上高温，温度稳定性则稍差。

⑥ 电解电容　是用薄的氧化膜作介质的电容器。因为氧化膜有单向导电性质，所以电解电容具有极性。用浸有糊状电解质的吸水纸夹在两片铝箔中间卷绕而成的是铝电解电容。普通铝电解电容不适于在高频和低温下使用，不宜用在25kHz以上的频率中，通常作低频旁路、耦合和电源滤波用。采用氧化钽作为介质的钽电解电容，具有化学结构稳定、可靠性高、使用寿命长等优点。

使用电解电容时，必须将正极接高电位，负极接低电位，否则会出现击穿、失效，甚至爆炸。

(3) 晶体二极管　简称二极管，它只向一个方向传送电流。它具有按照外加电压的方向，使电流流动或不流动的性质。晶体二极管为一个由P型半导体和N型半导体形成的PN结，在其界面处两侧形成空间电荷层，并建有自建电场。当不存在外加电压时，由于PN结两边载流子浓度差引起的扩散电流和自建电场引起的漂移电流相等而处于电平衡状态。二极管是最常用的电子元件之一，其最大的特性就是单向导电性，也就是电流只可以从二极管的一个方向流过，二极管的作用有整流、检波、稳压、调制。二极管在电路图中的符号和实物如图4-9所示。

在电子电路中，将二极管的正极接在高电位端，负极接在低电位端，二极管就会导通，这种连接方式，称为正向偏置。必须说明，当加在二极管两端的正向电压很小时，二极管仍然不能导通，流过二极管的正向电流十分微弱。只有当正向电压达到某一数值（这一数值称

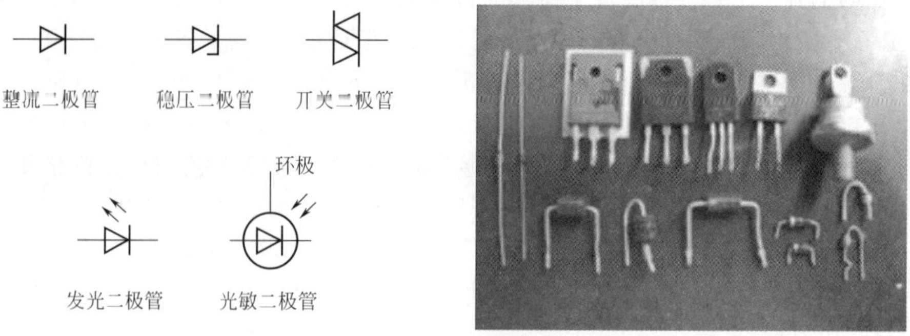

(a) 电路图形符号　　(b) 实物

图 4-9　二极管

为门坎电压，又称死区电压，锗管约为 0.1V，硅管约为 0.5V）以后，二极管才能真正导通。导通后二极管两端的电压基本上保持不变（锗管约为 0.3V，硅管约为 0.7V），称为二极管的正向压降。

在电子电路中，二极管的正极接在低电位端，负极接在高电位端，此时二极管中几乎没有电流流过，二极管处于截止状态，这种连接方式，称为反向偏置。二极管处于反向偏置时，仍然会有微弱的反向电流流过二极管，称为漏电流。当二极管两端的反向电压增大到某一数值，反向电流会急剧增大，二极管将失去单向导电性，这种状态称为二极管的击穿。引起电击穿的临界电压称为二极管反向击穿电压。如果二极管没有因电击穿而引起过热，则单向导电性不一定会被永久破坏，在撤除外加电压后，其性能仍可能恢复。使用时应避免二极管外加的反向电压过高。

二极管的主要应用整流，利用二极管单向导电性，可以把方向交替变化的交流电变换成单一方向的脉冲直流电；开关，二极管在正向电压作用下电阻很小，处于导通状态，相当于一个接通的开关，在反向电压作用下，电阻很大，处于截止状态，如同一个断开的开关，利用二极管的开关特性，可以组成各种逻辑电路；限幅，二极管正向导通后，它的正向压降基本保持不变（硅管约为 0.7V，锗管约为 0.3V），利用这一特性，在电路中作为限幅元件，可以把信号幅度限制在一定范围内；续流，在开关电源的电感中和继电器等感性负载中起续流作用；检波，应用在无线电信号中起检波作用；变容，使用于显示器的高频头中；显示，用于 VCD、DVD、计算器等显示器上；稳压，稳压二极管实质上是一个面结型硅二极管，工作在反向击穿状态，在二极管的制造工艺上，使它有低压击穿特性，稳压二极管的反向击穿电压恒定，在稳压电路中串入限流电阻，使稳压管击穿后电流不超过允许值，因此击穿状态可以长期持续并不会损坏；触发，触发二极管又称双向触发二极管（DIAC），属三层结构，是具有对称性的二端半导体器件，常用来触发双向晶闸管，在电路中作过压保护等用。

（4）晶体三极管　也称半导体三极管，简称三极管，是一种电流控制电流的半导体器件，其作用是把微弱信号放大成幅值较大的电信号，也用作无触点开关。晶体三极管是半导体基本元器件之一，具有电流放大作用，是电子电路的核心元件。三极管是在一块半导体基片上制作两个相距很近的 PN 结，两个 PN 结把整块半导体分成三部分，中间部分是基区，两侧部分是发射区和集电区，排列方式有 PNP 和 NPN 两种。

三极管按材料分有锗管和硅管两种，而每一种又有 NPN 和 PNP 两种形式，但使用最多的是硅 NPN 和锗 PNP 两种三极管，两者电源极性不同，工作原理是相同的。NPN 管由两块 N 型半导体中间夹着一块 P 型半导体所组成，发射区与基区之间形成的 PN 结称为发射结，而集电区与基区形成的 PN 结称为集电结，三条引线分别称为发射极 e、基极 b 和集电极 c，如图 4-10 所示。

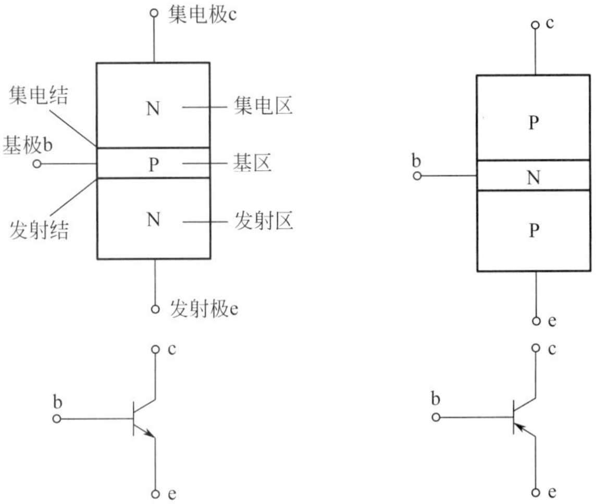

(a) NPN型　　(b) PNP型

图 4-10　三极管

① 三极管的工作原理

a. 发射区向基区发射电子　当电源经过电阻 R_b 加在发射结上后，发射结正向偏置，发射区的多数载流子（自由电子）不断地越过发射结进入基区，形成发射极电流 I_e。同时基区多数载流子也向发射区扩散，但由于其浓度远低于发射区载流子浓度，所以可以不考虑这个电流，因此可以认为发射结主要是电子流。

b. 基区中电子的扩散与复合　电子进入基区后，先在靠近发射结的附近密集，渐渐形成电子浓度差，在浓度差的作用下，促使电子流在基区中向集电结扩散，被集电结电场拉入集电区形成集电极电流 I_c。也有很小一部分电子（因为基区很薄）与基区的空穴复合，扩散的电子流与复合电子流之比例决定了三极管的放大能力。

c. 集电区收集电子　由于集电结外加反向电压很大，这个反向电压产生的电场力将阻止集电区电子向基区扩散，同时将扩散到集电结附近的电子拉入集电区从而形成集电极主电流 I_{cn}。另外集电区的少数载流子（空穴）也会产生漂移运动，流向基区形成反向饱和电流，用 I_{cbo} 来表示，其数值很小，但对温度却异常敏感。

② 三极管基本放大电路　如图 4-11 所示，基本放大电路是放大电路中最基本的结构，是构成复杂放大电路的基本单元。它利用三极管输入电流控制输出电流的特性，实现信号的放大。基本放大电路知识是学习电子技术的重要基础。从电路的角度来看，可以将基本放大电路看成一个双端口网络。放大的作用体现在：放大电路主要利用三极管的控制作用放大微弱信号，输出信号在电压或电流的幅度上得到了放大，输出信号的能量得到了加强；输出信号的能量实际上是由直流电源提供的，只是经过三极管的控制，使之转换成信号能量，提供给负载。

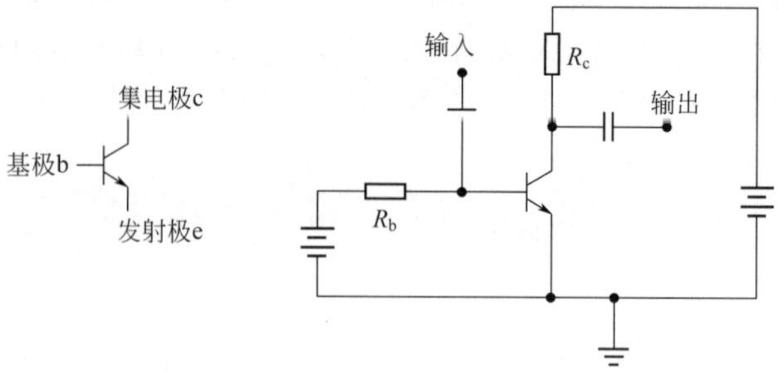

图 4-11　三极管基本放大电路

③ 放大电路的组成原则

a. 保证放大电路的核心器件三极管工作在放大状态，即有合适的偏置。也就是说发射结正偏，集电结反偏。

b. 输入回路的设置应当使输入信号耦合到三极管的输入电极，形成变化的基极电流，从而产生三极管的电流控制关系，变成集电极电流的变化。

c. 输出回路的设置应该保证将三极管放大以后的电流信号转变成负载需要的电量形式（输出电压或输出电流）。

④ 贴片三极管　三极管的分类方法很多，按材料分为硅管和锗管，按安装方式分为插件三极管、贴片三极管，如图 4-12 所示。在电动汽车控制单元中应用较多的是塑料封装的大功率三极管（通常把最大集电极电流 $I_{cM}>1A$，或最大集电极耗散功率 $P_{cM}>1W$ 的晶体管统称为大功率晶体管）。因大功率三极管常工作在大电流状态下，所以使用时应按要求贴加适当的散热片。贴片三极管和插件三极管是一样的，只不过是封装不同而已。贴片更小，省空间和免去人工插件。

(a) 插件三极管　　(b) 贴片三极管

图 4-12　三极管按安装方式分类

（5）绝缘栅双极型晶体管　如图 4-13 所示，绝缘栅双极型晶体管（IGBT，Insulated Gate Bipolar Transistor）是由双极型三极管和绝缘栅型场效应管组成的复合全控型电压驱动式功率半导体器件，兼有 MOSFET（金属氧化物半导体场效应晶体管）的高输入阻抗和 GTR（巨型晶体管）的低导通压降两方面的优点。GTR 饱和压降低，载流密度大，但驱动电流较大；MOSFET 驱动功率很小，开关速度快，但导通压降大，载流密度小。IGBT 综合了以上两种器件的优点，驱动功率小而饱和压降低。非常适合应用于直流电压为 600V 及以上的变流系统如交流电机、变频器、开关电源、牵引传动等领域。IGBT 功率模块采用 IC 驱动，各种驱动保护电路，高性能 IGBT 芯片，新型封装技术，从复合功率模块 PIM 发展到智能功率模块 IPM、电力电子积木 PEBB、电力模块 IPEM。绝缘栅双极型晶体管

(IGBT)的等效电路如图 4-14 所示。IGBT 的静态特性主要有伏安特性、转移特性和开关特性。

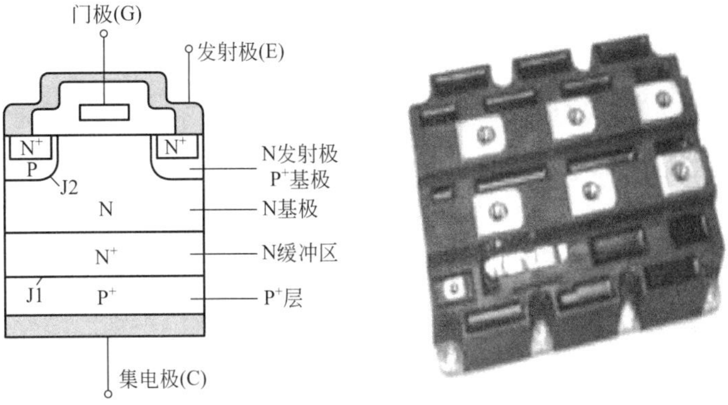

(a) 结构　　(b) 实物

图 4-13　IGBT

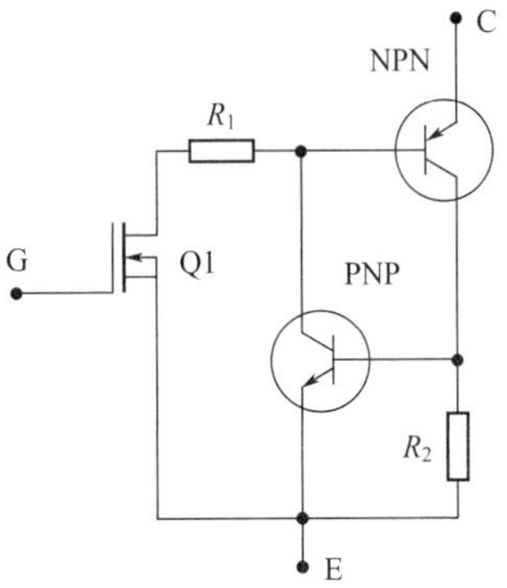

图 4-14　IGBT 等效电路

① 伏安特性　IGBT 的伏安特性是指以栅源电压 U_{gs} 为参变量时，漏极电流与栅极电压之间的关系曲线。输出漏极电流比受栅源电压 U_{gs} 的控制，U_{gs} 越高，I_d 越大。它与 GTR 的输出特性相似，也分为饱和区、放大区和击穿特性三部分。在截止状态下的 IGBT，正向电压由 J2 结承担，反向电压由 J1 结承担。如果无 N^+ 缓冲区，则正、反向阻断电压可以做到同样水平。

② 转移特性　IGBT 的转移特性是指输出漏极电流 I_d 与栅源电压 U_{gs} 之间的关系曲线。它与 MOSFET 的转移特性相同，当栅源电压小于开启电压 $U_{gs(th)}$ 时，IGBT 处于关断状态。在 IGBT 导通后的大部分漏极电流范围内，I_d 与 U_{gs} 呈线性关系。最高栅源电压受最大漏极电流限制，其最佳值一般取为 15V 左右。

③ 开关特性　IGBT 的开关特性是指漏极电流与漏源电压之间的关系。IGBT 处于导通状态时，由于它的 PNP 晶体管为宽基区晶体管，所以其 β 值极低。尽管等效电路为达林顿结构，但流过 MOSFET 的电流成为 IGBT 总电流的主要部分。

(6) 集成电路　集成电路(IC，Integrated Circuit)是一种微型电子器件。采用一定的工艺，把一个电路中所需的晶体管、电阻、电容和电感等元件及布线连在一起，制作在一小块或几小块半导体晶片或介质基片上，然后封装在一个管壳内，成为具有所需电路功能的微型结构，其中所有元件在结构上已组成一个整体，使电子元件向着微小型化、低功耗、智能化和高可靠性方面迈进了一大步。在电动汽车的控制器电路中应用了大量的集成电路。

集成电路按其功能、结构的不同，可分为模拟集成电路、数字集成电路和数/模混合集成电路三大类。集成电路按运算放大器不同，可分为单运放、双运放、三运放、四运放等多种类型。不同厂家生产的多种类型的运算放大器虽然参数不同，但内部结构有许多相似之处，通常把运用范围广、互换性好的运算放大器称为通用运放。通用运放大致分为两类：一类是由双极型晶体管(BJT)组成的运放；另一类是由结型场效应管(JEFT)(或 MOSJEFT)作差分输入级的单片相容运放。

在电动汽车控制器中使用的运算放大器主要用于信号的处理、运算、变换和测量，常见的运放有 LM2902（图 4-15）和 LM2904（图 4-16）。

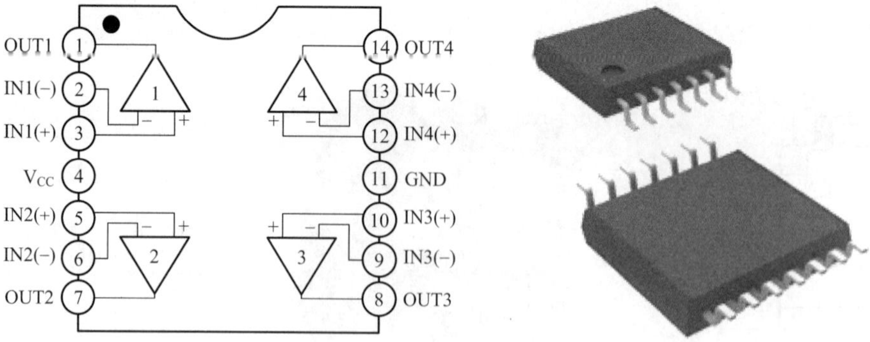

(a) 内部结构及引脚排列　　(b) 实物

图 4-15　LM2902 运放

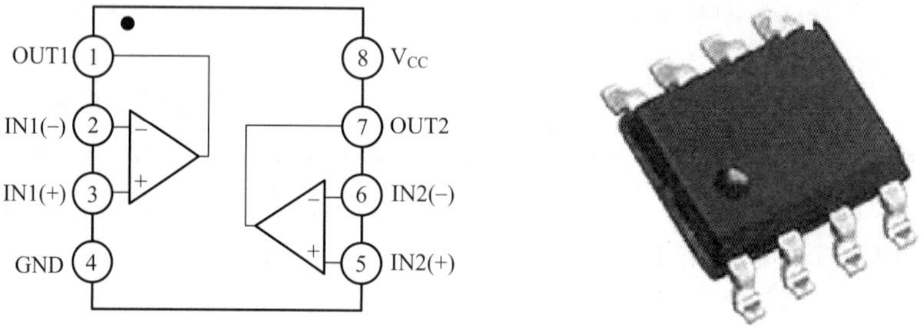

(a) 内部结构及引脚排列　　(b) 实物

图 4-16　LM2904 运放

LM2902 和 LM2904 两通用放大器的主要特征：短路保护输出；真差动输入级；单电源工作（3～26V）；低输入偏置电流（100nA）；内部频率补偿；输入共模范围扩展到负极电源；高直流电压增益。运算放大器主要应用在线性电路中，对微小的模拟电压信号进行放大。对于汽车电控系统应用的大部分运算放大器，因为受汽车供电系统的制约，多为单电源供电产品。

数字集成电路是基于数字逻辑（布尔代数）设计和运行的，用于处理数字信号的集成电路。根据集成电路的定义，也可以将数字集成电路定义为将元器件和连线集成于同一半导体芯片上而制成的数字逻辑电路或系统。根据数字集成电路中包含的门电路或元器件数量，可将数字集成电路分为小规模集成（SSI）电路、中规模集成（MSI）电路、大规模集成（LSI）电路、超大规模集成（VLSI）电路、特大规模集成（ULSI）电路和巨大规模集成（GSI）电路。小规模集成电路包含的门电路在 10 个以内，或元器件数不超过 10 个；中规模集成电路包含的门电路在 10～100 个之间，或元器件数在 100～1000 个之间；大规模集成电路包含的门电路在 100 个以上，或元器件数在 1000～10000 个之间；超大规模集成电路包含的门电路在 10000 个以上，或元器件数在 100000～1000000 之间；特大规模集成电路的门电路在 100000 个以上，或元器件数在 1000000～10000000 之间。随着微电子工艺的进步，集成电路的规模越来越大，简单地以集成元件数目来划分类型已经没有多大意义了，目前暂时以巨大规模集成电路来统称集成规模超过 100000000 个元器件的集成电路。

在电动汽车各种控制单元中，应用了许多数字集成电路，特定功能的数字集成电路配合MCU，来完成一些重要功能。数字集成电路总体可分为TTL电路与CMOS电路，其主要差别在于供电电压与输出电平的不同，TTL电路典型供电电压为5V，而CMOS电路的供电范围在3～18V之间均可工作，同时CMOS电路具有功耗低的优点，所以目前应用多以CMOS电路为主。电动汽车驱动电机控制器内的集成电路如图4-17所示。

图 4-17 电动汽车驱动电机控制器内的集成电路

4.1.2 单片机的结构

单片机又称微控制器（MCU），就是把中央处理器（CPU）、随机存储器（RAM）、只读存储器（ROM）、定时/计数器以及I/O接口等主要计算机部件集中在一块集成电路芯片上。由此可见单片机是大规模集成电路技术的产物。目前，大多数汽车用的单片机属于特定的"用户产品"，是在标准单片机的基础上，根据实际应用需要对其输入/输出功能、指令及结构体系进行增强，如增加ROM/RAM、I/O接口和A/D模数转换器等，以便使其更适应在汽车这样一个复杂的环境中使用。在汽车控制器中经常使用的单片机有MCS-51、SAB80C515/SAB80C535、MOTOROLA、SIEMENS等系列，下面分别对其进行简要的介绍。

（1）MCS-51单片机 该系列单片机是Intel公司于1980年推出的8位单片机。MCS-51具有比较大的寻址空间，地址线宽达16条，即外部数据存储器和程序存储器的寻址范围达64KB，这作为单片机控制来说是比较大的，同时具备对I/O接口的访问能力。此外，MCS-51采用模块化结构，可方便地增删模块形成引脚和指令兼容的新产品，从而容易使产品系列化。由于MCS-51集成了8位中央处理单元，处理功能强，中央处理单元中集成了方便灵活的专用寄存器、加法器、减法器、乘法器、除法器和布尔处理机及各种逻辑运算和转移指令，给应用提供了极大的便利。MCS-51的指令系统近乎完善，指令系统中包含了全面的数据传送指令、算术和逻辑运算指令、逻辑操作和控制指令，对于编程来说，是相当灵活和方便的。8051是MCS-51系列单片机中的代表产品，它内部集成了功能强大的中央处理器，包含了乘法器、除法器、128个专用控制寄存器、4KB的程序存储器、128字节的数据存储器、4组8位的并行口、两个16位的可编程定时/计数器、一个全双工的串行口以及布尔处理器。

8051 单片机的工作频率为 2～12MHz，当振荡频率为 12MHz 时，一个机器周期为 1μs，这个速度应该说是比较快的。8051 中集成了完善的各种中断源，使得它的应用范围加大，用户可十分方便地控制和使用其功能，它可以满足绝大部分的应用场合。8051 把微型计算机的主要部件都集成在一块芯片上，使得数据传送距离大大缩短，可靠性更高，运行速度更快。由于属于芯片化的微型计算机，各功能部件在芯片中的布局和结构达最优化，抗干扰能力加强，工作也相对稳定，开发环境要求较低，软件资源十分丰富。因此，在电动汽车控制系统中，使用单片机是最理想的选择。MCS-51 系列单片机属于典型的嵌入式结构，它是一般电动汽车控制系统选用的最佳器件。

如图 4-18 所示，8051 单片机包含中央处理器、程序存储器、数据存储器、定时/计数器、并行接口、串行接口和中断系统等几大单元及数据总线、地址总线和控制总线三大总线，现在分别加以说明。

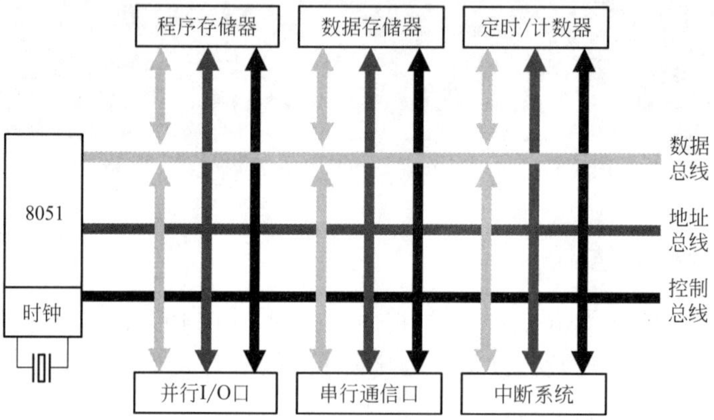

图 4-18　8051 单片机内部结构

① 中央处理器　是整个单片机的核心部件，能处理 8 位二进制数据或代码，负责控制、指挥和调度整个系统协调工作，完成运算和控制输入输出功能等操作。

② 数据存储器　8051 内部有 128 个 8 位用户数据存储单元和 128 个专用寄存器单元，它们是统一编址的。专用寄存器只能用于存放控制指令数据，用户只能访问，而不能用于存放用户数据，所以用户能使用的只有 128 个数据存储单元，可存放读写的数据、运算的中间结果或用户定义的字型表。

③ 程序存储器　8051 共有 4096 个 8 位掩膜程序存储单元，用于存放用户程序、原始数据或表格。

④ 定时/计数器　8051 有两个 16 位的可编程定时/计数器，以实现定时或计数产生中断用于控制程序转向。

⑤ 并行输入输出（I/O）口　8051 共有 4 组 8 位 I/O 口（P0、P1、P2 或 P3），用于对外部数据的传输。

⑥ 引脚说明　8051 及 8751 均采用 40Pin 封装的双列直接 DIP 结构，图 4-19 是它们的引脚配置，40 个引脚中，正电源和地线两根，外置石英振荡器的时钟线两根，4 组 8 位共 32 个 I/O 口，中断口线与 P3 口线复用。其中 20 引脚为接地脚，40 引脚为正电源脚，正常

工作或对片内 EPROM 写入程序时，接 5V 电源；19 引脚为时钟 XTAL1 脚，片内振荡电路的输入端；18 引脚为时钟 XTAL2 脚，片内振荡电路的输出端。8051 的时钟有两种方式：一种是片内时钟振荡方式，但需在 18 引脚和 19 引脚外接石英晶体（2～12MHz）和振荡电容，振荡电容的值一般取 10-30pF；另一种是外部时钟方式，即将 XTAL1 脚接地，外部时钟信号从 XTAL2 脚输入。

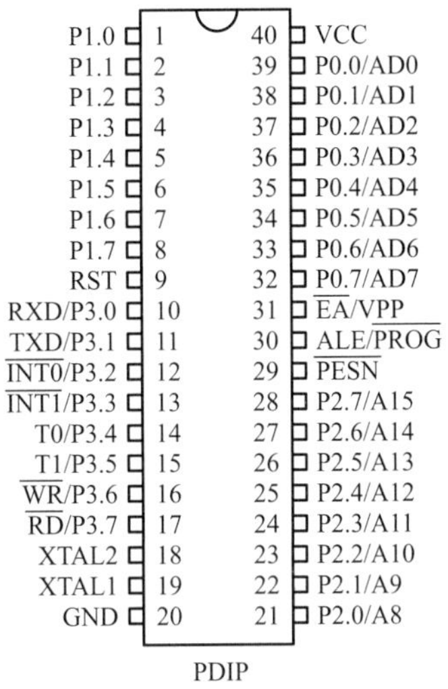

图 4-19 8051 单片机引脚

（2）SAB80C535 单片机 SAB80C535 单片机是 SIEMENS 公司生产的 8 位 CMOS 单片机（图 4-20），与 8051 单片机相比具有更强的功能。其主要特征如下：6 个 8 位并行输入/输出接口；1 个 8 位模拟/数字信号输入口；3 个 16 位定时/计数器；全双工串行通信口；可变比特率，4 种操作模式；8 路复用信号输入口，可编程参考电压；16 位看门狗定时器；12 个矢量中断，4 个中断优先级；高灵活性的重载、捕获、比较能力。

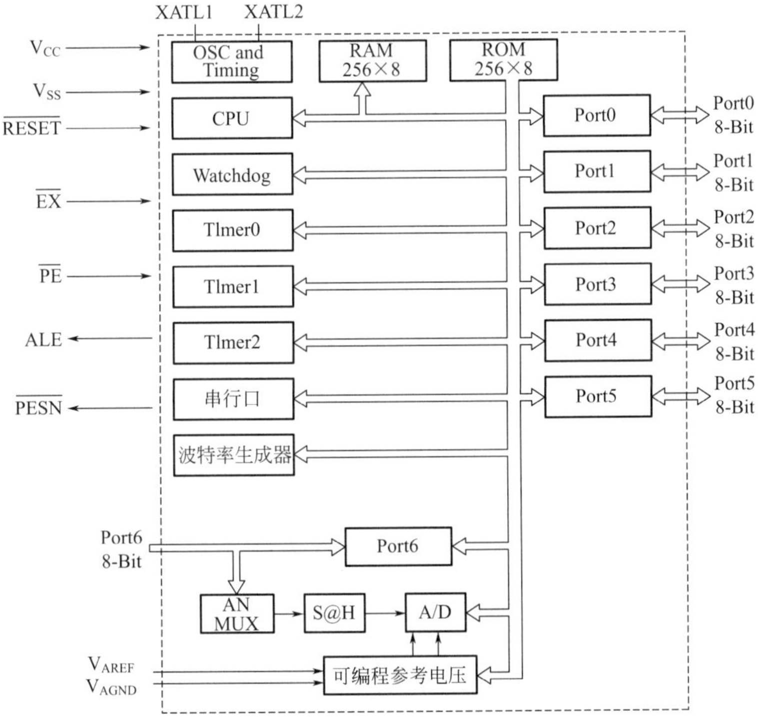

图 4-20 SAB80C535 单片机内部结构

① 架构特性 SAB80C535 单片机内核是基于 MCS-51 单片机内核的产品，SAB80C535 单片机是 SIEMENS 公司 SAB80C51 8 位微控制器家族中功能强大的一个成员，采用 SIEMENS 的 ACMOS 技术设计，降低了芯片的电能消耗。SAB80C535 单片机有两种软件选择模式，进一步降低了电能消耗。SAB80C535 单片机是一个基于 SAB80C51 架构的卓越、高

性能单片控制器，秉承了 SAB80C51 的操作特性，并增加了一些功能，全面提升了系统性能。

② 引脚说明　SAB80C535 单片机的引脚结构如图 4-21 所示。SAB80C535 单片机在标准 MCS-51 的基础上增加了部分功能，也增加了部分引脚。16 位看门狗定时器，12 个矢量中断，4 个中断优先级，1 个 8 位 A/D 转换器带有可编程参考电压，2 个额外的准双向 8 位 I/O 接口，1 个 8 位模拟/数字信号输入口，1 个可编程时钟输出，使软件可方便地进行移植。

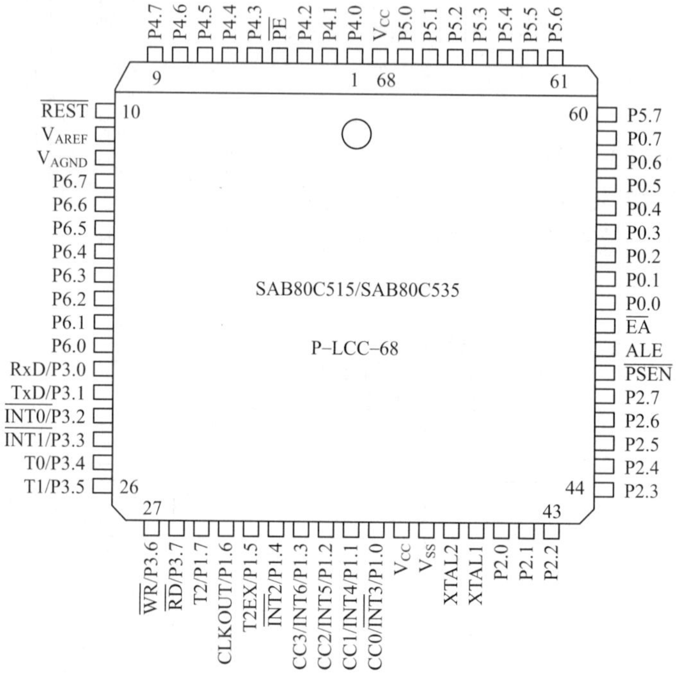

图 4-21　SAB80C535 68 封装引脚

（3）MOTOROLA 系列单片机　MOTOROLA 作为世界最大的汽车电子半导体供应商，一直致力于汽车电子半导体器件的开发和推广，该公司丰富的半导体器件可用于所有的汽车电控单元中。

① MC68HC08 单片机　该单片机是 8 位微控制器，是基于高性能闪存技术的低成本芯片，其数十种不同规格的产品可供用户方便地选择，优越的性价比可使产品的成本更低廉。用于 CAN 网络的 MC68HC 是基于用户定制集成电路的一款低成本、高性能的 8 位微控制器，其丰富的功能为用户在设计汽车各控制单元（ECU）时更加方便。MC68HC11 是 MC68HC08 的增强版。

② MC68322 单片机　MC68322 是一个高集成度的 32 位微控制器单片机，具有强大的外围子系统和高性能数据处理能力。该单片机 MCU 由一些标准的模块构建而成，这些模块可通过接口与公共内部模组总线（IMB）相连，这种标准化的结构有利于缩短控制器产品的开发周期。MCU 内包含一个 32 位的 CPU，一个系统集成模块组（SIM），一个时间处理单元（TPU），一个队列串行模块组（QSM），2K 静态随机存储器带 TPU 的仿真能力

(TPURAM)。采用 HCMOS 技术进一步降低产品功耗，同时指令系统包含专用的低功耗指令 LPSTOP，使系统功耗达到最低。

(4) SIEMENSC166 系列单片机　SAB80C166W 是 SIEMENS 公司生产的高性能 16 位单片机，也是 SIEMENS 公司 SAB80C166 家族的一个代表，包含该系列产品的所有特性，作为一个单芯片的控制器，它组合了高性能的 CPU、高外部扩展能力和增强的 I/O 接口，系统操作时钟不经过预分频直接取自片内振荡器。SAB80C166W 微控制器引脚配置如图 4-22 所示。

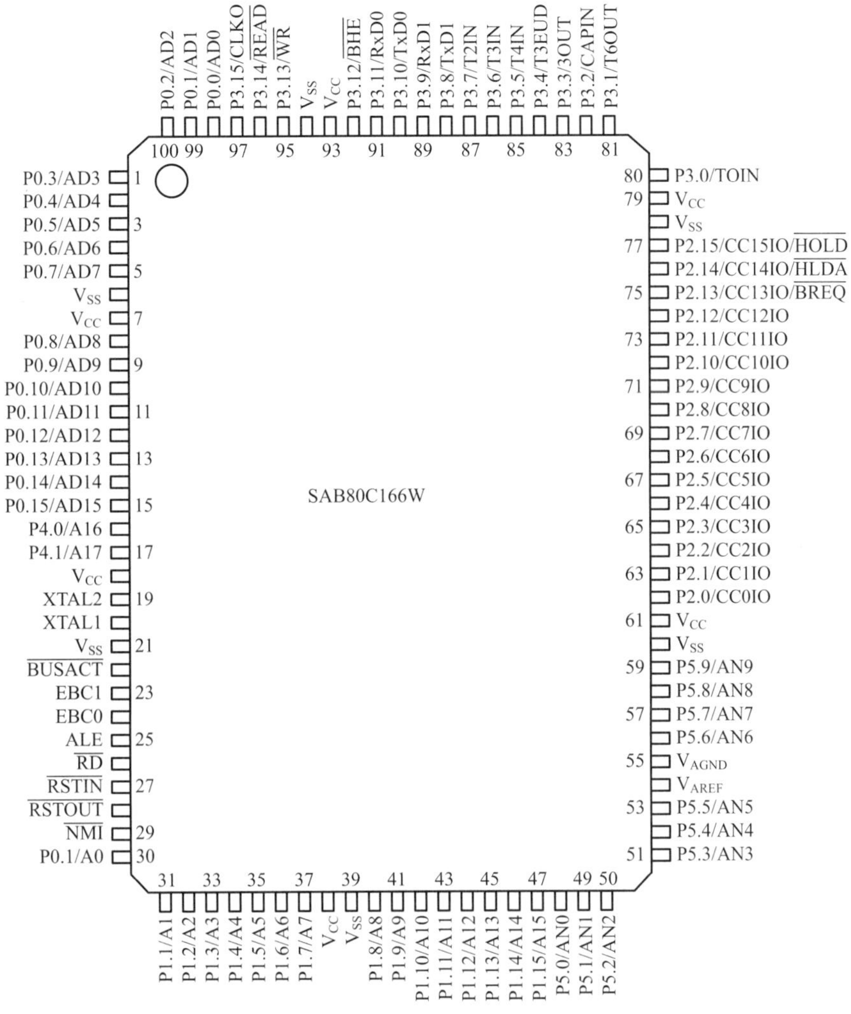

图 4-22　SAB80C166W 微控制器引脚配置

4.1.3 电子控制单元的结构

电动汽车中的电子控制单元（ECU）由单片机、集成电路和相关电子元件组成，其作用是接收各种传感器送来的信息，并对其进行运算、处理判断后再发出指令信号，经输出电路进行功率放大后驱动相应的执行元件工作，进而驱动电机等按驾驶员的意图工作。电动汽车中的电子控制单元由微处理器（MCU）、输入电路、输出电路、A/D模数转换器四部分组成，如图4-23所示。各部分功能如下。

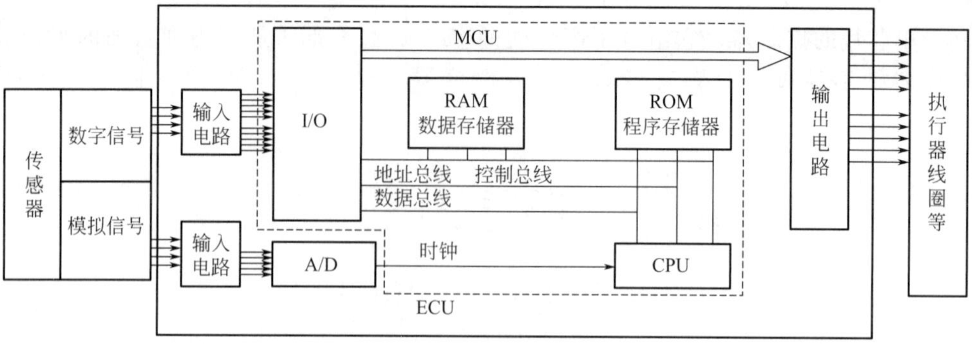

图4-23　ECU的组成结构框图

（1）输入电路　从传感器来的信号，首先进入输入电路，对于模拟信号（如加速踏板信号等）去除杂波干扰，把小信号进行放大，把模拟信号转变成数字信号输入I/O接口电路；对于数字电路，进行缓冲后直接输入I/O接口电路。同时，输入电路还将电源电压转换成适合MCU使用的工作电压。即输入电路在对信号进行整形的同时，提供系统各不同部分所需的不同的工作电压。

（2）A/D模数转换器　输入ECU的传感器信号有两种：一种是模拟信号；另一种是数字信号。信号的形态不同，输入ECU内的处理方法也不一样。数字信号可直接送入MCU处理，模拟信号则需要由A/D模数转换器经过取样、保持、量化、编码四个步骤，转换成数字信号后再送入MCU处理。早期的微处理器MCU自身没有A/D模数转换功能，为完成模拟信号对数字信号的转换，是通过扩展A/D转换器来实现的。由于现在的MCU自身具有A/D转换功能，已不需要外部扩展了。

（3）输出电路　是微处理器与执行器之间的联系电路。由于微处理器输出的是数字信号，而且电流很小，一般是不能驱动执行器工作的，必须经输出电路后通过其中的功率三极管或功率MOS管的放大作用，提供足够的驱动电压、电流使执行元件工作。在电动汽车这个特殊的环境中，大部分执行器（驱动器）都与线圈有关，除加热、灯光、显示仪表外，无论是电机、继电器还是电磁阀都是由线圈构成的。

（4）微处理器（MCU）　是ECU的核心部分，由中央处理器（CPU）、存储器（ROM/RAM）、输入/输出（I/O）接口等组成。微处理器能根据需要，用内存的程序和数据对各种传感器送来的信号进行比较、运算和修正，并将处理结果以指令的形式送至输出电路，驱动相关元器件完成控制功能。

① 中央处理器（CPU）　中央处理器（CPU，Central Processing Unit）是微处理器（MCU）的运算核心和控制核心。其功能主要是解释计算机指令以及处理计算机软件中的数据。CPU由运算器、控制器和寄存器及实现它们之间联系的数据、控制与状态的总线构成。几乎所有CPU的运行原理均可分为四个阶段：提取、解码、执行和写回。CPU从存储器或高速缓冲存储器中取出指令，放入指令寄存器，并对指令进行算术运算和逻辑运算，按照程

序进行各装置之间信号传送并执行数据处理任务。

② 存储器 作用是记忆存储程序和数据，电动汽车控制器的存储器是由半导体器件构成的。从使用功能上分，有随机存储器（RAM）（又称读写存储器）和只读存储器（ROM）。

随机存储器既可以读取，也可以写入。读出时并不损坏原来存储的内容，只有写入时才修改原来所存储的内容。断电后，存储内容立即消失，即具有易失性。RAM 可分为动态 DRAM 和静态 SRAM 两大类。DRAM 的特点是集成度高，主要用于大容量内存储器；SRAM 的特点是存取速度快，主要用于高速缓冲存储器。车辆在运行过程中的数据、故障信息等多使用随机存储器，这也就是控制器断电后，故障码等信息会丢失的原因。

只读存储器只能读取存储器内的信息和数据，不能由用户再写入新内容。原来存储的内容是采用掩膜技术由厂家一次性写入的，并永久保存下来。它一般用来存放专用的固定的程序和数据，不会因断电而丢失。车辆运行的控制程序、断电保护和防盗验证识别程序等存储于只读存储器。

③ 输入/输出（I/O）接口 输入/输出接口的作用是根据 CPU 的命令，在外部传感器和执行器之间进行数据传送任务。接口就是指中央处理器（CPU）与外围设备和传感器之间、微处理器内各 CPU 之间起连接作用的逻辑电路，是 CPU 与外界进行信息交换的中转站。典型输入/输出（I/O）接口形式如图 4-24 所示。在输入/输出（I/O）接口中既有数据端口，又有状态及控制端口。

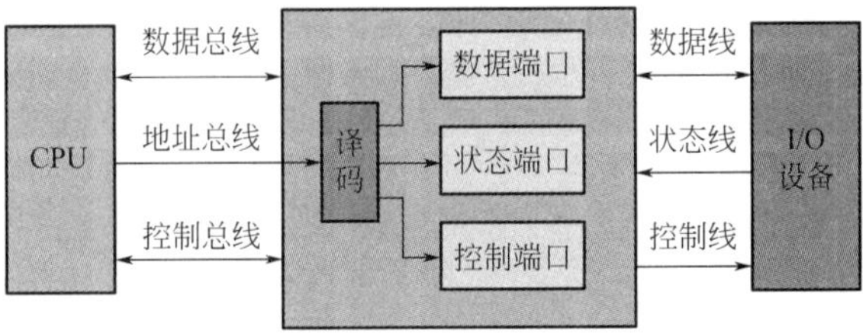

图 4-24 典型输入/输出（I/O）接口形式

4.2 驱动电机控制器

电动汽车的驱动电机控制器是整个汽车驱动行驶系统的控制核心，它根据挡杆位置（前进、后退、空挡、高速、低速）、加速踏板、制动器、动力电池剩余电量等电信号信息确定驱动电机的转速和转矩指令，从而来控制驱动电机的运行。这实际上就是控制系统按照各信息计算出来的指令数据，提供给驱动电机所需要的电流。

4.2.1 电动汽车驱动电机及控制系统的历史演变

早期的电动汽车采用的是直流电机，控制直流电机的结构简单，且直流电机的速度控制也较为容易，同时作为车载动力源的蓄电池也提供的是直流电。直到今天一些低速短程小型电动汽车和改装的电动汽车还在使用直流电机，这些电动汽车使用的直流电机分为两类：一类是串励式直流电机；另一类是他励式直流电机。与之配套的是串励式直流电机控制器和他励式直流电机控制器。

在 20 世纪 90 年代初感应电机占据了电动汽车驱动电机的主流，此后 Unique Mobility 公司开发出了表贴式永磁同步电机。利用环状烧结永磁体与霍尔元件组成的磁极位置传感器检测磁极位置，以 120°通电角的矩形波进行驱动，基于转速和所要求的转矩以提前角和 PWM 占空比对电机进行控制。在同一时期日本本田公司也开发出了矩形波驱动的永磁同步电机，该电机同样需要提前角和占空比控制，只是将 120°的通电角增大到了 175°。在当时还不存在具有驱动电机专用的 ECU，采用的办法是以发动机 ECU 为基础进行开发的，例如 1998 年开始销售的本田混合动力汽车（HEV）Insight 驱动电机及控制器。此后厂家开发出了车用驱动电机专用的 ECU。从 2002 年开发的燃料电池汽车（FCV）开始，电机配有了 Insight 用的智能功率模块且采用了矢量控制，为了提高高转速区的输出功率，还采用了伪单脉冲控制。在 2009 年的 FCX-Clarity 燃料电池汽车上采用了内置式永磁同步电机（IPMSM Interior Permanent Magnet Synchronous Motor），实现了高转速化和高功率化。

丰田普锐斯（Prius）混合动力汽车所用的电机和电机控制器也是随着每次的更新换代在不断地更新，使其性能有了大幅度的提高。1997 年发布的第一代丰田普锐斯混合动力汽车，驱动电机采用的是矢量控制。此后不断地更新电机及其控制方法以提高输出效率。到 2003 年实施了全面的更新换代，驱动电机采用内置式永磁同步电机，配置了 V 型永磁体，在逆变器上设置了提高电源电压的升压器，由于提高了线路电压，在高转速、高功率区域大幅度地增加了输出功率。到 2009 年 Prius 混合动力汽车全面实施了第二次更新换代，电机最大功率增加到 50kW，最大转矩增加到 400N·m，如表 4-1 所示。

表 4-1 丰田普锐斯（Prius）混合动力汽车 THSⅡ和 THS 的比较

项目		第一代(THS)	第二代(THSⅡ)
发动机	类型	1.5L 高压缩比汽油机	1.5L 高压缩比汽油机
	最大输出功率	53kW(5000r/min)	57kW(5000r/min)
	最大输出转矩	115N·m(4200r/min)	
电机	类型	AC 同步电机	
	最大输出功率	33kW(1040～5600r/min)	57kW(1040～5600r/min)
	最大输出转矩	35N·m(0～400r/min)	50N·m(0～1200r/min)
电池	电池类型	镍氢电池	

目前我国生产的电动汽车驱动电机采用的是交流电机和永磁同步无刷直流电机，日本各大汽车公司车用驱动电机中交流永磁同步电机占主流，欧美各大汽车公司车用驱动电机中感应电机占主流。美国特斯拉公司生产的特斯拉纯电动汽车驱动电机是感应电机，通用公司生产的雪弗兰沃蓝达驱动电机是感应电机。雷诺 ZOE 电动汽车搭载的感应电机最大输出功率为 60kW，峰值转矩达 222N·m；宝马 i3 电机（图 4-25）最大功率为 125kW，最大转矩为 250N·m。

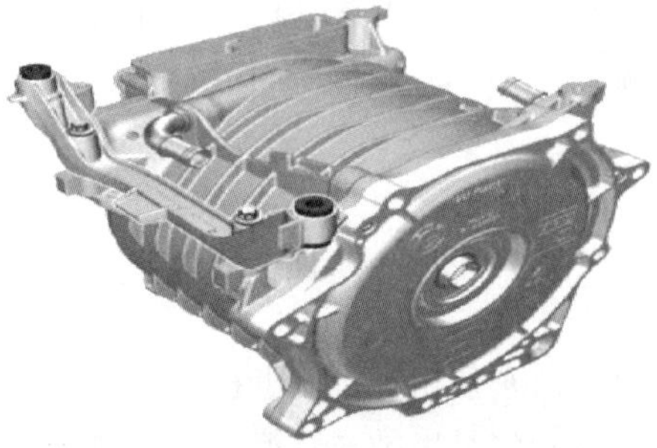

图 4-25 宝马 i3 驱动电机

世界各汽车公司采用的驱动电机技术不同，

主要是受到永磁体、电工技术和钢板材料等基础技术材料的影响，还有零部件厂家、技术院所和企业对电机的研究等技术条件的影响。日本汽车厂家主要采用永磁同步电机，除了该电机的优点之外，还在于高性能的钕铁硼永磁体和高性能的电工钢板生产厂家集中在日本，在大学研究所及企业里盛行对永磁同步电机进行研究。而欧美企业公司掌握着小型高功率感应电机的技术，且缺少制造高性能钕铁硼永磁材料的厂家，所以欧美汽车公司热衷于采用感应电机。

4.2.2 电动汽车电机控制器原理与要求

根据 GB/T 18488.1—2001《电动汽车用电机及其控制器技术条件》对电机控制器的定义，电机控制器就是控制主牵引电源与电机之间能量传输的装置，由外界控制信号接口电路、电机控制电路和驱动电路组成。电机、驱动器和电机控制器作为电动汽车的主要部件，在电动汽车整车系统中起着非常重要的作用。

（1）电机控制器的原理　电机控制器作为整个制动系统的控制中心，它由逆变器和控制器两部分组成。逆变器接收电池输送过来的直流电电能，逆变成三相交流电给汽车电机提供电源。控制器接受电机转速等信号反馈到仪表，当发生制动或者加速行为时，控制器控制变频器频率的升降，从而达到加速或者减速的目的。电动汽车电机控制器工作原理示意图如图 4-26 所示。

（2）电动汽车对电机控制系统的要求　由于电动汽车本身的特殊性，电动汽车在实际行驶过程中工况复杂，不但要适应各种气候所带来的影响，而且还要承受不同运行工况的安全性考验，保证驾乘人员的舒适性和安全性，电机控制器作为电动汽车的核心部件，控制工作的好坏直接影响整车的行车性能。因此必须满足以下几点要求。

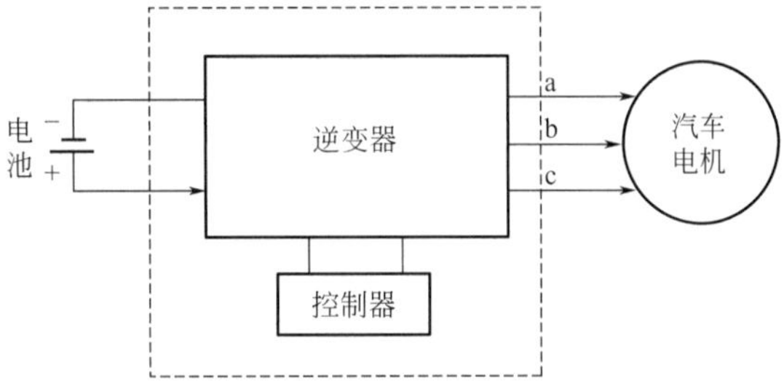

图 4-26　汽车电机控制器工作原理示意图

① 要有优良的转矩控制特性，可满足汽车频繁的启动、停车、加速、减速、低速大转矩爬坡、高速小转矩恒功率运行等工况。

② 要有较宽的调速范围，并且能够高效率运行。

③ 在启动和加速时能提供较大的启动转矩和输出功率，在平稳运行时要求有较高的工作效率。

④ 能够将制动能量回收，实现对电池能量的回馈，以增加电动汽车的续驶里程。

⑤ 驱动控制系统必须符合车辆电气系统的安全标准。

4.2.3 驱动电机控制器的分类

电动汽车驱动电机控制器按电机类型分有直流电机控制器、交流电机控制器、开关磁阻控制器等。

（1）直流电机控制器　一般采用脉宽调制（PWM）斩波控制方式，控制技术简单、成熟、成本低，但效率低、体积大。主要有串励式直流电机控制器和他励式直流电机控制器两种。

① 串励式直流电机控制器　普通燃油车的起动机也是串励式直流电机，该电机励磁绕组与电枢绕组串联，励磁电流与电枢电流相等，如图 4-27 所示。串励式直流电机具有电流和转速随转矩变化而变化的软机械特性，如图 4-28 所示。串激式直流电机控制器在接收到加速踏板等的信号后，采用斩波器利用脉宽调制进行电压控制，从而来控制电机的驱动。其基本原理是在直流电源电压基本不变的情况下，通过控制信号改变功率器件导通和断开时间的长短，使施加在电机端子间的电压脉冲宽度发生变化，从而达到实现调节电机转矩和转速的目的。随着全控型功率开关技术的发展，脉宽调制技术在直流电机驱动系统中得到了广泛的普及和应用。

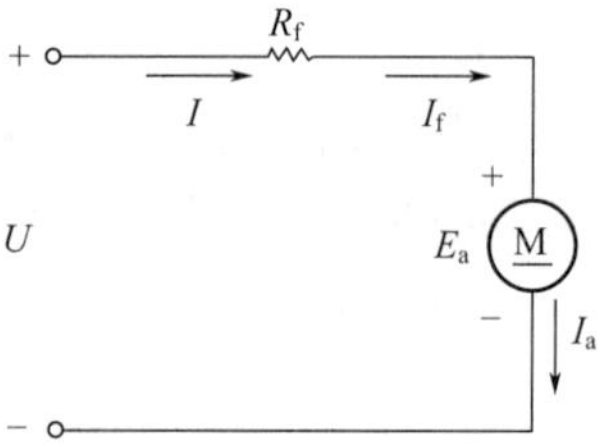

图 4-27　串励式直流电机电路

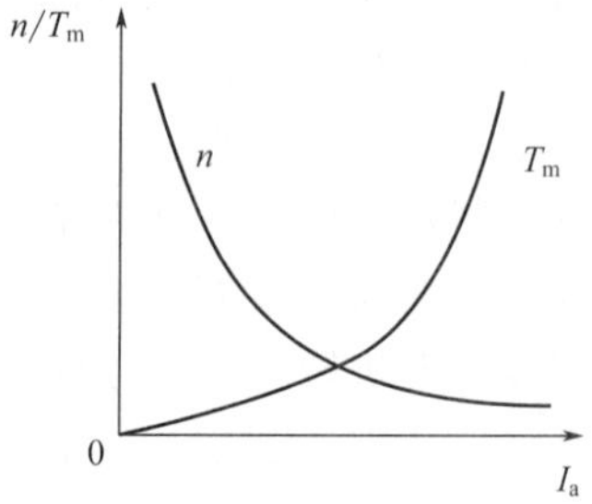

图 4-28　串励式直流电机工作特性

② 他励式直流电机控制器　他励式直流电机是指其励磁绕组由独立的电源供给控制，与电枢绕组之间没有任何电的联系，如图 4-29 所示。他励式直流电机具有在转矩变化时转速变化不大的硬机械特性。他励式直流电机控制器在接收到加速踏板等的信号后，分别控制输入电机的电枢电流和磁场电流来控制电机的转速和转矩。他励式直流电机控制器实物如图 4-30 所示。

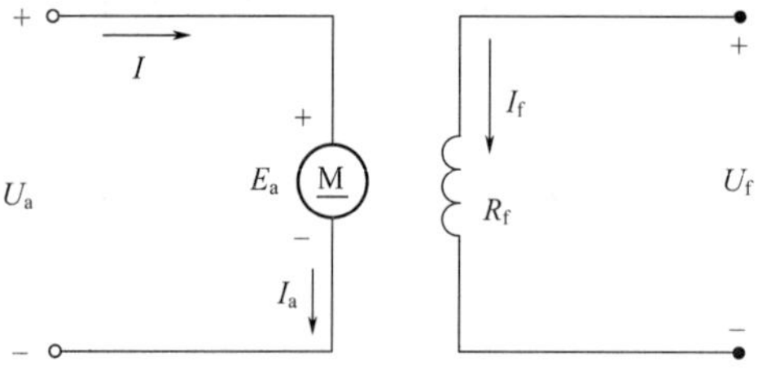

图 4-29　他励式直流电动机电路

图 4-30　他励式直流电机控制器实物

他励式直流驱动电机控制器的基本控制原理如图 4-31 所示，主要是矢量控制模拟他励式直流电机的工作特性，由于他励式直流电机励磁绕组与电枢绕组所产生的磁场在空间上是互相垂直的，在不考虑电机电枢反应的情况下，两个磁场不会互相交链。直流电机调速时，通过保持磁场恒定，改变电枢电压来线性地调节电机转速。在达到最大限制电压之后可以通过减弱磁场磁通来提高电机转速。矢量控制精度高，拥有良好的动态性能，能够很好地满足电动汽车在不同工况下的稳定性要求。

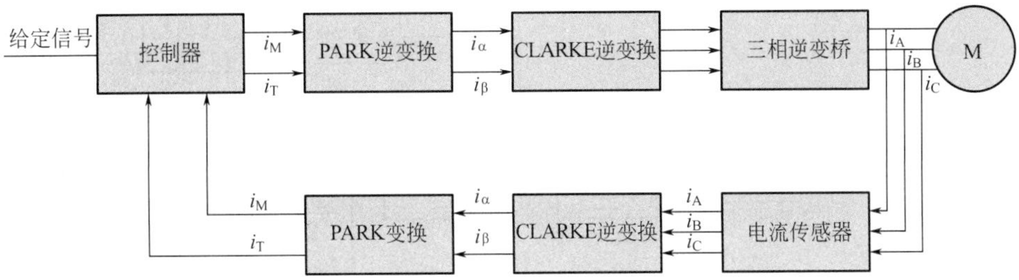

图 4-31 他励式直流电机的控制原理

IPMC 系列他励式直流电机控制器可以为电机提供平滑的无极调速控制和正反转控制，他励式直流电机不仅拥有与串励式直流电机相媲美的低速大转矩及高速性能，同时可以实现电机的能量回馈制动，使刹车能量高效回收，增加续驶里程，提高车辆的操控性能和安全性能。它采用高频电力电子技术，并由高性能的微处理器进行控制，使电机具备了平滑、无噪声、高效率的运行性能，同时减少了电池的损耗。通过手持式编程器或计算机（USB 接口）可以直观方便地对各种参数进行读取和设置，以满足不同地形对车辆操控性能的要求。例如在下坡行驶时，具有下坡限速功能，防止车辆超速，提高了安全性能；上坡行驶时，防倒滑功能提高了安全性能和车辆控制性能。具有全面的故障检测和保护功能，并采用蜂鸣器提示各种故障，方便检修、确定调节参数、测试和诊断。

（2）交流电机控制器　电机控制器采用 PWM 方式实现高压直流到三相交流的电源变换，采用变频调速方式实现电机调速，采用矢量控制或直接转矩控制策略，实现电机转矩控制的快速响应。交流电机控制器分为交流感应电机控制器和交流永磁电机控制器。

① 交流感应电机控制器　交流感应电机的特点是坚固耐用、成本低、运行可靠、转矩脉动小，其较早用于电动汽车驱动电机控制系统，且目前仍是主流产品。其控制方式主要有恒定压频比（V/F）控制、转差频率控制、矢量控制（VC）、直接转矩控制（DTC）。

a. 恒定压频比（V/F）控制　是通过采用定子电压和频率协调控制的方法维持气隙磁通恒定，当电机向低于额定转速方向调速时，机械特性属于恒转矩调速；当电机向高于额定转速方向调速时，机械特性属于恒功率调速。但在频率较低时，定子阻抗压降比例增大，必须进行电压补偿，以维持气隙磁通恒定。恒定压频比控制方法简单，适用于对系统调速性能要求不高的场合。

b. 转差频率控制　原理如图 4-32 所示。在保持气隙磁通不变、转差率较小的稳态情况下，感应电机的转矩近似与转差频率成正比，通过控制转差频率即可控制感应电机转矩。转差频率控制的前提是电机保持气隙磁通恒定，而实际电机在工作过程中气隙磁通很难维持恒定，转差频率控制定子电流的幅值，控制精度有所不足。

c. 矢量控制（VC）　是基于感应电机动态模型的高性能调速方案，将感应电机等效成直流电机控制，通过一系列的坐标变换，将感应电机三相定子电流解耦成励磁电流和转矩电流的分量。实现对磁通和转矩的独立控制，从而达到与直流他励电机一样的调速控制性能。矢量控制能够很好地实现对电机的动态控制，控制精度高、转矩脉动小，能够很好地满足电动汽车在不同工况下的稳定性要求，是目前电动汽车驱动控制技术的主流。

d. 直接转矩控制（DTC）　是根据给定的电磁转矩指令，与交流电机的实际转矩观测值相比较得到转矩差来确定转矩调节的方向，然后根据定子磁链的大小与相位角选择合适的定子电压矢量空间，从而确定三相电压源逆变器的开关状态，使交流感应电机的电磁转矩跟

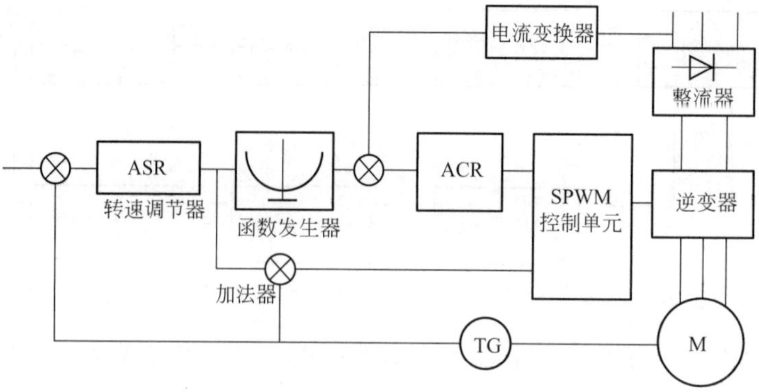

图 4-32 转差频率控制原理

踪外部给定的电磁转矩指令值。直接转矩控制在加减速或负载变化过程中，可以获得快速的转矩响应，但在电机低速运行时转矩脉动大，整车的低速舒适性稍差。

② 交流永磁电机控制器　包括正弦波永磁同步电机驱动系统和梯形波无刷直流电机驱动系统，其中正弦波永磁同步电机控制器采用 PWM 方式实现高压直流到三相交流的电源变换，采用变频调速方式实现电机调速，梯形波无刷直流电机控制器通常采用弱磁调速方式实现电机的控制。由于正弦波永磁同步电机驱动系统低速转矩脉动小且高速恒功率区调速更稳定，因此比梯形波无刷直流电机驰动系统具有更好的应用前景。

驱动电机控制器采用全数字化结构，功率部分包括主电路、IGBT 驱动电路和开关电源电路。控制部分包括 DSP 控制电路，电压、电流、温度、转速的检测电路，故障与保护电路，开关量输入输出电路，模拟量输入输出电路，485/CAN 通信电路和操作器电路，其硬件结构如图 4-33 所示。

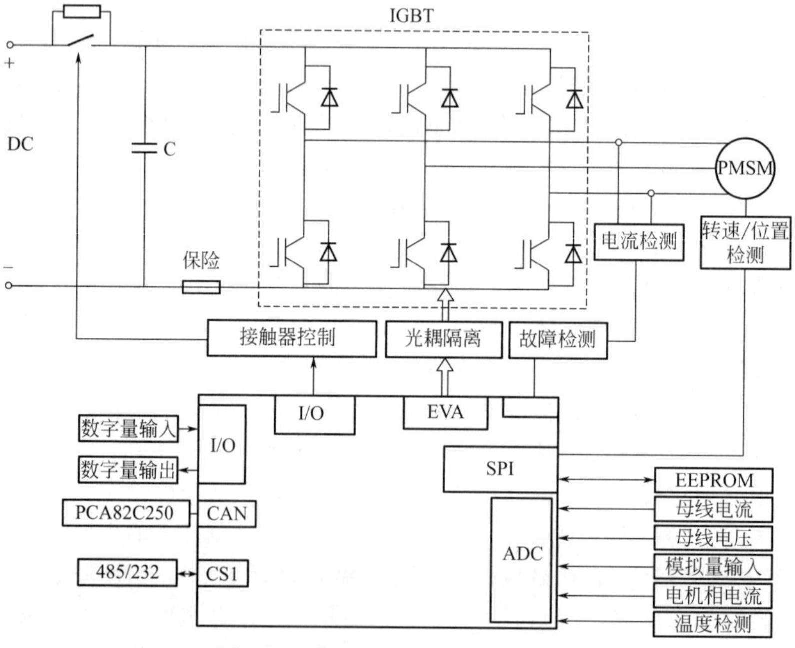

图 4-33 驱动电机控制器结构框图

控制器需满足控制负载、供电电源和使用环境等要求：负载参数要求，如负载额定功率 P、额定电压 U、额定电流 I 和过载倍数 k 等；电源参数要求，如额定电压及变化范围；其他要求，如工作环境条件、结构尺寸限制等。

根据某电动汽车控制器的要求，某新能源汽车公司研制的控制器性能指标：额定功率为55kW，额定转速为4500r/min，峰值功率为82.5kW；峰值功率运行时间为5min；电动方式转速范围为0～9000r/min；发电模式转速范围为800～9000r/min；基速峰值及额定功率时的效率为89%～93%；工作电压范围为405～583.2V；转矩控制精度为额定转矩±5N·m以上；转矩控制响应时间小于100ms；速度控制响应时间为在200ms时进入±50r/min误差之内；速度控制精度为负载从0～100%变化，速度变化小于±1%；转矩和速度控制模式的转换时间为20ms。

a. 控制器容量选择。由于电机控制器传给驱动电机的是脉动电流，其脉动值比工频供电时电流要大，因此需将电机控制器的容量留有适当的裕量。变频器应满足：

$$S_{cn} \geqslant \frac{KP_n}{\eta \cos\phi} = \frac{1.05 \times 55}{0.85 \times 0.8} = 84.9\text{kV·A}$$

式中 S_{cn}——电机控制器的额定容量；

P_n——电机输出功率；

η——效率，$\eta = 0.85$；

$\cos\phi$——功率因数，$\cos\phi = 0.8$；

K——电流波形的修正系数，PWM方式取1.05～1.1。

b. IGBT电压选择。IGBT电压应能承受母线峰值电压，当IGBT关断时峰值电压可表示为

$$U_{cesp} = \left(\alpha U_{dcmax} + L\frac{di}{dt}\right)\beta$$

式中 U_{dcmax}——母线最高电压；

α——过电压保护系数，取 $\alpha = 1.15$；

β——安全系数，一般取 $\beta = 1.1$；

$L\frac{di}{dt}$——母线电感引起的尖峰电压，取100V。

经计算得到 $U_{cesp} = 858.7\text{V}$，这样应选择 $U_{cesp} = 1200\text{V}$ 的元件。

c. IGBT电流规格选择。IGBT电流的选择，需保证电机峰值电流在IGBT的安全工作区内。IGBT的额定电流应满足：

$$I_c = k_g k_{jw} \frac{\sqrt{2}S}{\sqrt{3}U_0}$$

式中 S——电机控制器容量，此处 $S = 114\text{kV·A}$；系数 $k_g = 1.5$；

k_{jw}——考虑结温的电流降额系数，此处 $k_{jw} = 1.4$；

U_0——驱动电机线电压，$U_0 = U_{dcmax}/\sqrt{2}$。

经计算，I_c 应大于508.94A，根据IGBT的等级应选择 $I_c = 600\text{A}$ 的元件。

d. 信号检测电路设计。信号检测电路包括母线电压、母线电流、驱动电机三相电流、控制器温度、电机温度和电机转子位置及转速采样与调理电路。除转子位置与转速采样电路

外，其他信号均为模拟量，需经过隔离后，调理成 ADC 单元可以处理的信号。

e. 相电流采样电路。采样电路由滤波调理电路和偏移限幅电路组成。从电流传感器输出的与实际电流成比例的信号，经一阶低通滤波和比例运算后幅值为 −1.65～+1.65V，再经偏置电路转换为 0～3.3V。

f. 位置与速度检测电路。选用旋转变压器作为转子位置传感器，旋转变压器适用于工作环境恶劣的场合，具有较强的抗干扰能力。旋变/数字转换器采用 AD2S1205，能获取转子的绝对位置信息。采用 5V 电源供电，外接 8.912MHz 的晶振。根据所选旋转变压器的励磁电压、电流要求，设计励磁环节的运算放大电路，保证接收的正、余弦信号峰值为 3.6V±36%。

g. 故障与保护电路。W 相过流保护电路将采集的电流信号与预先设定的极限值进行比较，当超过极限值时，触发故障锁存电路。故障锁存与清除电路中，各种故障信号相与后，经过 RS 触发器，触发 PDPINTA 中断，并封锁 PWM 输出。当故障已被消除时，通过 DSP 可将 RS 触发器复位。该电路还能保证 DSP 复位过程中对 PWM 信号的封锁。

一个完整的驱动电机控制器，不仅要实现电机的控制算法，还要具备运行控制、参数设置和工作状态监视等功能。此处将这些功能在任务级程序中实现。驱动电机控制器可通过操作键盘、控制端子和通信程序设定控制命令、运行频率，修改相关功能码参数，监控控制器工作状态及故障信息。

电动汽车要求电机及其控制器具有转速范围宽、过载系数高的特点，利用 DSP 构成的永磁同步电机控制系统，具有控制功能强、速度快、保护功能完善及工作性能稳定等特点。整个线路外围元件少、走线简单、逆变器体积小，可靠性高，能够满足电动汽车电驱动系统的要求。

(3) 开关磁阻控制器开关磁阻电机（SRM，Switched Reluctance Motor）基本原理早在 19 世纪 40 年代就提出来了，20 世纪 60 年代，大功率晶闸管的研制成功为 SRM 提供了物质条件。研究结果表明，SRM 在四象限运行，功率变换器所使用的晶闸管或晶体管的开关数是最少的，电动机控制系统成本明显低于同容量的异步电机。

开关磁阻电机驱动系统（SRD）主要由开关磁阻电机（SRM）、功率变换器、控制器和检测器构成，如图 4-34 所示。从产品结构上看，开关磁阻电机调速系统由电机和控制器两部分组成，其电机包含角位移传感器，控制器包括功率变换器和控制电路。

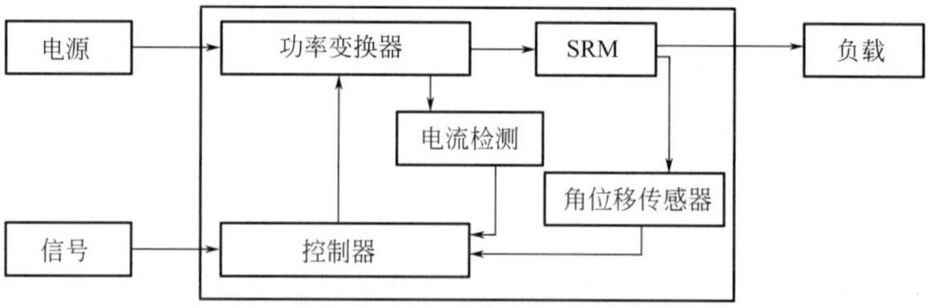

图 4-34　开关磁阻电机驱动系统 SRD 构成框图

功率变换器的作用是将电池电源提供的能量适当地转换后提供给开关磁阻电机（SRM）。功率变换器在整个 SRD 成本中占有很大比重，因而合理选择功率变换器是提高 SRD 性价比的关键之一。

控制器的作用是根据系统的实际工作情况和使用者的要求，综合处理外部输入指令、速度反馈信号和电流传感器及位置传感器的信息，控制功率变换器中主开关器件的工作状态，实现对 SRM 运行状态的控制，使之满足预定运行状态的要求。控制器包括以下五个部分：信号输入电路，用以接受外部指令信号，如起步、加速、减速和转向等传感器信息；调节电路，将给定量与控制目标相比较并按规定算法计算出控制参数的调节量；工作逻辑电路，决定控制电路的工作逻辑关系，如正、反转逻辑相序，高、低速控制方式等；保护电路，当系统中某些物理量超过允许值时，采取相应的保护措施，如过压保护和过流保护等；信号输出电路，用于控制各被控制量，如控制功率开关器件的导通与关断等。

开关磁阻电机驱动系统的电机控制一般采用模糊滑模控制方法，具有效率高、功率密度大、控制精度高、转矩脉动小等特点。开关磁阻电机控制功率电路简单可靠，系统成本低，电机转矩方向与绕组电流方向无关，绕组每一相有一个功率开关器件，系统中每一个功率开关器件与电机绕组串联，避免了直通短路现象。车辆起步转矩大且起步电流小，低速性能好；调速范围宽；四象限运行具有较强的再生制动能力。

4.2.4 电动汽车驱动电机控制器接线图及相关术语

电动汽车驱动电机控制器接线如图 4-35 所示。电动汽车驱动电机控制器相关术语如下。

① 额定功率：在额定条件下的输出功率，单位是 kW。

② 峰值功率：在规定的持续时间内，电机允许的最大输出功率，单位是 kW。

③ 额定转速：额定功率下电机的转速，单位是 r/min。

④ 最高工作转速：相应于电动汽车最高设计车速的电机转速，单位是 r/min。

⑤ 额定转矩：电机在额定功率和额定转速下的输出转矩，单位是 N·m。

⑥ 峰值转矩：电机在规定的持续时间内允许输出的最大转矩，单位是 N·m。

⑦ 电机及控制器整体效率：电机转轴输出功率除以控制器输入功率得到的比值。

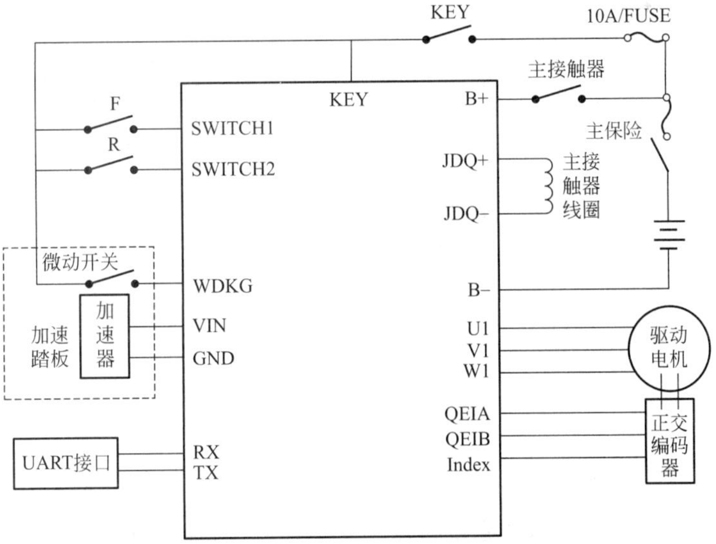

图 4-35 电动汽车驱动电机控制器接线

4.3 整车控制器

电动汽车作为一种绿色的交通运输工具在环保、节能以及驾驶性能等方面具有诸多内燃机汽车无法比拟的优点，是由多个子系统构成的一个复杂系统，主要包括动力电池电源系统、驱动电机系统、整车控制系统以及其他附件等。整车控制系统是电动汽车的神经中枢，承担着能量管理、控制分析和信息传递的作用，对电动汽车的动力性、经济性、安全性和舒适性都有着很大的影响。各子系统几乎都通过自己的控制单元（ECU）来完成各自的功能和目标。为了满足整车动力性、经济性、安全性和舒适性的目标，一方面必须具有智能化的人车交互接口，另一方面各系统还必须彼此协作，优化匹配，这项任务需要由控制系统中的整车控制器来完成。电动汽车的整车控制系统包括低压电器控制器系统、高压电器控制器系统和整车网络化控制系统三部分。其中整车网络化控制系统主要包括整车控制器、驱动电机控制器、动力电池管理系统、车身控制管理系统、信息显示系统和通信系统等。

整车控制器是整车控制系统的核心，具有数据交换与管理、故障诊断、安全监控、驾驶员意图解析等功能，包括微控制器、模拟量输入和输出、开关量调理、继电器驱动、高速CAN总线接口、电源等模块。整车控制器对新能源汽车动力链的各个环节进行管理、协调和监控，以提高整车能量利用率，确保安全性和可靠性。

电动汽车整车控制器（VCU，Vehicle Control Unit）是电动汽车整车控制的核心部件，它采集驾驶员驾驶动作信号，通过CAN总线获得电机和电池系统的相关信息，进行分析和运算，通过CAN总线给出电机控制和电池管理指令，实现整车驱动控制、能量优化控制和制动反馈控制。整车控制器还具有综合仪表接口功能，可显示整车状态信息；具备完善的故障诊断和处理功能；具有整车网关及网络管理功能。它对汽车正常行驶、车辆通信网络管理、制动能量回收、故障诊断与处理、车辆状态监控等功能起着关键作用。电动汽车整车控制结构关系框图如图4-36所示。

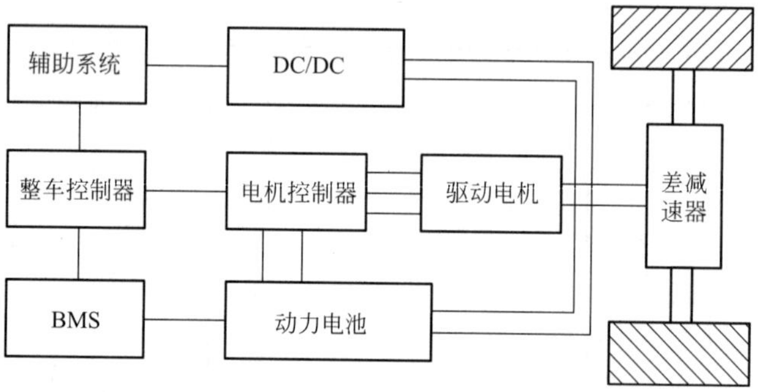

图4-36 电动汽车整车控制结构关系框图

4.3.1 整车控制器功能

电动汽车整车控制器是所有子系统控制单元的核心，有以下几项基本功能。

（1）汽车行驶控制的功能 电动汽车的动力电机必须按照驾驶员意图输出驱动或制动转矩。当驾驶员踩下加速踏板或制动踏板，动力电机要输出一定的驱动功率或再生制动功率。

踏板开度越大，动力电机的输出功率越大。因此，整车控制器要合理解释驾驶员操作；接收整车各子系统的反馈信息，为驾驶员提供决策反馈；对整车各子系统发送控制指令，以实现车辆的正常行驶。

（2）整车的网络化管理　在现代汽车中，有众多电子控制单元和测量仪器，它们之间存在着数据交换，如何让这种数据交换快捷、有效、无故障地传输成为一个问题，为了解决这个问题，德国BOSCH公司于20世纪80年代研制出了控制器局域网（CAN）。在电动汽车中，电子控制单元比传统燃油汽车更多更复杂，因此CAN总线的应用势在必行。整车控制器是电动汽车众多控制器中的一个，是CAN总线中的一个节点。在整车网络管理中，整车控制器是信息控制的中心，负责信息的组织与传输、网络状态的监控、网络节点的管理以及网络故障的诊断与处理。

（3）制动能量回馈控制　电动汽车以电动机作为驱动转矩的输出机构。电动机具有回馈制动的性能，此时电动机作为发电机，利用电动汽车的制动能量发电，同时将此能量存储在储能装置中，当满足充电条件时，将能量反充给动力电池组。在这一过程中，整车控制器根据加速踏板和制动踏板的开度以及动力电池的SOC值来判断某一时刻能否进行制动能量反馈，如果可以进行，整车控制器向电机控制器发出制动指令，回收部分能量。制动能量回收的原则：能量回收制动不能干预ABS的工作；在ABS进行制动力调节时，制动能量回收系统不工作；当ABS报警时，制动能量回收系统不工作；当电机驱动系统有故障时，制动能量回收系统不工作。

（4）整车能量管理和优化　在纯电动汽车中，电池除了给动力电机供电以外，还要给电动附件供电，因此为了获得最大的续驶里程，整车控制器将负责整车的能量管理，以提高能量的利用率。在电池的SOC值较低时，整车控制器将对某些电动附件发出指令，限制电动附件的输出来增加续驶里程。

（5）车辆状态的监测和显示　整车控制器对车辆的状态进行实时检测，并将各子系统的信息发送给车载信息显示系统，其过程是通过传感器和CAN总线，检测车辆状态及各子系统状态信息，驱动显示仪表，将状态信息和故障诊断信息通过显示仪表显示出来。显示内容包括电机转速、车速、电池电量、故障信息等。

（6）故障诊断与处理　连续监视整车电控系统，进行故障诊断。故障指示灯指示出故障类别和部分故障码。根据故障内容，及时进行相应安全保护处理。对于不太严重的故障，能做到低速行驶到附近维修站进行检修。

（7）外接充电管理　实现充电的连接、监控充电过程、报告充电状态、充电结束终止管理。

（8）诊断设备的在线诊断和下线检测　负责与外部诊断设备的连接和诊断通信，实现UDS诊断服务，包括数据流读取、故障码的读取和清除、控制端口的调试等。

4.3.2 整车控制流程

整车控制流程主要分为两部分：一是主程序流程；二是中断服务程序流程。主程序流程是对各个功能模块程序的有效集成，使其按照一定的顺序运行来完成对车辆各种控制功能的实现。中断服务程序流程则是对控制部分实时性要求较高的部分进行时间触发控制，一方面保证程序的实时性中断优先，另一方面减少CPU资源的浪费。在主程序流程中主要包括初始化模块，CAN 数据解析模块：功能初始化模块用以完成对各硬件模块的初始化；CAN 数据解析模块通过 CAN 接收中断，实现对数据的接收，并将其存入相应的缓存区，同时根据 CAN 网络通信协议接收数据解析成的物理量（如电机转速、电流等），提供给其他模块进行运算。

充电控制模块对充电过程中的数据进行处理并反馈给相应的显示终端；故障诊断模块综合车辆运行信息判断车辆故障状态；驱动电机控制模块实现了对电机驱动转矩、功率以及驱动模式的控制；附件控制模块包含加热 PTC 以及空调控制；CAN 数据打包模块将控制命令按照通信协议打包成 CAN 数据格式，并通过实时中断发送至 CAN 总线，实时中断还包括对加速踏板信息的采集以及程序中各种计时和计数的控制。

电动汽车弱电电源采用 12V 电源系统供电，使用了和传统燃油汽车一样的点火钥匙开关，该点火钥匙开关总共分为四挡，分别是 OFF（LOCK）、ACC、ON、RUN，钥匙各挡位的功能如表 4-2 所示。

表 4-2　钥匙各挡位的功能

位置	钥匙挡位对应的功能	总线状况
OF(LOCK)	无电器功能接通(转向盘机械锁止)	无通信
ACC	无电器功能接通(转向盘机械锁止解除)	无通信
ON	BMS/MCU/VCU 控制器低压上电、LCD 组合仪表上电，高压电动附件控制器低压上电，初始化自检，MCU 预充电	CAN 初始化自检，自检完成后发送信息状态 CAN 报文，VCU 收到完成握手，开始通信
RUN	MCU/VCU 控制器完成主接触器闭合，完成高压强电上电	正常通信

4.3.3　整车控制系统结构

整车控制器（VCU）是车辆整车控制的主控制器，通过传感器和其他控制器将整车的运行信息反馈给整车控制器，并根据车辆行驶要求向下级控制器和有关执行器发出指令。下级控制器由驱动电机控制器（MCU）、动力电池管理系统（BMS）、整车组合显示仪表等组成。各系统通过 CAN 总线通信以及必要的模拟信号通信，构成一个协调工作的动力总成控制网络，如图 4-37 所示。VCU 负责控制动力总成唤醒、电源（强电和弱电）、停机、驱动、能量回馈、能量管理、安全、故障诊断与失效控制等主要功能。VCU 通过 CAN 总线及必要的模拟信号与其他控制器通信，以传递信息数据和控制指令，VCU 可由 PC 机上的标定程序进行在线标定。

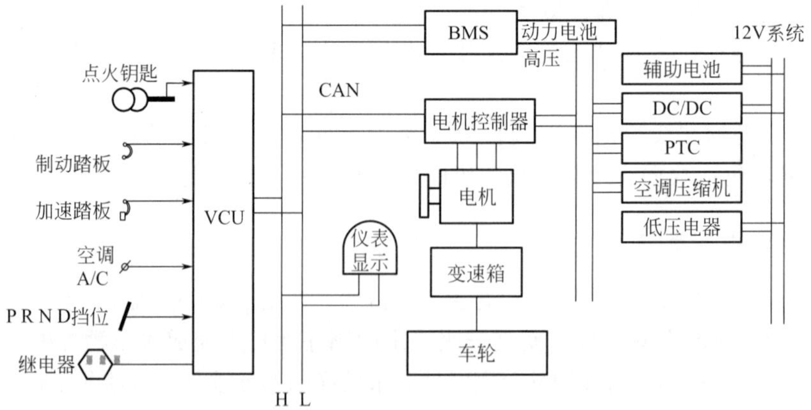

图 4-37　整车控制系统组成示意图

驱动电机控制系统包含有逆变器或变频器等强电部分和 MCU 的弱电部分，MCU 接受 VCU 的指令，并根据自身的算法控制驱动电机的运行、转速和转矩，并采用转矩闭环控制方式运行。

BMS 负责对动力电池组进行管理，包括电池安全，SOC 算法、充放电过程控制制令、参数监控等。BMS 通过 CAN 总线与充电机和其他控制器等通信，传递信息和控制指令，具有在线标定和监测功能，负责动力电池组的充电管理。标定与监测系统主要用于对 VCU 的标定与监测，用于在线监测 VCU 的运行参数以及对 VCU 的运行控制参数进行在线标定优化。

整车组合仪表液晶显示屏主要显示与整车控制系统和驱动电机、动力电池等相关的数据，如剩余电量、电机转速、车速、累计和剩余里程、温度等信息，如图 4-38 所示。

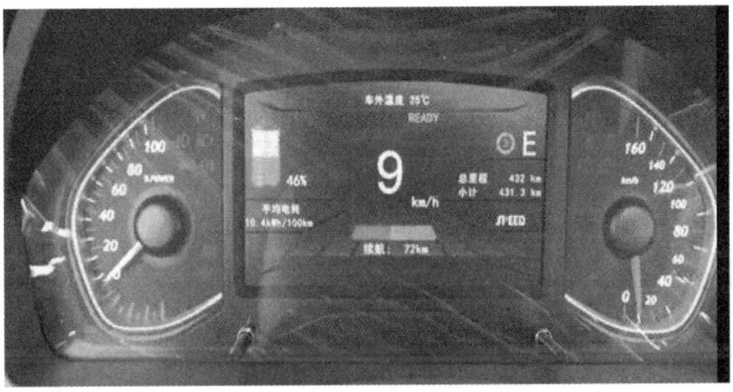

图 4-38　电动汽车仪表

为了满足整车控制器在车辆各种环境下的使用要求，需要对控制器的各方面性能有所要求，主要有以下三项内容。

① 控制器应采用满足汽车高温使用环境和振动要求的高集成汽车级微处理器。

② 电动汽车整车控制器要求有较宽的电源输入范围，一般在 9～36V 能满足整车低压系统电源电压波动的要求，同时具有良好的 12V 和 24V 电动汽车电源系统的通用性。

③ 控制器采用标准的 ECU 接口，具有良好的防水防尘性能。

整车控制器由输入集成电路（模拟信号和数字信号）、中央处理器、复位电路、RS232 和 CAN 总线通信电路、数模转换处理电路、数字输出电路、PWM 输入电路、功率输出电路等组成，如图 4-39 所示。

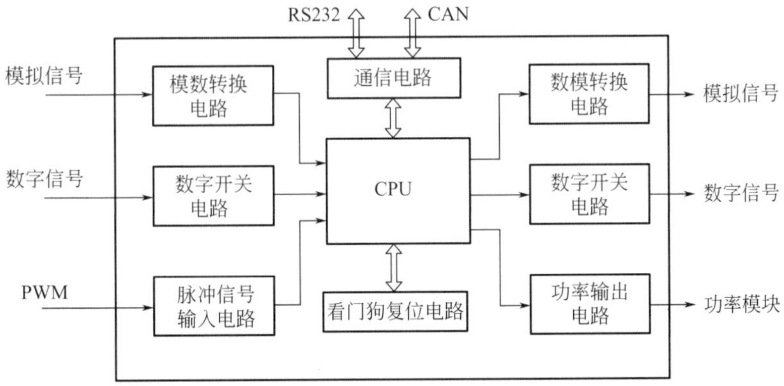

图 4-39　整车控制器单元模块

4.4 控制器之间的通信

电动汽车有整车控制器、驱动电机控制器、动力电池管理控制单元、防盗锁控单元、空调（冷暖）控制单元、车辆稳定系统等，还有灯光控制单元、雨刮控制单元、车窗控制单元等多个控制单元，各控制器之间通信联系采用的是总线通信，主要有CAN总线、LAN总线、MOST总线和Flex-Ray总线等。

4.4.1 CAN总线

CAN是控制器局域网络（Controller Area Network）的英文缩写，是由研发和生产汽车电子产品著称的德国BOSCH公司开发的，并最终成为国际标准（ISO 11898）。CAN总线是国际上应用最广泛的现场总线之一，是为解决现代汽车中众多的控制与测试仪器之间的数据交换而开发的一种串行数据通信协议，是一种多主总线。CAN总线的通信介质可以是双绞线、同轴电缆或光导纤维，通信速率最高可达1Mbps。在北美和西欧CAN总线协议已经成为汽车计算机控制系统和嵌入式工业控制局域网的标准总线，并且拥有以CAN为底层协议专为大型货车和重工机械车辆设计的J1939协议。近年来，其所具有的高可靠性和良好的错误检测能力受到重视，被广泛应用于汽车计算机控制系统中。

（1）CAN总线特点

① 数据通信没有主从之分，任意一个节点可以向任何其他一个或多个节点发起数据通信，靠各个节点信息优先级先后顺序来决定通信次序，高优先级节点信息在134μs通信。

② 多个节点同时发起通信时，优先级低的避让优先级高的，不会对通信线路造成拥塞。

③ 通信距离最远可达10km（速率低于5Kbps），速率可达到1Mbps（通信距离小于40m）。

④ CAN总线传输介质只有两根双绞线或同轴电缆与外部相连，并且内部集成了错误探测和管理模块。

CAN总线适用于大数据量短距离通信或者小数据量长距离通信、实时性要求比较高、多主多从或者各个节点平等的现场中使用。

（2）技术介绍　CAN总线以报文为单位进行数据传送，这些数据以一串长的二进制数字组成，称为数据列，包括开始区、状态区、校验区、数据区、安全区、确认区和结束区七部分：开始区，标识数据列的开始；状态区，确认数据列的优先级别，优先级别高的先传输；检验区，数据区中包含的数据数目，让接收者检验其是否收到传输来的是全部信息；数据区，传给其他控制单元的信息；安全区，检验传输的数据是否有错误，若有错误被检验到则接收者迅速通知发送者，发送者将再次发送该数据列；确认区，是接收者发给发送者的信息，用来告知已正确地收到数据列；结束区，标志数据列的传输结束，显示这是一组完整的数据列。

（3）CAN总线的数据传输过程　CAN总线的数据传输分五步进行：提供数据，即控制单元向CAN控制器提供数据用于传输；发出数据，CAN收发器从CAN控制器处接收数据并将其发出；接收数据，所有与CAN数据总线一起构成网络的控制单元称为接收器，用来接收数据；检验数据，控制单元对接收到的数据进行检验，看其是否为功能所需；认可数据，如果所接收到的数据是重要的则被认可处理，否则将被忽略。

CAN 协议支持两种报文格式，其唯一的不同是标识符（ID）长度不同，标准格式为 11 位，扩展格式为 29 位。报文的尾部由帧结束标出。在相邻的两条报文间有一很短的间隔位，如果这时没有站进行总线存取，总线将处于空闲状态。CAN 具有较高的效率是因为总线仅仅被那些请求总线悬而未决的站利用，这些请求是根据报文在整个系统中的重要性按顺序处理的。这种方法在网络负载较重时有很多优点，因为总线读取的优先级已被按顺序放在每个报文中了，这可以保证在实时系统中较低的个体隐伏时间。

CAN 通信网络系统在汽车通信系统中的应用分为高速通信和低速通信。其中高速 CAN 系统速度为 500Kbps，主要用于发动机变速器控制 ECU，转向、制动等底盘部控制，还有气囊和安全带的控制系统以及故障诊断部的通信中。低速 CAN 系统速度为 125Kbps，主要用于仪表、灯光、空调、门窗等信息部和车身部系统控制通信中。车载网络示意图如图 4-40 所示。

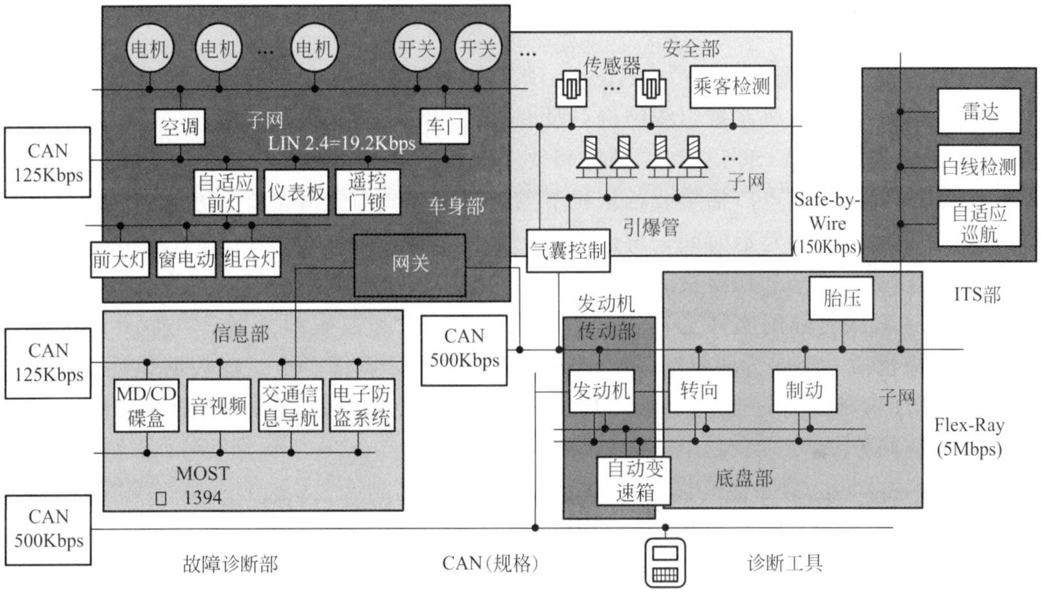

图 4-40 车载网络示意图

4.4.2 LIN 总线

LIN（Local Interconnect Network）总线是一种串行通信总线，使用范围是单主机节点和一组从机节点的多点总线，其系统结构如图 4-41 所示。

（1）LIN 总线结构特点　总线采用上拉电阻作为终端，主节点的上拉电阻为 1kΩ，从节点的上拉电阻为 30kΩ。电阻需串联一个二极管以防止由于本地电源泄漏对总线产生的干扰。从节点的终端电容通常为 220pF，主节点的电容要更高以使整个总线的电容小于从节点的值。

由于采用单线媒质传输，最大的传输波特率被限定在 20Kbps 以内，该值为从满足信号同步而不产生冲突的最高值，到为满足电磁兼容性要求要达到的传输最低值之间的试验中间

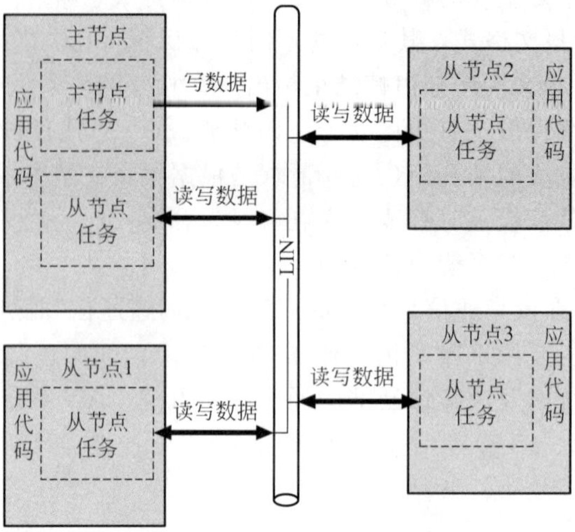

图 4-41 LIN 总线系统结构

值，LIN 总线最小的传输波特率为 1Kbps。LIN 总线系统主要特点如下。

① 采用单主机多从机系统组织结构，没有总线仲裁机构，配置灵活。

② 基于普通 UART/SCI 接口，硬件和软件协议均实现低成本。

③ 带时间同步的多点广播接收，从机节点无需石英或陶瓷谐振器，可以实现自同步。

④ 保证信号传输的延迟时间，可选的报文帧长度为 2 字节、4 字节和 8 字节。

⑤ 数据校验，安全和错误检测，自动检测网络中的故障节点。

通过 LIN 总线传输的实体为帧，一个报文帧由帧头和数据部分组成，如图 4-42 所示。报文帧的帧头包括一个同步间隔场、一个同步场和一个标识符。报文帧数据包括 2 字节、4 字节或 8 字节的数据场和一个校验场。数据场由字节间空间分隔，报文帧的帧头和响应由一个帧内响应空间分隔。

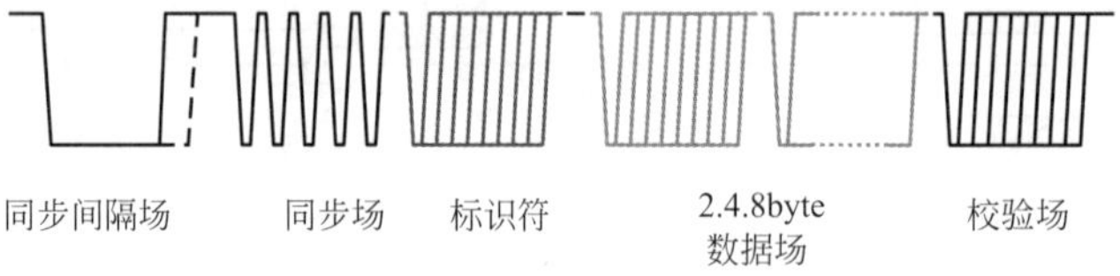

图 4-42 LIN 总线报文帧

（2）LIN 总线应用 采用 LIN 总线可实现电动汽车内网络分级，这是实现车辆更高质量及更低成本的重要因素。LIN 总线可以简化很多现有的低端复合解决方案，并且可以降低车辆电子系统的开发、生产、服务成本。采用配备 LIN 总线的电动轿车生产线正在快速增长，简捷而完整的 LIN 规范包含了完整的网络概念，极高的自动化程度已经使 LIN 和 CAN 成为了现代汽车车内网络通信的主干。

4.4.3 MOST 总线

MOST（面向媒体的系统传输）总线是将光纤数据传输的许多优点带给汽车，DVD 屏只是 MOST 总线在车内最常见的应用，光纤总线还可以处理数字音频信号，用于娱乐系统和免提电话以及传送 GPS 这类信息系统数据。这种媒体能够在车内的噪声环境中传送高位率的数据，防止数据流遭受电气电磁干扰。它有快速的边沿速率，消除了数据产生干扰的任何风险，这种干扰在车内电子总线传输的信号中是复杂的、不可避免的，尤其是在电动汽车系统环境中。

（1）MOST 总线结构特点　MOST 总线在物理层上，传输介质本身是由塑料保护套保护的内芯为 1mm 的 PMMA（聚甲基丙烯酸甲酯）光纤，OEM 供应商可以将一束光纤像电线一样捆成光缆。光纤传输采用 650nm（红色）的 LED 发射器，数据以 50Mb、双相编码的方式发送，最高数据速率为 24.8Mbps。

MOST 总线采用的拓扑结构有星形和环形，大多数汽车装配的 MOST 总线都是采用环形布局。一个 MOST 网络中最多可以有 64 个节点。一旦汽车接通电源，网络中的所有 MOST 节点就全部激活，这对低功耗、停电模式设计是重点，包括系统处在该种状态下的功耗量以及如何进入状态。MOST 结点在通电时的默认状态是直通（Pass-throught）的，即进入的数据从接收器直接传送至发射器，以保持环路的畅通。

MOST 总线控制器的主要部分包括光电接口（FOT）、发射机和接收机，有 4 引脚物理外形，提供 650nm 的收/发功能，如图 4-43 所示。接收控制器将一个光电二极管与信号处理和激活功能结合在一起，做在一片 IC 芯上，一对收发模块的标价大约为 3 欧元。

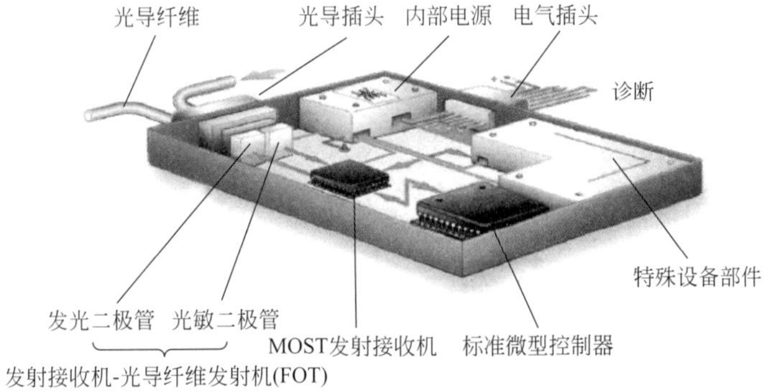

图 4-43　MOST 总线控制器

（2）MOST 总线应用　MOST 的数据传送使用 512b 帧，帧的重复率为 44.1kHz（每帧 22.67ms），每个帧内除了前导码和其他内部管理位以外，还包含有同步、异步和控制数据。总线是完全同步的，将网络内的任何设备指定为主设备，其他所有节点都从主设备处获得自己的时钟。网络完全是即插即用的，当上电或有连接改变时，有一个寻找设备的工作过程。

主要的微处理器供应商日益增加对该总线的支持。安诺（Analog Devices）公司用自己的为汽车视频显示与免提手机连接而配置的 Blackfin DSP，通过 MOST 提供与汽车网络的连接功能。美国德州仪器公司针对汽车信息娱乐产品而优化的 OMAP 处理器，对任何 MOST 可升级片上的数字音频，路由引擎（DSP 内核与中间 B 型接口）可在音频端口间处理和引导音频数据，这一引擎相当于 100MHz DSP 带宽。MOST 车载网络的应用如图 4-40 中的信息部。

4.4.4 Flex-Ray总线

在现代汽车的电子控制系统中独立控制难以满足要求，集成控制成为发展趋势的大背景下，Flex-Ray作为新一代车载总线，具备高传输速率、硬实时、安全性和灵活性的特点，是适应电动车辆控制性能需求的高性能总线。Flex-Ray总线采用周期通信的方式，一个通信周期可以划分为静态部分、动态部分、特征窗和网络空闲时间四个部分。静态部分和动态部分用来传输总线数据，即Flex-Ray报文。特征窗用来发送唤醒特征符和媒介访问检测特征符。网络空闲时间用来实现分布时的时钟同步和节点参数的初始化。

（1）Flex-Ray总线特点　Flex-Ray协议标准中规定了同步和异步传输，同步传输中保证帧的延迟和抖动，异步传输中有优先次序，还有多时钟同步，错误检测与避免，编码解码，物理层的总线监控设备等。Flex-Ray通过两条分开的总线通信，具有高速、可靠及安全的特点，每一条的数据速率是10Mbps。Flex-Ray的冗余通信能力可实现通过硬件完全复制网络配置，并进行进度监测。Flex-Ray同时提供灵活的配置，可支持各种拓扑结构，如线形结构（图4-44）、星形结构（图4-45）和混合拓扑结构。Flex-Ray具备大量功能支持以安全为导向的系统（如线控系统等），在电动汽车控制系统上用于转向助力系统、制动控制系统和高压及被动安全系统等。

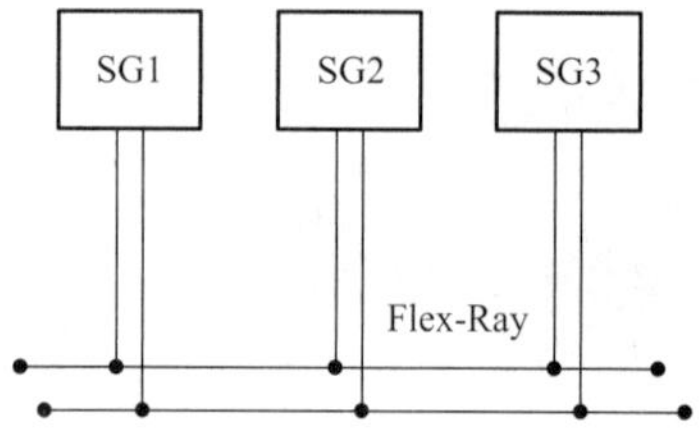

图4-44　线形总线拓扑结构

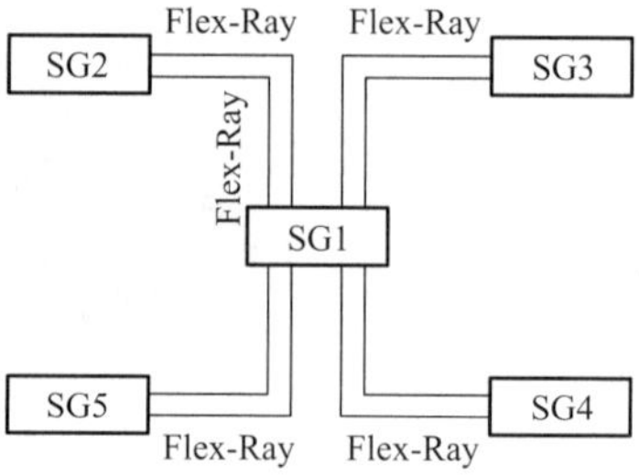

图4-45　星形总线拓扑结构

（2）Flex-Ray总线数据传输　Flex-Ray节点的核心是ECU，是接入车载网络中的独立完成相应功能的控制单元，主要由电源供给系统、主处理器、Flex-Ray通信控制器、总线监控器和总线驱动器组成。主处理器提供和产生数据，并通过Flex-Ray通信控制器传送出去。总线驱动器连接着通信控制器和总线，或是连接总线监控器和总线。主处理器把Flex-Ray通信控制器分配的时间槽通知给总线监控器，然后总线监控器就允许Flex-Ray通信控制器在这些时间槽中来传输数据。数据可以在任何时候被接收。

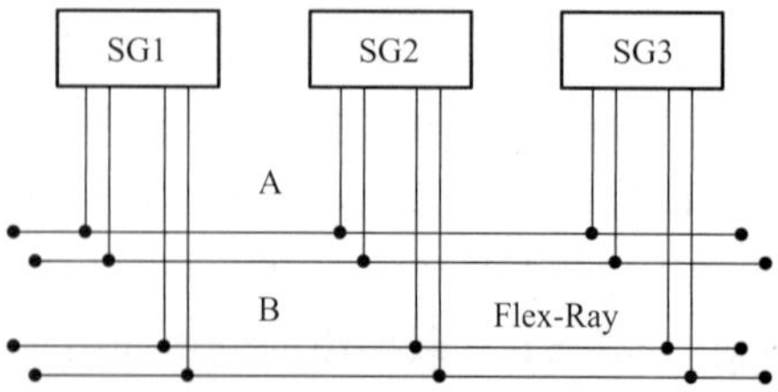

图4-46　冗余数据传输

A—信道1；B—信道2

Flex-Ray总线是具有冗余数据传输能力的总线系统，使用两个相互独立的信道，每个信道都由一组双绞线导线组成。当一个信道总线导线断路造成失灵时，该信道传输的信息可通过第二个数据信道继续可靠传输。这就是总线的冗余数据传输，如图4-46所示。当系统接通无通信时Flex-Ray总线的电压为2.5V；当通信时，高电平信号是2.5V，低电平信号是1.9V。该电压值是相对于蓄电池负极为 0V 测量得到的。

CAN、LIN、MOST、Flex-Ray，各网络总线之间的通信比较如表 4-3 所示，可以看出各网络通信传输速率是不一样的，可通过网关进行数据交换。

表 4-3 总线网络信息比较

项目	CAN	LIN	MOST	Flex-Ray
最大传输速率	1Mbps	20Kbps	25Mbps	10Mbps
成本	中等	低	很贵	贵
实用性	很好	很好	好	好
应用领域	动力、车身	空调等舒适系统	多媒体系统	安全系统

4.4.5 Byteflight 总线

Byteflight 协议由宝马联合 Motorola、Elmos 及 Infineon 公司联合开发，主要用于机动车辆中的安全临界环境中。例如该系统应用在宝马 7 系汽车中，主要用于安全气囊系统中时间临界（time-critical）数据的传输。另外，还可用于传输车身及底盘电子系统的相关数据。Byteflight 的传输速率为 10Mbps，采用塑料光纤作为传输介质。Byteflight 总线通过智能型星形耦合器配置为星形网络结构。Byteflight 技术不仅可以应用在汽车系统中，从市场角度来说，它有相当广阔的市场前景。在需要实现高实时性、高传输速率以及在恶劣的电磁环境中保证传输无故障，与 CAN 协议一样，Byteflight 也采用面向报文的传输方式。

目前，Byteflight 采用的通信速率通常为 10Mbps，信息的更新速率为 250μs。在每个周期的开始，每个用户的槽计数器（slot counter）都被设为 0。当一个用户的槽计数器值与该节点的传输请求标志符的值相对应时，该报文将被传输。必须确认该标记符没有被系统中的其他节点占据。在报文传输期间，所有用户的槽计数器全部停止。Byteflight 的报文格式与 CAN 的报文格式相仿。首先为 6 位的启动序列，然后是 8 位的报文标志符以及 1 个字节的长度域，在接下来的数据域中，最多可以传输 12 个字节的数据。通过最后传输的 2 个字节校验序列，可以实现汉明长度（hamming distance）为 6 的故障检测。Byteflight 的位编码仍然和 CAN 相对应，相位的同步将通过在每个字节中加入启动和停止位来实现，而不是通过位填充。传输不正确的报文不再重复传送。由宝马公司最初提出的 Byteflight 协议的应用范围已经大大扩展，可以用于机动车辆中与安全系统相关的所有 X-by-Wire 领域（如刹车系统、驾驶系统）。扩展的协议（Flex-Ray）可以为激活的安全设备［如冗余传输通道或容错（fault-tolerant）同步机制］提供附加的性能特性。在 Byteflight 模式下，可以将 Flex-Ray 控制器作为 Byteflight 控制器使用。

第5章 充电系统

对于一辆电动汽车来说对动力电池的充电设备是不可缺少的装备之一，其功能是将电网的电能转化为电动汽车动力电池所需要的电能。目前电动汽车的充电形式从总体上来说可分为传导式充电和非传导的无线电充电两大类。

5.1 传导式充电

传导式充电就是电网的电能通过导线或设备连接，传输到动力电池中的一种充电方式。电动汽车的传导式充电一般可分为交流传导式充电和直流传导式充电。

5.1.1 交流传导式充电

交流传导式充电是电网的交流电通过导线进入充电机，经充电机整流、滤波后转变为直流电对车上的动力电池进行充电的方式。这种充电方式所使用的充电机一般安装在电动汽车上随车携带，称为车载式充电机，如图 5-1 所示。

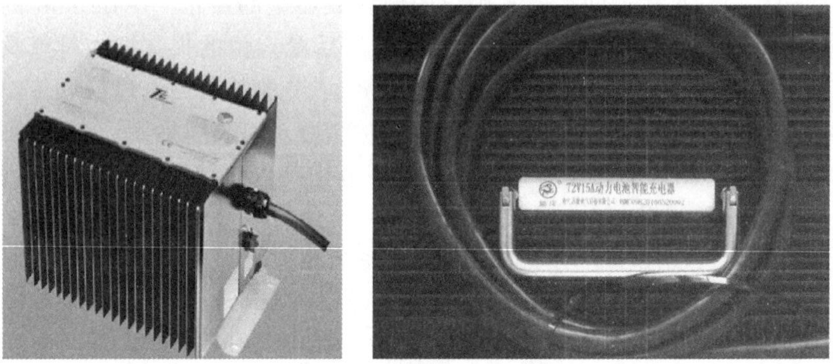

图 5-1 车载式充电机

交流传导式充电常见的充电形式有两种：一种是家用三孔插座充电；另一种是交流充电桩充电。家用 220V 单相三孔插座充电功率较小，一般电流控制在 25A 以下。三相交流充电桩输入电流一般最大为 32A（GB/T 2034 要求）。在车辆需要充电时，只需将充电连接导线的插头连接到家用三孔插座或交流充电桩的插座即可进行充电。该充电模式充电时间较长，一般为 6～10h，对电网的负荷要求较低，可由客户独立完成。一般利用夜间电网负荷较低时充电，还能对电网起到削峰、调频改善电能品质的作用。

5.1.2 直流传导式充电

直流充电又可称为快速充电或应急充电，主要通过地面直流充电桩将电网的交流电转变为直流电后，再通过充电连接器对电动汽车动力电池进行充电，如图 5-2 所示。

图 5-2 直流充电机传导式充电

这种直流快速充电桩能在短时间内对电动汽车充入大量的电能，主要针对长距离运行的途中或其他需要快速补充电能的车辆进行快速充电。其典型的充电时间为 10～30min，充电电压为直流电压 400V 和 750V，充电电流最高可达 125A 和 250A。直流充电桩的充电过程如图 5-3 所示。由于这种直流充电的装置充电速度快，充电功率较大，对电网的负荷有较高的要求，需电网公司规划配置。

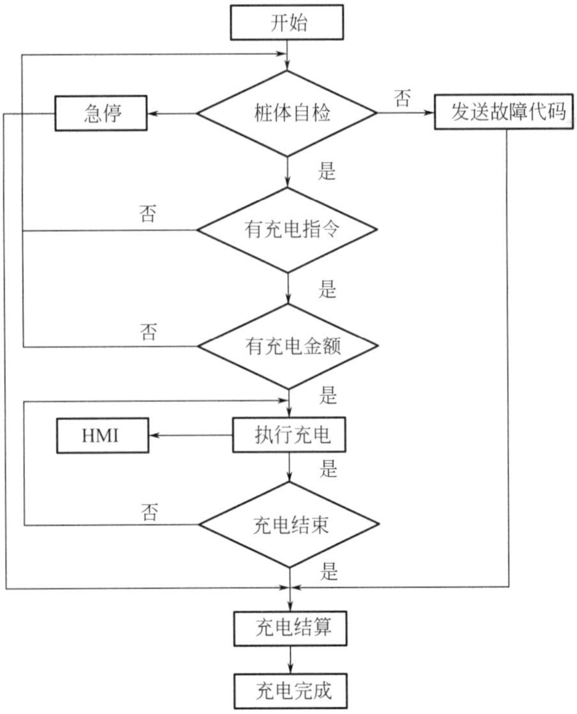

图 5-3 直流充电桩充电过程

为了更好地适应充电环境和长距离旅行，满足人们日常使用的需求，同时也为了使电动汽车与传统的燃油汽车相媲美，一辆电动汽车在生产制造时往往设置交流充电接口和直流充电接口各一个，两接口的同时存在会大大方便用户使用家用插座慢充和旅行途中快充的需要。用户在快速充电时，在车辆动力电池电量为30%～70%的范围内充电为宜，且最高充电量也不宜超过动力电池存电量的80%。目前电网公司安装的快速充电桩执行的是分时段电价，高峰时段为8:00—11:00和18:00—23:00两个时段，低谷时段为：23:00—7:00，其余时段为平时段。峰谷分时电价各地略有不同，但均比居民生活用电电价有大幅度提高。经核算同等品牌车型的电动汽车和燃油汽车相比，百公里快速充电费用和燃油汽车的加油费用相当。

5.2 充电机对电池充电的常用控制方式

为了能精确地按照充电控制曲线对动力电池进行充电，设计一个高质量的充电电源设备是必不可少的。现在常用的充电电源可以分为线性电源和开关电源两类。线性电源功耗大、效率低、体积庞大，不适合大功率输出、小型化的要求。与线性电源相比，对于相同的输出功率，开关电源的散热要小得多，效率高、体积小，因而电动汽车充电机一般采用开关电源方式。

根据控制方式的不同，开关电源又可分为电流型和电压型两种。电压型控制模式只检测输出电压，并直接对其控制，系统有一个反馈环。电流型控制模式的特点是同时控制输入电流和输出电压。系统有两个反馈环，一个是检测输出电压的电压外环，一个是检测流过功率管电流的电流内环。

对电池终止充电的判断方法有很多种，最主要的方法有定时控制法、最高电压控制法、最小电流控制法、容量控制法、最高温度控制法、温度变化率控制法、电压变化率控制法等。定时控制法只要确定一个充电时间即可，利用定时器进行充电计时即可控制停止充电，控制方法简单易行，但这种控制方法不能根据电池的充电状态自动调整，极易出现过充或欠充等现象。

最高电压控制法一般用于恒流充电，只要确定一个电压值，当充电过程中电池电压达到此数值时即认为电池已充满，此时停止充电。实际上随着电动汽车电池寿命的增加，电池充满时所对应的电压也是不确定的。此外，对应不同厂家、不同型号的电池，其最高电压也是不同的。因此，如果单纯采用一个最大电压值对充电的完成进行判断，也可能存在较大误差。

最小电流控制法一般用于恒压充电法，当对电池施以一定电压进行充电时，充电电流将逐渐减小，当充电电流减小到一定值时，认为电池已充满，此时停止充电。

容量控制法是在充电过程中对充入电池的电量进行计算，当充入的电量达到设定的电量值时，充电过程结束。因为每次进行充电前电池的初始电量都不一定，因此需要充入的电量必须由人为进行设定，而在电动汽车中，初始电量可以由电池管理系统提供，因此这种控制方式在车载充电机的充电控制方法中是可行的。但电池管理系统提供的电池荷电状态（SOC）信息的准确性以及随着时间推移电池容量的减小都将影响到容量控制法的可靠性。

温度是电池充电过程中的重要参数，能反映电池内部的电化学变化过程，且电池温度也比较容易测量，因此最高温度控制法和温度变化率控制法也是比较常用的两个充电终止控制方式。但温度容易受环境温度、充电方式、温度传感器精度和温度滞后性等因素的影响，容易导致误判。因此，这两种充电控制方式通常作为充电停止的辅助判断因素，配合其他的控制方法使用。

电池端电压随充电过程的进行而发生变化，存在电压升高、最大值、电压平台、电压负增长等现象。电压变化率控制法根据不同电动汽车电池的特性，利用这种电压的变化率对充电终止进行判断，当电池电压的变化达到预期设定的变化率时，即视为充电完成。该充电方法受不同电池厂家等因素的影响比较小，其判断结果也比较可靠。

5.3 充电机工作原理

电动汽车充电机的主电路按其工作原理、工作方式的不同，可以有多种电路结构原理。综合当前电动汽车充电机的使用情况，在此重点介绍电动汽车高频开关电源充电机的工作原理及系统组成。电动汽车高频开关电源充电机电路原理及系统组成如图 5-4 所示。

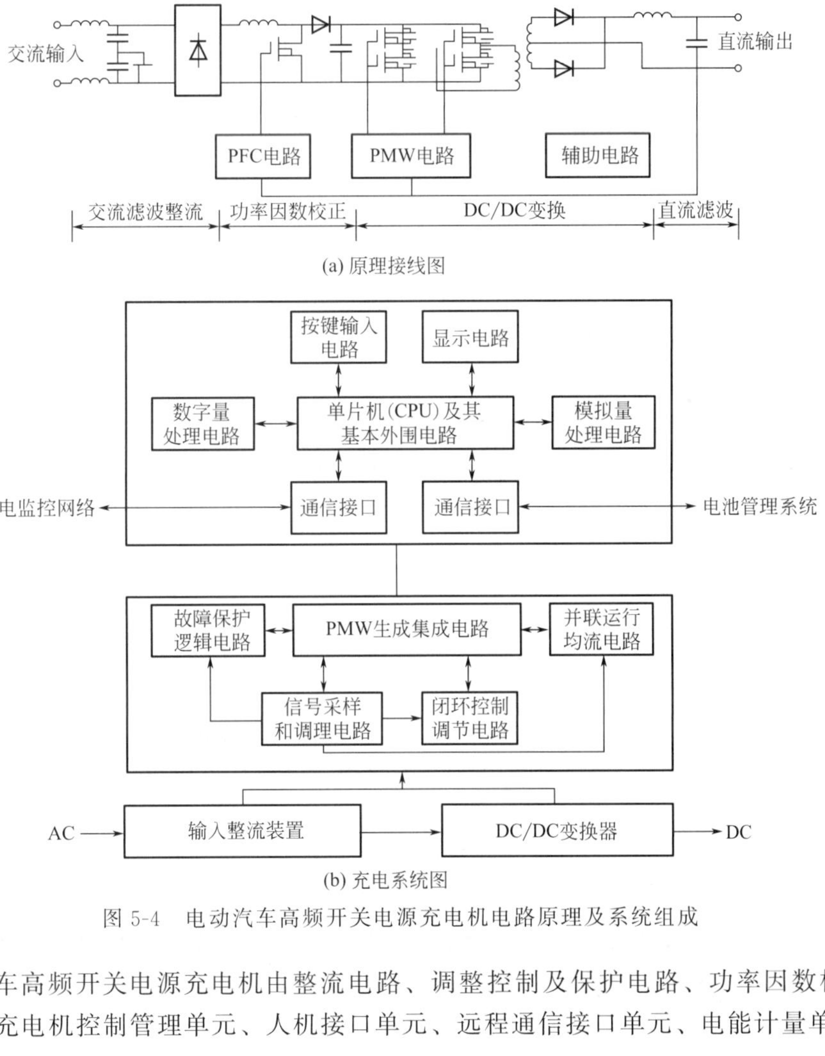

图 5-4 电动汽车高频开关电源充电机电路原理及系统组成

电动汽车高频开关电源充电机由整流电路、调整控制及保护电路、功率因数校正网络、辅助电路、充电机控制管理单元、人机接口单元、远程通信接口单元、电能计量单元等部分组成。

（1）整流电路　由交流整流滤波、直流（DC）变换（高频变换）器等元器件组成，其作用是从单相或三相交流电网取得交流电，并将其转换为符合要求的直流电。

（2）调整控制及保护电路　调整控制电路采用PWM脉宽调制电路，它包括输出采样、信号放大、控制调节、基准比较等单元，其作用是对输出电压进行检测和取样，并与基准定值进行比较，从而控制高频开关功率管的开关时间比例，达到调节输出电压的目的。电动汽车高频开关电源充电机调整控制电路原理如图5-5所示，信号输入及故障保护原理如图5-6所示。

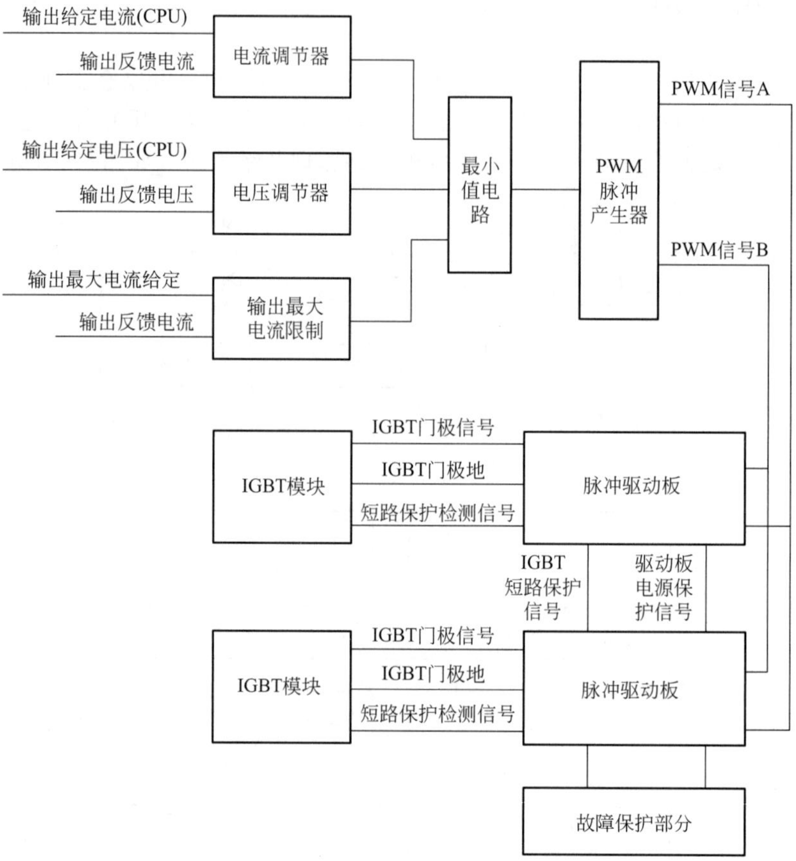

图5-5　电动汽车高频开关电源充电机控制电路原理

（3）功率因数校正网络　是充电机的重要组成部件，其功能是通过控制过程，使输入电流波形跟踪正弦基波电流，且相位与输入电压同相，以保持输出电压稳定和功率因数接近于1.0。

（4）辅助电路　包括手动调整、稳压电源、保护信号、事故报警以及通信接口电路等。

（5）充电机控制管理单元　控制管理单元（CPU）为充电机的顶层控制系统。电动汽车充电机在充电操作时，控制管理单元接收人工输入或其他设备的控制指令，控制驱动脉动生成系统的启动与停止，从而控制充电机的启动与停机，并可将充电机的运行数据进行显示或传输给上层监控计算机。充电机控制管理单元原理如图5-7所示。

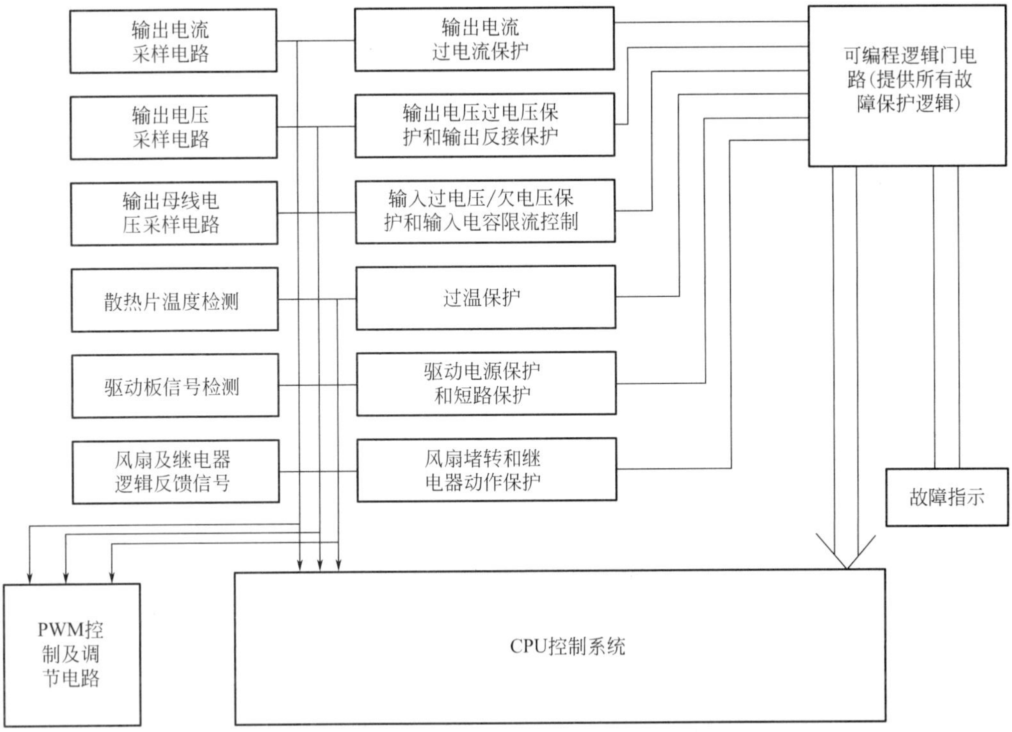

图 5-6 电动汽车高频开关电源信号输入及故障保护电路原理

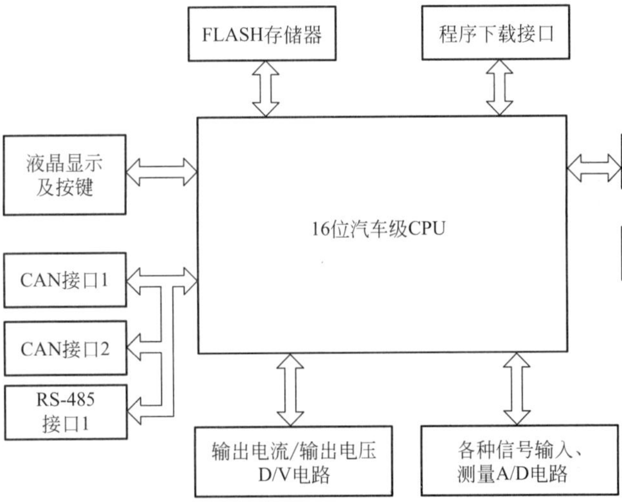

图 5-7 充电控制管理单元原理

（6）人机接口单元 充电机人机接口由按键和人机界面彩屏（或数码管）组成，具有计算机远程监控及电池充电控制等功能。充电机通过人机接口单元与充电站的监控网络接口通信，由监控后台机监视和记录充电站每台充电机的运行数据，修改每台充电机的运行参数，控制充电机的启动和停机。电动汽车的充电既可以由监控后台机通过通信接口对充电机进行控制，同时也可以由充电控制逻辑单元控制充电机的启动和停机。

另外，充电机的运行故障也是通过人机接口单元与充电站的监控网络通信，由监控后台机显示故障信息，并提供简单明了的故障排除指示。

（7）远程通信接口单元　充电机（站）远程通信接口单元（Internet 接口）作用是与电网调度通信网络接口，充电机（站）通信协议与电网通信协议统一，实现充电机（站）的远程监控及无人值守站数据的统一上传。

（8）电能计量单元　充电设施和电动汽车用户之间的计量结费采用现场缴费和储值卡预付费等方式，推荐使用储值卡预付费方式。

电能计量装置应根据电能计量点的位置及充电设备的额定电流选取。电能计量装置配置如下：交流充电桩应选用智能电能表，安装在电动汽车与交流充电桩之间；电动汽车非车载充电机宜选用直流电能表计量，安装在非车载充电机直流输出端和电动汽车之间。

5.4 充电防护

因电动汽车具有金属外壳，且一般支持车主使用家中的交流电进行充电，故可以把电动车辆作为特殊的Ⅰ类设备对待，按照Ⅰ类设备的要求来对电动车辆进行充电。电动车辆传导式充电标准 GB/T 18487.1—2015《电动车辆传导式充电系统通用要求》中 3.1.1 规定Ⅰ类电动车辆充电时必须将车辆各金属部分通过 PE 线接地，9.4.1 规定在电动车辆传导充电设备的接地系统中，应该提供一个 RCD（漏电保护器）且写明额定漏电电流动作值 $I_{\Delta N} \leqslant 30mmA$。GB/T 20234.1—2011《电动汽车传导充电连接装置　第 1 部分　通用要求》6.2.2 中规定，供电插头、供电插座、车辆插头和车辆插座应包括接地端子和触头，且在连接和断开中接地触头应最先接通和最后断开。

电动车辆充电时有接地要求，需在供电端安装漏电保护器。GB/T 18384.3—2015《电动车辆安全要求　第 3 部分　人员触电防护》中 6.4 要求电动车辆车身所有金属部件有电位均衡要求。

5.4.1 漏电保护器（RCD）工作原理

由图 5-8～图 5-10 看出电动汽车充电时，漏电保护器监控的是除地线之外的所有供电线的电流矢量和。正常充电工作且不漏电时，流入漏电保护器的电流和流出漏电保护器的电流矢量之和为零，当发生漏电时漏电电流从漏电支路流走（经 PE 接地线或人体流入大地），导致流入和流出漏电保护器的电流矢量和不为零。当漏电的电流超过设定的阈值时，漏电保护器将采集的信号放大并转换，驱动执行元件动作，切断供电电源以保证安全。

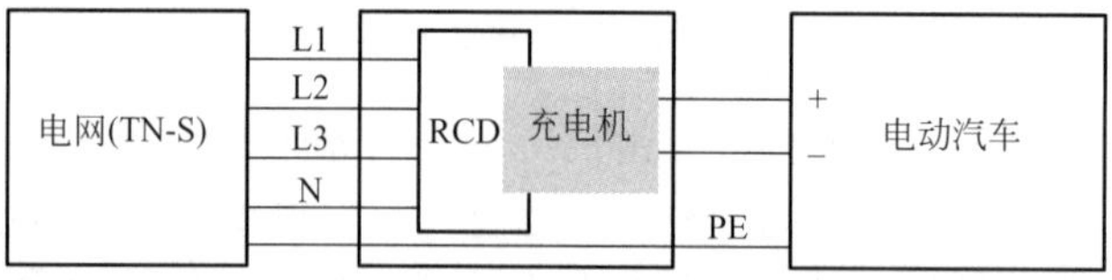

图 5-8　三相充电机充电示意图

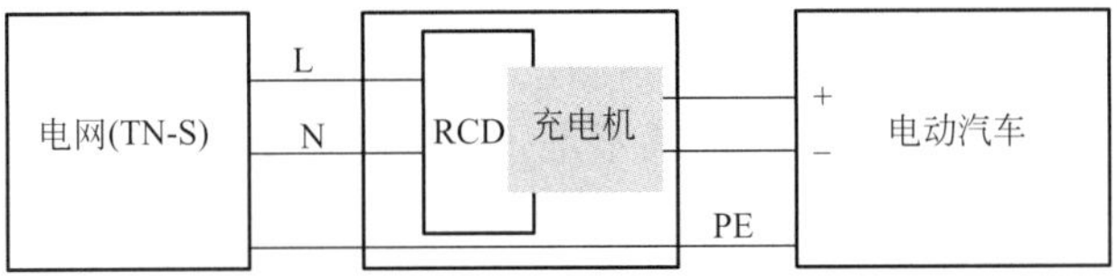

图 5-9　单相充电机充电示意图

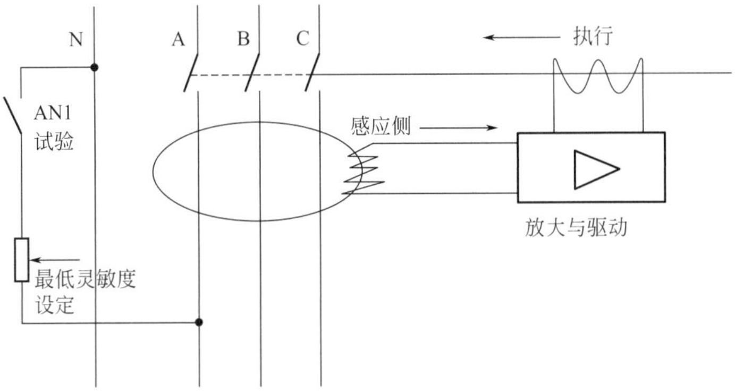

图 5-10　漏电保护原理

5.4.2　地线正常连接下的漏电保护

在地线连接正常的情况下，若相（火）线绝缘破损与车身钣金接触，因为存在连接车身的地线，可使较大电流经过地线流入大地。这时流入和流出漏电保护器的电流矢量之和若大于额定漏电流动作值 $I_{\Delta N}$，漏电保护器会在设计的时间内动作（一般≤40ms），切断给车辆充电的供电电源使车身不再带电，消除人员接触车身触电的危险（图 5-11）。

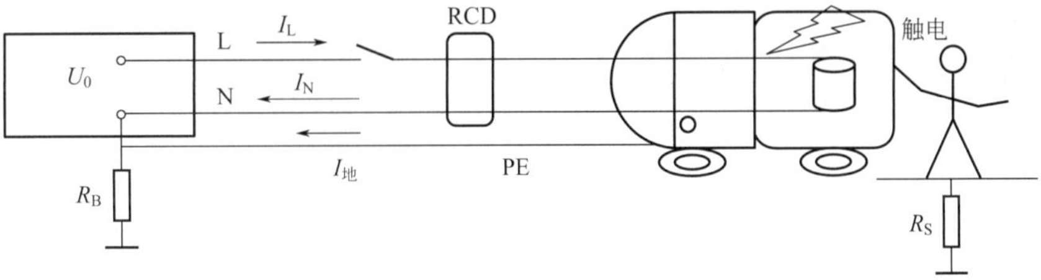

图 5-11　接地线正常情况下的触电示意图

5.4.3　地线故障下的漏电情形

在地线故障情况下，车身没有接地，若发生相（火）线绝缘损伤接触车身钣金，因为车身与大地间有较大的绝缘电阻，所以车身与大地间会有 AC220V 的电压差。当人员接触车辆时形成触电回路，在安装了保护器的情况下，一旦流过人体的触电电流达到漏电保护器的动作值时，漏电保护器即会在规定的时间内动作，切断充电电源使人员脱离触电危险。

通过以上分析可知漏电保护器是通过监控供电导线电流，并进行矢量和的计算来发现漏电电流从而实现漏电保护的。为什么不通过监控 PE 地线电流来实现触电保护呢？这是因为漏电电流不等同于地线电流，漏电电流并不都是通过地线流入大地的。充电时在车身和大地之间会形成等效电容的两极，在充电系统不漏电的情况下，由于感应的作用在 PE 地线上也会形成电流。在试验实测中车辆充电正常不漏电，PE 地线上也有 200～300mA 的感应电流。若在 PE 地线上安装异常电流监控装置，极易受到车载电器的电磁干扰引起误动作；若地线一旦断开失效，也会失去保护。因此不能用 PE 地线作为漏电保护器的监控线，来预防触电保障安全。

在实际的电动车辆充电设置中，通过 PE 线车身接地、车身等电位、充电供电装置安装保护器等多种措施结合，才能最大限度地保证人员防触电安全。

5.5 无线充电新技术

电动汽车除采用连接导线传导式充电方式外，还有正在开发试用的无线充电技术。无线充电技术源于无线电力传输技术，是利用电磁感应原理及相关交流感应技术，在发送和接收端用相应的线圈发送和接收产生感应的交流信号来进行充电。

5.5.1 无线充电系统构成

无线充电系统基本由两部分构成，即地面部分和车载部分。地面部分包括整流逆变装置、通信单元和发射线圈。整流逆变装置将电网的交流电转化为直流电，然后传输给发射线圈，发射线圈受到感应产生磁场，再以磁场能的形式散发出去。车载部分包括接收线圈、整流装置和通信单元。接收线圈与地面发射线圈耦合将磁场能转化为电能，或两线圈通过磁场共振将磁场能转化为电能，再经过整流器转化为适当电压的直流电为车载动力电池充电。两部分的通信单元负责地面与车辆的控制信息交换，实现充电的智能控制。

无线充电技术的实施主要有三种方式：电磁感应（ICPT）、无线电波（MPT）、电磁共振（ERPT）。

（1）电磁感应无线充电　通过对初级线圈通一定频率的交流电，变化的电场产生变化的磁场，由于电磁感应现象在次级线圈会产生一定的电流，将能量从传输端转移到接收端，属于短程传输。由于电磁感应原理受供电端和受电端的距离的约束，在传输距离上仅限于 100mm 的短距离传输，但电磁感应无线充电传输功率大（可达数百千瓦）、能量转换效率高（可达 90%以上）。电磁感应充电如图 5-12 所示。

（2）微波无线充电　采用微波作为传递能量的介质，接收方接收到微波能量后，再经过共振电路和整流电路，将其还原为设备可用的直流电，如图 5-13 所示。这种方式相当于日常使用的无线网络，双方各自有一个专门的天线，所不同的这里传递的不是电信号而是电能量。微波的频率在 300MHz～300GHz 之间，微波传输的能量非常强大，这也就是能运用于电动汽车等设备进行无线充电的原因之一。这项技术的最大缺点是效率低，最大优点是空间自由度高。

（3）电磁共振无线充电　由能量发送装置和能量接收装置组成，利用接收装置频率和发送装置频率相一致时产生的磁场耦合形成共振，交换传递能量。电磁共振无线充电在传输距离上可以做到几厘米到几米，使其在使用上更加灵活，如图 5-14 所示，但传输效率和功率会因距离增加而有所降低。

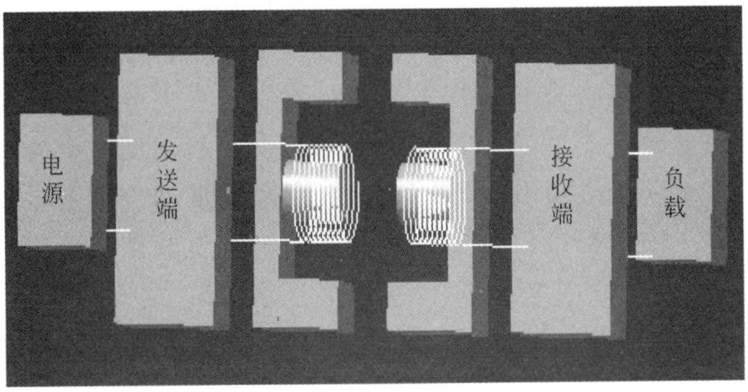

图 5-12 电磁感应充电

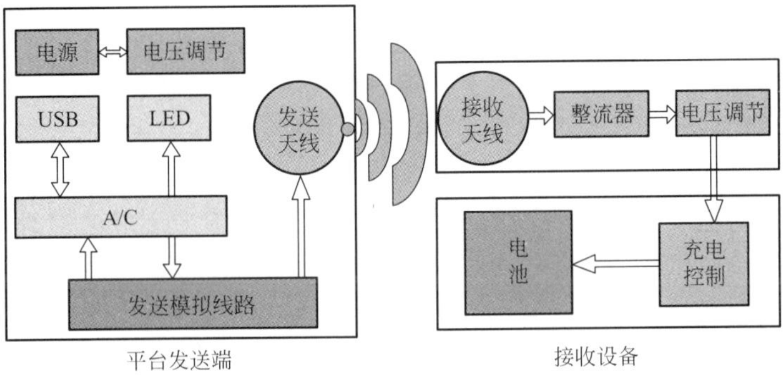

图 5-13 微波无线充电

图 5-14 电磁共振无线充电

电磁共振无线充电对设备的使用位置没有严格的限制，并且可以同时对多个设备进行无线充电，使用灵活度在各项方式中居榜首。传输效率可达 40%～60%，虽然目前效率较低，但足以进入商业化，并且随着研发的深入，在效率方面还可继续提高。

5.5.2 无线充电技术的现状

电动汽车无线充电是一个刚刚起步的新领域，目前主要是产品成本过高，是车载充电机的数倍甚至数十倍，主要是研发成本、人员成本、设备成本占据了相当数额，随着产量的提升这些成本将会有大幅度下降，而由通信设备、线圈、控制芯片和 MOS 管等构成的材料成本则下降不多。据预测电动汽车无线充电量产后价格将会高于车载充电机 2 倍左右，但带来的方便性是不言而喻的。用户停车后即可自动充电，特别适合于汽车租赁公司。客户需要用车时直接刷卡取车，用完后驶入空闲的停车位直接刷卡还车，车辆在这种设立了无线充电设备的停车位即可实现自动充电，整个过程无需人员看管，大大降低了人员看管维护的成本。

电动汽车无线充电另外一个问题是行业标准的缺失。目前国际上无线充电电磁辐射标准主要参照国际非电离辐射防护委员会 ICNIRP 的导则，要求电磁辐射量小于 100μT，而针对无线充电的标准还没有。因为标准的缺失，使产品的设计试验缺乏依据，这也是造成目前市场上无线充电设备不成熟的原因之一。不过有信息表明，美国汽车工程师协会正在主导 SAEJ2954 无线充电标准的编制，国内无线充电标准编制工作也已启动，相信不久的将来这类标准便会发布。

无线充电的效率和距离是紧密相关的，随着接收与发射两线圈间距离的增大，能量传输效率会逐渐降低。现阶段只有两线圈在有效距离范围内（20cm±5cm），充电设备的效率才能达到 90%。电动汽车无线充电装置的线圈距离增大会导致传输效率降低，同时线圈发热量会增加，进而影响转换效率和产品寿命。为避免线圈发热量过大，需要采取技术措施控制线圈间的距离。电动汽车无线充电装置的功率和线圈尺寸是一对成对应关系的指标，功率越大，线圈尺寸也越大。

电动汽车无线充电装置是以磁场能方式传输能量的，需考虑电磁辐射对人体健康的影响。由于电动汽车金属车壳的屏蔽作用，车内磁场强度是很小的，车外磁场强度很大，但随着距离的增加会迅速衰减，这意味着离开一定距离后辐射的影响就可以忽略不计，目前需要组织试验和官方数据。

5.5.3 无线充电技术的未来

世界著名的两大德国汽车公司——奔驰公司和宝马公司曾宣布合作研发无限充电技术，奔驰公司将基于全新 S 级车进行测试，而宝马公司则计划率先应用在 i8 插电式混合动力汽车上。宝马 i8 插电式四轮驱动混合动力汽车，电机最大功率为 96kW，最大转矩为 250N·m，在纯电动模式下行驶最大续驶里程达 35km。该无线充电设备目前的充电功率为 3.6kW，可在 2h 内将动力电池充满电。该公司计划未来对线圈进一步改造，使其输出功率达 70kW，彻底解决充电慢的问题。

未来无线充电系统可分为四个部分：电源、充电板、接收板和系统控制器，有静态、半动态、动态三种应用场景。

静态充电：安装在家用停车位或者社会停车位，停车即充电。可通过云端大数据获取车位信息。静态充电技术已经很成熟，在欧美国家已经投入使用。

半动态充电：例如在路口等待红绿灯，或出租车排队候客时，可以充分利用等待时间给电动车补充电能。

动态充电：这是我们的终极目标，边开边充，永远无需担心电池电量问题。

无线充电技术彻底解决了原始电网用线连接、车位占地面积大以及人工操作繁琐等诸多弊端，随着时间的推移，无线充电相关技术的完善，无线充电不可比拟的优势将凸显出来，必将为电动汽车充电带来革命性的发展。未来汽车将会实现无线供电，让人们感受不到充电问题的存在，车与电的关系就像人与氧气的关系一样随用随有。

5.6 充电口国标及充电基础设施

在 GB/T 20234.3—2011 中规定了两种传导式充电接口：一种是为装配车载充电机提供交流电的慢充接口；另一种是为电动汽车动力电池提供直流电的快充接口。

5.6.1 交流慢充接口

交流充电接口如图 5-15 所示。

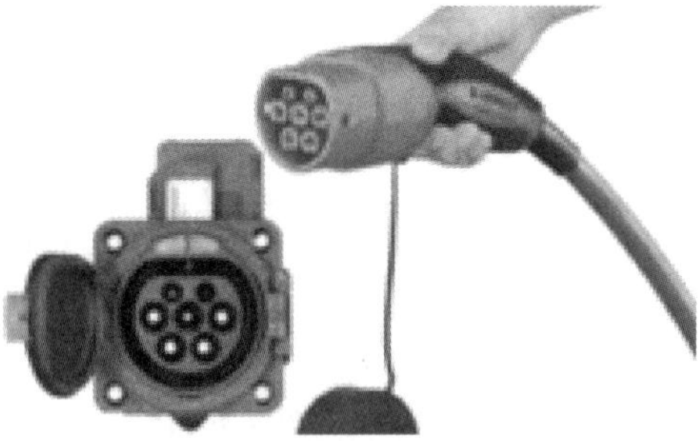

图 5-15 交流充电接口

电动汽车交流慢充接口分为插头和插座两部分，包含 7 对触头，其布置方式如图 5-16 和图 5-17 所示，各触头电气参数及功能见表 5-1。

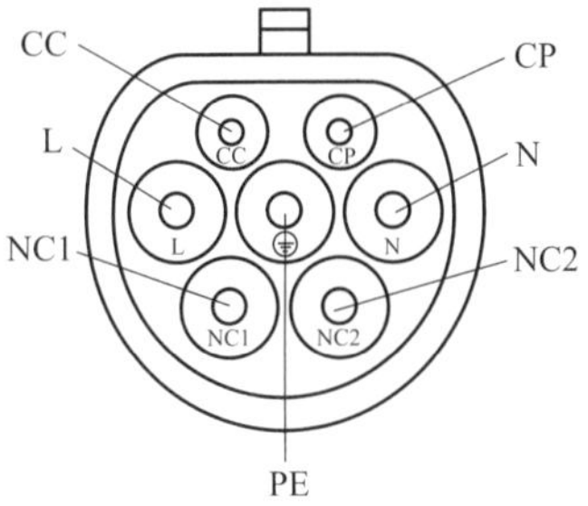

图 5-16 交流充电插头触头布置

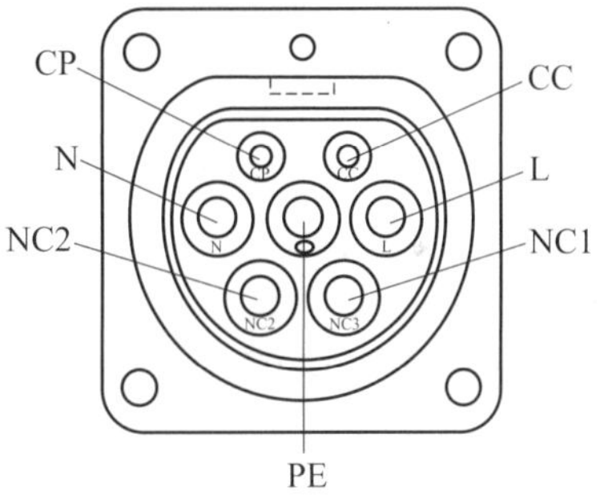

图 5-17 交流充电插座触头布置

电动汽车交流慢充系统与快充系统相比其工作电压和电流较小，对于充电插头和插座国标要求也较低，其额定工作电压为交流电 250V 和 440V，工作电流为 16A 和 32A。交流充电插头和插座的另外一个特点是体积小且成本较低。

表 5-1 电动汽车交流慢充触头电气参数及功能

触头编号/标识	额定电压/V	额定电流/A	功能定义
1/L	250/440	16/32	交流电源
2/NC1			备用触头
3/NC2			备用触头

续表

触头编号/标识	额定电压/V	额定电流/A	功能定义
4/N	250/440	16/32	中线
5/PE			保护搭铁
6/CC	30	2	充电线连接确认
7CP	30	2	控制确认

与交流充电接口匹配的是交流充电桩，该充电方式可以充分利用夜间休息时间和夜间低谷电能来为电动汽车充电，是电动汽车的主要充电方式，能满足大部分用户的出行需要，可以在小区停车位、车库及购物中心、机关企事业单位等公共停车场大量设置。其界面操作简单、可实现刷卡付费，如图 5-18 所示。

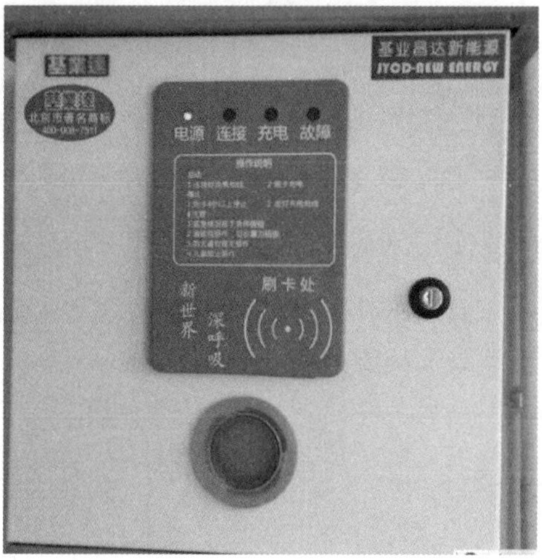

图 5-18 交流充电桩

5.6.2 直流快充接口

直流充电接口如图 5-19 所示。

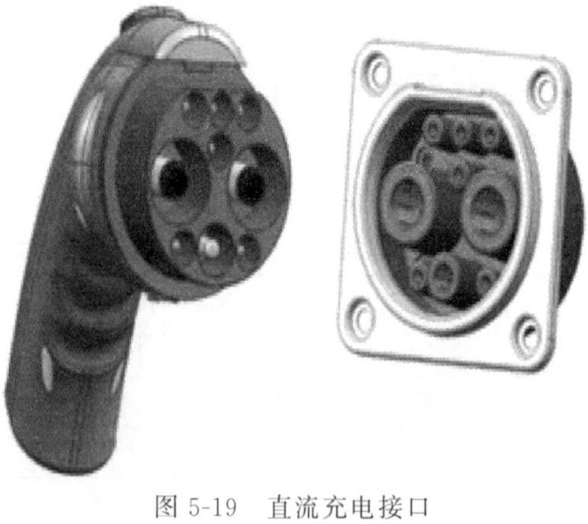

图 5-19 直流充电接口

电动汽车的直流快充接口分为插头和插座两部分，包含9对触头，其布置方式如图5-20和图5-21所示，各触头电气参数及功能见表5-2。

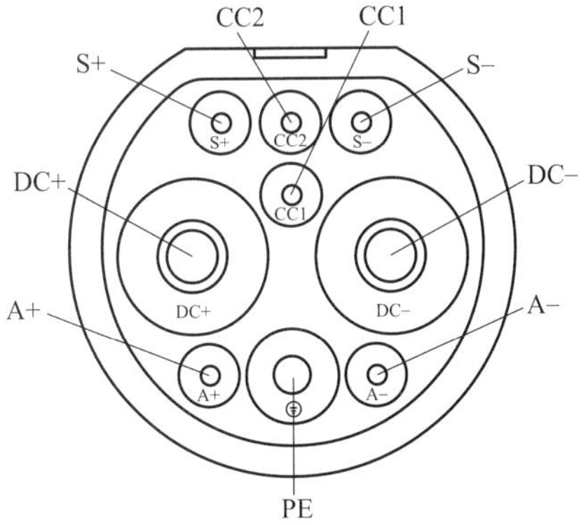

图5-20 直流充电插头触头布置

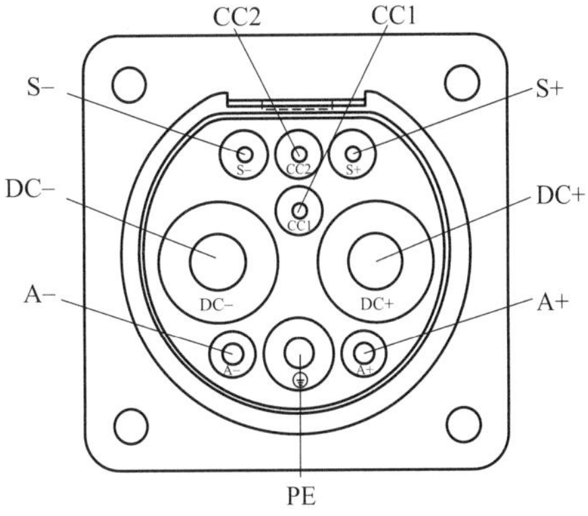

图5-21 直流充电插座触头布置

电动汽车直流快充系统与交流慢充系统相比其工作电压高，工作电流大，对于充电插头和充电插座国标要求也较高，其额定工作电压在GB/T 20234.3—2011中规定不超过750V，额定工作电流为125A和250A两种。直流充电插头和插座的另外一个特点是体积大且成本高。

表5-2 电动汽车直流快充触头电气参数及功能

触头编号/标识	额定电压/V	额定电流/A	功能定义
1/DC+	750	125/250	直流电源+，连接电源+与电池+
2/DC−	750	125/250	直流电源−，连接电源−与电池−
3/PE			保护搭铁
4/S+	30	2	充电通信CAN-H
5/S−	30	2	充电通信CAN-L
6/CC1	30	2	充电连接确认1
7/CC2	30	2	充电连接确认2
8/A+	30	20	低压辅助电源+，连接非车载充电机为充电车辆提供低压辅助电源
9/A−	30	20	低压辅助电源−，连接非车载充电机为充电车辆提供低压辅助电源

注：非车载充电机控制装置与车辆控制装置应有CAN总线控制电阻，建议为120Ω，通信线采用屏蔽双绞线，在充电机端屏蔽层接地。

电动车辆充电接口插头和插座在连接过程中触头耦合的顺序为保护接地、充电直流电源正极、充电直流电源负极、充电连接确认、低压辅助电源正极、低压辅助电源负极、充电通信与供电段连接确认，在脱开过程时则顺序相反，充电通信与供电段连接确认、低压辅助电源正极、低压辅助电源负极、充电连接确认、充电直流电源正极、充电直流电源负极、保护接地。直流充电接口的连接界面如图5-22所示。

与直流充电接口匹配的是直流充电桩，用于公共场所的分体式充电桩带刷卡、计量、打印和上传信号等功能，主要在路边充电站、停车场等公共场所对电动汽车充电。直流充电桩由充电机和壳体立桩两部分组成，适用于锂离子电池和铅酸电池充电，如图5-23所示。

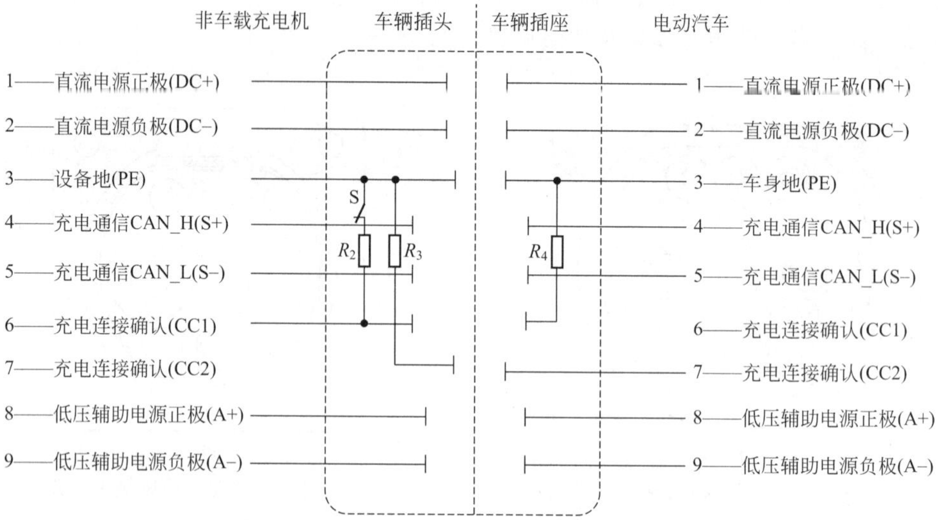

图 5-22　直流充电接口的连接界面

充电桩采用交流 380V 三相输入，直流输出，充电机可以通过 BMS 自动对车载电池充电，也可以手动充电，触摸屏设有手动充电方式。在自动充电方式中，充电桩可以根据电池提供的数据动态调整充电参数，输出相应的电流和电压，完成充电过程。充电桩采用分立安装，充电机放置在充电机箱内，充电桩落地安装，外形美观，操作方便。人机界面为 7 寸真彩触摸屏，可以设定充电方式、计量方式、查看充电状态并记录充电数据。充电桩采用刷卡操作，刷卡充电和刷卡结束操作两次。计量可选择时间差别电费，用户可在触摸屏设定。充值卡由刷卡管理系统充值。充电桩可在结束充电时打印数据。直流充电桩工作界面如图 5-24 所示。

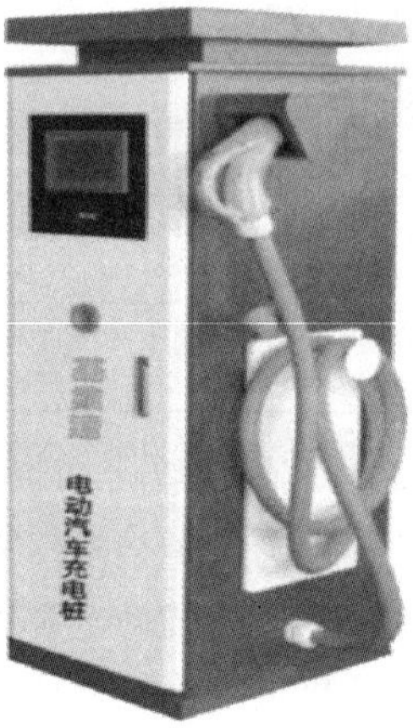

图 5-23　直流充电桩

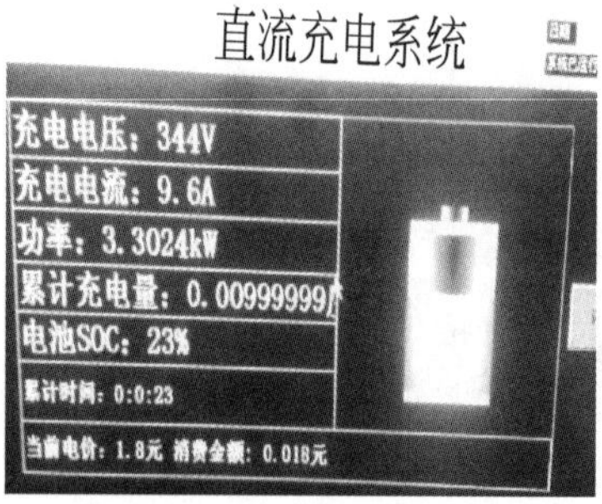

图 5-24　直流充电桩工作界面

充电桩提供国标充电插座，可满足国内全部车型充电。对车载充电机采用 CAN 通信，满足 CC、CP 充电通信检测，电池充满后自动停机。充电桩提供 485 网络接口，可以在上位机统一管理。这种直流充电方式操作相对交流充电复杂，可由专业人员操作或协助用户操作完成。

5.6.3 基础设施

发展清洁能源，发展电动汽车，实现石油替代，是目前我国的国家战略。电动汽车发展面临的主要问题之一就是基础充电设施标准化，也就是每一辆电动汽车在任何一个充电桩或充电站都能实现充电。要实现充电的互联互通首先是实现不同运营商之间的充电兼容；其次是不同运营商之间数据的互联互通和共享，为用户充电服务提供保障；再次就是交易的互联互通，不同运营商实现统一结算，为电动汽车用户提供便捷服务。实现电动汽车充电的互联互通需要建立统一的充电接口和通信协议标准，这方面已经出台了国标 GB/T 20234.3—2011，但还需要宣贯、解读和落实；还需要建立数据的交互平台进行数据的互联互通，为电动汽车用户出行提供运营商、充电基础设施的位置、类型和电流、电压参数。利用现有的金融体系实现交易的互联互通，即解决充电付费的问题。

电动汽车和智能电网的融合，充电设施是两者之间的桥梁。电动汽车具有用电负荷和储能装置两种特性，还可以参与电网的负荷调度，最大限度地促进再生能源的消耗和利用。合理控制电动汽车的充、放电，建立家庭用电高峰时段的复合供电，同时还可以让电动汽车提供家庭用电的应急情况下的电力供给。

5.7 高低电压转换器 DC/DC

自从确立了汽车能源多样化、汽车驱动电气化的发展方向以来，我国大力发展燃料电池汽车、混合动力汽车和纯电动汽车等环保汽车并取得了令人瞩目的成绩，通过整车集成配套技术的研发实现了与传统汽车的技术对接。高低压转换设备是电动汽车辅助电源系统的主要供电设备，相当于传统燃油汽车的发电机，向除驱动电机之外的所有用电设备供电，同时向辅助（小）蓄电池充电，其效率远高于发电机，且输出稳定、体积和质量小。电动汽车电源转换可分为 DC/DC（直流/直流）和 DC/AC（直流/交流）两大类，在电动汽车中主要运用的是 DC/DC 转换器，有升压、降压和双向（升-降）三种形式，是实现电气系统高低电压变换的重要设备。其主要作用是，实现电动车辆动力高压电源电压和普通电气系统低压电源电压转换；给所有的低压电气设备供电；给低压蓄电池充电。

5.7.1 电动汽车对转换器 DC/DC 的技术要求

① 高低电压转换器 DC/DC 的转换效率要高，最低应在 85%以上，且电压波动要小于 150mV。

② 高低电压转换器 DC/DC 要具备过温、过电压或欠电压保护功能。

③ 高低电压转换器 DC/DC 要具备过电流、低压端正极和负极反接及漏电保护等功能。

④ 能使转换器的输入电源与输出之间实现电气隔离，提高转换器运行的安全可靠性和电磁兼容性。

⑤ 高低电压转换器 DC/DC 要至少达到防水等级 IP55 标准，符合 GB/T 24347—2009 电动汽车 DC/DC 转换器的相关技术要求。

5.7.2 电动汽车用隔离直流转换器的种类

(1) 反激式转换器　开关管导通时电源将电能转换为磁场能储存在电感中，当开关管阻断时将磁场能转变为电能输出。反激式转换器的电路原理如图 5-25 所示。反激式转换器在输出工作电流连续的状态下，其输出电压 U_0 为

$$U_0=\frac{N_2}{N_1}\times\frac{D}{1-D}U_d$$

式中 U_0——输出电压；

U_d——输入电压；

N_1——初级线圈；

N_2——次级线圈；

D——占空比。

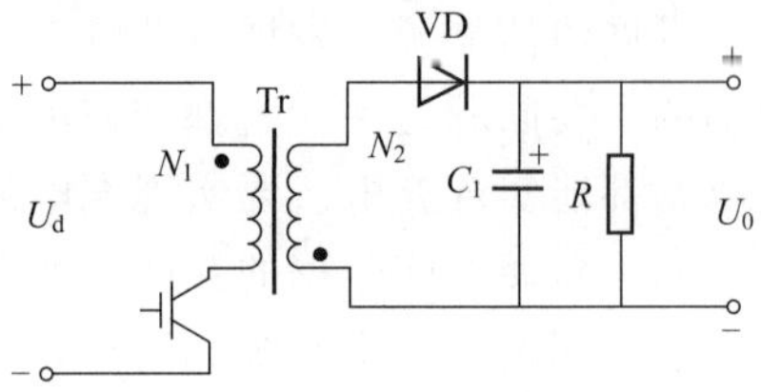

图 5-25 反激式转换器的电路原理

一般情况下，反激式转换器的工作电压占空比 D 要小于 0.5。

(2) 正激式转换器 开关管导通时电源将能量直接传送至输出负载，其电路原理和工作波形如图 5-26 和图 5-27 所示。

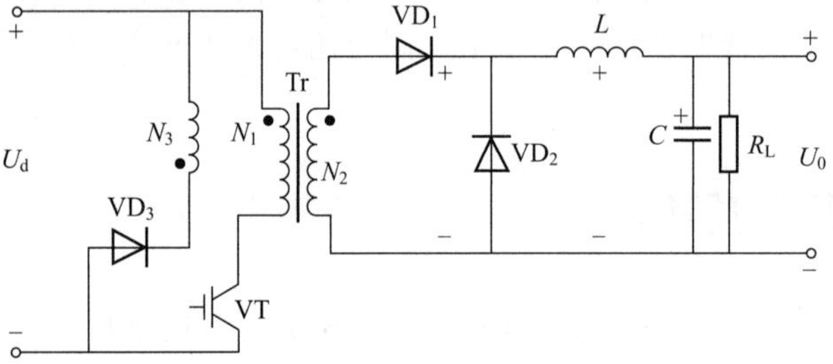

图 5-26 正激式转换器的电路原理

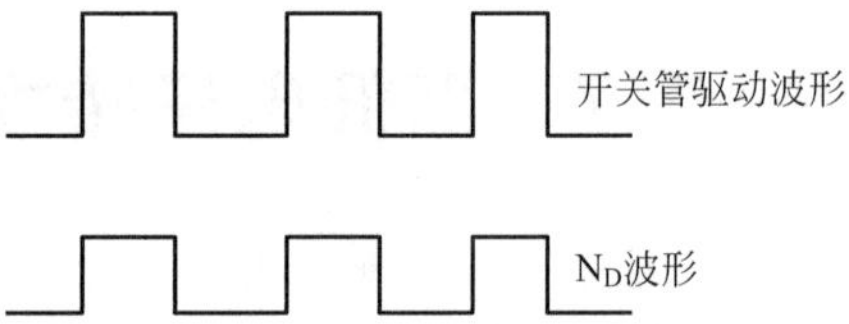

图 5-27 正激式转换器的工作波形

正激式转换器的输出电压为

$$U_0=\frac{N_2}{N_1}DU_d$$

式中 U_0——输出电压；

U_d——输入电压；

N_1——初级线圈；

N_2——次级线圈；

D——占空比。

该电路占空比不能超过 0.5。

(3) 推挽式转换器 属于正激式转换器的一种形式，其电路原理如图 5-28 所示。

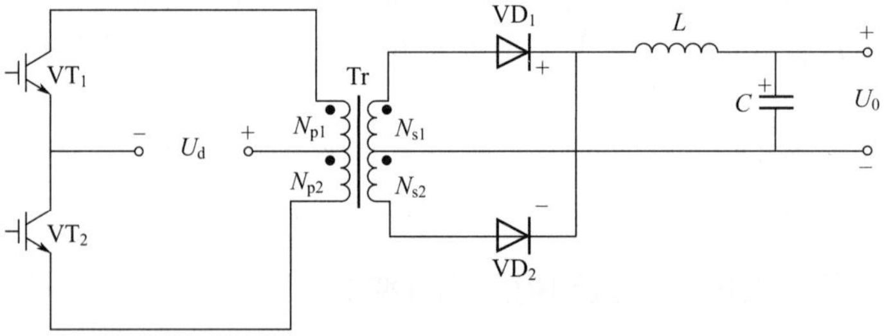

图 5-28 推挽式转换器的电路原理

5.7.3 高低电压转换器 DC/DC 的结构与原理

（1）高低电压转换器 DC/DC 的基本组成　高低电压转换器 DC/DC 主要由滤波器、逆变电路、输出高频整流滤波、输出二级滤波、CPU 控制系统等组成。其原理框图如图 5-29 所示。其中输入滤波器对电磁兼容有很大的作用，可有效抑制传导的干扰。高频整流滤波和二级滤波共同起作用使电源的输出纹波大大降低。CPU 控制系统用于控制在各种负载变换情况下的稳定输出。

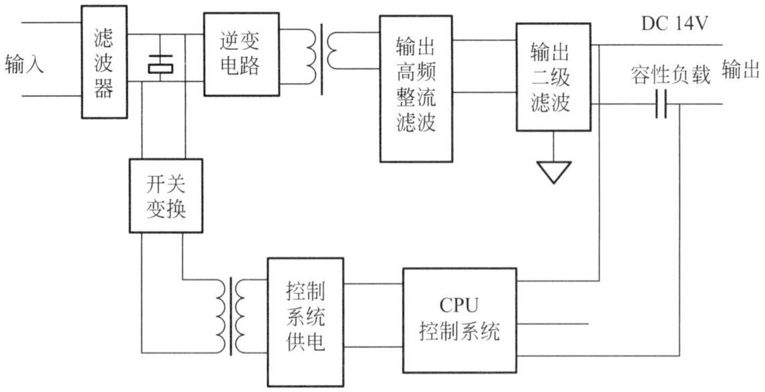

图 5-29　DC/DC 变换控制电路原理框图

（2）高低电压转换器 DC/DC 的控制原理　当打开上电（点火）开关或低压电池管理系统检测到低压辅助电池的电压低于某一设定值时，向高低电压转换器 DC/DC 的 CPU 提供信号，使转换器开始工作。由动力电池组提供电能为车辆除驱动系统之外的所有用电设备供电，同时为辅助低压电池充电。控制原理如图 5-30 所示。

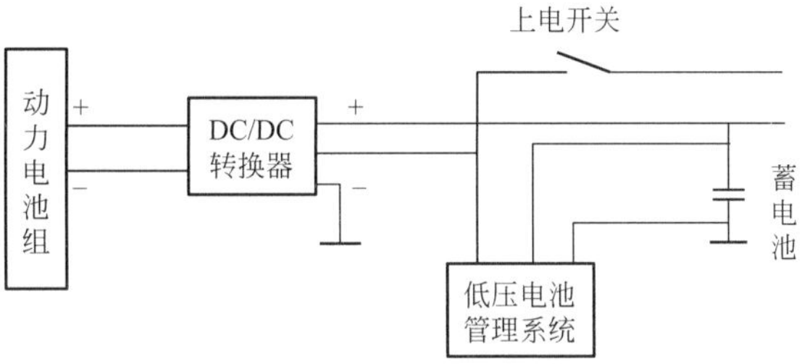

图 5-30　DC/DC 转换器控制原理

（3）高低电压转换器 DC/DC 的工作电压　以某款纯电动车为例，其设计动力电池（磷酸铁锂电池）标称电压为 320V，单体电池电压下限为 2.5V、上限为 3.65V，整个动力电池组电压下限为 250V、上限为 365V。由此可见高低电压转换器 DC/DC 的输入电压范围应至少在 250～365V 之间。

（4）高低电压转换器 DC/DC 功率的选择　为使整车的用电系统达到平衡，选择高低电压转换器 DC/DC 时应根据该车所有电气设备功率计算负载电流 I_f，从而来确定额定输出电流。

① 整车所有电气设备负载功率的计算　根据纯电动汽车整车用电设备不同的工作特性，

将用电设备分为长期导通、连续导通、短期导通三种状况，分别赋予不同的权值进行功率计算（表 5-3～表 5-5），进而计算负载电流。

表 5-3 长期接通的电气部件功率

电气部件名称	实际功率值/W	权值	计算功率值/W
仪表信息显示	32	1.0	32
辅助电池充电	60	1.0	60
电动水泵	50	1.0	50
合计 P_{W1}			142

表 5-4 连续接通的电气部件功率

电气部件名称	实际功率值/W	权值	计算功率值/W
前照灯	110	0.5	55
鼓风机	300	0.5	150
冷却风扇	270	0.3	81
刮水电机	120	0.5	60
车载影音系统	60	0.5	30
电动真空泵	30	0.5	15
电动转向器	180	0.3	54
合计 P_{W2}			445

表 5-5 短期接通的电气部件功率

电气部件名称	实际功率值/W	权值	计算功率值/W
电喇叭	48	0.1	4.8
转向灯	94	0.1	9.4
制动灯	21×2	0.1	4.2
倒车灯	21	0.1	2.1
前雾灯	110	0.1	11
后雾灯	21	0.1	2.1
顶灯	15	0.1	1.5
玻璃升降器	75×4	0.1	30
中控门锁	180	0.1	18
制动 ABS	300	0.1	30
点烟器	120	0.1	12
后视镜调节电机	30	0.1	3
备用电源	120	0.1	12
合计 P_{W3}			140.1

整车计算的功率值为

$$P_{总}=P_{W1}+P_{W2}+P_{W3}=142+445+140.1=727.1\text{W}$$

整车所有的负载电流为

$$I_f=P_{总}/U=727.1/12=60.59\text{A}$$

② 功率选择 为了保证该电动汽车的整车实际用电与蓄电池的充放电平衡，DC/DC 转换器的容量应大于整车电气设备功率计算的负荷，一般按 1.1～1.2 倍计算。在此按 1.2 倍计算初步选定该款电动车用 DC/DC 转换器的规格为 14.4V/72.7A，功率为 14.4V/1054W，最终确定高低电压转换器 DC/DC 的规格为 14.4V/1100W。

第6章 高压系统及安全防护

电动汽车与传统燃油汽车相比，其具有高电压、大电流的动力电路而燃油汽车没有，这就要求电动汽车除满足传统汽车安全要求外还需满足高压电的特殊安全要求，必须保证运行过程中驾乘人员和发生事故时的高压电安全。

6.1 电动汽车高压电气系统

6.1.1 高压系统简介

电动汽车动力电池组输出的高压直流电通过电机控制器控制驱动电机工作，再通过变速装置使车辆前进或后退。动力电池组的高压电还可通过直流电压转换器DC/DC将高压电转换成车辆电气系统使用的12V或24V低压电，供车辆普通电气设备使用。电动汽车的高压系统包括充电部分、动力电池储能部分、控制管理部分、高压用电设备及控制器、高压线路及组件等。本章主要讲解高压线路及组件部分，如图6-1所示，其余部分在其他章节有详细的介绍。

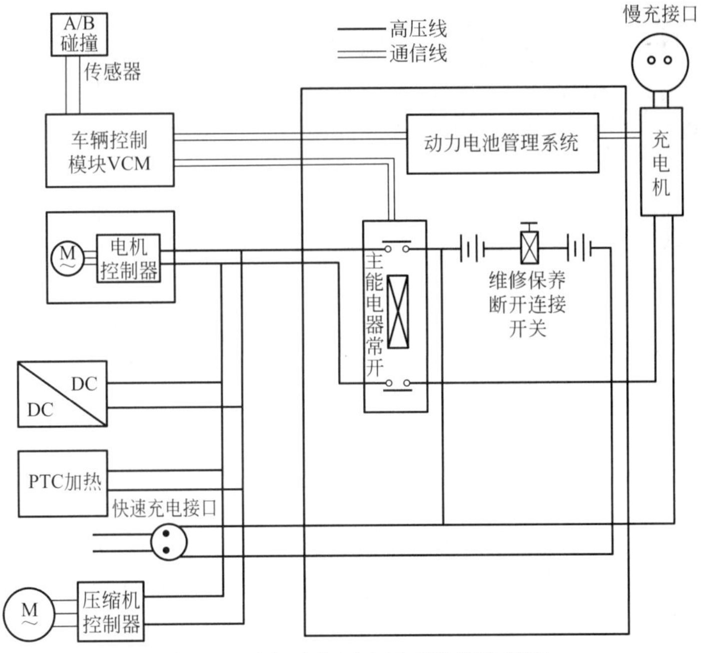

图6-1 纯电动车辆高压系统线路框图

由图 6-1 中可知，电动汽车高压系统线路由五大部分组成：动力电池及管理系统、快速和慢速充电系统、车辆管理控制系统、高压用电设备及控制连接导线、维修保养断开连接开关。

6.1.2 动力电池及管理系统

动力电池组是电动汽车动力系统中的储能元件，一般由单只电池串、并联组装而成。为准确评估电动车辆中动力电池组的荷电状态（SOC）、温度等参数，准确有效地显示车辆的剩余电量和续驶里程，并延长动力电池的使用寿命，对电动车辆的动力电池必须采用电池管理系统。目前多数电池管理系统采用单核控制器估算电池剩余电量。

电池管理系统作为动力电池组的控制器，应能够实时检测电池组内电池的参数并评估其荷电状态，为驾驶员提供剩余电量、续驶里程等信息，能防止蓄电池过充电、过放电、过电压、过电流、过高温等情况的发生，其性能的优劣直接决定着动力电池组的使用寿命。一个良好的电池管理系统能够在充分发挥电池性能的同时给予电池最佳的保护，延长电池组的使用寿命，保证电池的性能，降低电动汽车的运行成本。

6.1.3 快速和慢速充电系统

电动汽车的充电按充电电流的类型分为直流快速充电和交流慢速充电两大类；按充电机与车辆的关系分为车载充电机充电和非车载充电机充电。非车载的充电机一般称为交流或直流充电桩。

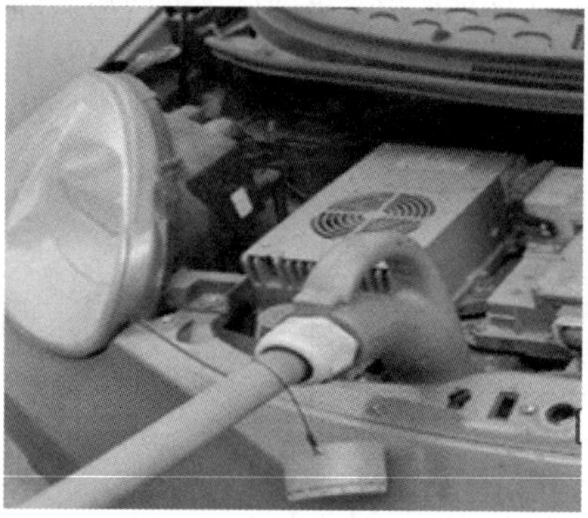

图 6-2 快速充电

（1）非车载充电机快速充电　由车辆动力电池组正、负极两端连接出两根直流高压电缆，连接至车辆快速充电接口（车辆不同快速充电接口的位置设计有所不同），如图 6-2 所示。将直流快速充电枪插入该接口中，电动车辆充电接口插头和插座在连接过程中触头耦合按保护接地→充电直流电源正极→充电直流电源负极→充电连接确认→低压辅助电源正极→低压辅助电源负极→充电通信与供电段连接，直至在非车载充电机的显示屏上显示连接完成，刷卡后按下充电机上的红色按钮，即可开启直流充电机为车辆动力电池充电。快速充电时间短，一般在 10～30min 内即可充满电池电量的 80%。

直流快速充电机充电电压一般在 200～600V 之间，远超人体的安全电压，有较高的危险性，其充电枪的操作方式与加油站加注燃油枪类似，应由专业人员操作或由专业人员协助用户完成充电，不宜由电动汽车用户自行进行充电操作，以防在充电操作过程中发生触电、严重过充等情况。

（2）车载充电机慢速充电　电动汽车在多数情况下是使用车载充电机进行慢速充电，一般使用家庭 16A 或 25A 较大电流量的插座。一般充电时间在 6～10h 之间，依车载充电机的功率而定，可以充分利用夜间休息时间和夜间低谷电能来为电动汽车充电，这是电动汽车的主要充电方式，能满足大部分用户的出行需要。也可以使用安装在小区公共停车位及购物中心、机关企事业单位等公共停车场或路边临时停车位设置的交流充电桩进行刷卡充电。车载充电机慢速充电方式可由用户自行操作完成。

6.1.4 车辆管理控制系统

车辆管理控制系统（VMS）又称整车控制系统，是电动汽车最高层的核心控制单元，负责解析驾驶员的操作意图，并通过复杂的逻辑运算协调控制下层的驱动系统，动力电池管理系统和高、低压附件的动作，并保护车辆和驾乘人员安全，控制车辆正常行驶。

（1）整车控制模块位置及功能　整车控制模块的安装位置在驾驶员侧的前机舱内，其控制目标是提高经济性、优化舒适性、改善动力性和确保安全性。整车控制系统的控制功能包括数据交换管理、电气启停控制、驾驶员意图解析、系统能量管理、制动能量回收、车辆状态监控、车辆温度调节、高压安全保护和故障诊断九项内容。

（2）整车控制低压供电和唤醒模式　电动汽车要能正常启动行驶，动力电池就必须对外供电。为了保证供电安全，整车控制系统必须在确保车辆主要高、低压部件正常工作的情况下，才会使动力电池正、负极继电器闭合，从而对外供电。整车控制器被唤醒后将对各子系统进行一系列的唤醒，检测正常之后才会使动力电池的正、负极继电器闭合而对外供电。电动汽车唤醒整车控制器的方式有四种，即上电开关模式唤醒、快充模式唤醒、慢充模式唤醒和远程模式唤醒。

① 上电开关模式唤醒　车辆低压控制器的供电途径有三种，如图 6-3 所示。

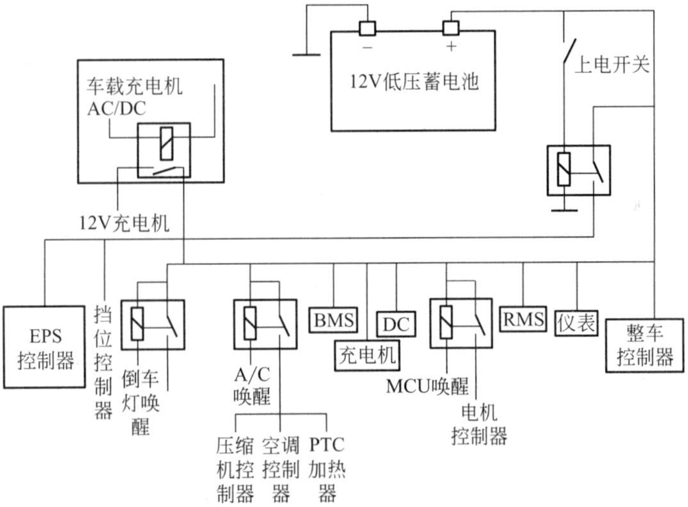

图 6-3　车辆低压控制器的供电原理

a. 由低压蓄电池直接供电，主要有整车控制器（VCU）、组合仪表（ICM）、数据采集终端（RMS）及高、低压车载转换器 DC/DC 和电池管理系统（BMS）。

b. 由 ON 挡（IG1）继电器供电，当上电开关转换到 ON 挡后，ON 挡继电器线圈被接通，从而将 12V 电压送到挡位控制器和电动助力转向控制器 EPS。

c. 由整车控制器控制低压继电器供电，当整车控制器由蓄电池直接供电后，再由整车控制器控制 A/C 继电器、驱动电机控制器和倒车灯继电器唤醒。

② 快充模式唤醒　快充模式下控制器唤醒主要有快充唤醒（直流充电桩输出）和整车控制器唤醒，如图 6-4 所示。当车辆与快速充电桩建立充电关系后，由快速充电桩送出唤醒信号给整车控制器（VCU）和数据采集终端（RMS），当整车控制器唤醒后送出唤醒信号电压给 BMS 和 DC/DC。

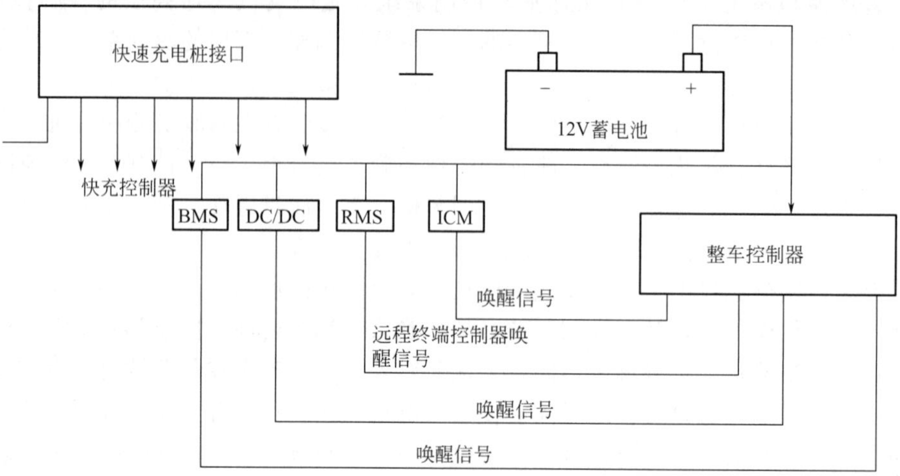

图 6-4　快充模式下控制器唤醒原理

③ 慢充模式唤醒　慢充模式下控制器的唤醒主要有慢充唤醒和整车控制器唤醒，如图 6-5 所示。当连接充电桩与车载充电机的接口后，车载充电机控制器内部继电器接通充电并送出唤醒信号，送至整车控制器和数据采集终端（RMS）。整车控制器被唤醒后将信号送给动力电池管理系统（BMS）、仪表（ICM）和 DC/DC。

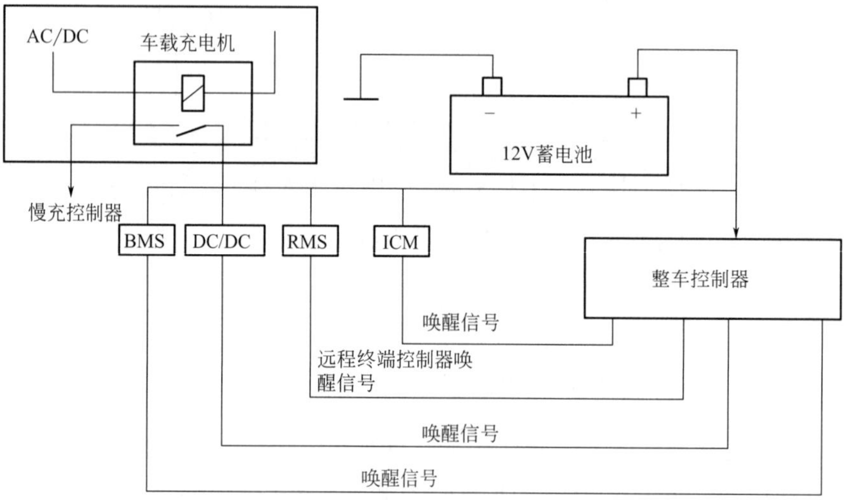

图 6-5　慢充模式下控制器唤醒原理

④ 远程模式唤醒　远程慢充模式下充电机通过 BMS 向数据总线发送报文的唤醒形式，称为远程模式唤醒。远程模式下控制器唤醒主要有远程唤醒、远程 APP 模式唤醒和整车控制器模式唤醒，如图 6-6 所示。

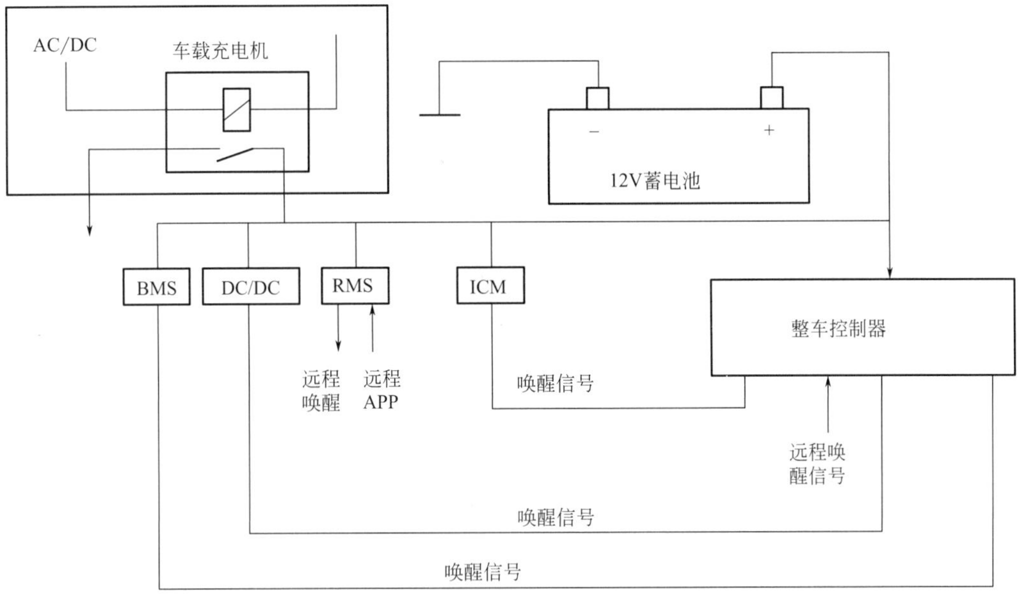

图 6-6 远程模式下控制器唤醒原理

6.1.5 高压导线及互锁保险装置

电动汽车最主要的特点是采用大容量、高倍率的动力电池和高压驱动系统，其电源及动力系统电路工作电压高达 300V 以上，有的甚至高达 600V，车载高压用电设备的工作电流从几十安到数百安不等。存在高压电的伤害隐患，完全有别于传统汽车，一旦发生触电或短路事故，后果不堪设想，如此高的电压会在极端的时间内对人体造成烧伤甚至致人死亡。因此必须对电动汽车采取以下五个方面的高压电安全防护措施。

① 对电动车辆必须通过绝缘防护、等电势、外壳 IP 防护、漏电流等措施提供电气防护，以确保用户的正常操作安全。

② 必须配置绝缘监测功能，采用漏电传感器对高压系统进行绝缘监控。

③ 在车辆使用异常时（如碰撞、断开高压连接器等）采用高压互锁回路、高压电释放（主动放电或被动放电）等措施保障人员和设备安全。

④ 在电动车辆的电路设计时，应满足电气间隙、爬电距离等安全设计要求，并具备过压、过流、短路防护等功能；维修作业重新安装高压设备或线路时，必须保障设计要求的高压线路间隙和爬电距离等安全要求。

⑤ 在车辆维修保养作业时，必须首先断开紧急维修开关进行安全防护。

6.1.6 维修保养开关

维修保养开关全称是维修保养断开连接开关，俗称维修塞，如图 6-1 和图 6-7 所示。电动汽车高压电系统电气断开部位有两处：一处是主继电器；另一处就是维修保养开关。维修保养开关一般串联在动力电池组的中间部位，是保证电动汽车高压电气安全的关键部件，是实现紧急时刻高压系统电气隔离的执行部件。

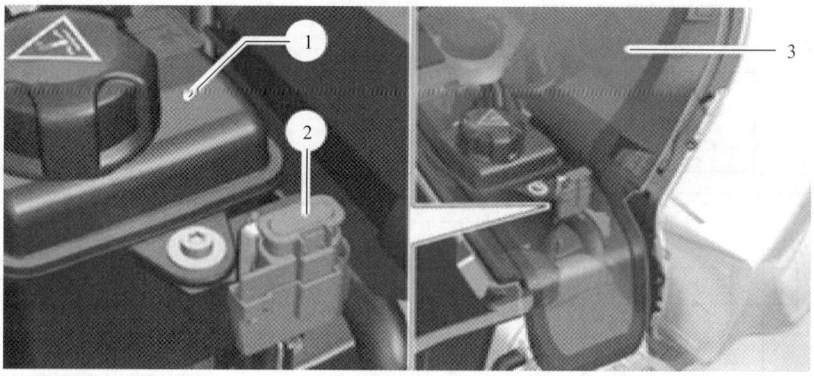

图 6-7 维修保养开关

1—加热循环回路冷却液补液罐；2—维修保养断开连接开关（维修塞）；3—盖板

6.1.7 电动汽车的高压供电原理

电动汽车高压部件主要包括动力电池、高压控制盒、驱动电机及控制器、车载充电机、空调压缩机、PTC 加热器、DC/DC 等，在这些高压部件中只有动力电池是供电部件，其他是高压用电部件。在动力电池内部的管理系统中包含多个高压检测点（V1、V2、V3）、预充电电路、负极继电器、正极继电器、电流传感器、手动维修开关、MSD 熔断器和绝缘检测电路等。

高压检测点的位置和作用：高压检测点 V1 位于高压总正和总负继电器内侧，测量动力电池总电压，用于判断 MSD 是否短路；高压检测点 V2 一点位于总负继电器外侧，另一点位于预充电阻和预充继电器之间，用于判断预充继电器是否粘连、负极继电器是否断路、预充电阻是否短路、预充继电器是否断路；高压检测点 V3 位于动力电池直流母线输出两端，用于判断正极继电器是否粘连。

预充电电路的作用是为了防止在高压接触器闭合瞬间形成强电流，和高压电对动力电机驱动系统中的高压部件形成冲击，使接通高压电路瞬间造成器件的损坏。预充电电路通过整车控制器在供电过程中控制相应的高压接触器的通断时序，以达到对高压系统安全供电的目的。

高压接触器的控制顺序是在整车控制器控制负极接触器接通后，再由 BMS 控制预充电继电器闭合，当预充电结束后再由 BMS 控制正极接触器闭合，同时预充电继电器断开形成动力电池高压供电。

6.2 高压互锁回路

电动汽车一个重要的特点就是车内装有保证足够动力性能的高压系统，以及大量的高压部件，因此存在高压电的伤害隐患，这完全有别于传统汽车。在 ISO 6469—3：2001《电动汽车安全技术规范》的第 3 部分“人员电气伤害防护中”规定电动汽车上的高压部件应有高压互锁装置。高压互锁也就是危险电压互锁回路，是指通过电气小信号来检查整个高压产品、导线、连接器以及护盖的电气完整性或连续性，当识别到有回路异常时及时断开高压电。

高压互锁回路示意图如图 6-8 所示。当车辆发生碰撞事故时，碰撞传感器发出碰撞信号，触发控制器 HVIL 的断电信号，控制器 HVIL 使整车高压电源在毫秒级的时间内断开，以保障驾乘人员和车辆安全。

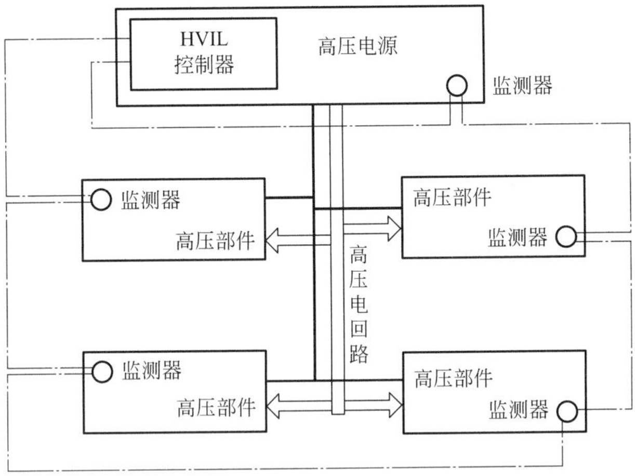

图 6-8 高压互锁回路示意图

6.2.1 高压互锁回路的组成

高压互锁回路由高压互锁信号线路、互锁监测器和自动断路器三部分组成。

（1）高压互锁信号线路 也称动力母线，由两部分组成。

图 6-8 中粗实线部分用于检测高压供电回路的完整性，与高压电源线并联，一并接在所有的高压连接器端（图 6-9），与高压连接器内的监测器连接，将所有的连接器串联起来构成一个完整的回路。一般利用高压线上的屏蔽网使整个系统变得简单和可靠。为高压电池控制器提供连接器完全连接导通的信号，控制器收到此信号才允许接通高压电源。高压连接器上的监测器是利用压接方法，在连接器自锁结构上增加电气连接，作为自锁回路短接信号。当断开高压连接器时，其信号线（动力母线）也随之断开，高压互锁 HVIL 回路就会触发高压断电信号，以保障用户的操作安全。

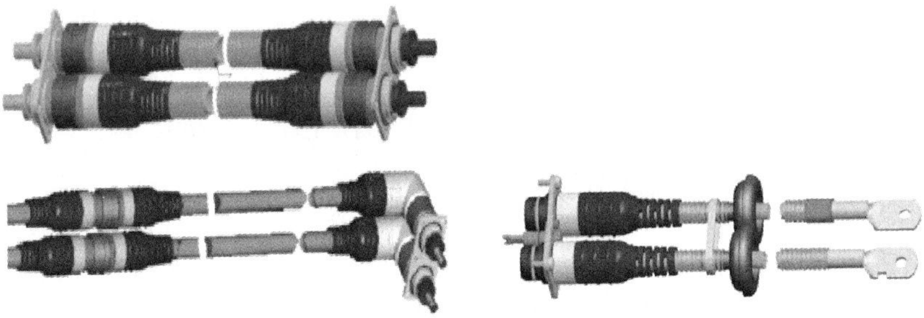

图 6-9 高压线及连接器

图 6-8 中的点划线部分是用来监测所有高压部件端保护盖是否非正常开启的，利用信号线将所有高压部件上的监测器（图 6-10）全部串联起来，组成另外一条监测信号回路，为

电池控制器提供高压设备部件端监测器完全连接导通的信号，与线路连接器的信号一样，控制器收到此信号才允许接通高压电源。

（2）互锁监测器　分为两类：一类是监测高压连接器的连接是否可靠；另一类是监测高压部件的保护盖是否开启。

① 高压连接器监测器　监测器与连接器设计在一起，为一体式结构。监测器利用高压导线的屏蔽网作为信号导线（图 6-11）。

图 6-10　高压部件开盖监测器

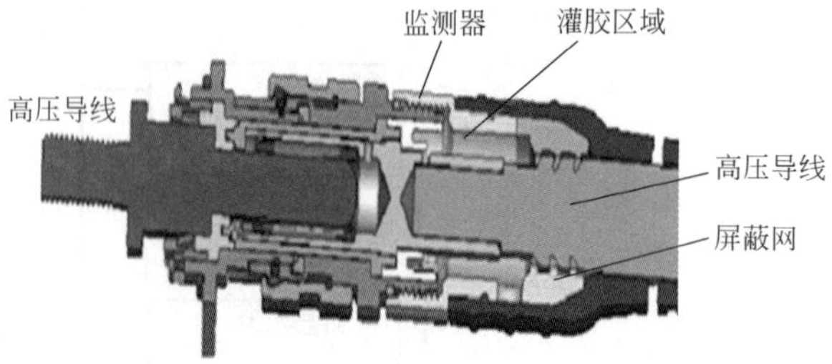

图 6-11　高压连接件

② 高压部件开盖监测器　结构类似于连接器，一端安装在高压部件的保护盖上，另一端安装在高压部件的主体内部，当保护盖开启时监测器也断开，高压互锁回路信号中断。通常设置监测器的高压部件有驱动电机控制器、高低电压转换器、高压配电箱、车载充电机、空调压缩机控制器、高压动力电池管理器等。

（3）自动断路器　又称接触器，为互锁系统切断高压源的执行元件。在高压互锁系统识别到危险情况时，能正确及时断开高压电源是非常关键的，所以设置自动断路器格外重要。自动断路器的使用应遵守以下原则。

① 自动断路器的安装位置应在动力电池（高压电源）附近，以减少断电后继续蓄能的电路。

② 自动断路器的初始状态应是常开的，需要控制器给予安全信号才能闭合，以避免高压线路误接通。

③ 复位自动断路器应要求作业人员附加额外的信号，确认高压危险情况已消除后方能复位。

④ 自动断路器应具有自诊断能力，将其内部的故障检测出来并予以显示或报警。

⑤ 自动断路器即使在系统出现供电电压过低的情况下也应能正常工作。

⑥ 在车辆行驶过程中自动断路器不能强行断电，使全车陷入瘫痪状态。

6.2.2 高压互锁系统的控制策略

高压互锁系统在识别到危险时，整个控制器应根据危险时的行车状态和故障危险程度执行合理的安全控制策略。高压互锁系统的控制策略分为以下三级。

一级是故障报警。无论电动汽车处于何种状态，高压互锁系统在识别到危险时，控制器立即通过仪表或指示器以声光报警的形式提醒驾驶员，高压系统出现异常状况需及时处理，以避免发生安全事故。

二级是降低功率运行。电动汽车在高速行驶过程中，高压互锁系统在识别到危险情况时，不能立即切断高压电源，而是控制系统降低驱动电机的运行功率使车辆的速度降下来，使整个高压系统在较小的负荷工况下运行，尽量降低发生高压危险的可能性，同时也允许驾驶员将车辆行驶到安全的地方或附近的维修点处理。

三级是切断高压电源。当车辆处于停驶状态时，高压互锁系统识别到危险状况时，除了进行故障报警外还应通知控制器断开自动断路器，使高压电源彻底被切断，避免发生高压危险，确保人身和车辆安全。

6.2.3 高压互锁系统的控制原理及实施过程

为避免电动汽车在碰撞过程中发生严重的人员触电伤害，在整个 HVIL 回路中接入碰撞保护开关，发生严重车辆碰撞事故时碰撞保护开关触发，高压互锁回路控制单元（HCU）收到信号后自动切断高压互锁回路，从而保障驾乘人员的安全。高压互锁系统的控制原理如图 6-12 所示。

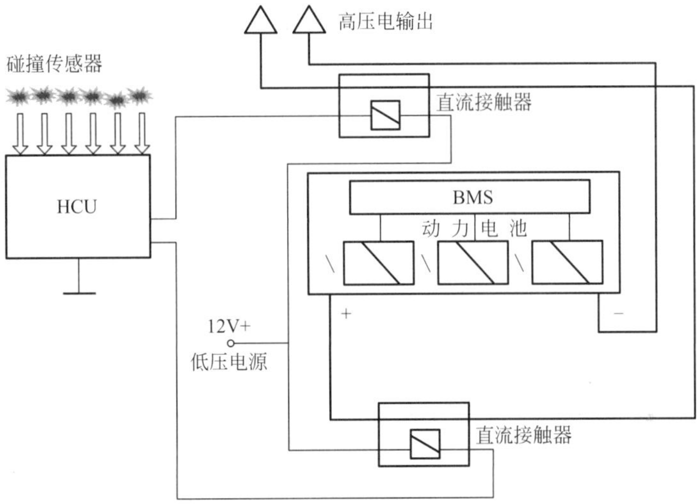

图 6-12 高压互锁系统的控制原理

（1）高压互锁 HIVL 回路的工作原理　高压互锁回路控制单元（HCU）控制两个直流接触器，当 HCU 收到任何一个碰撞传感器的碰撞触发信号后，立即切断直流接触器电路使高压电路断电，从而起到对驾乘人员的保护作用。在高压互锁系统中设置两个功能完全一样的直流接触器，其目的是无论哪一个接触器发生粘连故障，HCU 仍能控制另一个接触器断开 HIVL 回路，使电动车辆不会因为个别元器件失效出现严重的高压安全隐患，从而使高压安全隐患的风险大大降低，极大地提高了安全保障系数。

在高压互锁回路控制中，HCU 通过 0V 电压控制 HIVL 回路的接通。即 HCU 发出 HIVL 回路接通的指令后，同时将与直流接触器相连接的 I/O 端口的电压置为 0V，接触器闭合，回路接通。由于 HCU 的所有 I/O 端口均有检测和判断是否悬空的电路，因此可以及时判断接触连接器的 I/O 连接端口是悬空还是被置于 0V，从而即可判断直流接触器是处于接通状态还是处于断开状态，不存在误判情况。

（2）高压互锁 HIVL 回路的工作过程　采用某汽车公司动力电池系统额定总电压为

300V 的纯电动汽车进行研发试验，其高压互锁 HIVL 回路的工作过程如下。

① 高压互锁 HIVL 回路的上电　在控制钥匙打到上电位置的瞬间，高压互锁回路控制单元（HCU）和电池管理控制单元（BMS）启动开始自检，若自检通过且高压互锁 HIVL 回路状态正确，HCU 发出闭合继电器的指令给 BMS，至此开始了上电过程，电机控制器的电压开始逐渐上升，当电压达到动力电池额定电压的 85%时即判断上电成功，电池管理控制单元（BMS）进入工作状态，如图 6-13 和图 6-14 所示。此时主继电器、直流接触器完全闭合，此纯电动汽车上电成功。整个上电过程有的称为预充电过程，持续 3～5s。

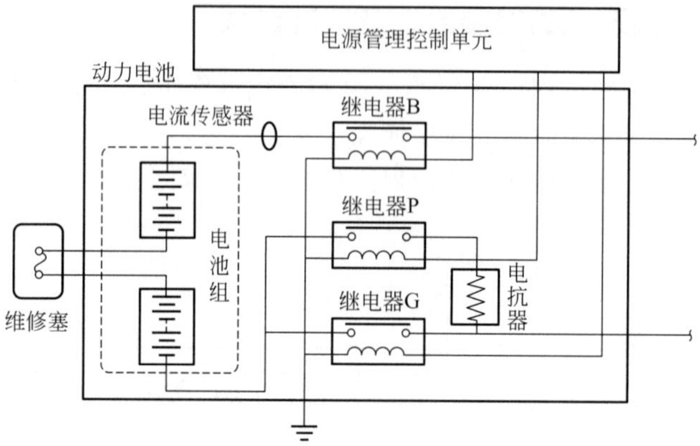

图 6-13　电源管理控制单元工作示意图

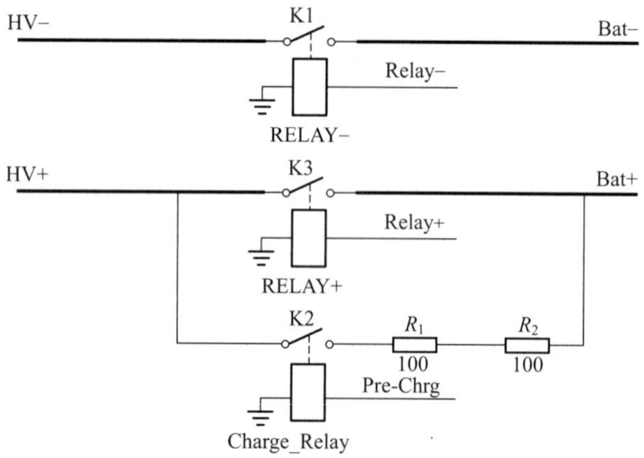

图 6-14　预充电

② 高压互锁 HIVL 回路的断电　当控制钥匙打到断开位置后，高压互锁回路控制单元 HCU 发出断开接触器的指令，同时发送高压互锁 HIVL 断开信号给 BMS，电池管理控制单元 BMS 接到断开继电器指令后，开始断电流程，电机控制器电压迅速下降到 140V 左右，然后逐渐降低至 0V，同时发送断开信号的互锁 HIVL 回路电压被置为 0V。整个断电过程持续时间略长于上电过程 5s 左右，且受高压互锁回路控制单元（HCU）和电池管理控制单元（BMS）的监控。

（3）高压互锁 HIVL 回路有断开插接件情况下的上电过程　故意将空调压缩机控制器的高压插接件断开，以模拟高压互锁 HIVL 回路故障断开情况下的上电过程。

断开空调高压插接件后，将控制钥匙打到上电位置，高压互锁回路控制单元（HCU）和电池管理控制单元（BMS）启动分别自检，HCU 自检完成后发送 HIVL 闭合信号给 BMS，待 BMS 自检完成进入等待状态后，HCU 发送闭合继电器的指令给 BMS，但 BMS 检测到高压互锁 HIVL 回路始终为断开状态，因此 BMS 不执行 HCU 的上电闭合继电器的指令，HCU 接收到 BMS 回传的高压互锁回路状态信号和 HCU 发送的高压互锁回路状态信号结果不一致，HCU 设置故障码并储存故障信息，200ms 后即发送断开继电器指令给 BMS，电池管理控制单元 BMS 下电断开继电器。

（4）碰撞开关接通情况下的断电过程　在该纯电动汽车高压互锁系统完全正常的情况下，控制钥匙打到上电位置正常上电完成后，按压 6 个碰撞传感器开关中的任意 1 个使其接通，测试在紧急情况下的高压互锁 HIVL 回路的断电过程。在按下碰撞触发开关瞬间紧急断电回路被触发，高压互锁回路控制单元（HCU）立即切断了直流接触器，高压互锁回路被强制断开。高压互锁回路控制单元（HCU）和电池管理控制单元（BMS）几乎同时检测到了高压互锁 HIVL 回路由闭合状态变成了断开状态，并发出了断开报警信号，BMS 发送了紧急断电故障信号，高压互锁回路控制单元（HCU）存储了故障码和信息。这说明在车辆行驶发生碰撞事故时，只要车辆的碰撞开关有一个被接通触发了信号，高压互锁回路在控制单元（HCU）的控制下立即切断直流接触器，高压电路即被切断，以保障车辆事故后的驾乘人员安全，防止车辆碰撞事故后人员触电事故的发生。

6.2.4 高压互锁系统的故障检修

该纯电动汽车高压互锁系统回路工作稳定，安全可靠，能够通过监控高压互锁回路状态，准确判断电动汽车高压回路的连通情况，确保驾乘人员的安全。在故障模式下的保护措施快捷有效，可靠性高，不会因为某个关键零件的失效造成整个高压回路系统的安全风险，具有良好的适应性。高压互锁系统若出现故障一般分为两种情况：一是高压互锁系统不能上电；二是高压互锁系统不能断电。因此，高压互锁系统出现故障的检修也分为两种情况进行。

（1）高压互锁系统不能上电　高压互锁回路系统若不能正常上电，则首先检查是否有高压插接件处于断开状态，其次检查高压控制单元（HCU）和电池控制单元（BMS）是否正常工作；最后检查两直流接触器是否正常工作。控制单元的检查可通过该车中控显示屏的诊断模式或车辆诊断仪的诊断模式进行查看故障，直流接触器可通过执行模式强制其执行情况查看是否有故障。在没有使用诊断模式检查之前原则上不允许拆动元件检查，而且拆动电动汽车高压电元件人员，必须有经过车辆高压系统培训并取得工作资格证者。

（2）高压互锁系统不能断电　高压互锁系统不能正常断电分为两种情况：一是控制钥匙打到断开位置时不能断电；二是碰撞开关接通时不能断电。若是控制钥匙打到断开位置时不能断电，首先需检查确认钥匙位置；其次采用诊断设备或模式检查高压互锁回路控制单元（HCU）是否发出断开接触器的指令；最后采用诊断仪的执行模式强制直流接触器断开，若仍不断开则为直流接触器粘连或线路故障，需更换直流接触器或检修线路。其操作必须是经高压电培训合格的修理工进行，以防对人员和设备造成危险。若是碰撞开关接通时不能断电，需接通另一个碰撞开关检查，以确认高压互锁系统是否正常。这种检查方式是一次性的且具有一定的破坏性，一般电动车辆在出厂时已经设置好，若未发生碰撞事故不允许对车辆单独进行该项破坏性检查。

6.3 电动汽车的用电安全

电动汽车的驾乘人员与汽车的高压电设备之间有着较近的距离，且整体又处于运动状态，不稳定因素较多，高压电对驾乘人员的安全威胁较大，必须高度重视人员的触电伤害危险和高压电的短路危险。

6.3.1 安全用电

电流对人体的伤害有电击和电伤两种：电击就是通常所说的触电；电伤就是由电流的热效应、化学效应、机械效应以及电流本身作用所造成的人体伤害。其中致人死亡的情况绝大部分是由电击造成的。电流对人体的伤害程度以工频电流为例，1mA 左右电流通过人体时，会产生麻、刺痛等感觉；10～30mA 的电流通过人体时，会产生麻痹、剧痛、痉挛、血压升高和呼吸困难等症状，但通常不会有生命危险；电流达到 50mA 以上就会引起心室颤动而有生命危险；电流达到 100mA 以上在极短时间内就会使人死亡。

电流对人体的伤害程度一般与以下因素有关：通过人体的电流强度大小；电流通过人体时间的长短；电流通过人体的部位，其中电流通过人体的脑部和心脏时最危险；通过体电流的频率，其中 40～60Hz 交流电对人体伤害最大；触电者的身体状况。

通过人体电流的大小与触电电压和人体电阻有关。不带任何防护设备，对人体各部分组织均不造成伤害的电压值，称为安全电压。国际电工委员会 IEC 规定的安全电压限定值为 50V，我国 GB/T 3805—2008《特低电压（ELV）限值》规定 12V、24V、36V 三个电压等级为安全电压。湿度大、狭窄、行动不便、周围有大面积接地导体的场所、乘用车和部分小型商用车等使用的照明、机电等设备采用的是 12V 安全电压。在一般照明或便携式电动工具中，若无特殊安全防护要求或安全防护措施均采用 24V 或 36V 安全电压电源。

电动汽车需经常连接充电装置将电网的电能输入到电动汽车的动力电池中，但动力电池的电压和电网的电压都远远超过 36V 人体安全电压，对此需采取防漏电触电措施。

6.3.2 电气设备防触电措施

国际电工标准是按家用电器防电击措施的不同，将电气设备分为四类。

（1）0 类设备　只有一层绝缘，有金属外壳但外壳没有接地（PE）线，其插头只有两脚即 L 线和 N 线，无法接地。0 类设备如果绝缘破损，线芯触碰金属外壳所带接触电压可达 220V，而且熔断器一般不会熔断，断路器（空气开关）也不会跳闸。所以电击伤人的危险性很大。国际电工标准 IEC 规定 0 类设备只能在绝缘环境中使用，如高空悬挂且在天花板中使用 0 类设备。

（2）Ⅰ类设备　将 0 类设备的金属外壳接出一根接地（PE）线，并用三脚插头与电网连接即为Ⅰ类设备，家庭常用的洗衣机、电冰箱、微波炉等均为Ⅰ类设备。Ⅰ类设备如果有芯线绝缘破损触碰金属外壳，因为有 PE 线接大地金属外壳带电电压要低得多，而且有熔断器、断路器或漏电保护器的保护，当有触电等接地短路电流通过时，能跳闸或熔断来切断电源。如果切断电源迅速，而接触电压又低，则触电人可免于受到身体伤害。一般电动汽车充电就是采用的这类带接地（PE）线的Ⅰ类设备进行防护。

（3）Ⅱ类设备　这类电气设备通常具有塑料绝缘外壳（或金属外壳部分通过加强绝缘措施与带电部分分离），能够保障设备的安全，但绝缘外壳的耐高温性能和机械性能较差，常见的Ⅱ类设备有台灯、台扇等小功率电器件。Ⅱ类设备由于具有双重绝缘或加强绝缘，不会因绝缘破损而发生事故，因此没有漏电保护器和接地线保护，配置的电源插头是两脚的。

（4）Ⅲ类设备　我国把额定电压为 12V、24V、36V（48V 为国际标准）等特低电压的电气设备称为Ⅲ类电气设备。根据 IEC 的测试结果，人体在干燥环境下接触 50V 电压、潮湿环境下接触 25V 电压是不会出现死亡事故的。所以这类电气设备可用于对人体安全有特殊要求的情况，如儿童玩具、电动按摩器、理发器等。为确保安全，Ⅲ类设备的电源变换器必须采用绝缘良好的双绕组，隔离降压变压器供电和采用带绝缘护套的电线，其芯线和电气设备的金属外壳都不得接地或接零，以防地线或其他金属部分可能出现的危险。电动汽车内使用的一般电气设备，如车灯、喇叭、仪表、刮水电机、调节电机等，均属于Ⅲ类设备。

6.3.3　动力电池组安全

目前，我国大多数电动汽车是以锂离子电池作为动力电池的主要组装材料，由于锂离子活跃而易燃烧的化学特性，在实际使用过程中若遇到碰撞、挤压会导致电池组受损，使电池内的锂离子暴露在空气中引发火灾。另外，由于我国企业生产电池组的机械化和自动化程度不高，导致生产的单体电池或电池组的一致性不高，使用中电池漏液现象时有发生。电解液一旦接触空气中的氧气就会迅速分解燃烧，若引燃电池组就会造成火灾。在电动汽车中大量使用锂离子电池芯构成电池组作为电动汽车的动力源，应按照国际电工委员会 ICE62133 标准要求进行相关的测试，并达到合格，这对电动汽车的使用安全来说是至关重要的。国际电工委员会 ICE62133 要求动力电池必须进行以下两类检测和验证：一是单体电池必须进行持续低速率充电、振动、温度循环、外部短路、自由跌落、冲击（碰撞）、热误用（热冲击）、挤压、低气压、过充电、强制放电、高倍率充电保护以及不正确安装等测试；二是蓄电池组必须进行振动、高温下外壳应力、温度循环、外部短路、自由跌落、冲击（碰撞）、标识及包装和过充电等测试。

在上述的各项测试项目中，13kN 挤压试验和持续低速率充电试验应格外关注和仔细进行。

（1）13kN 挤压试验　此项目测试对象是单体电池芯，对于长方形单体电池需要挤压长、短轴向，即电池的长宽两个平面。对圆柱形电池，挤压时电池的长轴应与挤压装置的挤压平面平行。根据检测经验，聚合物软包装电池在挤压宽度轴时（侧面）有燃烧或爆炸等不合格现象出现。挤压测试机如图 6-15 所示。

图 6-15　电池挤压测试机

IEC62133 要求的测试方法，每个充满电的单体电池放置在两平面之间进行挤压。挤压由一个能施加 13kN 的液压活塞提供。在挤压试验时，应注意选择能引起最不利结果的挤压方式，若出现以下三种情况应立即释放压力：达到所设定的最大压力；电池出现了 10％的变形；电池电压骤然降低了初始电压的 1/3。每只测试电池只允许挤压测试一次，对于长方形电池长宽两面都需要测试的，用两只电池分两次测试。电池测试机采用 PLC 控制，测试工作简单易操作。

(2) 持续低速率充电试验　此项目测试对象是单体电池芯。标准规定将已经满充电的电池芯按照制造商规定的充电方式持续充电28天。此项目在其他安全标准中并不常见，鉴于电池制造商规定的充电方式基本都是恒流恒压充电，这就要求制造商在规定及限制充电电流乃至满充电时的截止电压时要全面考虑，所以必须在电池芯的设计时考虑耐持续充电能力。只有这样做才能符合2011年11月颁布实施的ISO 262《道路车辆—功能安全》标准。

理论和实践表明，目前使用的有机电解液的锂离子电池根本不适合用来组装大容量的锂离子动力电池组。目前世界已量产的日产公司的Leaf纯电动轿车和三菱公司的i-MiEV纯电动轿车的M级和G级，全部采用固体的大容量锂离子动力电池组，这种电池组既使遭到碰撞，也不会冒烟起火，更不会爆炸。

日产公司的Leaf纯电动轿车所使用的动力电池是全固体叠层型无机电解质（Li_2S-P_2S_3玻璃陶瓷体）锂离子电池。在它的电芯中隔膜与电解质合二为一，不再使用单独的隔膜。其制造工艺已突破现有锂离子电池制造工艺的概念。从而实现了动力电池组的大容量、体积小、比能量（kW·h/kg）高，并且安全、价廉。

6.3.4 充电安全

电动汽车火灾事故有相当一部分是汽车在充电过程中引起的，由于充电设备没有过充保护或过充保护失效，导致了电动汽车在充电过程中起火。在冬季低温环境下充电，由于没有采取预热措施，导致电池的温度差较高，也是造成充电安全事故的原因之一。此外，充电过程中的通信存在着中断停止充电的指令失效，继续进行充电的情况。电池管理系统（BMS）没有实现对充电机的管理控制功能，尤其是直流快速充电设备与电池管理系统间甚至没有建立真正有效的通信联系。整个充电过程任凭充电机单向独立控制，一旦充电机温度监控功能失效，就会造成电池在温度过高的情况下充电电流依然过大的情况，若再继续充电就会造成漏液、起火、爆炸事故。很多充电桩安装在地下车库和大型停车场，若一辆电动汽车发生火灾可能会引燃其他车辆，若造成连环效应会形成不可估量的损失。

对于电动汽车充电事故的预警，采用对电池温度和电压的监控非常重要，因为电池温度和电池电压直接反映动力电池的荷电状态和对其充电的可接受程度。对于动力电池不可接受的充电，若强行对其充电出现事故也就不可避免了。特斯拉电动汽车选用松下的NCA系列18650镍钴铝酸锂电池，虽然该电池能量密度高，但高温稳定性差。特斯拉公司选用该电池主要得益于对电池温度管理系统技术高，做得好，且在全球的量产新能源汽车中只有特斯拉采用该种体系的电池。

由于电动汽车的特性，电池使用时间长，充、放电次数多，在电动汽车的使用和维修中还要考虑电池生命周期范围的安全，避免因电池老化造成的安全事故。在新电池技术的使用上，并不是电池能量的密度越高越好。电池的能量密度太高，若不能安全管控，将来可能就像原子弹一样，体积小伤害大。因此，一定要兼顾能量密度和安全性，在保证安全的基础上提高能量密度。首先是技术研发人员开发出既安全能量密度又高的动力电池，然后是使用管理者安全正确地使用电动汽车的动力电池，最后才是维修人员恢复电动汽车原有的动力电池安全技术性能。

6.4 电动汽车用高压熔断器

为了提高电动汽车的动力性能和增加续驶里程，电动汽车动力电池组的电压和能量越来越高，电压可达到几百伏，能量可达到几十甚至上百千瓦时。动力电池一旦发生短路，瞬间就会产生巨大的能量，存在爆炸、起火的危险，严重危及人员和车辆安全。电动汽车除设置高压互锁回路外，还必须在高压电路中设置高压熔断器进行保护。在 GB/T 18384.2—2001《电动汽车安全要求》的第 2 部分功能安全和故障防护的第 5.5 条“过电流切断装置”中明确规定：“当电流过大时，应使用一个电路保护器、切断装置或熔断器断开车载电源（例如动力蓄电池）的至少一个电极”。

电动汽车是集现代高电子、高材料技术与制造技术一体化的高端工业产品，依赖动力电池驱动并依靠充电器补充能源，熔断器在系统中担负串接通电和安全保护的双重功能，关系着车辆与人身的整体安危，因此对电动汽车实施保护的熔断器，必须是直流型的能够超快速断开的毫秒级精准产品，否则当短路电流出现的瞬间不能迅速安全断开电路通道，让短路故障电流直接冲击动力电池或击毁控制逆变器的 IGBT 集成模块组，其灾难性的后果不堪设想。

6.4.1 高压熔断器的结构

ISO 8820 和 QC/T 420—2004 等汽车用熔断器标准中将熔断器定义为：接于电路中，当电路中的电流超过规定值和规定的时间时，使电路断开的熔断式保护器件。电动汽车使用的高压熔断器主要由纯银（99.995%）熔断片、高强度阻燃型绝缘复合管体、导电端子和内部熄弧石英砂构成，如图 6-16 所示。熔断器接入电气回路后，在正常负载下熔断片是低电阻优良导体，仅消耗少量的电能，在供电正常的状态下能够长期稳定工作。

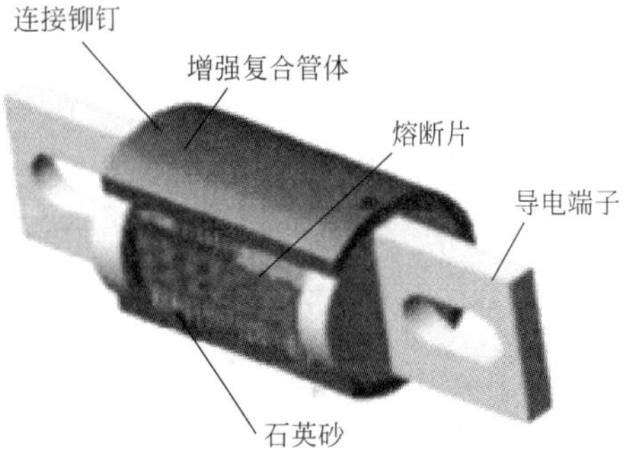

图 6-16 车用高压熔断器

6.4.2 高压熔断器的工作原理

当电气系统出现过载故障电流时，通过熔断器的电流迅速增大，通过熔断片的电流密度增大而导致熔断片中部温度骤然升高，当温度达到纯银的熔点 960℃时，熔断片开始由固态熔化为液态，全部熔化后渗入周围的石英砂缝隙，从而切断电路中的故障电流，整个过程约需几十秒的时间，因为熔断器对过载电流反应较为迟钝，一般多用断路器或热继电器进行过载保护。

当回路出现巨大的短路电流时，通过熔断片的电流在极短时间内急速增大，导致熔断片的细颈在极短的瞬间从固态直接烧熔而汽化，产生强烈的栅状电弧离子气体，限制短路电流的顺畅通过，并在周围石英砂的紧密包围和强迫冷却下，迅速熄灭并断开高温高压电弧桥，截断短路电流的通道，达到安全高速开断的目的，整个过程仅需要几毫秒的时间。

6.4.3 选择高压熔断器应考虑的因素

电动汽车的动力电池电源电压多设置在 200～600V 之间，除动力电池总熔断器外，汽车空调系统、暖风系统和DC/DC系统等其他附件的高压回路均需直流高压熔断器进行回路保护。为了使熔断器起到其应有的作用，确保整车用电设备安全工作，选择合适的类型及规格就变得尤为重要。熔断器的选型涉及以下因素：施加在熔断器上的电流特性；施加在熔断器上的电压特性；熔断器的环境温度；熔断器的安装尺寸限制；熔断器所应用的线路等。高压熔断器的额定电压必须大于动力电池的最高电压，在外加电压和尺寸一定的情况下，熔断器的选择主要从电流特性、环境温度及应用线路这三个方面考虑。

（1）电流特性　高压熔断器额定电流的选择应参考以下公式。

$$I_n=\frac{I_r}{K_1K_2}$$

式中　I_n——熔断器的额定电流；

I_r——被保护回路的负载电流；

K_1——负载矫正系数；

K_2——温度矫正系数。

其中负载矫正系数 K_1 主要根据负载特性、功率变化、电流纹波、启动与关闭瞬间冲击电流等因素考虑，一般条件下，平稳运行负载选择0.75，负载电流有较大波动的电路选择0.6。

（2）环境温度　根据熔断器使用的环境温度及熔断器温升曲线，合理选择温度矫正系数，电动汽车无明显高温产生的区域，温度矫正系数一般选择0.6。在确认温度矫正系数时，要考虑熔断器自身的功耗，即熔断器在通过不同电流时，不同的温升效果。

（3）应用线路　电动汽车的整车高压线路可根据电流的强弱分为高压大电流保护线路和高压小电流保护线路。一般情况下，一辆电动汽车使用4～5个高压熔断器，主要保护电机控制器、空调线路、DC/DC高低压转换器、暖风和电池组的加热器等高压设备。电动汽车的电气拓扑图如图6-17所示。电动汽车中使用的低压熔断器与传统燃油汽车的一致，在此不再赘述。

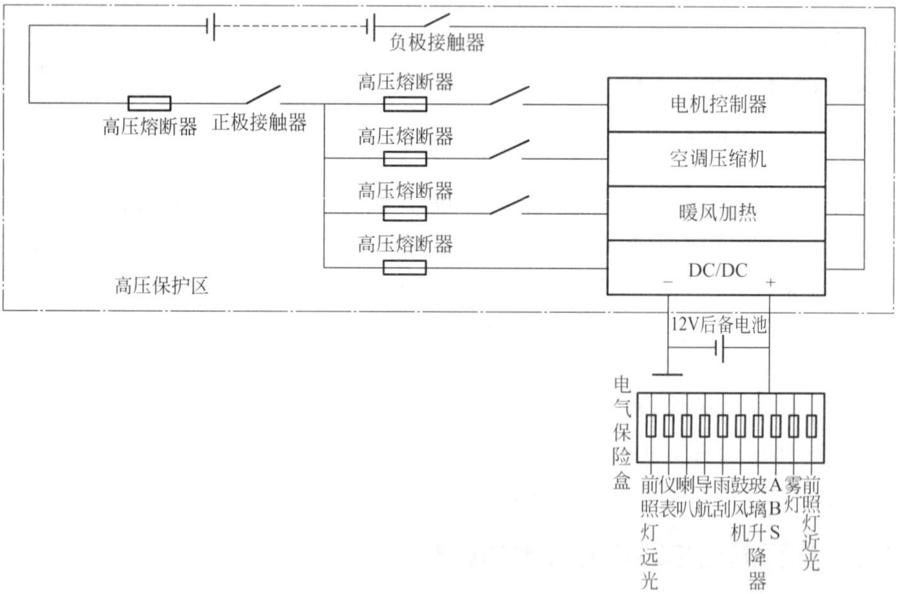

图6-17　电动汽车的电气拓扑图

6.4.4 高压熔断器的类型

目前高压熔断器的类型主要有英标熔断器、美标熔断器、欧标熔断器、法标熔断器四种。

（1）英标熔断器　壳体采用陶瓷材质，产品具有体积小、性价比高等优点，适用于对电动汽车高压设备的保护，并且由于其较高的性价比特别受到 240V 以下的整车生产厂家的青睐。英标熔断器样式如图 6-18 所示。

（2）美标熔断器　壳体采用三聚氰胺网格布加陶瓷层叠工艺制成，具有焦耳积分值小、功率损耗小、抗冲击能力强和直流性能优越等特点，其应用最为广泛。由于其在电力机车上卓越的性能表现，被引用到电动汽车上对高压电气设备起保护作用。美标熔断器样式如图 6-19 所示。

图 6-18　英标熔断器

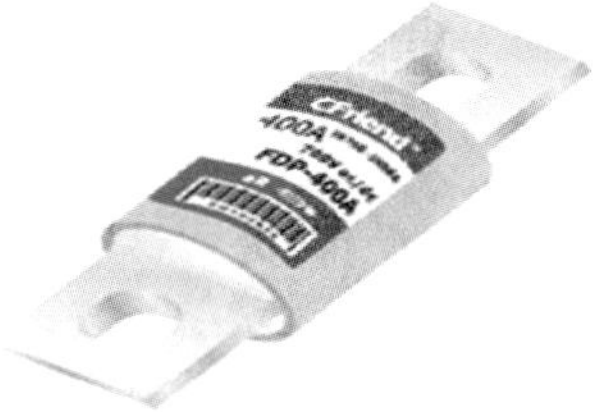

图 6-19　美标熔断器

（3）欧标熔断器　多为方形熔断器，壳体采用陶瓷材质，产品具有运行温度低、功率损耗小、焦耳积分值低等特点，且性能优越，适用于结构紧凑、高压大功率等应用场合，尤其是在手动维修开关（MSD）中大量使用。欧标熔断器样式如图 6-20 所示。

（4）法标熔断器　具有循环能力强、体积小、构造独特等特点，在电动汽车的高压小功率设备中应用广泛。法标熔断器样式如图 6-21 所示。

图 6-20　欧标方形熔断器

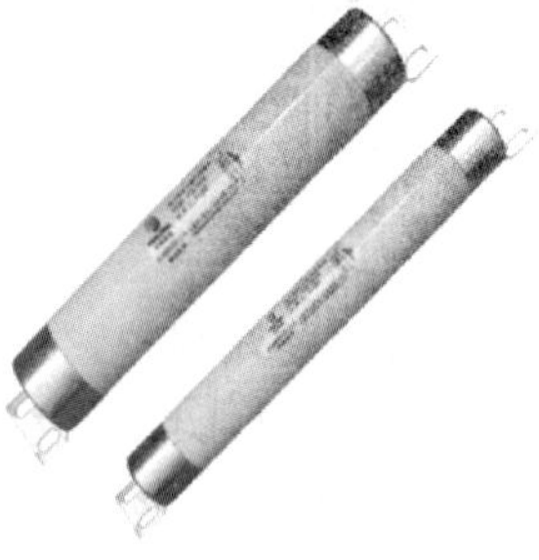

图 6-21　法标熔断器

6.4.5 高压熔断器的寿命

熔断器寿命从理论上来看，当通过电流为熔断器额定电流的 50%以下时，熔断器能够保证持续工作而不熔断，但实际负载通常不是平稳的线性负载，针对不同的负载曲线，需根据以下公式进行计算：

$$I^2t=\int_0^{t_{1-2}} t\,\mathrm{d}t$$

电流波动主要是在负载初步启动或功率上升区域，可从负载启动，快速提高负载功率直至稳定，抓取从开始到负载稳定过程中的电流波形，估算 I^2t。熔断器的寿命 I^2t 理论计算仅作选用参考，实际寿命仍需在试验台架上进行，或随实车耐久性试验同步进行。

6.4.6 高压熔断器的选用

对于电动汽车的高压保护区，所选用的熔断器应具有以下性能要求：容量大，其电容器的通过电流多在几十至几百安；能够承受瞬间高电流、高脉冲；安全可靠性高；可运行于相对较高的环境温度下；机械特性好。

（1）熔断器参数的确定　通常熔断器的额定电流值是基于环境温度 18～28℃时的电流值，为了满足电动汽车的实际工况要求，需要对额定电流值进行修正。高压熔断器可允许的最大连续负载电流值，可用以下公式进行计算。

$$I_b=I_nK_tK_vK_eK_fK_b$$

式中　I_b——可允许的最大连续负载电流；

I_n——熔断器的额定电流；

K_t——温度校正因数；

K_v——风冷校正因数：

K_e——连接器件热传导校正因数；

K_f——频率校正因数；

K_b——壳体校正因数。

通过该公式计算得出的熔断器额定值是一个初步的选型数据，初步选型完成后，根据实际运行工况数据对熔断器额定电流值进行参数修正。需要参考的修正参数有过载电流的持续时间、电流大小及冲击电流的持续时间、电流大小等。

（2）熔断器类型的选择　根据熔断器的工作环境、尺寸限制、电流特性、电压特性和连接方式等选择合适类型的熔断器。通常情况下电动汽车厂家选用美标 FWH、FWP 等系列的高压熔断器较多。电动汽车高压熔断器的选择方法不同于传统汽车熔断器的选择，其高压、大电流、多脉冲等特性，对安全保护最后一道屏障——熔断器的选用提出了新的挑战。

（3）选用实例　以国产某公司 C20 纯电动汽车为例，介绍高压熔断器的选用方法。该纯电动汽车搭载长寿命高效率锂离子动力电池和液冷式永磁同步电机，最大功率为 80kW，峰值转矩为 260N·m。动力电池的总电压为 326V，总容量为 61.2A·h，近 20kW·h 高能量动力蓄电池，60km/h 等速续驶里程达到了 210km，并可直接用家用 220V 交流电充电。其选用步骤如下。

① 首先列出该电动汽车熔断器试验参数选择汇总表，如表 6-1 所示。

表 6-1　电动汽车熔断器试验参数汇总表

动力电池	正常负载	连续	150A
高压熔断器	过载 1	30s(每天数次)	250A
	过载 2	10s(每天数次)	300A
	脉冲	100ms(每周 1 次)	350A
电压	400V(故障情况下熔断器上加的最高电压)		

续表

环境温度	60℃(自然对流冷却)
系统耐受峰值电压	900V
工作频率	小于1000Hz
熔断器连接方式	铜排连接(电流密度为2.5A/mm²)

② 根据连续负载电流和环境温度初步选择一款熔断器，暂选美标FWH系列，型号为FWH-250A的熔断器，该熔断器额定电压为500V，额定电流为250A。

③ 熔断器采用自然对流冷却，最高环境温度为60℃，查阅温度校正因数曲线可得$K_t=0.8$。

④ 熔断器的连接方式采用铜排连接，铜排的电流密度为2.5A/mm²，查阅连接器件热传导校正因数曲线，可得$K_e=0.85$。

⑤ 熔断器采用自然对流冷却，未采用额外的散热处理，风冷校正因数$K_v=1$。

⑥ 熔断器的工作频率在1000Hz以下，频率校正因数$K_f=1$。

⑦ 熔断器初步选用的是美标，其壳体校正因数$K_b=1$，则

$$I_b=I_nK_tK_vK_eK_fK_b$$
$$=250\times0.8\times0.85\times1\times1\times1=170A$$

即熔断器的最大连续负载电流为170A。

⑧ 查图6-22时间-电流特性曲线，对照上述的电动汽车熔断器试验参数汇总表可知，过载1、过载2和脉冲等电流均小于FWH-250A对应时间点的电流，满足时间-电流特性要求。

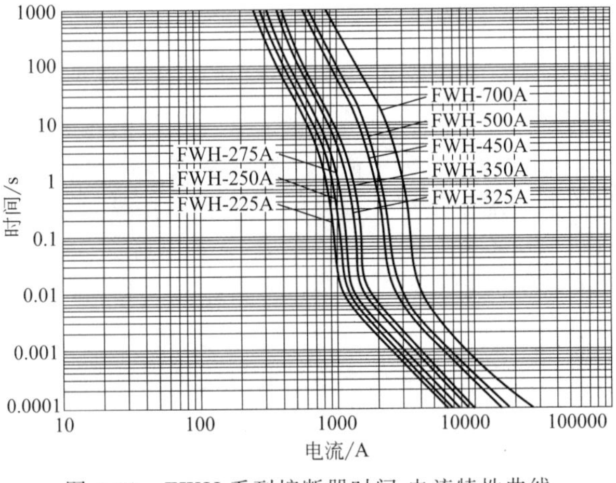

图6-22 FWH系列熔断器时间-电流特性曲线

经过以上的参数计算对照，证明所选的FWH-250A熔断器是符合应用参数要求的，又经过长时间的实际路试，所选择的熔断器工作正常、稳定可靠，完全满足实际运行要求，证明所选熔断器合格，可进入小批量试用阶段。

上述所需查阅对照的校正因数曲线由熔断器生产厂家提供。

第7章 空调系统

本章针对电动汽车的空调系统特点进行原创型开发探讨，探索适合电动汽车特点的新方法、新思路。

7.1 空调系统简介

按汽车空调的功能分，车用空调可分为暖机空调（主要应用在高寒地区，如我国的东北、西藏等地区）、冷机空调（主要应用在炎热地区，如我国的海南地区）、冷暖空调（在我国的大部分地区都适用）。严格来说单制暖机与单制冷机并不能做到温度、湿度和风速等的全方位调节，但在一定程度上具有调节空气品质的作用。

按汽车空调操作系统的配置，车用空调主要可分为手动空调、手动电控空调、自动空调三大类。在手动空调系统中，采用机械传动结构操作 HVAC（Heating Ventilation Air-conditioning and Cooling，即暖通空调，本书中特指车内空调器总成）风门，不易控制，A/C（Air Conditioning，本书中指空调压缩机开关）、风速、温度及出风方向等全部功能均需手动控制。手动电控空调在系统中已包含电动伺服机构，虽然依旧由手动操作控制空调的全部功能，但操作阻力屏蔽在电动伺服机构层面，可控制程度较高。自动空调系统与手动电控空调相比，配置了更多传感器（需采集车外温度、乘员室内温度、光照强度等），同时具备空调全自动调节功能，自行运算控制车内适宜的温度。

汽车空调一般制热与制冷是独立的。传统燃油汽车制热是利用发动机工作余热，将发动机冷却水引入到车内空调器总成 HVAC 的散热芯体中加热周围空气，再经鼓风机将热空气吹出散发到驾乘室进行制热。新能源电动汽车是利用安装在车内空调器总成 HVAC 的 PTC 加热芯加热周围空气，再经鼓风机将热空气吹出散发到驾乘室进行制热。

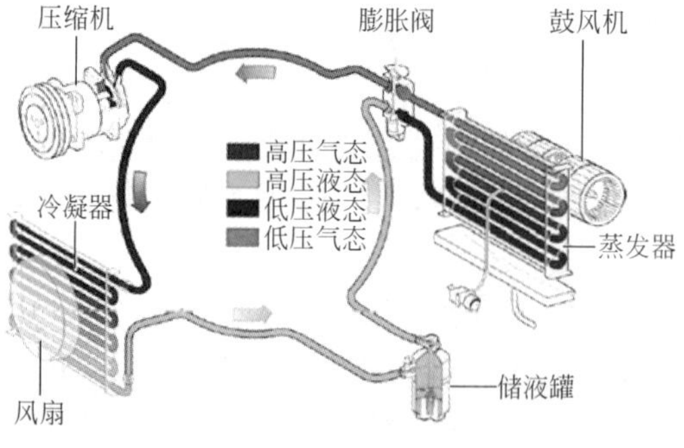

图 7-1　制冷系统工作循环

制冷系统的工作是以制冷剂为介质，低温低压气态制冷剂经压缩机压缩后变为高温高压气态制冷剂，经冷凝器冷却后温度降低变为液态制冷剂，经膨胀阀膨胀在蒸发器内吸收大量的热量后，再次变为低温低压气态制冷剂输入压缩机被压缩为高温高压气态制冷剂，完成制冷工作循环。制冷系统工作循环如图 7-1 所示。在车内空调器总成 HVAC 内，吸热过程主要在蒸发器内完成，被吸收热量的低温空气由鼓风机吹出与驾乘室内的热空气进行热交换，以此来降低车内的空气温度。传统燃油汽车空调压缩机的动力由发动机运转输出，新能源电动汽车空调压缩机的动力由自身的电机提供。

在燃油汽车发动机不工作的情况下，空调系统是不能进行制冷和制热的，而电动汽车则不受限制，可以在驱动电机不工作时正常进行制冷和制热。

7.2 空调系统结构原理

电动汽车使用蓄电池作为动力能源不同于燃油汽车有发动机的情况，其空调与采暖系统不同于燃油汽车，由于作为驱动动力的电池容量有限，空调与采暖系统的能耗对电动汽车充电后的一次续驶里程有很大的影响。电动汽车不像燃油汽车那样发动机有余热，不能提供作为冬天采暖用的热源，必须自身装配电加热的供暖系统。电动汽车空调压缩机需要电机直接驱动，即电动汽车的空调压缩机与驱动电机是一体的，这在结构上与现有压缩机不完全相同。用来给空调和采暖系统提供能量的蓄电池是主要用来驱动汽车为其驱动电机提供能量的，如果电动汽车仍采用现有的空调和采暖系统，就意味着大大降低每一次充电的续驶里程或增加该车电池的装配数量和成本，降低电动汽车的驱动性能和指标。

电动汽车空调与采暖系统布置方案如图7-2所示。压缩机由独立的电机进行驱动，由控制变频器将动力电池的高压直流电转变成频率可调的电能提供给压缩机电机。当空调系统制冷负荷发生变化时，控制器通过调节供给压缩机电机电源的工作频率，调节电机转速的变化，进而来控制制冷剂流量，调节空调系统的制冷量，使驾乘室内的温度得到精确调节，同时也降低系统的电能消耗。

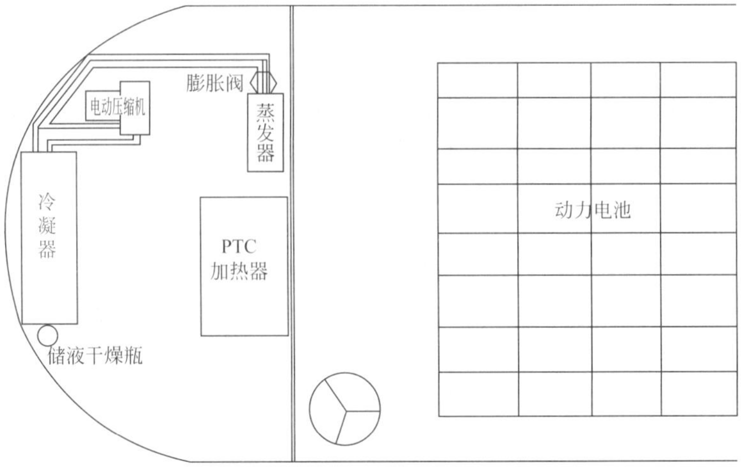

图7-2 电动汽车空调与采暖系统布置方案

7.2.1 空调压缩机变频器工作原理

1964年德国工程师A. Schonung等提出脉宽调制（PWM，Pulse Width Modulation）变频技术，并制造出这种调速控制技术的核心部件——逆变器（一种将直流电转变为频率可调的交流电装置）。随着电子技术、微电子技术和单片机控制技术的发展，逆变器的功率和功能日益强大，性价比也越来越高。该变频技术在家用空调器中已相当普及。

为方便学习了解变频器的工作原理，先熟悉一下异步电机的调速原理。异步电机的定子绕组在通过电流时产生旋转磁场，在转子绕组内感应出电动势，产生感应电流，该感应电流与定子绕组旋转磁场之间相互作用产生电磁力。p 对磁极的异步电机在三相交流电的一个周期内旋转 $1/P$ 转，因此旋转磁场转速的同步转速 n_1 与极对数 p、电流频率 f_1 的关系为

$$n_1=\frac{60f_1}{p}(\mathrm{r/min}) \tag{7-1}$$

在异步电机中，电机要产生同步转速 n_1，与转子转速 n_2 必须有差别，速度差 n_1-n_2 与同步转速 n_1 的比值称为转差率，用 s 表示，即

$$s=\frac{n_1-n_2}{n_1} \tag{7-2}$$

故电机转子转速 n_2 为

$$n_2=\frac{60f_1}{p(1-s)}(\mathrm{r/min}) \tag{7-3}$$

由式(7-3) 可知，改变电机的供电频率 f_1 就可以改变电机的转子转速 n_2，用逆变器来改变电机的供电频率。

在异步电机中定子绕组的反电动势为

$$E=4.44f_1\omega k\Phi \tag{7-4}$$

若忽略定子阻抗压降，则

$$U\approx E=4.44f_1\omega k\Phi \tag{7-5}$$

由式(7-5) 看出，若端电压 U 保持不变，则随着电机供电频率 f_1 的增大，磁通 Φ 将减小，由电机的转矩公式

$$M=C_{\mathrm{m}}\Phi I\cos\varphi \tag{7-6}$$

可知磁通 Φ 减小将导致电机转矩 M 下降，使电机利用率恶化。电机最大转矩下降严重时会使电机堵转造成损坏。端电压 U 不变时，随着 f_1 的减小，磁通 Φ 将增大，这会使磁路饱和，励磁电流上升，会导致损耗增加，温度上升。

调节电机的转速不能改变电机的转矩，需要保持磁通 Φ 恒定。这要求改变电机供电频率 f_1 的同时改变定子电压，根据电压 U 和频率 f_1 不同的比例关系，有以下四种电机变频调速方式：保持 $U/f_1=$常数的比例控制方式；保持 $M_{\mathrm{m}}=$常数的恒磁通控制方式；保持 $P_{\mathrm{d}}=$常数的恒功率控制方式；保持 $I=$常数的恒电流控制方式。

电动汽车空调变频器置于空调压缩机控制器内，采用直流→交流的变换方式，如图 7-3 所示。开关元件 1、5，2、6 和 3、4 交替导通对负载（电机）供电，负载得到交流输出电压 U_0，U_0 的幅值由开关元件的控制角 α 决定，U_0 的频率 f 由开关元件的切换频率来确定，不受电源频率的限制。

在对逆变器的控制中广泛采用脉宽调制 PWM 技术，由控制线路按一定的规律控制开关元件的通断，从而在逆变器的输出端获得一系列等幅而不等宽的矩形脉冲波形，来近似等效正弦电压波形。其原理是把一个正弦波［图 7-4(a)］分成 N 等份，然后把每一等份的正弦曲线与横轴所包围的面积都用一个与此面积相等的矩形脉冲来代替，矩形脉冲在横坐标的中

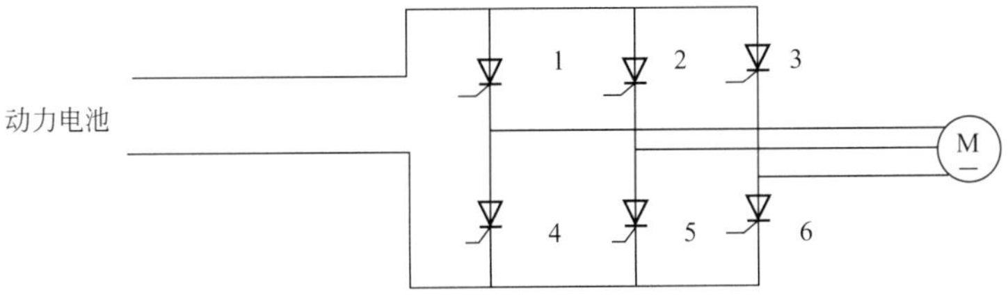

图 7-3　变频器工作原理
1～6—开关元件

点与正弦波每一等份的中点相合，由 N 个等幅而不等宽的矩形脉冲所组成的波形与正弦波的正半周等效。同样，正弦波的负半周也可用同样的方法来等效。图 7-4(b) 所示的一系列脉冲波形就是所期望的逆变器输出的 PWM 波形。当逆变器各功率开关都在理想状态时，由数字电路严格计算出各段的矩形脉冲宽度作为控制逆变器开关的导通依据，驱动相应的开关信号输出的波形也应为图 7-4(b) 所示的一系列脉冲波形。

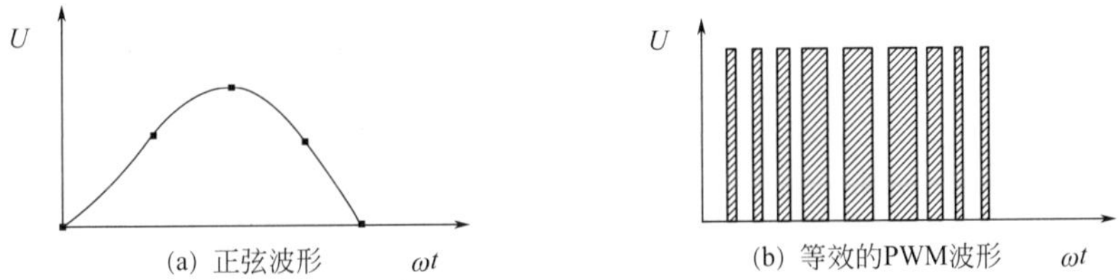

(a) 正弦波形　(b) 等效的PWM波形
图 7-4　与正弦波等效的等幅矩形脉冲序列波

普通燃油汽车使用的是定排量空调压缩机，当驾乘室内的温度降低到设定值时，控制器切断压缩机电磁离合器的电流使压缩机停止工作，空调系统也就停止了制冷，待驾乘室内的温度逐渐升高到设定值时，空调系统控制器再接通压缩机电磁离合器的电流，压缩机继续工作，空调系统恢复制冷。如此一来，普通燃油汽车的空调制冷是波动的、不舒适的。在高档的汽车上，空调系统的压缩机采用的是变排量压缩机，根据制冷负荷的变化不断调节压缩机的排量，以提高其乘坐的舒适性。在纯电动车辆空调系统中采用变频压缩机，空调舒适性问题可以得到彻底解决，同时又降低了能耗。变频空调具有高效节能、体感舒适等优点，同时还可以减小压缩机的启动电流，减小电源设备负荷，防止空调启动时引起同一电源上的其他用电设备工作波动。

7.2.2　空调制冷系统的主要部件

电动汽车空调制冷系统主要由电动压缩机、压缩机控制器、冷凝器（包括冷凝风扇）、蒸发器、膨胀阀（或膨胀管）、储液干燥器和高、低压管路组成，形成一个封闭的系统，其制冷循环简图如图 7-5 所示。

(1) 压缩机　电动汽车对压缩机的要求首先是效率高，然后是结构紧凑、质量小、噪声低、成本低，能在各种气候下工作。另外，电动汽车空调压缩机采用电机直接驱动，应能适应电机的高转速性能。

涡旋式空调压缩机作为当前活塞式压缩机的换代产品，具有其他压缩机不可替代的优势。涡旋式空调压缩机的原理是利用动、静涡旋片的相对公转运动，形成封闭容积的连续变

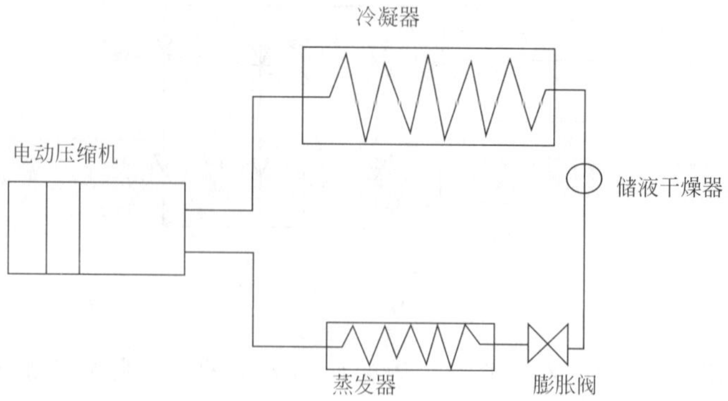

图 7-5 电动汽车空调制冷循环简图

化来实现压缩制冷的目的。这种压缩机工作可靠，寿命长，容积效率高，吸、排气连续，气流脉动小，运转平稳，且转矩变化均匀。相比其他形式的压缩机节能 30%，噪声降低 1/3，具有节能环保的优点。

小排量汽车夏天开空调后经常出现散热器“开锅”的现象，这是因为采用的斜盘式或旋叶式空调压缩机自身功耗过大，当气温较高时，由于小型客车的空调冷凝器与散热器位置的局限，造成冷凝效果不好，导致冷却液温度升高，空调系统压力增高，空调压缩机负荷加大，空调压缩机消耗的功率逐渐增大，故出现动力严重不足、散热器“开锅”、空调效果差和空调压缩机容易损坏等现象；由于小排量汽车采用了低转矩高转速的发动机，也容易造成斜盘式或旋叶式空调压缩机的损坏。20 世纪初法国工程师 L. Greux 就提出了涡旋机构的压缩机构思并在美国申请了专利，但由于缺乏精确的加工手段来加工涡旋体，缺乏合适的机构来轴向支撑沿轨道运行的动盘，并且此种机构的轴向气体推力很大，气体泄漏问题不易解决，以及涡旋体之间的磨损问题也较难解决，因此长期以来这种机构一直未投入实际使用。直到 20 世纪 80 年代初，高精度数控机床的出现，解决了涡旋体的加工问题，涡旋式空调压缩机开始进入批量生产。涡旋式空调压缩机以其运转可靠、高效节能、微振低噪及体积和质量小等特点，在小型制冷空调领域获得了越来越广泛的应用，尤其是在汽车空调中的应用更是越来越引起人们的关注。

① 涡旋式空调压缩机的结构与工作原理　涡旋式空调压缩机主要由固定涡旋体（静盘，又称静涡旋盘）、动涡旋体（动盘，又称动涡旋盘）、止推机构（由钢球、定珠圈和止推垫片组成）、偏心回转机构（由曲轴、偏心套、滚针轴承组成）、密封装置及排气阀片等组成。

② 涡旋式空调压缩机的工作原理涡旋式空调压缩机由两个涡旋体相互成 180°装配在一起，其中一个固定（静盘），另一个旋转（动盘）。这一对渐开线形的涡旋体组成三对同时工作的压缩腔，动盘一方面沿着很小的偏心距（曲轴回转半径）轨道移动（即摆动），另一方面与静盘接触做相对转动，与静盘形成三个变容积的密封腔，每一转中，第一个腔在吸气，第二个腔在压缩气体，第三个腔在排出气体，也就是说，在每个转角，压缩机都在持续循环进行吸气、压缩、排气，因此没有负荷的起伏变化，可以认为负荷不发生变化，所以涡旋式空调压缩机运转非常平稳，这种特性对驱动电机非常有利。动涡旋体中心 O_2 围绕静涡旋体中心 O_1 作平面运动（无自转）。由图 7-6 可以看出涡旋式压缩机从吸气开始到排气的压缩过程。

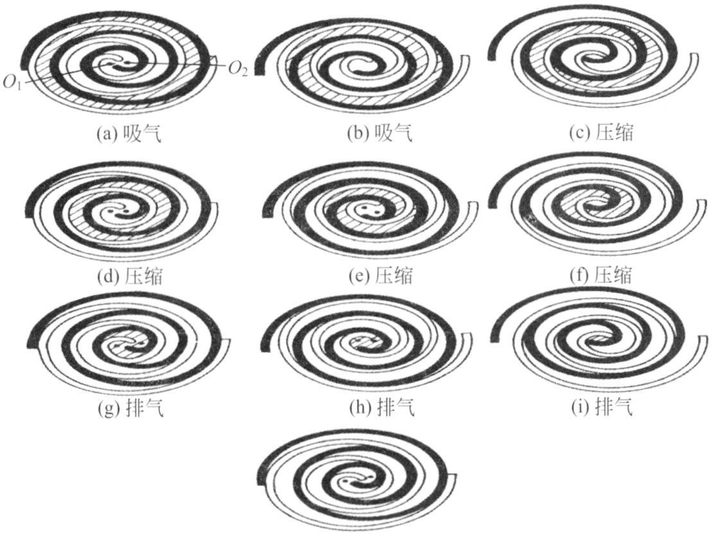

(a) 吸气 (b) 吸气 (c) 压缩 (d) 压缩 (e) 压缩 (f) 压缩 (g) 排气 (h) 排气 (i) 排气 (j) 排气

图 7-6 涡旋式压缩机工作原理

③ 涡旋式空调压缩机的特点及应用 在相同制冷量的条件下，涡旋式空调压缩机与斜盘式、旋叶式空调压缩机及其他形式的空调压缩机相比，具有以下独特的优点。

a. 高效节能、可靠性高。涡旋式空调压缩机的吸气、压缩和排气过程是连续单向进行的，气体泄漏少；由于没有余隙容积中气体向吸气腔的膨胀过程，因而容积效率高，通常可达90%～98%；轴向密封采用柔性机构，摩擦小，不因摩擦和磨损而降低空调压缩机的性能。

b. 启动转矩小，运转平稳，噪声低，振动小。涡旋式空调压缩机因为一对涡旋体中几个月牙形空间可以同时进行压缩过程，即多腔室连续压缩，数个不同相位的工作循环在同时进行，前一个波峰恰与后一个波谷叠合，故使曲轴转矩变化很小，空调压缩机运转平稳；又因涡旋式空调压缩机吸气、压缩和排气是连续进行的，排气阀片的机械撞击和气流脉动几乎不存在，噪声比其他机型普遍低 3～5dB，且涡旋式空调压缩机的运动部件做半径很小的圆周运动，惯性力小，所以振动非常小。

c. 结构简单、体积小、质量小。涡旋式压缩机结构简单，压缩机的零件数目与滚动转子式及往复式空调压缩机的零件数目之比为 1∶3∶7，所以涡旋式空调压缩机的体积比往复式空调压缩机小 40%，质量小 15%；并且动、静盘的相对运动速度只有 0.4～0.8m/s，同时两个涡旋体轴向和径向采用可调的柔性机构，性能卓越的材料使两个涡旋体之间相对摩擦小，可实现高转速运转，最高转速可达 10000r/min 以上。

d. 涡旋式空调压缩机没有吸气阀，容积效率高，所以运转可靠，特别适用于变频调速。

随着人们对舒适性要求的提高及对能源和环境问题的日益关注，这种高效率、低噪声的空调压缩机在制冷行业得到了迅速发展。近几年来，涡旋式空调压缩机借助其体积小、质量轻、噪声小、无吸气阀、零件少及寿命长等优点，尤其是它的容积效率高，等值排量情况下节约材料，节能性高，在新能源电动汽车上得到了越来越广泛的应用。

(2) 膨胀阀 也称节流阀，是组成汽车空调制冷系统的主要部件，安装在蒸发器入口处，如图 7-1 和图 7-5 所示，是汽车空调制冷系统高压与低压的分界点。其功用是把来自储液干燥器的高压液态制冷剂节流减压，调节和控制进入蒸发器中的液态制冷剂流量，使之适应制冷负荷的变化，同时可防止压缩机发生液击现象（未蒸发的液态制冷剂进入压缩机后被压缩，极易引起压缩机阀片的损坏）和蒸发器出口蒸气异常过热。汽车空调制冷系统采用的感温式膨胀阀，也称热力膨胀阀，它是利用装在蒸发器出口处的感温包来感知制冷剂蒸气的过热度（蒸气实际温度高于蒸发温度的数值），由此来调节膨胀阀开度的大小，从而控制进入蒸发器的液态制冷剂流量。感温包和蒸发器出口管接触，蒸发器出口温度降低时，感温包、毛细管和薄膜上腔内的液体体积收缩，膨胀阀阀口将关闭，借以限制制冷剂进入蒸发器的流量。相反，如果蒸发器出口温度升高，膨胀阀阀口将开启，借以增加制冷剂流量。

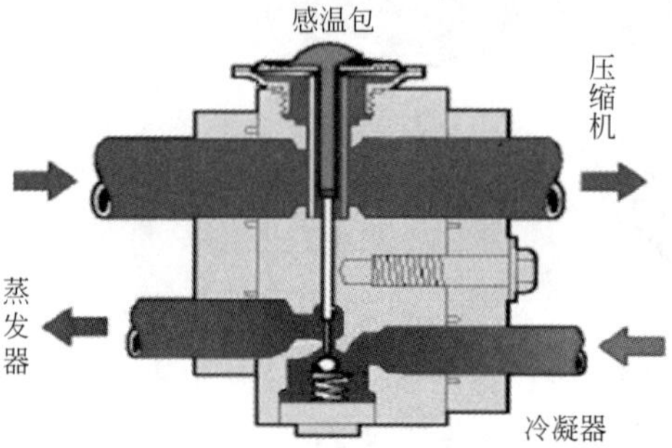

图 7-7　H 型膨胀阀

内感温式 H 型汽车空调膨胀阀如图 7-7 所示。其在内感温管的下端有隔热柱和导向柱，导向柱与阀针之间有非金属材料制成的内锥形密封圈，依靠其上下受力时的变形，不但保证了阀在调节过程中的灵敏度，同时使阀的气、液腔之间具有良好的密封性能，使阀的内感温管能感受到流过的气态制冷剂的实际温度，保证了制冷系统的正常工作和制冷效率的提高。

膨胀管即节流膨胀管是一根细铜管，装在塑料套管内，如图 7-8 所示。塑料套管外环形槽内装有密封圈，是一种固定孔口的节流装置，其两端都装有过滤网以防堵塞。在整个制冷系统管路中直径最小的就是节流膨胀管，经此处的制冷剂因固定截面节流使其压力降低，在此后的蒸发器中制冷剂因压力低膨胀而吸收热量。节流膨胀管可与变频电动压缩机配合工作，属于 COOT 制冷系统。滤网主要用于灰尘和杂质等的过滤，安装时孔大的或较长的有箭头的一端朝向蒸发器。

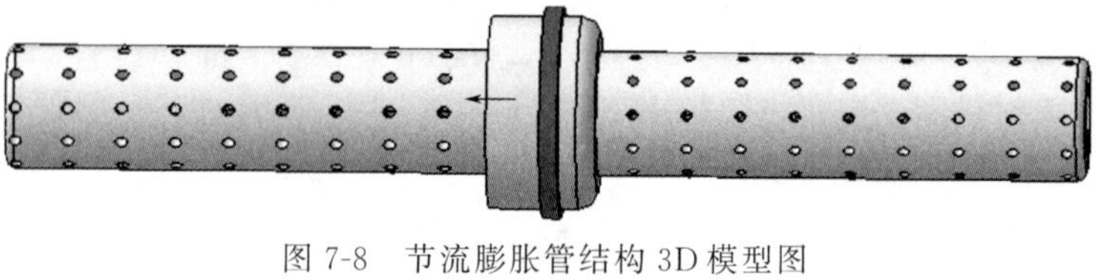
图 7-8　节流膨胀管结构 3D 模型图

（3）专利技术新能源电动汽车空调系统膨胀器（专利号 20150203062565）

① 技术领域　本实用新型专利涉及新能源电动汽车技术领域，具体涉及一种新能源电动汽车空调系统膨胀器。

② 背景技术　在新能源电动汽车中目前仍在沿用传统燃油汽车的空调制冷系统，在实际使用中发现电动汽车上的电动压缩机与传统燃油汽车的空调膨胀阀不匹配，不能发挥出电动压缩机的效能，达不到应有的制冷效果。

③ 发明内容　本实用新型专利为了克服以上技术的不足，提供了一种结构简单、能提高电动压缩机效能的新能源电动汽车空调系统膨胀器。

本实用新型专利克服其技术问题所采用的技术方案如下。

该新能源电动汽车空调系统膨胀器包括：膨胀标定尺，其为两端开口内部沿轴向设置有通孔的杆状结构；膨胀器，一端开口，另一端封闭，其内部沿轴向设置有与膨胀标定尺外缘尺寸相配的插槽；N 个透孔，沿轴向间隔设置于膨胀器的外缘上，膨胀标定尺活动插装于膨胀器中。

为了提高密封性，膨胀器的开口端设置有密封圈，密封圈的内圈与膨胀标定尺的外缘滑动配合。为了方便装配，膨胀标定尺的插入端有倒角。为了调节均匀，N 个透孔均分为 M 组，每组透孔之间的间隔一致。为了方便调节，膨胀标定尺外表面沿轴向设置有刻度。

本实用新型专利的有益效果是将膨胀标定尺涂抹制冷剂冷冻油后活动插装于膨胀器中，组装好后安装在制冷剂的进口管路处，然后用螺栓涂密封剂连接起来，出口处管路采用螺栓密封连接。制冷剂经膨胀标定尺的通孔进入膨胀器的插槽中，由于膨胀标定尺插入深度的不同，因此其阻挡的透孔数量不同，因此制冷剂最终通过没有被阻挡的透孔中流出。膨胀标定尺插入越深，膨胀器的开启度越小，因此有效解决了膨胀器与电动压缩机的匹配问题，提高了新能源电动汽车电动压缩机的效能，提高了制冷效果。

④ 附图说明　如图 7-9 所示。

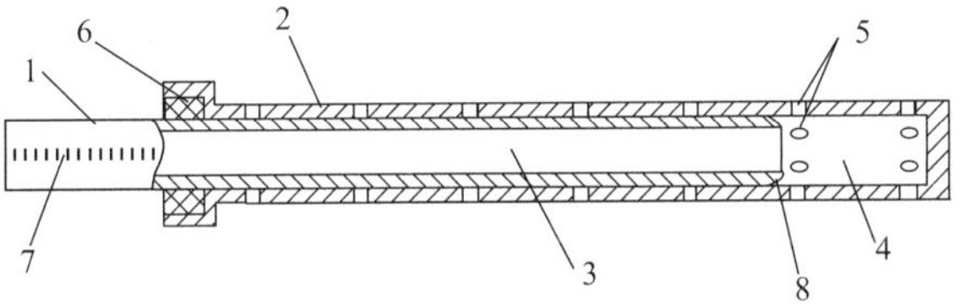

图 7-9　膨胀器结构示意图

1—膨胀标定尺；2—膨胀器；3—通孔；4—插槽；5—透孔；6—密封圈；7—刻度；8—倒角

（4）蒸发器　汽车空调蒸发器置于车内，利用低温低压的液态制冷剂蒸发时需吸收大量热量的原理，把它周围的空气中的热量带走，从而达到冷却除湿的目的。蒸发器由箱、管和散热片组成。空气流经蒸发器时，潮气变成小水滴并保存在滴水盘中，通过排水管排出车外。

蒸发器按结构一般分为管带式、层叠式和管片式三种类型，其中管带式蒸发器由多孔扁管与蛇形散热带焊接而成，如图 7-10 所示。其特点是扁管比冷凝器宽，竖向弯曲易排水。

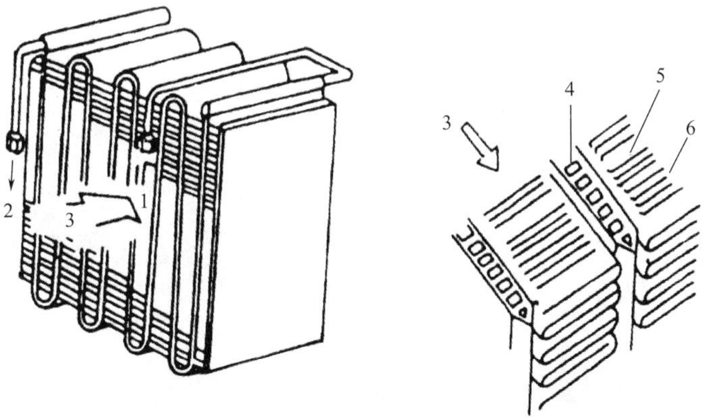

图 7-10　管带式蒸发器

1—进口；2—出口；3—空气；4—管子；5—翅片；6—散热器

层叠式蒸发器由两片冲成复杂形状的铝板叠在一起组成制冷剂流道，每两流道之间夹有蛇形散热带，如图 7-11 所示。虽然加工难度大，但结构紧凑，散热效率很高，散热效率比管带式蒸发器提高了 10%左右。

管片式蒸发器由安装在一系列薄散热片内的制冷剂螺旋管组成，结构紧凑，散热效率高，如图 7-12 所示。

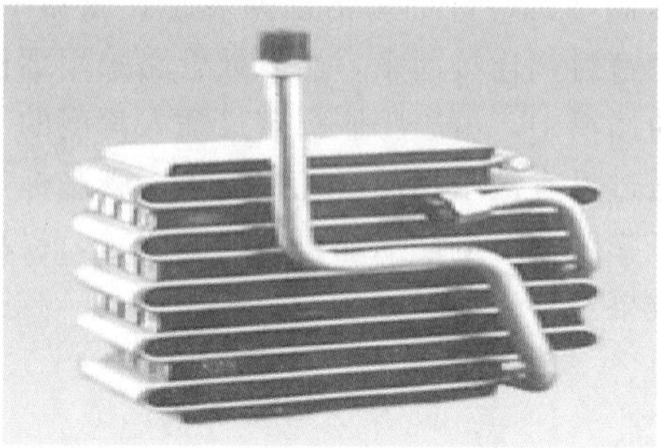

图 7-11　管带式蒸发器

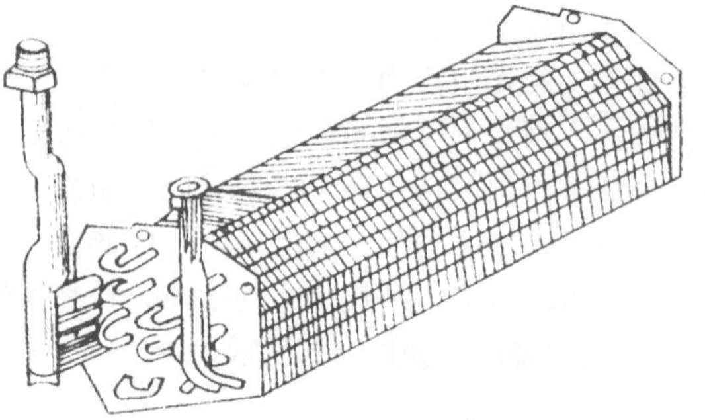

图 7-12　管片式蒸发器

蒸发器安装在汽车仪表板内部，由于空调位置有限，因此对蒸发器要求较苛刻，蒸发器要具备制冷效率高、尺寸小、质量小等特点。在设计时应考虑以下几点：

管件的大小和长度；蒸发器片的数量和尺寸；回转头的数量；通过蒸发器片的空气流量。

（5）冷凝器　其作用是将压缩机送来的高温高压的气态制冷剂转变为液态制冷剂，制冷剂在冷凝器中散热而发生状态的改变。冷凝器是一个热交换器，将制冷剂在车内吸收的热量通过冷凝器散发到大气当中。电动汽车的冷凝器通常安装在汽车的前面，通过专用的冷凝器风扇进行加强散热。

冷凝器的结构如图 7-13 所示，主要由管路和散热片组成，有管片式、管带式和鳍片式三种。冷凝器的结构从管片式向管带式发展，并主要向平行流动式发展。层叠式和平行流动式的内部结构又在不断发展，以利于进一步提高换热效率和减小质量，平行流动式冷凝器从单元平行流动式发展成多元平行流动式。由于采取减薄管片厚度、增加管子内肋片、翅片开切口、改变翅片形状及开口角度等措施，加大了翅片散热面积，强化了气侧和液侧的热交换效率，使冷凝器尺寸和质量大幅度降低。

(a) 实物

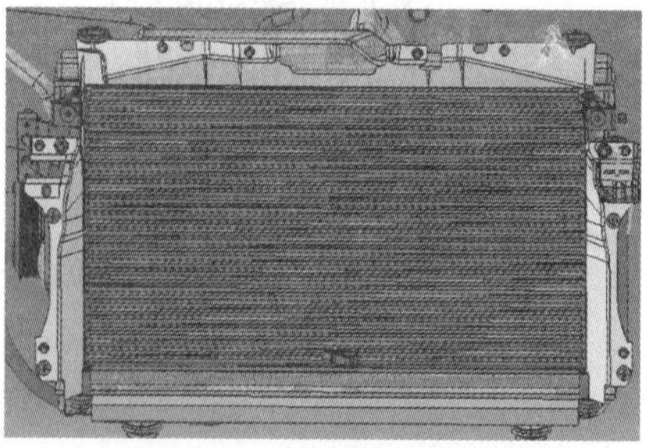

(b) 三维仿真

图 7-13　冷凝器实物和三维仿真

冷凝器的安装要求如下。

① 冷凝器与左右部件（刚性物体）的间隙不小于10mm，分开装配的前后间隙为10～20mm，冷凝器与前保险杠的距离不小于60mm。

② 冷凝器上下的抖动量较大，与水箱上横梁的间隙要适当增大，上下要有减振措施。

③ 为方便管路的布置及增强和优化在城市行驶和低速运转时冷凝器的冷却效率，必须保证散热器、冷凝器、前围的密封性（通过护风罩、导流板和密封圈），冷凝器制冷剂进、出口与侧纵梁的间距不小于70mm。

④ 为优化冷却风进口的效率，避免低速运转时交换器上的热气再循环，前格栅的迎风面积不小于冷凝器迎风面积的30%。

（6）储液干燥器　它是空调系统中非常重要的部件，安装在冷凝器出口位置。没有储液干燥器的汽车空调系统压力无法稳定，冷凝器的能力不能充分发挥，蒸发器膨胀阀不能稳定工作。其作用是，决定出口为液态制冷剂，使膨胀阀节流稳定，降低系统高压；内部有干燥剂-分子筛，吸收制冷剂及系统内部残留水分；内部过滤器过滤系统杂质，保护压缩机；储存系统中多余的制冷剂，在系统需要时又释放到系统中。

目前常用的是将储液干燥器与冷凝器集成的过冷式冷凝器，如图7-14所示。独立式储液干燥器要求装配在与环境温度接近的通风区域，与周边件的间隙不小于5mm(图7-15)。

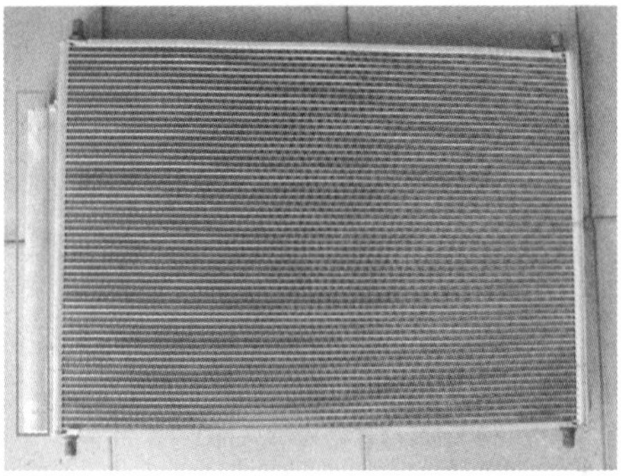
图7-14　集成式储液干燥器

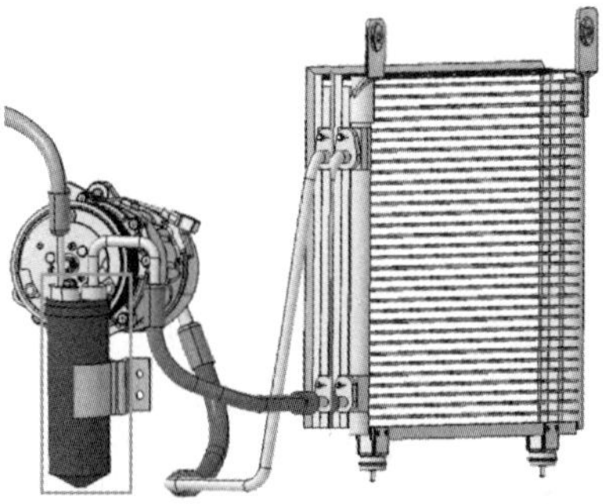
图7-15　独立式储液干燥器

（7）空调高、低压管路　汽车空调的各部件总成一般分散安装在汽车的各个部位，汽车空调管路将这些部件总成连接起来，组成一套完整的汽车空调系统，如图7-16所示。

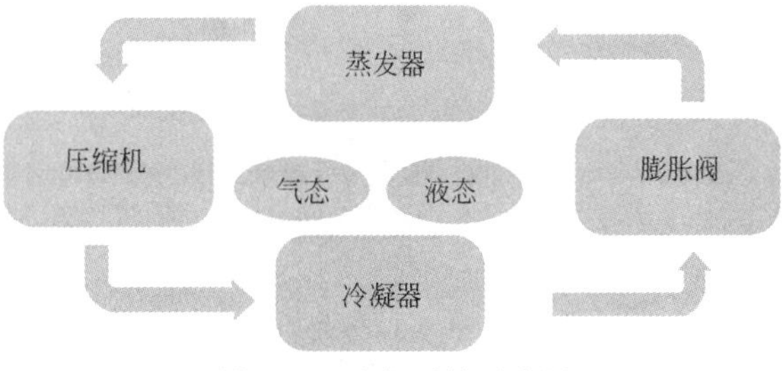

图7-16　空调系统示意图

空调管路按压力分为高压管（由压缩机到膨胀阀之间的汽车空调管路）、低压管（由膨胀阀到压缩机之间的汽车空调管路）；空调管路按制冷剂状态分为气态管（管路中制冷剂状态为气态）、液态管（管路中制冷剂状态为液态）。

汽车空调管路由铝管（图7-17）、接头（图7-17）、空调胶管（图7-18）、空调波纹管、铝套（图7-18）、充注口（图7-18）、视液镜（图7-19）、压力开关、O形密封圈（图7-20）、塑料堵帽组成。

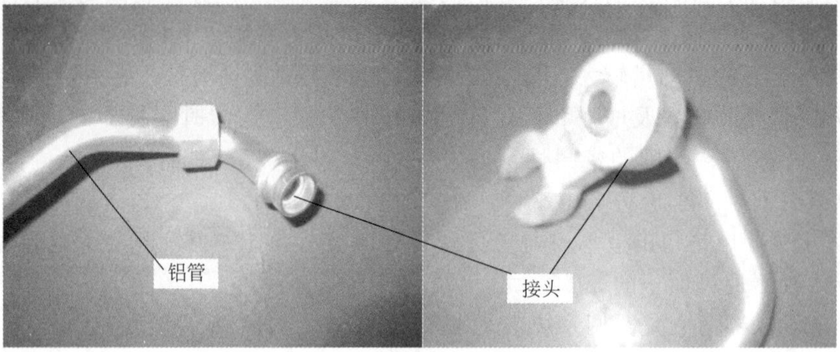

图 7-17 空调铝管和接头

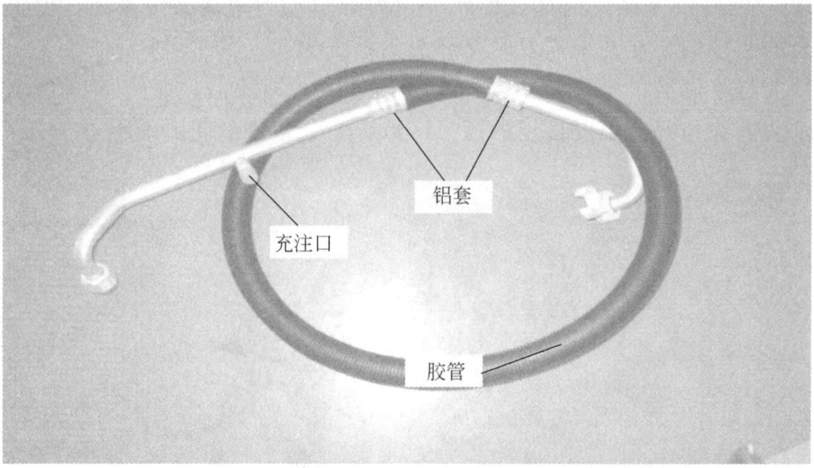

图 7-18 空调铝套、胶管和充注口

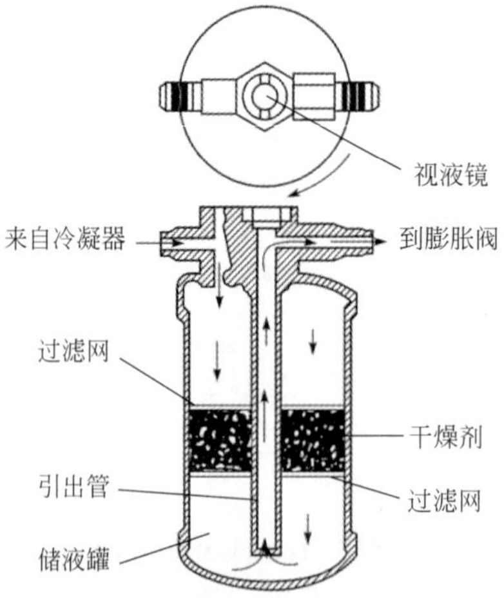

图 7-19 储液干燥器及视液镜

图 7-20 O 形密封圈

目前绝大多数汽车空调系统所使用的空调管路为高、低压分体式，即高压管路和低压管路是两条独立的管道。低压管路中的制冷剂是从蒸发器出来的，温度较低，要从环境中吸热；高压管路中的制冷剂是从冷凝器到膨胀器（阀）的，需要散热来提高制冷性能。若将此两者结合到一起可实现互补。

传统空调管路与同轴空调管路相比，低压管路不便于低温吸热，高压管路不便于散热提高性能。低压管路与蒸发器出口相连，在空调制冷过程中因蒸发器温度较低，由此流出的制冷剂温度也较低。因此在夏季空调制冷过程中在空调的低压管路表面会有凝结的水滴，这正是低压管路吸热的体现。这部分能量通过低压管热传递的形式散发到前机舱，会消耗电量，增加压缩机的负荷。空调系统的高压管路与冷凝器、压缩机总成出口连接，空调系统在工作过程中管内的高温高压制冷剂需要降温，以尽量降低膨胀器（阀）出口蒸发器进口的制冷剂温度，从而来提高空调系统的制冷性能。

空调高、低压管路结合成一根管路后，通过高、低压管在工作过程中自身的温差，相互传递能量，能够有效地起到节能、提高制冷系统效能的作用。同轴管路如图 7-21 所示。通过 37℃环境模拟试验和夏季高温试验的数据对比，在同等压缩机功率的情况下，同轴管路能够有效地提高空调系统的制冷能力，起到了整车节能的效果。同时此方案不对整车布置和空调结构造成较大的改动，较为实用，只是同轴管路与传统管路相比加工工艺较为复杂，价格稍高，有待于进一步完善加工工艺，降低加工费用。

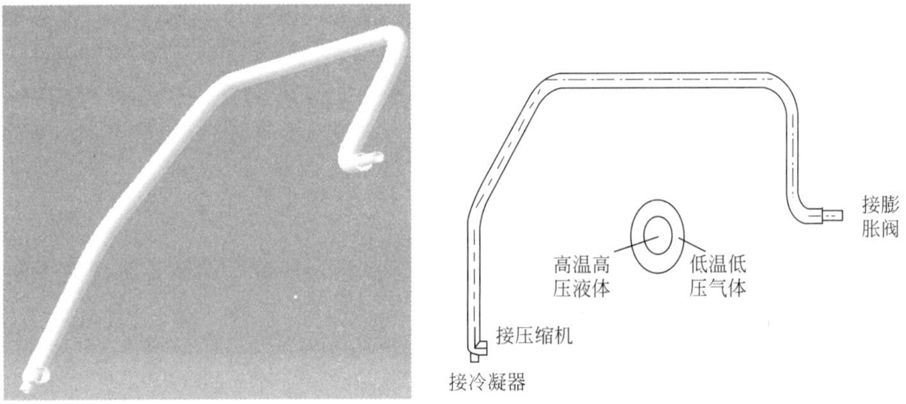

图 7-21　同轴管路

7.3　空调系统开发

电动汽车空调系统由于结构及运行条件的特殊性，其设计研究主要反映在以下几个方面。

① 热舒适性的研究。在汽车空调中，由于车室容积小，乘员所占空间小，而且车室低、座位多，人员不流动，难以使车内温度场和流场均匀，因此在确定空调时乘员的热舒适性成为研究的一个课题。

② 空调负荷的计算和分析。电动汽车空调负荷的计算和分析与建筑空调相比具有负荷变化迅速、单位体积强度高、车窗面积所占比例很大、受太阳辐射影响大、工作条件经常变动（如停、开、速度变化、外部环境温度变化、方向及地区、季节变化等）、车体各部件的

热容量小等特点，因此设计汽车空调负荷的计算方法主要以稳态的方法为主，并辅以必要的非稳态分析。

③ 制冷性能的研究。电动汽车空调制冷系统与一般的制冷系统相比，有其自身的特点：制冷系统的制冷能力要适应经常变动的负荷要求；车外空气温度、湿度的变化直接影响到流经冷凝器外表面空气的参数；汽车运行速度的变化直接影响到冷凝器冷却空气的流量；空调压缩机由电机直接驱动，不再受发动机转速、负荷、温度等变化的影响。

7.3.1 空调热负荷设计计算

汽车空调热负荷设计计算的目的不仅在于可以为制冷系统的设计提供一定的参考依据，而且在于通过对构成热负荷各个组成部分的计算与分析，探讨各种因素对热负荷的影响，以寻求减少空调热负荷的方法与途径。空调热负荷的计算方法有稳态法和动态法两种。对于汽车来说，由于车体各部分的热容量很小、车体热惰性小、运行条件经常变化，用动态的方法计算相当困难。实践证明：只要设计计算中选定的参数接近实际情况，稳态的方法基本上是可行的，计算的结果是可靠和接近实测结果的。

(1) 车内设计参数的选择　结合我国实际情况，在确定车内设计参数时可遵循以下原则。

① 冬季车内调节温度可取为 16～22℃。

② 在夏季，考虑到车内外温差过大时易引起热冲击，应对车内外温差有一定的限制，一般以 5～7℃为宜，最大不要超过 10℃。因此，建议夏季车内空调温度按下式选取：

$$t_n=20+\frac{1}{2}(t_w-20) \tag{7-7}$$

式中　t_n——车内空调温度,℃；

t_w——车外环境温度,℃。

③ 车内相对湿度在 45%～60%之间比较适宜。由于一般汽车空调系统中缺少加湿装置，要保证这项指标在实际中有一定困难。

④ 车内气流速度以 0.3～0.5m/s 为宜。

⑤ 根据“头凉脚暖”的原则，车内垂直方向空气引入量过大时会显著增加空调热负荷，应控制在头部温度比脚部温度低 3℃左右。

⑥ 考虑到人体的需求，车内应补充一定量的新鲜空气。车内新鲜空气引入量过大时会显著增加空调热负荷，应以最低标准保证每人 3.1L/s 新鲜空气补充量。

(2) 车外设计参数的选择　由于汽车空调系统的运行条件是随着汽车运动而变化的，因此车外环境温度是不易确定的参数。一般认为，在确定车外设计参数时，要根据不同车型及使用条件来选取合适的车外设计温度和相对湿度，以便使空调热负荷设计计算结果有利于为制冷系统的设计提供参考依据。现选择华北地区夏至后无阴雨天气的某一天作为设计日，并以当天的逐时气温作为设计温度。车外设计温度在 36～38℃之间，相对湿度为 50%～70%，车以时速 40km/h 向正南方向行驶，车内空气干球温度为 27℃，相对湿度为 50%，驾驶员 1 人，乘员 4 人，车内空气流速为 0.3m/s。

(3) 汽车空调热负荷的组成　热传递包括导热、对流、辐射三种方式。为了便于分析，以稳态传热为基础建立小轿车汽车空调系统的热平衡模型。该热平衡模型建立在以下三个假设的基础之上：车身热传递为一维稳态导热；车厢内的热负荷只使车内空气和部件的温度升高；车内各部件的温度与车内空气的温度均匀一致。

根据上述热平衡模型建立的热平衡方程如下：

$$Q=K_{i}K_{j}(Q_{w}+Q_{b}+Q_{c}+Q_{M}+Q_{P}) \tag{7-8}$$

式中 Q——空调热负荷，W；

K_{i}——当地的气候温度系数（常热区系数为1.04～1.08，湿热区系数为1.06～1.10，极热区系数为1.10～1.20）；

K_{j}——车型密封隔热效果系数（薄钢板内外蒙皮填充厚度大于20mm的隔热材料，附地板隔热，可活动车窗玻璃，车门密封一般，取系数1.03～1.10，无隔热材料取系数1.20）；

Q_{w}——太阳辐射造成的车内热负荷，W；

Q_{b}——车内空间制冷负荷，W；

Q_{c}——新鲜空气带入的热负荷，W；

Q_{M}——驾乘室内用电设备造成的热负荷，W；

Q_{P}——车内驾驶员及乘客散发的热负荷，W。

（4）车内各部分热负荷计算

① 太阳辐射造成的车内热负荷 Q_{w} 由车体表面热负荷 Q_{1} 和玻璃热负荷 Q_{2} 两部分组成。太阳辐射造成的车体表面热负荷主要以传导和对流的形式传递到车内使车内热负荷增加，空气温度升高。由于车窗及前后挡风玻璃具有一定的穿透性，太阳辐射能量作用在车玻璃表面上时被分解为三种类型的能量：第一种能量透过玻璃以短波辐射的形式进入车内；第二种能量被玻璃吸收后使玻璃表面温度升高，然后以对流的形式与车内空气进行热交换；第三种能量则被车玻璃反射回大气中。在此只取前两种能量，第三种被车玻璃反射回大气中的能量不计。则太阳辐射造成的车内热负荷为

$$Q_{w}=Q_{1}+Q_{2}=A_{1}k_{1}+A_{2}k_{2} \tag{7-9}$$

车体按颜色深浅吸热程度的不同，其单位面积辐射能量值 k_{1} 为5～9W/m^{2}；车玻璃按是否粘贴防晒膜及防晒膜的透射率，其单位面积辐射能量值 k_{2} 为150～500W/m^{2}。

② 车内空间制冷负荷 Q_{b} 车内的冷空气是以循环流动的形式对车内空间进行降温的，其制冷负荷是车内空间体积 V 与空间制冷值 g 的乘积，即

$$Q_{b}=Vg \tag{7-10}$$

车内空间 V 的单位是m^{3}，空间制冷值 g 一般取45W/m^{3}。

③ 新鲜空气带入的热负荷 Q_{c} 当人处于密闭空间时由于人体舒适度的需要，需引入新鲜的空气，并由此带入新的热负荷。按照每人3L/s即每人11m^{3}/h的新鲜空气引入标准，换算成空气质量流量 G_{v}，则新鲜空气带入的热负荷 Q_{c} 可按如下公式计算：

$$Q_{c}=G_{v}(h_{w}-h_{n})=\rho V_{c}n(h_{w}-h_{n}) \tag{7-11}$$

式中 Q_{c}——新鲜空气带入的热负荷，kJ/h；

G_{v}——进入车内新鲜空气的质量流量，kg/h；

h_{w}——车外大气的焓值，kJ/kg；

h_n——车内大气的焓值，kJ/kg；

ρ——空气的密度（1.29kg/m³）；

n——车内驾乘人员人数；

V_c——在密闭空间时需引入的新鲜空气量，每人 11m³/h。

④ 驾乘室内用电设备造成的热负荷 Q_M　在汽车开空调时，车内的用电设备除鼓风机工作会产生热量外，还有仪表灯光、短暂工作的助力转向和玻璃升降电机等工作产生的热量。对短暂工作的用电设备需要进行加权值处理。

$$Q_M = Q_J + Q_e + Q_T + Q_s \tag{7-12}$$

式中　Q_M——驾乘室内用电设备造成的热负荷；

Q_J——鼓风机产生的热量（240W）；

Q_e——仪表及室内照明灯产生的热量（6W）；

Q_T——转向助力电机产生的热量，加权值 0.1；

Q_s——玻璃升降电机产生的热量，加权值 0.1。

⑤ 车内驾驶员及乘客散发的热负荷 Q_P

$$Q_P = Q_{驾} + nQ_{客}$$

式中　$Q_{驾}$——驾驶员散发的热量（参考值 220W）；

$Q_{客}$——乘客散发的热量（参考值 200W）；

n——乘客人数。

⑥ 空调热负荷的计算举例及分析

例　某公司 S 款新能源电动汽车空调热负荷，参考以上分析，由式(7-8) 计算

$$\begin{aligned} Q &= K_i K_j (Q_w + Q_b + Q_C + Q_M + Q_P) \\ &= 1.08 \times 1.10 \times [2.8\text{m}^2 \times 7\text{W/m}^2 + 2.2\text{m}^2 \times 300\text{W/m}^2 + 4.8\text{m}^3 \times 45\text{W/m}^3 + \\ &\quad 1.29\text{kg/m}^3 \times 11\text{m}^3/3600\text{s} \times 5 \times (22.5 - 11.3) \times 1000\text{J/kg} + \\ &\quad (240\text{W} + 6\text{W} + 130\text{W} \times 0.1 + 60\text{W} \times 0.1) + 220\text{W} + 200\text{W} \times 4] \\ &= 2881.92\text{W} \end{aligned}$$

通过对空调热负荷的计算可得出如下结论：空调热负荷由几部分组成，但各部分热负荷所占的比例有所不同；根据逐时计算出的热负荷值，可作为确定空调系统制冷量的参考依据；在组成车内热负荷的因素中，引入新鲜空气和车内乘客形成的热负荷所占比例较大，但这是必要因素，无法改变。减少车内热负荷的主要途径是减少车体表面对阳光热量的吸热系数、改善车体隔热性能降低传热系数，再辅以采用有色车窗玻璃、加贴太阳膜、装窗帘等措施，减少对阳光的辐射透射率和吸收率。

7.3.2　空调系统的参数及选择匹配

空调系统的制冷负荷至少要与驾乘室内热负荷相平衡，其表达式为

$$Q_f = fQ \tag{7-13}$$

式中　f——储备系数，一般取 1.0～1.2。

这里取 f 为 1.1，代入式(7-13) 中，则空调系统制冷负荷 $Q_f = 1.1 \times 2881.92\text{W} = 3170\text{W}$。

（1）压缩机的选择匹配　　根据汽车空调系统制冷负荷 Q_f 计算工况，再参考电动压缩

机总成技术条件参数（表7-1），确定热力循环的计算情况。

表7-1 上海本菱 DM341 压缩机及参数

排气量/mL	额定电压/V	转速范围/(r/min)	制冷量(kW)/输入功率(kW)		
			3000r/min	4000r/min	6000r/min
34	DC312	1000～7200	2.7/1.4	3.7/1.9	5.6/2.85

排气压力/MPa	性能系数	制冷剂	吸气压力/MPa	过热度/℃	过冷度/℃	净重/kg	外形尺寸 $(L\times W\times H)$/mm
1.47	1.95	R134a	0.196	10±1	5±0.5	6.4	211×125×159

（2）变频器的选择匹配　电动汽车空调系统多使用变频器驱动压缩机电机，所引起的能耗特性与传统汽车能耗的特点有所不同：变频器自身有一定的电能量损耗和电气谐波引起的压缩机电机脉动损耗；变频器是一独立的个体，需在车上有位置单独可靠固定；选择变频器时其额定电流需稍大于压缩机电机的额定电流；变频器的功率至少为压缩机电机启动功率的1.2倍，即 $P_{变}\geqslant 1.2P_{机}$。

（3）冷凝器的选择匹配　根据汽车空调系统制冷负荷 Q_f 计算，冷凝器选定时其散热能力应稍大于空调系统的制冷负荷 Q_f，在此系数选1.1，则 $Q_{外}=1.1Q_f=1.1\times3170\text{W}=3487\text{W}$。选冷凝器内外空气温差为19℃，即进风温度 $t_1=39℃$，出风温度 $t_2=58℃$。冷凝器采用管片式结构，制冷剂在紫铜管内流动，管外套铝制肋片，空气流过管外带走制冷剂放出的热量降低温度。冷凝器冷却空气流量为

$$V=\frac{Q_{外}}{\rho c_p(t_2-t_1)}=\frac{3487}{1.29\times10^3\times1.036\times(58-39)}=0.137\text{m}^3/\text{s} \tag{7-14}$$

（4）储液干燥器的选择匹配　一般乘用车储液、干燥、过滤为一体式结构，储液干燥器的容积应占该车制冷系统充注制冷剂体积的50%～70%。为了防止异常高温下储液干燥器的安全性无法保证，其储液量不得超过储液干燥器本身容积的80%。储液干燥器的安装要求如下。

① 储液干燥器安装在冷凝器与膨胀节流机构之间，选择通风良好且远离热源的地方。

② 储液干燥器应垂直安装且倾斜角度不得大于15°，对于有观察视野窗的储液干燥器，其安装位置还应便于观察系统内制冷剂的流动情况。

③ 储液干燥器安装前应检查其适合哪一种制冷剂的产品，应与系统所设计采用的制冷剂要求一致，不得混用。

④ 储液干燥器安装时应注意其上标注的进、出口标记，不能装反。

（5）膨胀节流阀的选择匹配　设计选择膨胀节流阀需要知道的内容包括制冷剂的种类、蒸发温度 t_0、冷凝温度 t_k、蒸发器的热负荷 Q_0、蒸发器管路的分路数及液体制冷剂管路布置情况等。参数计算与确定如下。

① 确定膨胀节流阀两端的压力差 Δp　膨胀节流阀两端的压力差 Δp 即节流过程的总压差，是冷凝压力 p_k 与蒸发器压力 p_0 之差：

$\Delta p=p_k-p_0=1681.3\text{kPa}-292.8\text{kPa}=1388.5\text{kPa}$

② 通过膨胀节流阀的制冷剂流量：

$$\begin{aligned}G&=\sqrt{2}C_DA\sqrt{\rho\Delta p}=\sqrt{2}\times32.99\times7.54\times10^{-5}\times\sqrt{0.512\times10^3\times1388.5}\\&=5.86\text{kg/h}\end{aligned} \tag{7-15}$$

式中 G——通过膨胀节流阀的制冷剂流量，kg/h；

C_D——流量系数，取 32.99；

A——膨胀节流阀通道截面积，取 $7.54\times10^{-5}m^2$；

ρ——膨胀节流阀前制冷剂液体密度，R134a 制冷剂密度为 $0.512\times10^3 kg/m^3$；

Δp——膨胀节流阀前后的压力差，kPa。

(6) 蒸发器的选择匹配 根据汽车空调系统制冷负荷计算 $Q_f\approx3.17kW$，设选定蒸发器的平均温度 $t_0=1℃$，制冷剂为 R134a，蒸发器的回风温度 $t_i=26℃$，在汽车空调中送回风温差一般为 16～25℃，本蒸发器设计选温差 $\Delta t=20℃$，出风温度 $t_c=6℃$，相对湿度 $\Phi=60\%$。蒸发器的材料采用外径为 10mm 的紫铜管，导热系数 $\zeta_{铜}=395W/(m^2\cdot K)$，外覆铝翅片的导热系数 $\zeta_{铝}=236W/(m^2\cdot K)$。

蒸发器的换热面积 $$F=\frac{Q_f}{\zeta}=\frac{3170.11}{395+236}=5.024m^2$$

需循环空气量 $$G=\frac{Q_f}{\Delta h}=\frac{3170.11}{22.5-11.3}=283.05kJ/h$$

$$V=\frac{G}{V_i}=\frac{283.05}{1.14}=248.29m^3/h \tag{7-16}$$

式中 V——循环空气量，m^3/h；

G——蒸发器需置换的单位时间热量，kJ/h；

V_i——每立方米空气带走的热量，kJ/m^3。

7.3.3 空调制冷系统控制电路

电动汽车以动力电池作为动力源驱动空调压缩机，不再依赖发动机的启动旋转，因此电动汽车完全可以采用独立式的空调制冷系统，不受原动机（驱动机）需将燃料的内焓能转变为机械能的限制。电动汽车的空调系统完全可以与行车驱动系统分开成为一个独立的单元。汽车空调独立为一个单元系统有以下三大优点：可以在不接通驱动机系统的情况下，随时开启空调系统实现驾乘室内的温度等舒适度调节；可以实现远程控制开启空调系统，将 A/C 空调开关设置在钥匙按钮甚至车主手机上；可以在停车休息时长时间使用空调系统，不必再担心噪声污染和尾气排放污染问题。

图 7-22 所示为某新能源电动汽车手动独立空调制冷部分原理图，可以看出当打开 A/C 空调开关时，电动压缩机控制器接收到空调开关信号后，在制冷管路内制冷剂压力合适的情况下压力开关闭合，控制器为压缩机通电使电动压缩机开始工作，建立空调系统的循环压力，此时再打开通风开关调节挡位，使鼓风机转速得到调节，即可吹出合适风速的凉风。该车的暖风系统采用的是 PTC 加热，为保证安全和动力电池电能不被浪费，暖风开关受钥匙开关控制，必须在钥匙开关接通的情况下打开暖风开关，KM 接触器才接通 1.2kW 的 PTC 加热器工作取暖，在接通暖风开关同时 J3 继电器通电接通，使鼓风机以最低的转速运转。若在此基础上增加阳光、车内温度、车外温度、蒸发器和 PTC 温度五类传感器，再增加进气、空气混合、气流控制三类伺服电机和微电脑控制器，即可实现自动空调控制，如图 7-23 所示。若对微电脑再开发实现远程控制开机功能，即可实现电动汽车特有的无需接通钥匙开关驱动行车系统不通电的情况下的独立空调控制功能。

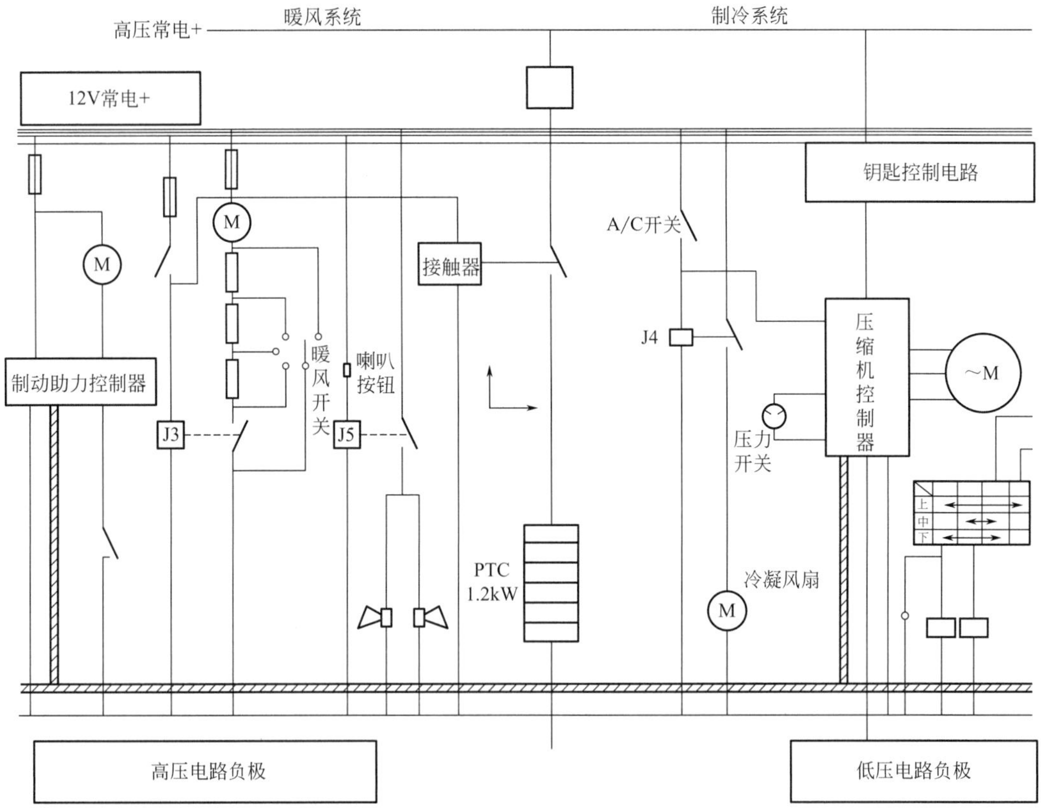

图 7-22　新能源电动汽车手动独立空调制冷部分原理图

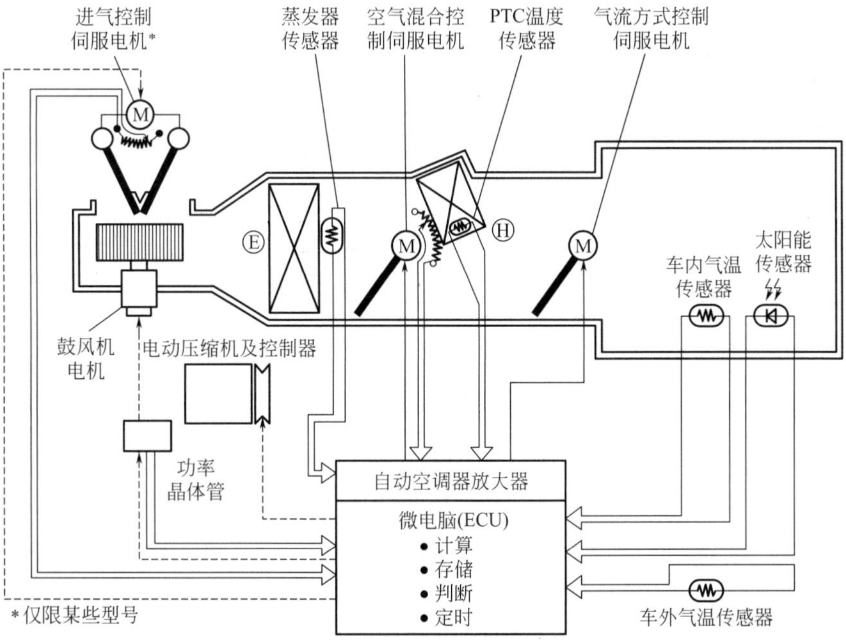

图 7-23　独立全自动空调示意图

7.4 电动汽车空调系统加热方式

汽车作为一种便捷的代步工具其乘坐舒适性也是关键因素之一。纯电动汽车取消了发动机，没有了发动机余热，这对设计驾乘人员的取暖来说是一项很大的挑战，同时也为设计其他采暖方式带来了发展机遇。目前采用的加热方式有燃油（燃气）加热方式、热泵加热方式和 PTC 加热方式等，来解决纯电动汽车驾乘人员的采暖问题。

7.4.1 燃油（燃气）加热方式

燃油（燃气）加热方式的原理是采取措施使燃油（燃气）在制热器中燃烧产生热量，对加热器周围空气或水进行加热来提高车厢内的温度。对加热的空气既可采用车厢内的循环空气，也可采用车厢外新鲜空气。空气式燃油加热器实物如图 7-24 所示，主要由电机风扇部分、通风换热部分、雾化燃烧部分、燃烧废气排除管道四部分组成。

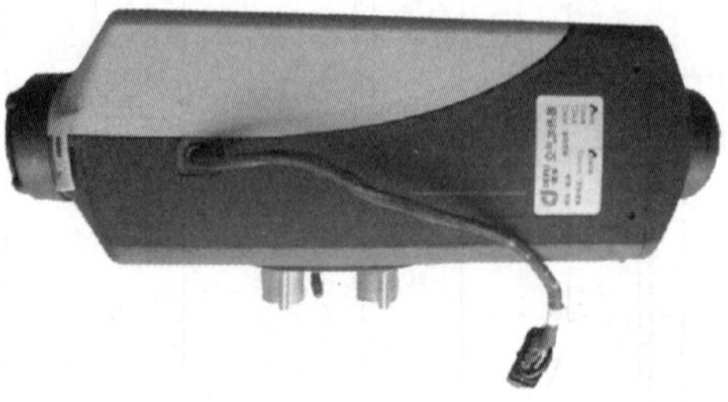

图 7-24 空气式燃油加热器

其工作原理是，当打开暖气开关时，电磁阀通电打开，同时电机带动油泵工作，大风扇、小风扇一起旋转。油泵将燃油送到雾化器，与小风扇吸入的空气混合雾化后（燃气不需要雾化直接供入燃烧室），被电热塞的电热丝点燃，混合气燃烧后电热塞停止工作，燃料在燃烧室内继续燃烧，通过热交换装置把热量传给大风扇吸入的冷空气，使其温度升高变成热空气，再从出口送到驾乘室内或其他需要加热的如前挡风玻璃等需要除霜的场所，燃烧所产生的废气通过废气管排出车外。

水暖式燃油加热器结构如图 7-25 所示，主要由电机泵气部分、通水换热室、雾化燃烧室、燃烧废气排除管道四部分组成，其工作原理与空气式加热器类似。

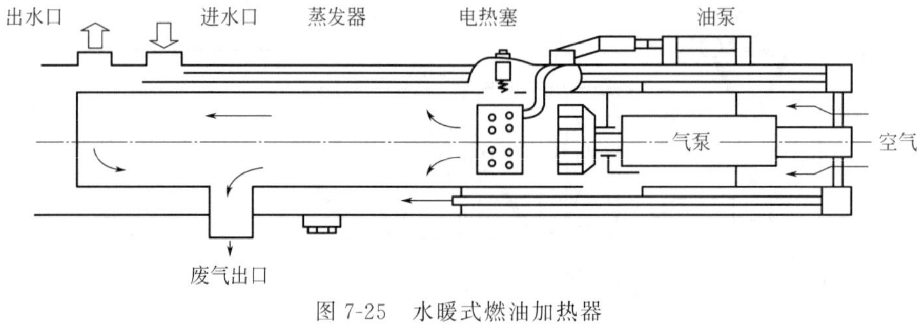

图 7-25 水暖式燃油加热器

这种电动汽车独立式燃油或燃气采暖系统的特点是热效率高、热容量大、取暖迅速，一般应用在高寒地区。缺点是没有彻底解决乘用车辆使用石化燃料燃烧和排放污染的问题。

7.4.2 热泵加热方式

热泵加热是在电动压缩机制冷回路的基础上增加电磁阀控制制冷剂的流向，通过蒸发冷凝器中的制冷剂从周围环境中吸收热量，再通过室内蒸发器冷凝释放热量，使室内温度升高，满足除霜除雾的法规要求并为驾乘人员提供舒适的温度环境。制热模式如图 7-26 所示。

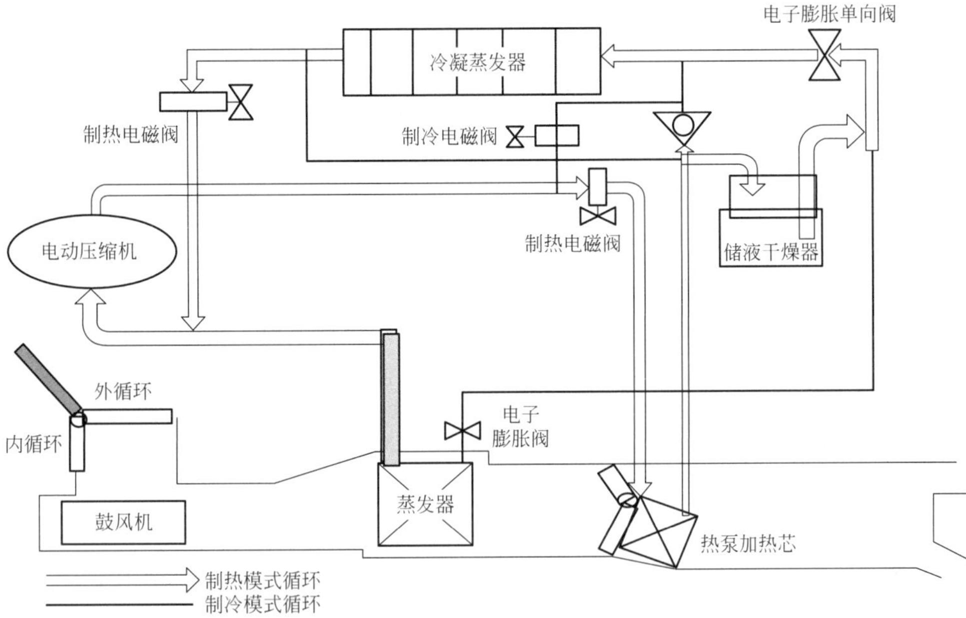

图 7-26 热泵式循环图

该热泵式空调系统采用的是电子式膨胀阀、制冷制热电磁阀、加大的冷凝蒸发器以及适应热泵循环模式的空调管路。该热泵式空调系统的制热工作原理是，当开启空调制热模式时制热电磁阀通电打开，制冷剂在压缩机的工作下建立压力并开始制热模式工作循环，高温高压的气态制冷剂在车厢内的热泵加热芯释放热量后进入储液干燥器，经过电子膨胀阀后在蒸发冷凝器内蒸发吸收空气中的热量，然后在电动压缩机的作用下再次吸入压缩，形成高温高压气态制冷剂继续进行循环。

该热泵式制热模式的优点是系统效率高，在产生相同热量的前提下比电加热方式消耗的电量少，可节约电能增加电动车辆的续驶里程。缺点是关键部件技术还不够成熟，且系统结构复杂。

7.4.3 PTC 加热方式

目前多数电动汽车采用的是 PTC 加热器，该加热器可以实现自动控温，缺风自动保护（最高温时），具有较高的安全性。实物如图 7-27 所示。

图 7-27 PTC 加热器

（1）PTC 材料特性　PTC 热敏陶瓷材料是具有正温度系数的导体功能陶瓷，主要有电阻-温度特性和电流-时间特性两大特性，使其符合了电动汽车取暖加热的需要。

① 电阻-温度特性　是指在规定的电压下元件功率电阻值与其电阻体温度之间的关系，如

图 7-28 所示。T_c 是 PTC 半导体元件相变的开始点，即居里温度点，当加热 PTC 材料达到该温度时元件电阻值会急剧上升直到最大电阻值；T_{max} 是指元件可达到的最高温度值；T_{min} 是元件（正常）呈现最小电阻时的温度；T_{25} 是指标准室温 25℃；R_{max}（最大电阻）是指元件达到最高工作温度时的电阻值；R_{min}（最小电阻）是指元件（正常）可呈现的最小电阻值。

② 电流-时间特性　是指当 PTC 元件两端加上额定电压工作时，流过元件的电流与时间的关系，如图 7-29 所示。PTC 元件通入额定电压后电流升高直到电阻最小时电流达到最大值，然后继续通电电流急剧下降直到 PTC 的相变点 T_c。电流降低会使 PTC 元件的温度降低，温度降低又会导致 PTC 元件的阻值下降，当阻值下降到 PTC 元件的居里点 T_c 后，因阻值下降通过 PTC 元件的电流又开始升高，电流升高温度即升高，又会导致阻值升高电流减小，如此 PTC 元件会自动维持在一定的通过电流并保持平衡，PTC 元件也就自动维持在一定的温度不变。调整 PTC 材料的不同比例即可调整其材料的居里点 T_c，进而即可调整 PTC 元件温度的高低。

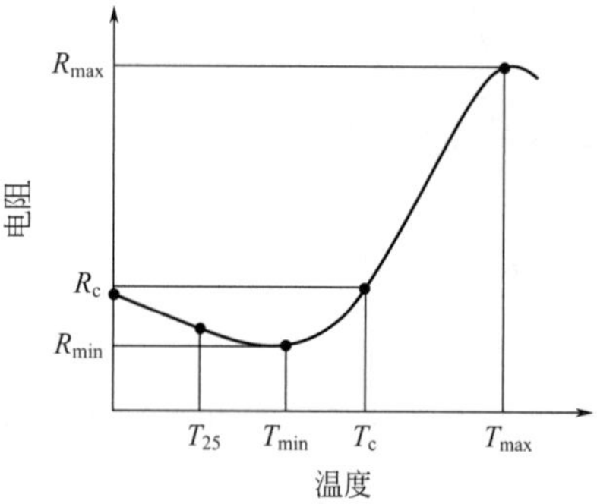

图 7-28　PTC 元件电阻-温度特性

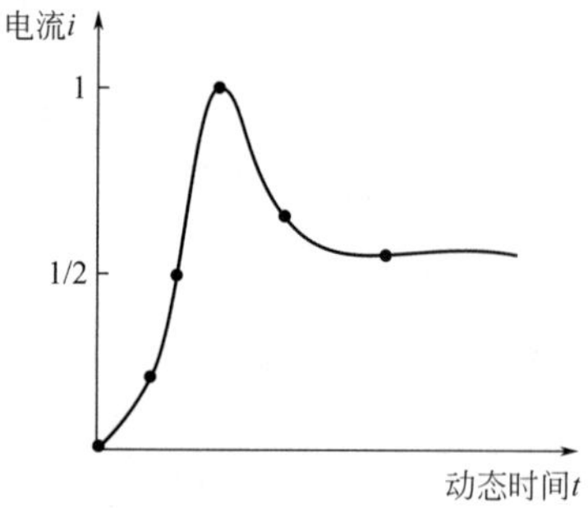

图 7-29　PTC 元件电流-时间特性

（2）PTC 取暖元件设计参数　在华北地区 1 月上旬，将车辆至于室外测得环境温度为 0℃，驾乘室内容积为 3.84m^3，要求驾乘室内温度达到 18℃。为使驾乘室在一定时间内达到规定的温度，PTC 加热器需产生一定的热量来满足需求。

$$Q=c_p\rho V(T_d-T_a) \tag{7-17}$$

式中　Q——驾乘室从环境温度上升到设计温度时需吸收的热量，kJ；

c_p——空气比定压热容，在温度－10～20℃时取 1.01kJ/(kg·℃)；

ρ——空气密度，kg/m^3；

V——驾乘室内部空间容积，m^3；

T_d——驾乘室的设计温度,℃；

T_a——环境温度,℃。

将各参数代入式(7-17)，得 $Q=90.06$kJ。鉴于 PTC 材料的特性，加热器从环境温度到达居里温度的时间非常短，可忽略不计。近似认为 PTC 加热器的稳态工作电流为最大电流值的一半。所以 PTC 取暖系统的功率只有满足以下条件，才能满足采暖需要：

$$P_c t\geqslant Q \text{ 即 } P_c\geqslant Q/t \tag{7-18}$$

式中　Q——驾乘室从环境温度上升到设计温度时需吸收的热量，kJ；

t——驾乘室从环境温度升到设计温度所需要的时间，一般取60s。

将计算结果 $Q=90.06$kJ 代入式(7-18)，得 $P_c \geqslant 1.50$kW。该车动力电池额定电压为72V。

（3）选用导线和匹配熔断器 合理地选择导线的种类、设计导线的截面积与熔断器的匹配关系，直接影响到整车的安全性、功能的可靠性和使用的经济性。根据负载的大小精确计算并合理选择导线的截面积，既能保证电线束的品质，又能降低成本。

① 导线截面积的计算 为确保汽车导线的使用寿命，在设计选用汽车导线时，应确保该导线一直处于安全的温度下工作，并使汽车各相关部分产生的热量不会超过导线允许的最高耐温等级。在选择导线时应保证该导线的耐温等级高于或等于环境温度加上带负载温升之和。一般默认电动汽车环境温度为40℃。在汽车线束设计中确定导线截面积是关键环节，导线截面积计算公式为

$$I=\frac{P}{U_a} \tag{7-19}$$

$$A=\frac{IL\rho}{U_a} \tag{7-20}$$

式中 I——电流，A；

P——负载功率，W；

A——导线截面积，mm^2；

ρ——铜电阻率，取 $0.0185\Omega \cdot mm^2/m$；

L——导线长度，m；

U_a——导线允许的电压降，V。

工作电流 $I_{稳}=20.83$A，导线长度选择为1.8m，允许的电压降为0.2V，则计算的导线截面积 $A=3.47mm^2$。再根据负载工作电流确定导线的温升和选用导线的截面积。导线绝缘材料受到热辐射的作用，主要来自于导线的使用环境和导线通过电流时产生的温升。若使用的导线载流量偏大，会导致导线的温度超过允许值，绝缘材料很快老化甚至引起火灾；若使用的导线载流量偏小，则材料不能得到充分的利用，造成资源浪费和成本升高。由焦耳定律 $Q=I^2Rt$ 得知导线通直流电时会产生热量使导线温度升高。当环境温度相对较低时，导线与环境存在较大温差，热量自导线向环境中很快散发掉［散热公式为 $Q=(T_1-T_2)t/R$］不会造成危害。当导线的温升速度和导线的散热速度基本相同时，导线的温度就会恒定。根据导线工作环境温度和导线需要的耐温等级选择导线的种类后，再根据负载电流查找导线额定电流和对导线需求的电压降经参数对照计算，就可以确定通过负载电流导线的公称截面积。

电压降计算公式：

$$V_a=IR_aL \text{ 即 } R_a=\frac{V_a}{IL} \tag{7-21}$$

式中 V_a——所需导线的电压降，V；

I——导线中通过的电流，A；

R_a——导线在20℃最大直流电阻，$m\Omega/m$；

L——需求的导线长度，此处选1.8m。

② 导线的选用　汽车线束根据导线标准分为国标、日标、德标和美标等，在众多标准中，德标导线柔韧性好、绝缘皮薄，同等线径质量最小。由于我国汽车工业的特殊性，各主要汽车公司主要参考的是日标和德标，常用日标、德标导线的耐温等级见表 7-2。德标主要包括 DIN72550、DIN72551、DIN76772。汽车用导线的特性如下。

表 7-2　常用日标、德标导线的耐温等级

项目	导线种类	耐温等级/℃	导线种类说明
日标	AV	80	A 汽车用低压导线；V 乙烯基，乙烯树脂
	AVS	80	A 汽车用低压导线；V 乙烯基，乙烯树脂；S 薄壁型
	AVSS	80	A 汽车用低压导线；V 乙烯基，乙烯树脂；SS 超薄壁型
	AVX	100	A 汽车用低压导线；V 乙烯基，乙烯树脂；X 交联
	AEX	120	A 汽车用低压导线；E 聚乙烯；X 交联
德标	FLY	105	FL 汽车线缆；Y 聚氯乙烯
	FLRY	105	FL 汽车线缆；R 绝缘厚壁低于 ISO 6722 的要求；Y 聚氯乙烯
	FLR2X	125	FL 汽车线缆；R 绝缘厚壁低于 ISO 6722 的要求；2X 交联聚乙烯
	FLR7Y	150	FL 汽车线缆；R 绝缘厚壁低于 ISO 6722 的要求；7Y 四氟化乙烯
	FLR9Y	125	FL 汽车线缆；R 绝缘厚壁低于 ISO 6722 的要求；9Y 聚丙烯

a. 耐热性　根据导线的工作环境温度，选用不同耐温等级的导线，因纯电动汽车无产生高温热源的发动机，不在此考虑机舱的高温区域造成的影响，一般选用导线的耐温等级为 80℃。

b. 绝缘等级　目前汽车上常用的导线多为绝缘等级为 1kV 以下的工业低压绝缘导线，虽然在汽车上有高低电压的区分，但在工业绝缘上属于同一个级别，故一般在纯电动汽车所使用的导线中不考虑其绝缘等级问题。

c. 耐磨性　车用绝缘导线本身具备一定的耐磨性，但在设计时还是应该尽量避免导线束与锋利的车体零件接触，以防止刺穿或磨破导线的绝缘层，引起漏电或短路，为此在汽车线束中采用包裹胶带绝缘层、外加波纹管，并在通过孔、洞等棱刺部位时加装橡胶护套等措施。

d. 阻燃性　是指在零部件着火后将燃烧速度、范围控制在一定范围内的性能。汽车线束除采用阻燃导线绝缘材料外，还需在整体线束上包扎阻燃的绝缘胶带，以尽量将偶发的导线短路引起的火灾控制在最小的范围内。

e. 弯折性　车用导线的弯曲程度、允许的弯曲次数要根据使用环境温度下的使用情况来设定。例如，通过车门铰链处的导线在使用环境 −30～80℃时，180°弯折 10 万次。

f. 线色　为了便于识别和检测汽车上的电气设备，通常将汽车线束中的导线采用不同的颜色加以区分。目前在设计选配导线时多采用单线色和双线色两种方式，电源系统的导线一般选用单色。双色导线分主色和辅色，其中主色占据导线绝缘层的大部分面积。

经计算得导线电压降 $R_a = 5.3\text{m}\Omega/\text{m}$，通过式(7-20) 计算的导线截面积 $A = 3.47\text{mm}^2$，根据导线数据表，仍需选择标称 4.0mm^2 规格的导线（表 7-3）。

表 7-3 用于汽车系统的线束

标称截面积/mm^2	导体							绝缘		
	单线根数		单根直径(最大)/mm		外径(最大)/mm	20℃时导体直流电阻(最大)/(mΩ/m)		标称厚度/mm	外径(最大)/mm	参考质量/(kg/km)
	A	B	A	B		裸线	有绝缘层包装线			
0.22	7	—	0.21	—	0.60	84.8	86.5	0.25	1.2	3.1
0.35	7	12	0.26	0.21	0.90	52.0	54.5	0.25	1.3(B为1.4)	4.3
0.5	19	16	0.19	0.21	1.00	37.1	38.2	0.3	1.6	6.4
0.75	19	24	0.23	0.21	1.20	24.7	25.4	0.3	1.9	9
1.0	19	32	0.26	0.21	1.35	18.5	19.1	0.3	2.1	12
1.5	19	30	0.32	0.26	1.70	12.7	13	0.3	2.4	17
2.5	19	50	0.41	0.26	2.20	7.6	7.8	0.35	3.0	27
4.0	—	56	—	0.31	2.75	4.7	4.8	0.4	3.7	42
6.0	—	84	—	0.31	3.30	3.1	3.2	0.4	4.3	61

(4)熔断器的计算选择和插接器的选择匹配　熔断器分为快熔式和慢熔式，不同熔断器的材料不同。快熔式熔断器的材料多为锌或锡，慢熔式熔断器的材料多为铜或铜锡合金。对于小电流、短时间脉冲负载一般选择快熔式熔断器；对于大电流、长时间脉冲负载，一般选择慢熔式熔断器。

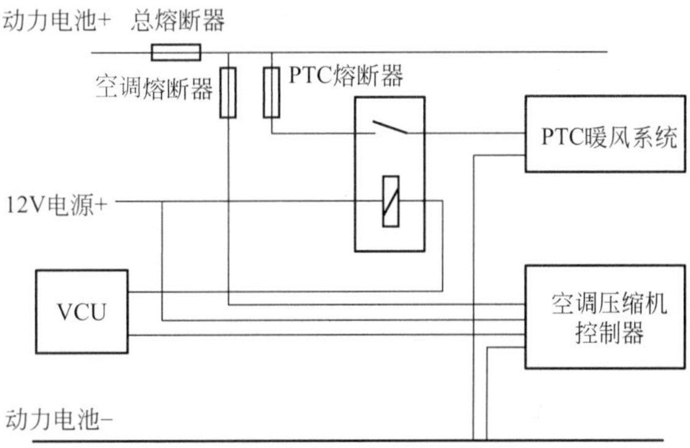

图 7-30　暖风及空调系统回路

①熔断器与用电设备的匹配　此纯电动汽车的暖风系统线路对于车辆常用电气系统来说是高电压，应串联高压慢熔式熔断器进行线路保护，如图 7-30 所示。高压熔断器的选配原则主要是熔断器额定电压和额定电流的确认。额定电压应大于动力电源最高工作电压的 10%；熔断器额定电流的选择应参考以下公式计算进行。

$$I_n=\frac{I_r}{K_1K_2} \tag{7-22}$$

式中　I_n——熔断器额定电流，A；

I_r——保护电路的负载电流，A；

K_1——负载校正系数，主要根据负载特性、功率变化、启动和关断瞬间冲击电流等因素考虑，平稳运行负载选 0.75，负载工作电流波动较大的选 0.6；

K_2——温度校正系数，主要根据使用环境温度和熔断器温升情况选择，纯电动汽车无明显高温产生区域，一般选择 0.6。

由式(7-22)，再根据以上选择系数，代入参数 $I_r=20.83A$ 计算得熔断器额定电流 $I_n=$

46.29A，根据熔断器的规格型号，此 PTC 加热器选择 50A 的熔断器较为合适。

② 熔断器与导线的匹配　设计熔断器的目的是既能保证用电设备正常工作，又能在用电设备异常使导线短路或工作电流过大超过其承载电流发烟之前先行熔断切断电源。导线的发烟过电流公式为

$$I^2 r=\frac{T_1-T_2}{R(1-e^{-at})} \tag{7-23}$$

式中　I——导线发烟电流，A；

r——发烟时导线的电阻，Ω/m，$r=r_{20}[1+0.00393\ (T_1-20)]$；

T_1——导体发烟时的温度，℃；

T_2——最高环境温度，此处为留有余量取导线的耐热等级温度，℃；

R——导线热电阻，Ω·m/W；

t——通电后发烟开始时间，s；

a——热常数的倒数，W/J。

代入参数，计算德标规格 4.0mm^2 导线 1000s 的发烟电流大于 50A 熔丝的熔断电流，能保证在导线过载发烟前熔丝熔断切断电源。

③ 插接器的选择匹配　为了便于 PTC 加热器的安装，PTC 加热器上的正、负极引线与电源线之间采用线束插接器连接。该插接器由护套和端子组成，端子是插接器的核心部件，负责提供加热电流的路径，并在接触面形成稳固的接触，护套对端子固定并对端子提供机械和环境保护。在选择插接器时需考虑以下四个因素：电气因素，包括电压、电流、使用线径、回路通电时间等；环境因素，包括环境温度、湿度、密封等级和耐化学品腐蚀的要求；物理因素，包括大小、回路数、线与线连接还是线与板连接；装配因素，包括装配空间、插拔力要求等。

该 PTC 加热器选用适用于 4mm^2 线径、导通电流大于 50A 的线与线插接器。目前国内连接器行业端子类产品使用的材料有两种：黄铜和青铜。黄铜的导电性优于青铜，但青铜的弹性比黄铜好，在选择插头端子材料时优先选择导电性更好的黄铜。插座端子本身有一个弹性结构，在满足导电要求的前提下一般选择青铜材料。

端子编号说明：

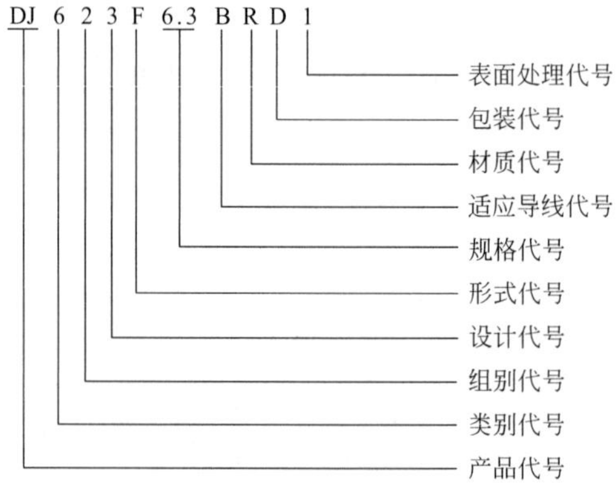

类别代号：2 表示圆柱形；4 表示电线接头；6 表示片形。

组别代号：1 表示插头；2 表示插座。

设计代号：数字表示第几代产品。

规格代号：产品的系列规格型号，有 0.6 系列、0.7 系列、1.0 系列、1.2 系列、1.3 系列、1.5 系列、1.6 系列、1.8 系列、2.0 系列、2.2 系列、2.3 系列、2.8 系列、3.0 系列、3.5 系列、4.0 系列、4.8 系列、5.5 系列、6.0 系列、6.3 系列、7.0 系列、7.8 系列、8.0 系列、9.5 系列，还有保险盒端子、仪表端子等。

适应导线代号：T 表示 0.15～0.35mm^2；A 表示 0.3～0.85mm^2；B 表示 1.0～1.5mm^2；C 表示 2.0～2.5mm^2；D 表示 3.0～4.0mm^2；E 表示 5.0～6.0mm^2。

材质代号：H 表示黄铜；R 表示青铜；C 表示紫铜；K 表示铜合金；F 表示铁；S 表示不锈钢。

包装代号：D 表示单只；L 表示连带，省略时表示厂家采用连带包装。

表面处理代号：0 表示素材；1 表示钝化；2 表示亚光镀锡；3 表示亮光镀锡；4 表示镀镍；5 表示镀银；6 表示镀金。

该 PTC 加热器选用的导线端子型号分别是插头 DJ618-6.3D、插座 DJ626-6.3D，如图 7-31 所示。

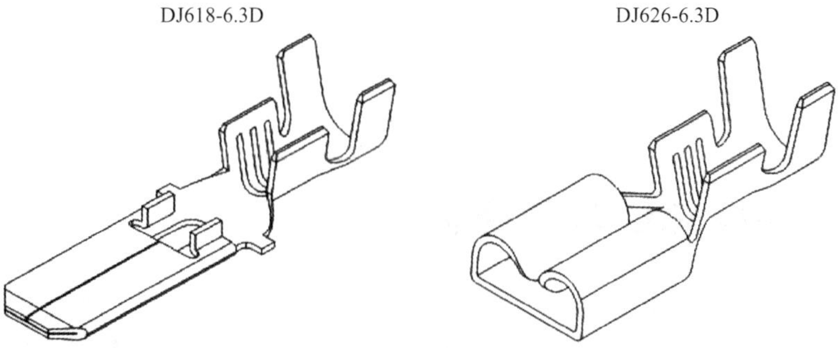

图 7-31 PTC 加热器连接端子

对护套的选择主要是材料和结构形状。护套的常用材料有尼龙（PA、PA6、PA66）、ABS 树脂、PBT（聚对苯二甲酸丁二醇酯）三种。

护套编号说明：

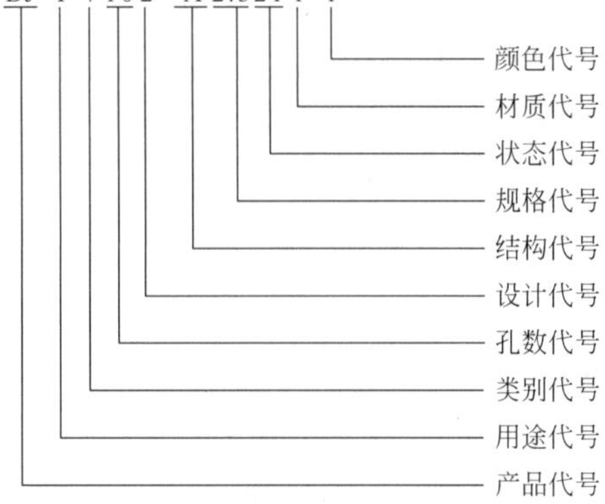

用途代号：Y 表示仪表用；D 表示灯用；F 表示发动机用；K 表示开关用；B 表示保险用。

类别代号：3 表示圆柱形；7 表示片形。

孔数代号：数字表示护套的孔位数。

设计代号：数字表示第几代产品。

结构代号：字母表示该护套的结构类型。

规格代号：产品的系列规格代号，有0.6系列、0.7系列、1.0系列、1.2系列、1.5系列、1.6系列、1.65系列、1.8系列、2.0系列、2.2系列、2.3系列、2.8系列、3.0系列、3.5系列、4.0系列、4.8系列、5.5系列、6.0系列、6.3系列、6.5系列、7.8系列、8.0系列、9.5系列、复合护套系列、灯座护套系列、继电器护套系列、仪表护套系列。

状态代号：11表示插头；21表示插座；10表示复合插头；20表示复合插座。

材质代号（塑料类）：1表示ABS；2表示尼龙；3表示聚酯热塑；4表示聚碳酸酯；5表示聚乙烯；6表示酚醛树脂；7表示聚甲醛；8表示聚丙烯；9表示聚氯乙烯。

材质代号（橡胶类）：10表示丁腈；11表示硅矽；12表示氟素；13表示氯丁。

颜色代号：1表示棕色；2表示红色；3表示橙色；4表示黄色；5表示绿色；6表示蓝色；7表示紫色；8表示灰色；9表示白色；0表示黑色。

该PTC加热器选用的护套型号分别是插头DJ7023-6.3-11、插座DJ70236-6.3-21，如图7-32所示。

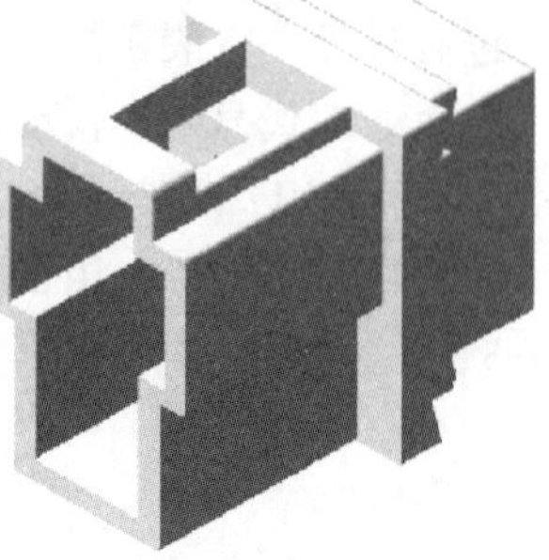

(a) 插头DJ7023-6.3-11

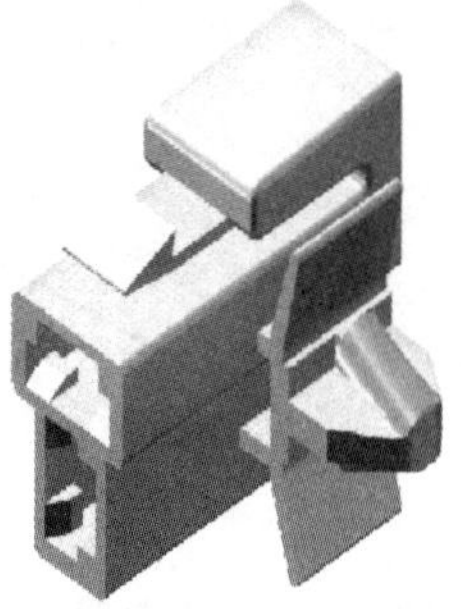

(b) 插座DJ70236-6.3-21

图7-32 PTC加热器连接护套

7.5 CAN总线自动空调

随着汽车电子技术智能化、网络化的发展，电动汽车空调比传统汽车空调具备更好的可控性。同时，车联网的核心——智能中控平台已经在汽车上广泛使用，该中控平台具有大屏幕触控界面，能够开发各种应用程序扩展其应用功能。这两方面的发展为电动空调的智能化控制提供了条件。

基于CAN总线的电动汽车自动空调控制器，取消了传统空调的实体控制面板，由智能中控触摸屏界面控制。用户通过点击智能中控触摸屏的相应界面产生用户需求输入，智能中控触摸屏将获取的用户输入信息通过CAN总线发送给空调控制器，空调控制器根据接收的控制命令来执行控制，驱动空调工作。基于CAN总线的空调控制器和智能平台的中控系统结合起来，可以很容易地与其他车载应用组合，实现远程控制甚至手机智能控制汽车空调，成为新能源电动汽车智能化、互联化的一个亮点。

7.5.1 总体设计方案

空调总体设计方案如图7-33所示，智能中控在触摸屏上显示虚拟空调面板，并接收用户触摸输入的信息，通过CAN总线将用户对空调控制的请求发送给空调控制器，空调控制器读取CAN信号后，结合蒸发器温度传感器和PTC温度传感器信息，根据空调控制逻辑驱动相应的空调系统执行器动作以实现空调控制，并将当前的空调控制状态通过CAN总线以空调反馈信号的形式反馈给空调控制面板的智能中控系统。

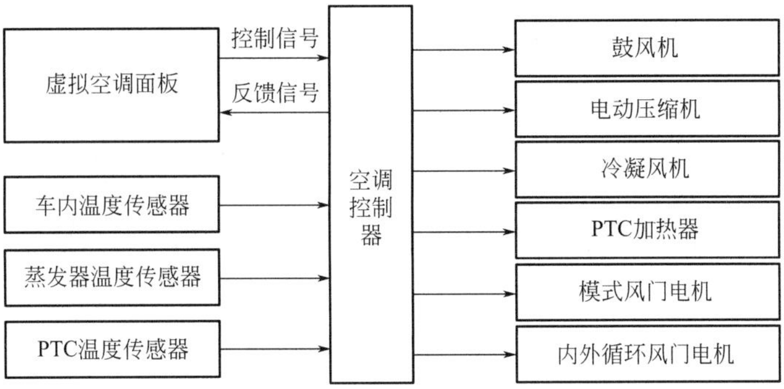

图 7-33 空调总体设计方案

该智能空调用户除通过智能中控触摸屏上的虚拟旋钮操作空调外，还可以直接设定所需要的温度和风速，然后由智能控制器一起实现对空调的自动控制。智能中控系统读取车内温度传感器的信号后，根据当前车内温度传感器和用户设定温度的差值，通过 CAN 总线发出对空调的控制需求，空调控制器接收到输入信息后，根据输入信息要求驱动空调工作在相应的制冷或制热状态，从而实现对空调的自动控制。

7.5.2 软件程序设计

智能中控系统空调的软件程序若采用安卓系统车机，则只需要开发安卓系统的应用程序即可，智能中控逻辑流程如图 7-34 所示。

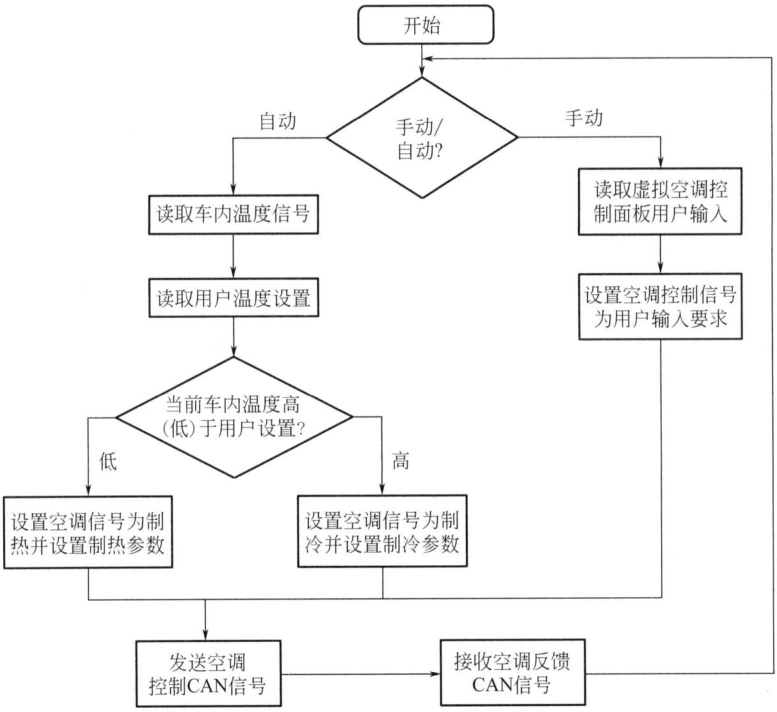

图 7-34 智能中控逻辑流程

空调控制器接收到CAN总线上智能中控发来的空调控制信号后，需执行对空调的控制动作，空调控制器上需要实现的空调控制流程如图7-35所示。

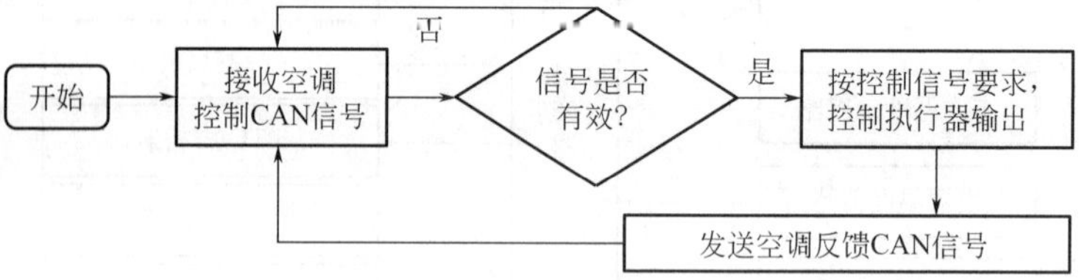

图7-35 空调控制逻辑流程

为了实现智能中控和空调控制器之间的通信，也为了实现对整个空调系统的协调控制，需要设置合理的通信协议。在智能中控和空调控制器之间采用CAN总线通信后，需协议将空调控制信号和空调反馈信号均设置为单帧信号，每帧信号带有8个字节的数据，可以使所有的空调控制信息和空调反馈信息在单帧内完成。空调控制CAN信号实例设计见表7-4，每个字节代表不同的空调控制功能。

表7-4 空调控制器CAN信号字节功能示例

字节	控制功能
第1字节	制热开关控制，0表示断开，1表示接通，其他值无效
第2字节	制冷开关控制，0表示断开，1表示接通，其他值无效
第3字节	内外循环控制，0表示断开，1表示接通，其他值无效
第4字节	吹风方向模式控制，000表示吹面模式，001表示吹面/吹脚模式，010表示吹脚模式，011表示吹脚/除霜模式，100表示除霜模式，其他取值无效
第5字节	冷暖控制，0表示最大制冷控制，0～124表示制冷效果控制，125～255表示制热效果控制，255表示最大制热控制，0～255间的其他取值按比例分布
第6字节	鼓风机挡位控制，0表示关闭，255表示最大风量，其他取值在最小和最大风量之间按比例分布
第7字节	预留
第8字节	预留

空调反馈CAN信号实例见表7-5，每个字节代表不同的空调状态。

表7-5 空调反馈CAN信号字节功能示例

字节	功能状态
第1字节	开关状态，00表示开关断开，01表示制热开关接通，10表示制冷开关接通
第2字节	内外循环状态，0表示内循环状态，1表示外循环状态，其他取值无效
第3字节	吹风方向模式状态，000表示吹面状态，001表示吹面/吹脚状态，010表示吹脚状态，011表示吹脚/除霜状态，100表示除霜状态，其他取值无效
第4字节	冷暖状态，0表示最大制冷状态，0～124表示制冷状态，125～255表示制热状态，255表示最大制热状态，0～255间的其他取值按比例分布
第5字节	鼓风机状态，0表示关闭，255表示最大风量，其他取值在最小和最大风量之间按比例分布
第6字节	预留
第7字节	预留
第8字节	预留

7.5.3 硬件电路选用设计

对于电动汽车的传感器、执行器需沿用现有成熟的方案，中控智能面板硬件可选择基于安卓系统、IOS 或 Wince 的车机产品。目前市场上应用较多的是基于安卓系统的车机产品，空调智能中控面板只需要选择带 CAN 通信功能，且能支持读取温度传感器的信号的安卓车机产品即可。对于空调控制器的智能硬件与传统空调器相比取消了实体控制面板，由 CAN 总线接收空调控制要求，再更改对鼓风机的自动控制驱动电路（因为传统空调是串入不同电阻来实现对鼓风机转速挡位调整的）。空调控制器的整体硬件设计框图如图 7-36 所示。

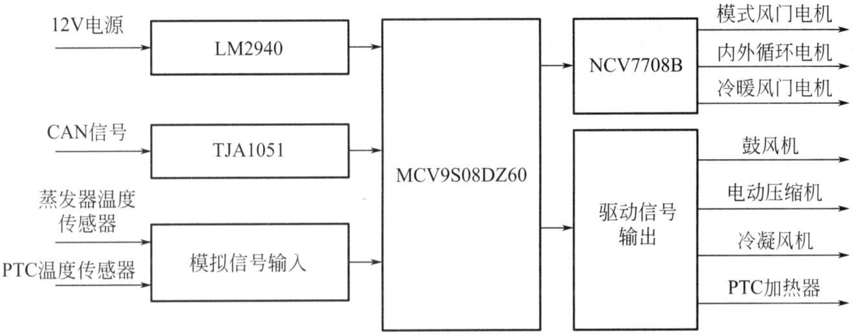

图 7-36 空调硬件框图

该控制器的主控芯片采用 MCV9S08DZ60，此芯片是一款价格低廉性能强大的 8 位单机片，主频为 40MHz，具有 4KB 的 RAM 和 60KB 的 Flash 接口，具有 1 路 CAN，1 路 SPI 和 24 通道的 12 位 ADC。电源芯片选用 LM2940，可将车上的 12V 电源转换成 5V 稳定电源为主芯片 MCV9S08DZ60 供电。由于 MCV9S08DZ60 只有一个 CAN 通信模块，增加一个 CAN 收发器 TJA1051 即可实现 CAN 总线通信。选用 NCV7708B 电桥驱动器对风门电机进行驱动。

7.6 空调系统试验

汽车电动空调与一般的空调相比，其工作环境严酷，运行条件恶劣，为此它与普通空调的检测、试验的要求应有所区别，应分别在静态和动态两种情况下进行试验。汽车空调不仅要进行性能试验，而且对压缩机应进行耐久性试验，还要进行整车的环境试验，对应车速、日照、降雨等环境条件的变化，引起车内的温度变化，进行降温、升温速率数据的采集。

7.6.1 电动汽车空调制冷系统试验

电动汽车一般应分别在静止状态和行进状态（动态）进行下列三项试验：汽车空调整机性能、电量消耗试验；汽车空调的压缩机试验；汽车空调整车环境模拟试验。

（1）试验仪表 测温仪，精度±0.1℃；湿度仪，精度±1%RH，分辨率 0.1%RH；阳光辐射强度计，精度±2%；测风仪，精度±0.1m/s；空调压力表，精度+0.1kPa；钳形电流表，精度 1A。

（2）试验前准备

① 记录试验车的厂名、型号、VIN 码、试验日期。

② 检查车辆各部件的完整性和技术性，使其完全符合相关技术要求。

③ 确认空调设备的安装达到设计要求且工作正常。

④ 将钳形电流表卡于压缩机控制器的电源输入端。

⑤ 确认空调各出风口处于设计的全开位置。

⑥ 布置主要测点进行数据检测：环境温度，环境相对湿度，太阳辐射强度，蒸发器各出风口的温度、风速，蒸发器回风口温度，乘员席上部空气温度，冷凝器进风温度、出风温度，压缩机吸气温度、排气温度，压缩机吸气压力和排气压力等。

（3）试验环境条件　电动汽车空调试验可在环境舱内、室外静态和室外行驶条件下（动态）进行，这三种方法是各自独立的，可任选一种或两种方法进行试验。可按表 7-6 给出的试验环境条件进行充分设置。

表 7-6　试验环境条件

试验类型	温度/℃	相对湿度/%RH	阳光辐射强度/(W/m^2)	风速/(m/s)
环境舱	38±1.0	50±5	1000±25	
室外静态	≥35	40～75	≥800	≤5
室外动态				

（4）试验方法

① 车辆空调通电开始前记录各测试点的初始读数。

② 车辆通电开启空调，冷气全开，按表 7-7 的试验程序要求开始试验。

③ 以一定的时间间隔连续记录各点的监测数据，或用数据采集仪采集各点数据直至试验完毕。

表 7-7　试验程序要求

项目	静态(0km/h)		低速(30～50km/h)	中速(60～80km/h)	高速(90～120km/h)
室外静态	45min	(车内压缩机噪声 45dB)			
环境舱	45min	(车外压缩机噪声 55dB)	45min	15～20min	15～20min
室外动态			45min	30min	30min

一般试验的时间间隔为 5min，将各点的测量数据汇总在一起查看分析，必要时将某点的测量值连接成时间-数据坐标图进行分析。

7.6.2　电动汽车空调采暖系统试验

电动汽车不同于传统燃油汽车采用发动机工作热量进行取暖，有数分钟的发动机工作升温等待。电动汽车无论采用 PTC 加热还是燃油（燃气）加热均升温比较迅速。

（1）试验准备

① 记录试验车的厂名、型号、VIN 码、试验天气等。

② 检查车辆各部件的完整性和技术性，使其完全符合相关技术要求，例如对电池电压、电量和轮胎气压的检查等。

③ 布置主要监测点：驾驶席、副驾驶席头部、脚部等处的温度，前挡风玻璃出风口温度、其他乘员脚部、室内空间温度等。

（2）试验方法　一般先选择静态后选择动态分两次进行。可在环境舱内进行静态试验，环境温度设为（15±2)℃，打开全部车门、车窗，15min后由2～3名试验人员进入车内，关闭车门、车窗和外循环通风口。开启暖风加热装置，先调整风门至前挡风玻璃和乘员脚部位置，前5min内每间隔1min记录这两处的温度值和风速，5min后间隔时间适当延长。20min后，驾驶该车以中速60km/h左右的速度行驶，同时按固定的间隔时间记录各测点的温度值。试验总时间为45min。

对试验各测点的测量数据进行汇总查看，若符合国家GB/T 21361—2008标准或企业自定标准（企业标准高于国家标准），即为评审合格。

第8章 仪表显示及无人驾驶

电动汽车的仪表是从传统汽车仪表的基础上发展而来的，而且车速里程表仍然是主要的显示部分，如图 8-1 所示。该仪表是一块带有 CAN 总线接口的数字仪表，可以与整车控制器、电机控制器和电池管理系统实现 CAN 总线通信。

图 8-1　电动汽车仪表

8.1　仪表结构和指示符号

如图 8-1 所示，某公司新研制的电动汽车仪表由车速表、电池电量显示表、电机能量显示表、电压表等组成。其中车速表和电机能量显示表采用 240°旋转角度的独立仪表，在车速表中红色的 PARK 显示当前车辆状态为停车，右下角的小指针表为电池电量表，仪表盘右边的电机能量显示表 0 刻度以上为驱动电机输出能量，0 刻度以下绿色部分为充电状态，电机能量显示表的右下角的小指针表为电压表。电池电量表由 90°旋转角度的独立指针表和中间的“Energy Flow”显示模块组成；电压表也为 90°旋转角度的独立指针表。所有的独立指针仪表均采用步进电机来驱动，利用微步驱动控制，分辨率高，工作精度能够达到 0.1°以上。

在中间的 TFT 液晶显示屏中显示报警指示信号和电池剩余能量等信息，由下往上分三部分。最下部分左面的 82℉（约为 27.8℃）显示的是驾乘室内华氏温度，换算成常用的摄氏温度是 27.78℃；绿色的 READY 表示已准备好，该灯点亮说明上电结束车辆可运行；右面的字母 R 表示倒挡，N 表示空挡，D 表示前进挡，P 表示驻车挡，红色的 S 表示运动模式。中间是整车模拟图标，可显示车门状态，内部是剩余电量，53%表示还有53%的电量，此处英文 Energy Flow 是能量流显示剩余能量。上部左侧 32miles 为 32 英里，右侧 4：15 为当地时间。另外还有左右箭头（转向指示灯）等其他隐形符号，这些隐形符号只有当所对应的功能启用时才亮起显示。

信号和报警指示灯是用来指示车辆运行中的一些关键状态的，起到告知驾驶员有关电气系统和动力电池状况的作用。指示灯采用高亮度的 LED 灯，具有性能稳定、寿命长等优点。

（1）电动汽车仪表指示灯

① 

ABS 指示灯　黄色，用来指示制动防抱死 ABS 系统的工作状况，当打开钥匙时车辆系统自检，ABS 指示灯会点亮数秒后熄灭，若未点亮或点亮后不熄灭，说明制动防抱死 ABS 系统出现故障，需检查处理。

② 刹车盘磨损警告灯　用来显示车辆刹车盘磨损的状况。一般该指示灯为熄灭状态，当刹车盘出现故障或磨损过度时，该灯点亮，修复后熄灭。

③ 手制动指示灯　红色，用来显示车辆手刹的状态，平时为熄灭状态。当手刹被拉起后，该指示灯自动点亮。手刹被放下时，该指示灯自动熄灭。有的车型在行驶中未放下手刹会伴随有警告音。

④ 安全带警告灯　红色，用来指示安全带是否处于锁扣状态，该灯点亮说明安全带没有扣到锁扣上，此时行车部分车型会有警告音。

⑤ 气囊警告灯　黄色，用来指示安全气囊的工作状态，当打开钥匙时车辆系统自检，该灯会点亮数秒后熄灭，若未点亮或常亮，说明安全气囊系统出现故障，需检查处理。

⑥ 车门指示灯　黄色或红色，用来指示车辆各车门是否关好，该灯点亮说明相应的车门未关好，此时行车部分车型会有警告音。

⑦ 转向指示灯　浅绿色，用来指示车辆转向灯的工作状态，正常行车时为熄灭状态，当驾驶员点亮某侧的转向灯时，该转向指示灯和车辆前后的转向灯一起闪亮，表示车辆将向某一方向转向，转向完成后一般会自动熄灭，也可手动熄灭。

⑧ 远光指示灯　蓝白色，用来指示车辆远光灯的工作状态，当驾驶员点亮远光灯时该灯会同时点亮，提示驾驶员车辆处于远光灯开启状态。

⑨ 前雾灯指示灯　浅绿色，用来指示车辆前雾灯的工作状态，一般车辆只有打开小灯后才能使前雾灯点亮，点亮前雾灯同时指示灯点亮。

⑩ 后雾灯指示灯　淡黄色，用来指示车辆后雾灯的工作状态，一般车辆只有打开小灯后才能使后雾灯点亮，点亮后雾灯同时指示灯点亮。

⑪ 示宽灯（俗称小灯）指示灯　用来显示车辆示宽灯的工作状态。

⑫ 玻璃水指示灯　用来显示车辆所装玻璃清洁液的多少，平时为熄灭状态，该指示灯点亮时，说明车辆所装玻璃清洁液已不足，需添加玻璃清洁液，添加玻璃清洁液后，指示灯熄灭。

⑬ 轮胎低气压警告灯　该灯除钥匙打开时自检点亮数秒外均处于熄灭状态，若该灯点亮说明某一轮胎气压过低，需充气维护。

⑭ 

四轮驱动模式指示灯　该灯点亮表示开启了四轮驱动模式。

⑮ 

四轮驱动锁止模式指示灯　该灯点亮表示车辆锁止在四轮驱动模式。

⑯ 驻车和制动系统警告灯　驻车制动手柄（即手刹）拉起时，此灯点亮。手刹被放下时，该灯自动熄灭。部分车型刹车液不足时此灯会亮。

⑰ 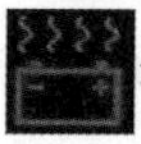动力电池过热警告灯　该灯点亮表示该车的动力电池温度过高，需降温处理，动力电池管理系统会同时降低输出电流。

⑱ 动力电池故障警告灯　该灯点亮表示该车动力电池内部出现短路或断路故障，需维修处理。

⑲ 动力电池电量不足警告灯　该灯点亮表示该车的动力电池电量不足，需充电处理。

⑳ 驱动电机或其控制器过热警告灯　该灯若在行车中点亮表示驱动电机或其控制器温度过高，应停车或降低车速降温处理。

㉑ 充电线连接指示灯　该灯只有在停车连接好充电线路时点亮，在该灯点亮时不可打开钥匙使车辆处于行车状态。

㉒ 

车辆运行准备就绪指示灯　该灯点亮说明上电结束，车辆可开始运行。

㉓ 

EV 驱动模式指示灯　该灯点亮表示车辆处于纯电动省电驱动模式。

㉔ 自适应前照灯指示灯　在装备具有 AFS 自动前照灯系统的车辆上，若 AFS 系统开关开启，当车辆行驶到光线较暗的环境中时，前照灯会自动开启，该灯点亮。

㉕ 电子驻车系统警告灯　电子驻车制动系统俗称电子手刹，电子驻车制动系统

（EPB，Electrical Park Brake）是指将行车过程中的临时间制动和停车后的长时间制动功能整合在一起，并且由电子控制方式实现停车制动的技术，其开关如图 8-2 所示，打开开关后该灯点亮。

㉖ 车距警告灯　采用超声波自动检测系统的车辆，利用微机控制超声波传感器自动测距，当本车与前车距离过近时点亮该灯。

㉗ 

盲点监测灯　在配备 BLIS 盲点监测系统的车上，在后视镜下设有感应装置，当监测到后侧来车时，通过 A 柱上的灯光闪烁来提醒驾驶员，如图 8-3 所示。

图 8-2　电子驻车制动开关

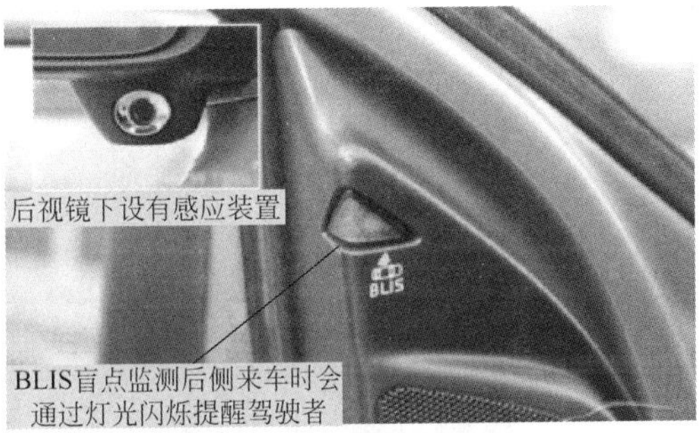

图 8-3　盲点监测系统

㉘ 内循环指示灯　用来显示车辆空调系统的工作状态，平时为熄灭状态。当按动循环按钮时，车辆关闭外循环，空调系统进入内循环状态时，该灯自动点亮。内循环关闭时熄灭。

㉙ 空调滤清器警告灯　该灯平时熄灭，在滤清器堵塞严重时点亮告知驾驶员空调滤芯应予以更换。

㉚ 制动系统警告灯　当制动系统出现故障时该灯点亮，提示驾驶员必须修理。

㉛ 车辆保养提示灯　当该灯点亮时提示驾驶员车辆已到保养时间，需尽快实施保养，保养完成后该灯熄灭。

㉜ 汽车需维修警告灯　该灯平时处于熄灭状态，点亮时说明该车出现故障，需要尽快维修。

㉝ 

电子转向助力系统警告灯　该灯平时处于熄灭状态，正常行车点亮时说明该车助力系统出现故障，此时转动转向盘会感觉沉重，需要尽快维修。

电动车辆的信息除利用仪表上的指示和警告灯显示外，还可在中控台上的液晶显示屏进行更大量信息的显示，而且还可根据需要进行翻页和触摸控制，如图 8-4 和图 8-5 所示。

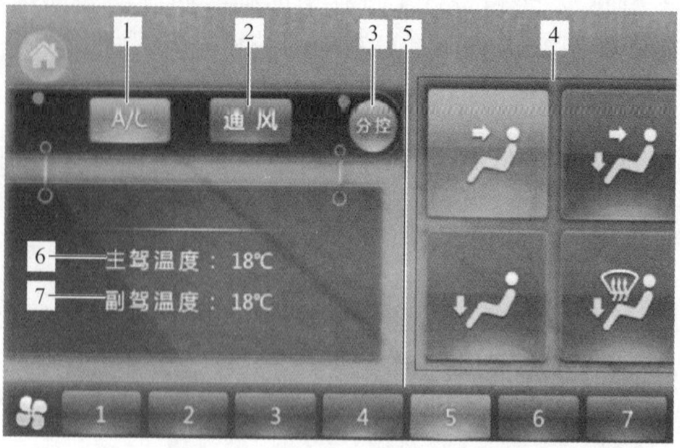

图 8-4　液晶显示屏显示（一）

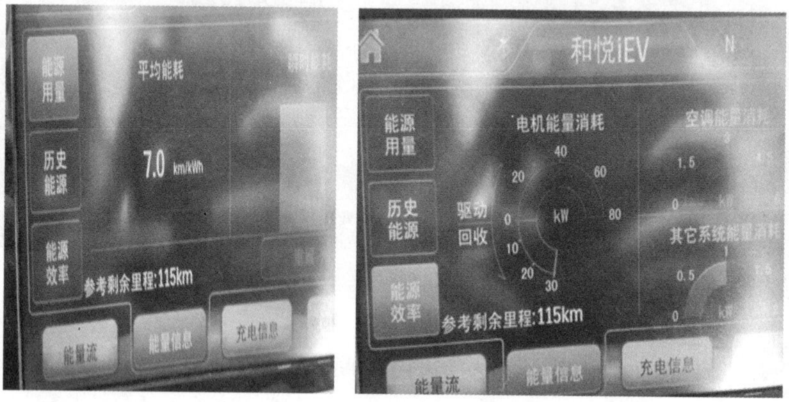

图 8-5　液晶显示屏显示（二）

（2）车内功能按键

① 空调开关　当按下该开关时空调冷风系统工作。

② 前大灯自动清洗　在装有前大灯自动清洗装置的车辆上，可以通过按下这一按键开启前大灯清洗装置，对车辆的前大灯进行喷水清洗。

③ 中控锁键　该键是车辆中控门锁的控制按钮。可以通过按下该键，同时打开或关闭各车门的门锁，也可以单独关闭任一个开启的车门，有效地保证了车内人员的安全。

④ 后遮阳帘键　该按键用来控制车内电动后遮阳帘的打开与关闭。在装有电动后遮阳帘的车内，可以通过按下这一按键打开或关闭后窗的电动遮阳帘。

⑤ 倒车雷达键　该按键用来打开或关闭车上的倒车雷达系统。按下该键手动控制倒车雷达的工作，即在倒车时手动关闭倒车雷达，或是手动开启倒车雷达。按键如图 8-6 所示。

⑥ 自动泊车键　该按键用来自动使车辆驶入停车位。按键如图 8-6 所示。

随着电动汽车驾驶舒适化要求越来越高，其功能按键也越来越多，如跑道偏离报警功

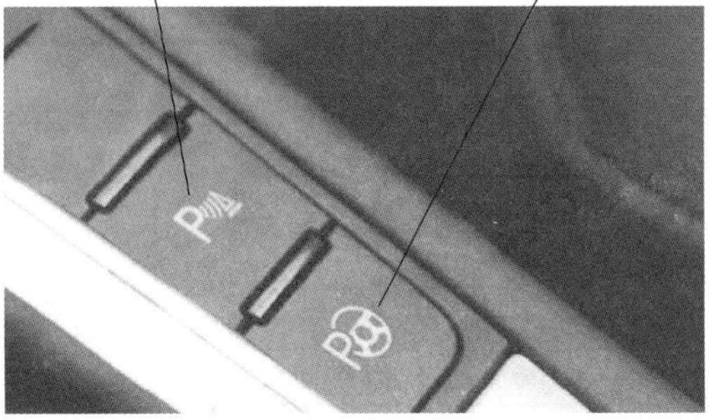

图 8-6　倒车雷达键和自动泊车键

能、车距控制功能、陡坡缓降功能、后视镜加热功能、后视镜自动折叠功能、后视镜调节功能、车窗控制功能、车窗一键锁定等，如图 8-7 和图 8-8 所示。

图 8-7　功能按键（一）

图 8-8　功能按键（二）

8.2　仪表显示结构

电动汽车采用的数字仪表主要是通过外围接口，利用总线或线路接收汽车的速度、电机转速、电池电量、灯光、车门状态、轮胎压力、制动、安全带等信号，进行处理后在仪表或显示屏上实现数字化、图形化显示。电动汽车数字仪表还具有实时报警功能。当发生故障仪表接收到故障信息后，除进行储存、显示外还可采用声响、灯光闪烁的方式进行报警，提醒驾驶员有故障发生，需要进行检查和修理。

驾乘员可以点击中控触摸屏实现人机交互，根据喜好和需要选择各种显示界面。中控触摸屏还可以显示电子地图并进行车辆导航、测距，为驾驶员提供方便、快捷的路径信息。

电动汽车数字仪表具有丰富的图形显示界面，可方便地进行人机交互，实时采集车辆运行信息，并即时显示和存储，针对运行故障和异常情况提供报警信息。仪表的总体结构分为信息采集层、数据处理层和人机交互层三个层次，其结构框图如图 8-9 所示。

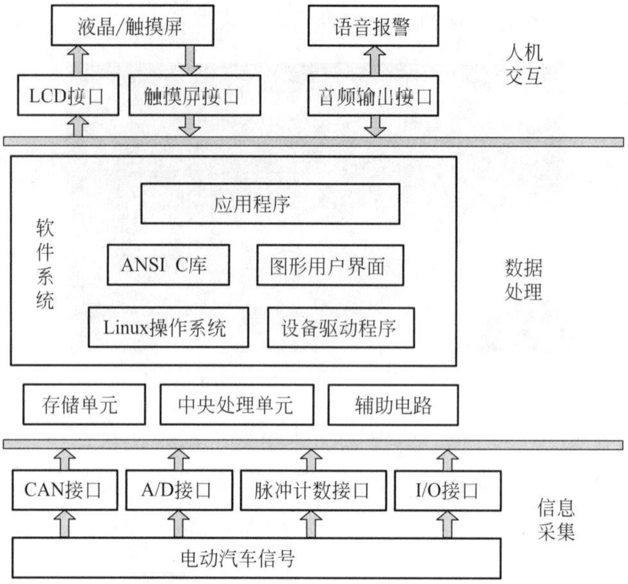

图 8-9 电动汽车液晶仪表/触摸屏信息结构框图

（1）信息采集层　主要负责接收电动汽车各种运行信号和车况信息。设有 CAN 总线接口、A/D 转换信息接口、脉冲计数接口和 I/O 接口，其中 CAN 总线接口负责接收车载 CAN 网络上的其他总线模块的数据。A/D 转换接口负责接收电动汽车的母线电流、电压、驱动电机温度等模拟信号，脉冲计数接口负责接收行车速度和驱动电机转速等脉冲信号，I/O 接口负责接收车灯信号、安全带信号、车门信号、制动信号和驻车信号等信息，以点亮或熄灭相应的警告提示灯。

（2）数据处理层　主要负责处理从信息采集层接收到的各种信息，是电动汽车数字仪表系统的主要部分，包括中央处理单元、存储单元、接口电路以及辅助电路等。整个系统的软件部分运行在数据处理层上，包括嵌入式 Linux 操作系统、设备驱动程序、图形用户界面和应用程序。

（3）人机交互层　是驾驶员和电动汽车仪表之间的交互平台，包括液晶屏接口、触摸屏接口和音频接口三部分。电动汽车仪表的核心部件是中央处理单元，该处理单元接收到各种信息后，经处理在液晶显示屏显示。驾驶员可通过点击触摸屏或切换界面进行相关的操作，实现人机交互操作。当接收到的信息超出该类信息的范围时，报警灯光闪烁或音频输出接口通过扬声器发出声响报警以提醒驾驶员注意。最典型的如未系安全带的报警，在停车时未系安全带灯是点亮的，行车时不仅灯是点亮的，而且还有声响报警。

（4）仪表线路　电动汽车的仪表线路较为复杂，某公司电动汽车正在使用的仪表仅对外连接线路就有二十多条导线，如图 8-10 所示，有仪表的总线通信线、车速传感器信号线、制动油液位开关和驻车制动开关共用的制动报警灯线路、各门开关控制的门灯开关线路、转向助力线路、远光指示灯线路、安全带报警灯线路、后雾灯线路、位灯即仪表照明灯线路、R 挡指示灯线路、D 挡指示灯熄灭线路、双搭铁线路、电源线路、钥匙开关接通线路、左右转向灯线路等，而且对仪表的每个端子都进行了编号，每一条线路都进行了编码。例如，安全带报警灯端子是 A29，线路编码为$\frac{Y09a}{G/B}$，表示该导线编号是 Y09a，颜色是 G/B（主色是绿色，辅色是黑色，简称绿黑色导线）。

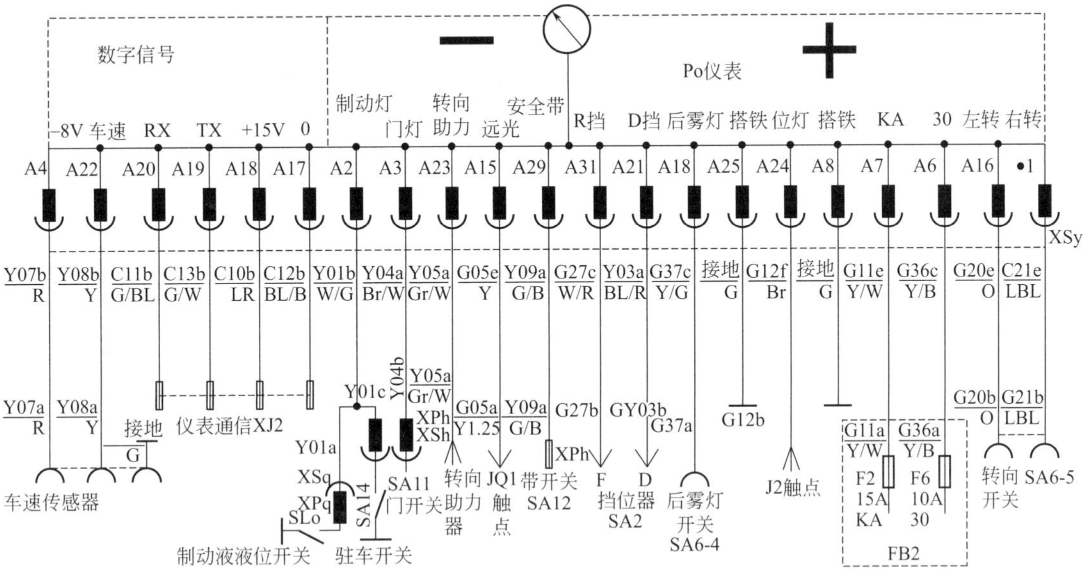

图 8-10 仪表连接线路

（5）仪表系统软件 软件是系统功能实现的关键，主要由 CAN 通信程序和数据处理程序组成。CAN 通信程序主要负责对实时性要求较高的控制单元信息采集、处理和传送，一旦检测到有效动作信号，就会调用相关子程序由 ECU 处理该数据。CAN 通信程序流程如图 8-11 所示。数据处理程序主要负责仪表 TFT-LCD、步进电机和报警指示灯的显示。由信号接口或 CAN 总线采集到的数据通过 ECU 的运算分别驱动仪表指针转动到相应的位置，TFT 显示相应的画面和报警指示灯的亮灭。数据处理流程如图 8-12 所示。

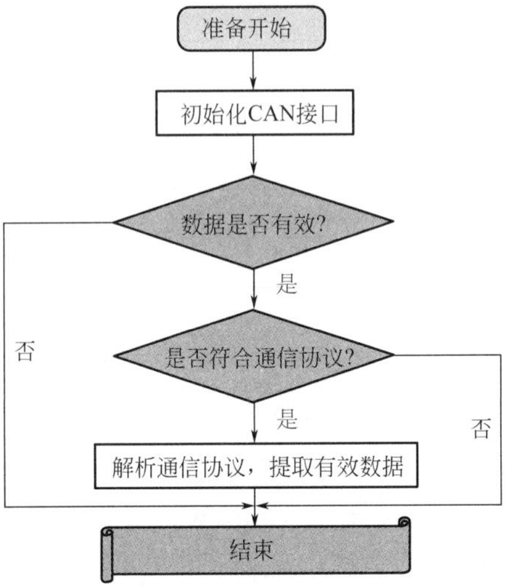

图 8-11 CAN 通信程序流程

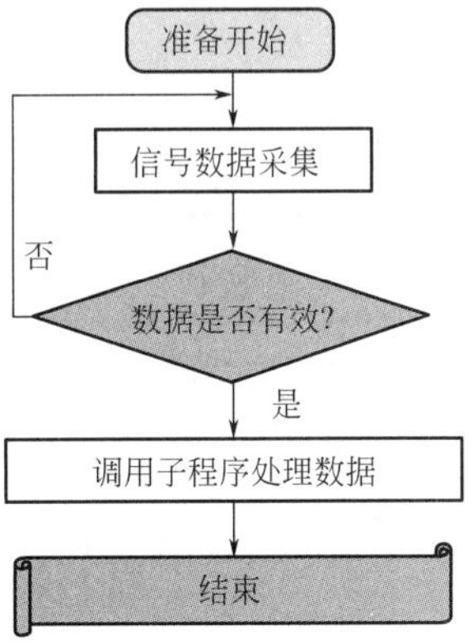

图 8-12 数据处理程序流程

8.3 仪表 CAN 总线通信协议

为使新能源电动汽车仪表能正确显示电源电量、驱动电流等信息，仪表必须从电源、驱动电机等处采集信号，这样就增加了成本，增加了仪表的复杂性，也增加了故障概率。若通过 CAN 总线将控制器的信号传输给仪表进行显示，就能够较好地解决问题。

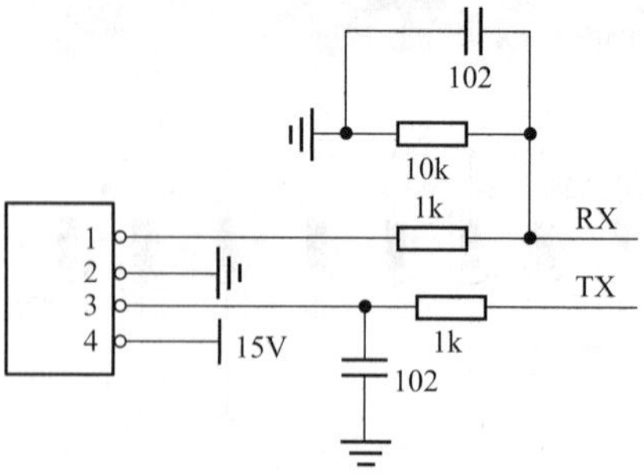

图 8-13 控制器内部 CAN 总线接口

（1）总线协议 该 CAN 总线的通信协议适用于包括仪表在内的所有上位机与控制器之间的通信。协议如下。

UART：波特率 9600bps，校验位 0，启动位 1，数据位 8，停止位 1，每帧数据间隔 1ms，每次请求数据间隔 400ms。控制器内部 CAN 总线接口如图 8-13 所示。

该端口的 GND 是动力电池的负极，应与整车 12V 供电的负极隔离，应保证 RX 处高电平高于 4V。

（2）报文格式 上位机读控制器读状态的指令（每帧数据间隔 6ms，每次指令间隔 500ms）：

0xeb
0x01
0xeb
0x01
0x55

接到指令后，控制器将上传 25 个字节状态数据，其格式如下：

0xeb
0x01
0xeb
0x01
数据编号
数据
校验码高 8 位(数据编号＋数据的和为校验码)
校验码低 8 位(数据编号＋数据的和为校验码)

（3）实时状态参数表

编号	参数名称	数据类型
1	故障码 ERR	unsigend char
2	故障码 ERR1	unsigend char
3	状态字 ST	unsigend char
4	电枢电流 IA	unsigend char
5	励磁电流	unsigend char

续表

编号	参数名称	数据类型
6	加速器输入	unsigned char
7	电池电压 VB	unsigned char
8	控制器温度	unsigned char
9	电压占空比	unsigned char
10	转速 SPD-低 8bit	unsigned char
11	转速 SPD-高 8bit	unsigned char
12	圈数 cir-低 8bit	unsigned char
13	圈数 cir-高 8bit	unsigned char
14,15	其他	unsigned int
16,17	其他	unsigned int
18,19	其他	unsigned int
20,21	其他	unsigned int
22,23	其他	unsigned int
24,25	其他	unsigned int

圈数 cir＞10000 时归零。

ERR	Bit0＝1	保留
	Bit1＝1	励磁过流或换向接触器过流
	Bit2＝1	电枢过流
	Bit3＝1	主接触器过流
	Bit4＝1	加速器错误
	Bit5＝1	电池电压低
	Bit6＝1	控制器过热
	Bit7＝1	控制器温度过低
ERR1	Bit0＝1	励磁线圈开路
	Bit1＝1	主接触器粘连
	Bit2＝1	主接触器丢失
	Bit3＝1	电池电压过高
	Bit4＝1	电流检测故障
	Bit5＝1	方向开关故障
	Bit6＝1	控制器预充电故障
	Bit7＝1	电机温度过高
ST	Bit0＝1	前进
	Bit1＝1	后退
	Bit2＝1	限功率输出
	Bit5＝1	高踏板禁止

车型Ⅰ：96V300A

电枢电流换算

(IA-127)*5.882

电池电压

VB*0.4101

转速为电机转速，差速器速比1∶6.18，轮胎直径510mm。

车型Ⅱ：72V350A

电枢电流换算

(IA-127)*5.882

电池电压

VB*0.4101

转速为电机转速，差速器速比1∶6.18，轮胎直径510mm。

车型Ⅲ：60V400A

电枢电流换算

(IA-127)*5.882

电池电压

VB*0.4101

转速为电机转速，差速器速比1∶6.18，轮胎直径510mm。

车型Ⅳ：48V400A

电枢电流换算

(IA-127)*5.882

电池电压

VB*0.2781

转速为电机转速，差速器速比1∶6.18，轮胎直径510mm。

8.4 部分电动汽车仪表和显示

色彩丰富的仪表盘、高位时速表以及大屏幕多媒体显示屏，都在提升着车内成员的视觉感受。在众多的新能源电动汽车上都装配了这些现代化的仪表和大屏幕的显示屏，如日产的聆风（LEAF）和特斯拉（Tesla）电动汽车。

8.4.1 日产纯电动汽车聆风仪表

聆风车内整体仪表台如图8-14所示。

转速表被POWER指示灯所取代，油表被可显示剩余里程的“电表”所取代，而时速表被设计到了中控台的上方，如图8-15和图8-16所示，可以为驾驶员提供最直观的速度显示，时刻提醒驾驶员驾驶聆风的时候不要超速，以节省电力，获得更长的续驶里程。

聆风电动汽车中控台上集成了空调控制和多功能显示屏的区域，像自动空调、GPS导航、蓝牙电话等功能也都一应俱全，如图8-17所示。这完全是一款高品质家用车的配置，这在使用上也为消费者的使用铺平了道路——在市区开聆风代步，和普通的家用紧凑型车不会有什么区别，让消费者可以放心、舒心地驾驶。

图 8-14 聆风车内整体仪表台

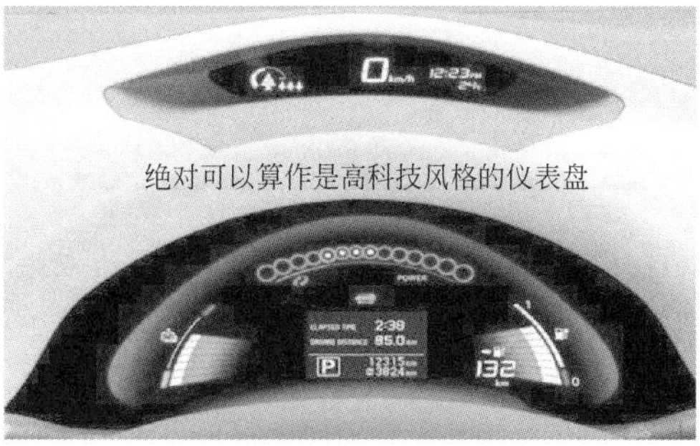

图 8-15 聆风仪表

图 8-16 仪表中的 POWER 指示灯

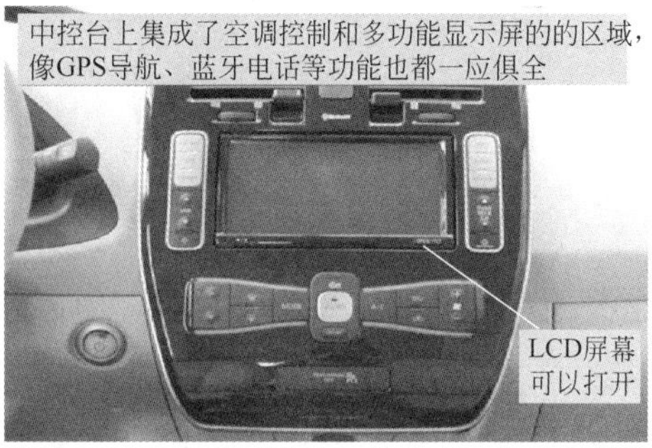

图 8-17 聆风汽车中控台上的多功能显示屏

聆风的换挡装置也非常特别，取消了传统的换挡杆，而是采用了一个多维的方向旋钮进行挡位选择，如图 8-18 所示。换挡钮上方的 P 代表的是驻车挡，往左上推是倒挡，往左推是空挡，往左下推一下是行驶挡，往左下推两下能激活节能的 ECO 模式。

8.4.2 特斯拉仪表

特斯拉汽车创业团队主要来自硅谷，是用 IT 理念来造汽车的，而不是传统汽车厂商思路。特斯拉汽车在仪表的设计上有很大的突破，正中间是整车模型和可巡航的公里数，左侧是行驶信息和电量信息，右侧是让驾驶员心里更有数的预计和额定里程。特斯拉液晶仪表具有丰富的信息量显示，中控台上的多功能显示屏可实时显示导航信息及空调风速、温度等信息，还有天窗的开启幅度操作等，均可通过转向盘上的多功能按键进行调节，如图 8-19 所示。特斯拉 Model S 的 17 寸触摸屏仪表盘可像智能手机一样升级。

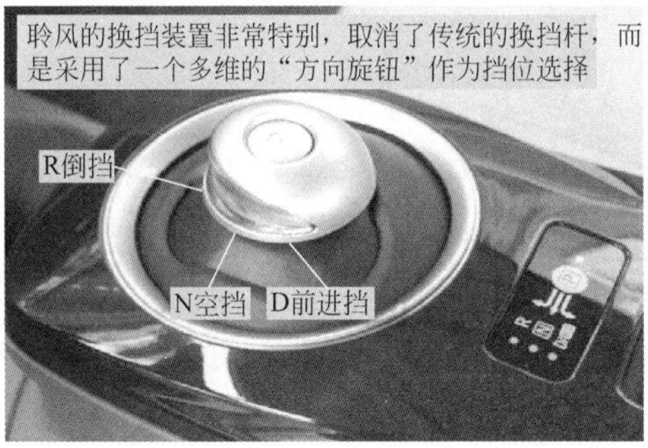

图 8-18 聆风电动汽车换挡方向旋钮

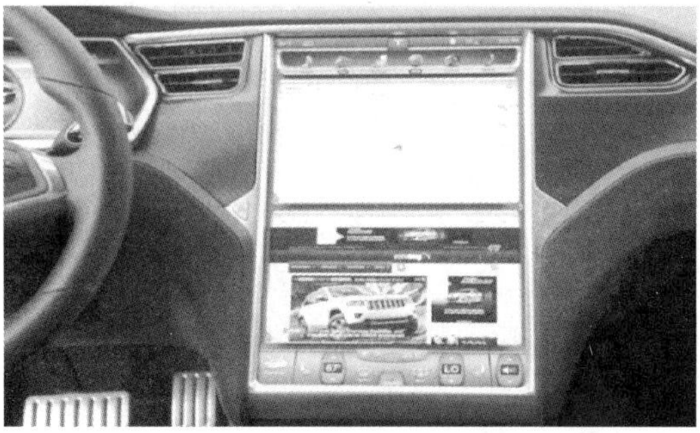

图 8-19 特斯拉汽车多功能显示屏

8.4.3 北汽新能源汽车仪表

EV200 纯电动汽车在配置方面引人注目、“科技范”十足，在“车联网”、车主便利、车主健康方面也可谓先人一步，仪表采用双车载液晶大屏与手机 APP 三屏互通。EV200 的仪表盘区域采用了 6.2 寸智能数显液晶大屏，其背后是基于 64 位双核 CPU 的全新 Tricore 控制系统，具有国际先进水平，能实时显示功率表、数字车速、瞬时电耗、倒车雷达、动力电池电压和电流、驱动电机转速、平均电耗、保养里程、车外温度等 20 多项信息，在驾乘时能及时获知车辆状况，并根据实时显示改善驾驶习惯和技巧。EV200 的中控台匹配 8 寸富士康多媒体液晶大屏（图 8-20），装有可扩展 WinCE 系统，不仅拥有时尚人性的定制界面、凯立德 3D 实景导航、便利的蓝牙电话、人性化的随速音量控制、车辆 OBD 智能监测及故障提醒，还有丰富的多媒体功能等，让行车生活更便捷、更舒适。更让人惊喜的是，EV200 的两个液晶屏能通过特定 APP 与手机实现“三屏互通”，不仅能映射手机功能，更可利用手机对车辆进行远程遥控，例如远程开启空调、车窗，查询电池剩余电量、续驶里程，预约充电、查询充电剩余时间，查询车辆停放位置等，以享受便捷的用车生活。

图 8-20 EV200 中控台液晶屏

8.4.4 长安逸动仪表

长安逸动电动汽车环抱式仪表台给人一种包裹感，内饰增添些许蓝色元素以展示新能源身份。三炮筒式仪表盘采用蓝色背光设计，有一定科技感（图 8-21）。左侧的转速表替换成电量储备表。右侧的仪表可显示能量输出状态，绿色为经济电量输出区域，蓝色为普通输出状态，红色为最大能量输出状态。中间则是车辆时速表。虽然仪表盘上所显示的信息不够丰富，但中控液晶屏幕配有纯电动汽车专用的车辆状态界面，电池电量状态、瞬间能耗以及剩余续驶里程均有显示，如图 8-22 所示。在行驶中这个界面中还会显示能量输出与能量回收状态，此时，满电后车辆显示剩余里程为 163km。

图 8-21 长安逸动电动汽车仪表

图 8-22 中控液晶屏幕界面

8.4.5 江淮 iEV4 仪表

如图 8-23 所示，江淮 iEV4 电动汽车仪表盘左侧上大刻度表是驱动电机功率表，该表 0 刻度线以上为车辆驱动行驶时的电机输出功率，0 刻度线以下为车辆制动行驶时的电机制动能量回收功率，单位均是 kW。该车仪表盘左侧下小刻度表是动力电池的电量指示表，指示范围在 0-1/2-1。该车仪表盘右侧上大刻度表是 0～140km/h 的车速表。该车仪表盘右侧下小刻度表是动力电池温度表。其余均为指示灯，分别是安全气囊报警灯、电动助力转向故障报警灯、位置指示灯、转向指示灯、限功率报警灯、系统故障报警灯、远光指示灯、准备行驶高压接通指示灯、充电状态指示灯、充电连接指示灯、近光指示灯、防抱死故障报警灯、铅酸电池电量报警灯、安全带报警灯、制动系统故障报警灯、动力电池切断指示灯、动力电池故障报警灯、电机故障报警灯、驻车制动指示灯、后雾灯指示灯、前雾灯指示灯等。

图 8-23 江淮 iEV4 电动汽车仪表

8.4.6 报警灯符号

电动汽车整车控制器在对自身及各子系统进行监测过程中，发现问题会及时点亮仪表中相应的指示灯，主要故障灯的名称、故障原因及工作条件见表 8-1。

表 8-1 主要故障灯的名称、故障原因及工作条件

指示灯	名称	异常闪烁	常亮	工作条件
	低压蓄电池充电故障警告灯		DC 故障不工作;12V 低压蓄电池电压异常	整车控制器 ON 总线信号
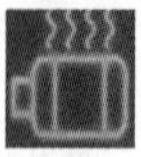	驱动电机过热报警		驱动电机或电机控制器系统过热报警	整车控制器 ON 总线信号
	动力电池故障警告灯		动力电池内部发生短路或断路故障	整车控制器 ON 总线信号
	动力电池过热警告灯		动力电池内部过热需降温处理	整车控制器 ON 总线信号
	充电线连接指示灯		充电枪连接至充电口	硬线信号,来自控制器
	驻车和制动系统警告灯		制动系统故障;制动液液位过低;制动片磨损过甚	硬线信号,来自 ABS 或 BCM 控制器
	系统故障警告灯	仪表丢失整车控制器报文	车辆发生动力系统故障	整车控制器 ON 总线信号
	ABS 黄色指示灯	仪表丢失 ABS 信号	ABS 故障	总线信号来自 ABS 或 BCM 控制器
	乌龟灯(功率限制指示灯)		车辆处于限制电机功率状态,主要原因:电机或电机控制系统过热;电量不足	整车控制器 ON 总线信号

第9章 电动汽车故障诊断维修

9.1 充电系统故障诊断维修

电动汽车的充电是电动汽车补充能源的重要方式，目前其充电系统使用最广泛的是有线的传导式充电，传导式充电按充电机的安装方式，可分为车载慢充电系统和非车载快充电系统两大类。当电动汽车不能充电时，因使用的充电系统不同，所产生的故障原因和排除方法也不同，在此分别进行阐述。

9.1.1 慢充电的故障及排除

电动汽车的慢充电即普通充电，是将220V的居民用电通过充电线缆接入充电口，利用车载充电机完成充电。慢充电系统工作原理如图9-1所示。当车辆充电插头与插座插好后，通过测量检测点4的电压值来判断供电插头与插座是否完全连接，整车控制器单元通过测量R_c电阻来确认车辆接口是否完全连接（CC检测）；如果充电桩无故障且充电接口完全连接，则S1从12V连接状态切换至PWM（脉冲宽度调制）连接状态，充电桩控制器发出PWM

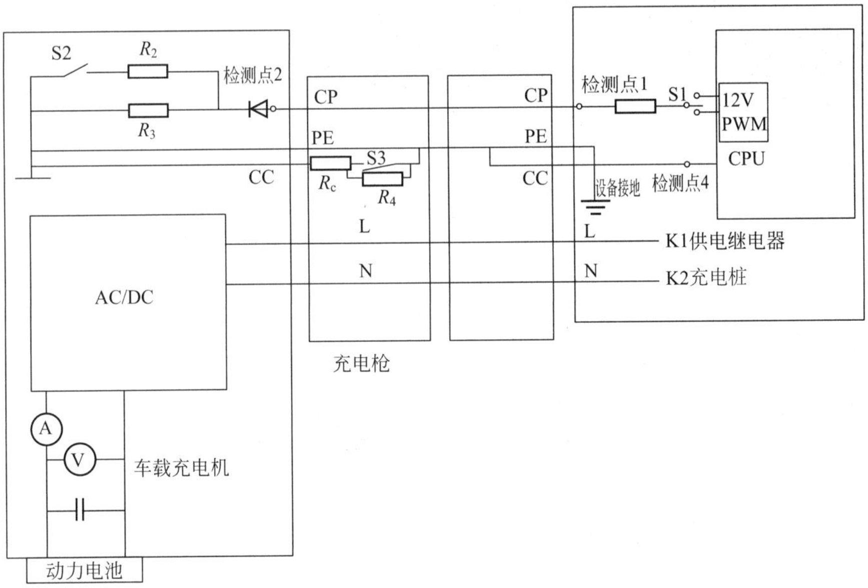

图9-1 慢充电系统工作原理

信号，充电桩通过检测点 1 的电压来判断充电装置是否完全连接，整车控制器通过检测点 2 的 PWM 信号判断充电装置是否完全连接（CP 检测）；当完全通过以上检测后且充电机自检没有故障，并且电池组处于可充电状态，车辆整车控制器使车载充电机内的 S2 闭合；当车辆和充电桩建立电气连接后，整车控制系统通过判断检测点 2 的 PWM 信号占空比，来确认供电设备的最大供电能力，并通过判断 R_c 的电阻值来确认电缆的额定容量。整车控制器对充电桩当前能提供的最大供电电流、车载充电机的额定输入电流以及电缆的额定容量进行比较，将最小值设定为车载充电机当前的最大允许电流，设置完成后车载充电机开始对电动汽车进行充电。

（1）慢充电系统的程序　将充电枪连接到充电机，充电机反馈到整车控制器进入充电模式，唤醒仪表显示连接状态，同时唤醒整车控制器和动力电池管理系统（BMS），整车控制器使动力电池正、负主继电器闭合，也使仪表启动显示充电状态；充电枪连接完成系统确认后，低压电唤醒整车控制器，动力电池管理系统（BMS）检测充电需求，并向车载充电机发送充电工作指令，动力电池继电器闭合；当动力电池继电器闭合后，车载充电机开始进行充电，在充电过程中整车控制器监控动力电池的温度、电压、电流等参数；当动力电池管理系统（BMS）检测到电池电量升高到足够时表明充电完成，BMS 给充电机发送停止充电的指令；车载充电机收到停止充电的指令后，停止工作并向整车控制器发送停止充电信息；拆掉充电枪后整车控制器使充电模式转换到行车模式，仪表充电模式显示熄灭，动力电池正、负继电器断开，至此充电结束。

（2）充电流程　整个充电过程可分为六个阶段：充电枪连接完成、低压信号接通阶段、充电握手成功阶段、充电阶段、充电结束阶段、充电枪断开。在充电过程中充电机和动力电池管理系统 BMS 如果在规定的时间内（一般为 5s）没有收到对方有效报文信息，即判断为超时。当出现超时时，BMS 向充电机发送错误报文，进入故障处理状态。根据故障的类别，分别进行不同的处理甚至结束充电。

（3）常见故障　充电桩显示车辆未连接；动力电池继电器未闭合；显示正常充电机无电流输出。

（4）故障排除思路　若充电桩显示车辆未连接，检查充电桩、充电线、充电枪、充电口、车载充电机、高压控制盒和动力电池之间的线路连接是否良好。若出现动力电池继电器未闭合不能充电故障，检查低压供电唤醒信号是否正常，车载充电机指示灯是否点亮，指示灯未点亮表示没有电源输入，应分别检查充电枪、充电接口和充电线束的连接情况是否正常，若正常检查车载充电机 12V 电源和慢充唤醒信号是否正常，整车控制器、动力电池等部件的 CAN 总线是否正常，动力电池管理系统 BMS 的 12V 唤醒信号是否正常，BMS 和整车控制器搭铁是否正常。显示正常充电机无电流输出时，使用故障诊断仪分析检查动力电池、车载充电机、整车控制器、高压连接端口等是否有故障码，或对数据进行分析，以查找出故障所在，还可对所怀疑的部件进行替换，检查是否该部件已损坏。

（5）慢充电的充电条件　充电桩的输入电源正常；充电机工作正常；充电枪、充电线连接确认信号正常；充电唤醒 12V 信号正常；动力电池温度在 0～45℃之间；动力电池管理系统 BMS、充电机、整车控制器之间的 CAN 总线通信正常，主继电器闭合；单体电池最高电压与最低电压差小于 300mV，最高与最低温度差小于 15℃；无绝缘报警故障；远程控制器开关关闭。

案例 电动汽车不充电。

故障现象 当电动汽车信息显示需要充电或控制器发出电池亏电报警时，将充电连接导线的插头连接到家用三孔插座或交流充电桩的插座进行充电。在插座供电正常的情况下连接好充电导线插头，车辆的充电指示灯却无反应，既不点亮也不闪烁。

故障检查

① 检查充电导线的连接情况，重点检查充电插座的连接部分是否松脱。

② 检查是否上电。钥匙应处于断开（OFF）状态，部分车辆设计在钥匙处于上电接通或运行（ON 或 RUN）状态时，不能充电。

③ 检查充电机输出导线端子是否与动力电池的正、负极可靠连接，若连接不好则充电机不能进行充电工作。

④ 检查充电机输入、输出保险熔断器是否熔断。

⑤ 检查整车控制器是否发出不允许充电机工作的信号。

⑥ 检查电池管理系统控制器是否发出不允许充电机工作的信号。

⑦ 动力电池电压或温度过高，充电机为保护动力电池自行中断充电。

⑧ 检查是否为充电机内部控制模块、功率模块故障。

故障排除 根据检查出的故障原因重新连接导线、加固连接端子、重置钥匙位置或更换保险熔断器、控制功率模块和清除错误信号等，使充电机恢复工作。

9.1.2 快充电的故障及排除

电动汽车的快速充电是用 10～30min 的时间将电池充满 80%的电量，是电动汽车运行途中补充电能的重要方式。图 9-2 所示为快速充电系统的原理图，K1、K2 为充电站快速充

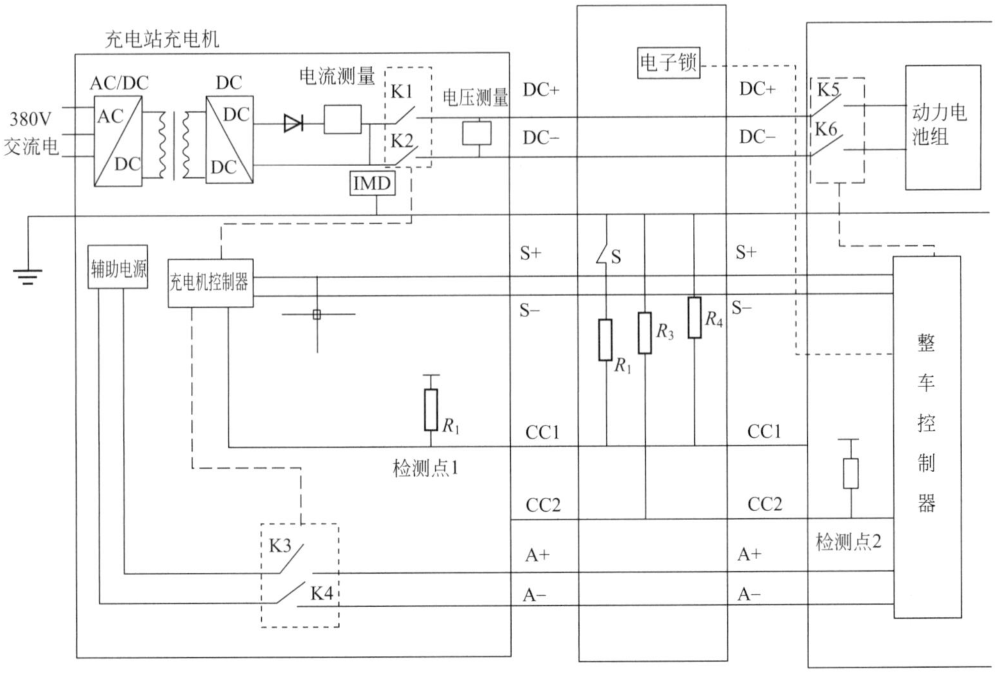

图 9-2 快速充电系统的原理图

电机的高压正、负继电器；K3、K4为充电机低压唤醒正、负继电器，供电输出给整车控制器；K5、K6为动力电池高压正、负继电器；检测点1（CC1）为充电机检测快充插头与车辆连接状态识别信号；检测点2（CC2）为车辆控制器检测快充插头与车辆连接状态识别信号。当检测点1和检测点2（即CC1和CC2）两个检测点检测到电压值符合要求后，并确认充电站的快速充电机与车辆连接可靠，继电器K3、K4闭合，快速充电机输出12V低压唤醒信号到整车控制器，两者进行身份确认，身份确认握手成功后，整车控制器报送动力电池的充电需求，快速充电机报送充电能力。两者匹配后，整车控制器和动力电池管理系统（BMS）控制K5、K6闭合，快速充电机控制K1、K2闭合，即进入充电阶段。在快速充电过程中，整车控制器不断发送充电请求和充电状态报文，快速充电机反馈充电机状态报文，当整车控制器和BMS判断动力电池电量达到额定容量的80%以上时，即通知快速充电机判断为充电结束。此时充电机断开K1、K2继电器，整车控制器断开K5、K6继电器，充电至此结束，断开K3、K4继电器，拔下充电枪后快速充电完成。

（1）快速充电的常见故障及原因

① 快速充电机与车辆无法通信　主要原因：快速充电枪、接口、快充电缆线束等内的针脚烧蚀、损坏，导线损坏、断开；充电机内的低压电气盒、控制器、熔丝损坏，动力电池和数据采集终端快充CAN总线间的电阻不符合要求。

② 快速充电机与车辆正常通信但无充电电流　原因为高压控制盒快充继电器线路或熔丝损坏，低压电气盒损坏，快充线束损坏，动力电池控制系统（BMS）快充唤醒失常。

（2）故障排除思路　快速充电出现故障后应首先检查线路连接情况是否正常，然后检查快充系统低压辅助电源（包括充电站的快速充电机和车辆的低压电源）、连接确认信号、快充CAN线路的针脚情况以及电压、电阻是否符合要求；检查动力电池BMS快充唤醒信号是否正常；检查高压线路的熔丝、线路和继电器有无问题；检查高压控制盒快充连接端子电压是否正常，若无电压则需要更换控制盒，有电压则需对动力电池进行检修。

（3）快速充电机与车辆无法通信的故障检修方法

① 检查快速充电机与快速充电口连接是否良好。检查快充口和充电枪有无烧蚀、锈蚀现象；快充口PE端与车身搭铁是否导通（0.5Ω以下的阻值）；快充口CC1与PE之间的阻值是否符合要求［阻值应为（1000±50)Ω］。

② 检查快充唤醒信号是否正常。如无唤醒信号应逐步检查熔丝、继电器K3和K4、快速充电口、快速充电线和低压电气盒部分到整车控制器的A+、A−唤醒线路是否导通，快速充电机的低压电源是否正常，如不通或损坏应更换或维修。

③ 检查车辆连接确认信号是否正常。若快速唤醒信号及相关线束都正常，车辆仍不能正常通信连接，则需对车辆连接确认信号进行检查，可能是快充口、快充线、整车控制器针脚损坏或动力电池低压控制插件损坏，应逐一检修或更换。

案例　电动汽车不能在充电桩快速充电。

故障现象　当电动汽车信息显示需要充电时，将充电桩的充电枪连接到汽车的直流充电接口进行快速充电。在充电桩供电正常的情况下连接好充电枪插头，按下充电按钮后充电桩的信息显示屏无充电信息显示。

故障检查

① 检查充电枪与车辆快速充电口的连接情况，确认充电枪与车辆快速充电口连接正确，

且充电枪端子与充电口端子接触良好。

② 检查是否上电。钥匙应处于断开（OFF）状态，部分车辆设计在钥匙处于上电接通或运行（ON或RUN）状态时，不能充电。

③ 检查充电桩是否能正常工作，充电枪与车辆的快速充电口连接后信息触摸屏显示是否正常，触摸按键“确认”后应执行充电。

故障排除 根据检查出的故障原因重新连接充电枪与充电口，将车钥匙断开拔出，更换充电桩，重新连接充电枪进行充电。

9.1.3 电动汽车锂电池组充电均衡保养

电动汽车的锂电池组是汽车的主要驱动能源，由各个单体电池采用串、并联的方式组合而成，其状态的好坏直接影响到整车的使用性能。电动汽车的动力电池组由于生产制造和工作环境的影响，会造成电池单体的不一致，在电压、容量和内阻等参数上会存在差别，导致每个单体电池在实际使用过程中有效容量和充电电量是不一样的。因此为保证电池系统的整体性能和延长使用寿命，应对动力电池组进行均衡控制以减少单体电池之间的差异性。

均衡管理有助于电池容量的保持和放电深度的控制。如果对动力电池组不进行均衡控制，由于BMS的保护功能，就会出现某个单体电池充满时，其他单体电池没有充满的现象；或在放电时某个单体电池放电截止时，其他电池还没有放电截止。一旦电池过充或过放，电池内部就会发生一些不可逆的化学反应，导致电池性能受到影响，从而影响到整个动力电池组的寿命。动力电池组均衡管理按均衡管理电路的结构分为集中式均衡和分布式均衡，集中式均衡控制是电池组内所有的电池单体共用一个均衡器来进行均衡控制，其优点是通信简单直接，进行的均衡速度快，缺点是电池单体与均衡器之间的线束排布复杂，不适合单体数量多的电池系统；分布式均衡控制是一个或多个电池专用一个均衡器，这能够解决集中式均衡线束复杂的问题，但成本较高。按均衡管理的控制方式分为主动均衡和被动均衡，主动均衡又称非耗散性均衡，这种方式是进行电池单体之间的能量转移，将能量高的电池单体中的能量转移到能量低的单体上，从而达到能量均衡的目的，主动均衡的优点是效率高，但结构复杂、成本高；被动均衡又称耗散均衡，是利用并联电阻等方式将能量高的单体电池中的能量消耗至与其他电池单体均衡的状态，即通过放电均衡的方法使电池组内的电池电压趋于一致，这种方式的特点是成本低，容易实现，但会造成能量的浪费。

目前动力电池组在装车前通过匹配能减少一些不均衡的影响，但不能在根本上解决不均衡的问题。电动汽车锂电池组在循环充、放电的使用过程中，会使各单体电池的不一致性越发突出，由于动力电池组的不一致性问题造成电池组的可用容量和使用寿命方面远不及单体电池，并且加大了对电池管理和控制的困难，因此充电均衡保养对锂电池组的使用和延长寿命起着至关重要的作用。

锂电池组的充电均衡使用均衡系统的充电机进行，充电均衡系统主要分为充电、控制和均衡三部分，其结构框架如图9-3所示。单片机是整个控制系统的核心，其主要完成对电池组电流、电压和温度等参数的采集，检测电池组充电过程中的工作状态，控制均衡电路模块，实现动力电池组在充电过程中的动态均衡。

动力电池组用恒压/恒流的开关电源进行充电，在锂电池组中附加保护电路，防止发生过流、过压等情况，确保锂电池组充电安全。电池端电压是电池性能的重要指标，在充电后

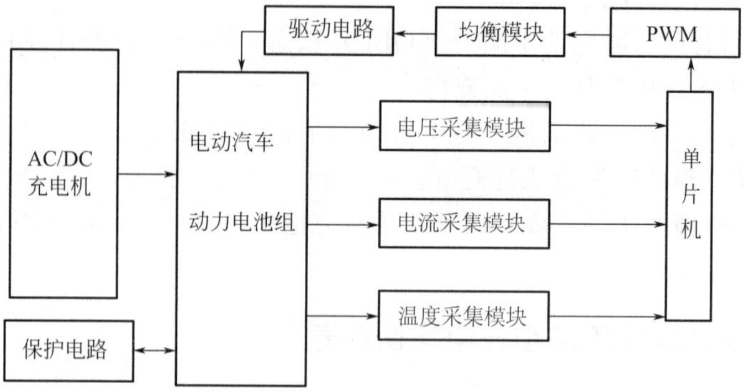

图 9-3 电动汽车锂电池组充电均衡系统结构框图

期电压变化明显，充电时的各单体端电压是实现电池组充电均衡的重要监控变量，利用精准稳定的监控电路实时采集电压信号，并将数据送入单片机。为避免动力电池组在充电过程中出现异常，电流检测电路和温度检测电路会实时检测电流大小及电池温度的高低，再由PWM 脉冲发生器通过驱动均衡模块控制驱动电路来实施动力电池组的均衡工作。该均衡充电模式充电时间较长，一般在 6～10h。一般电动汽车动力电池组需要每年或（2～3）万千米进行一次深度的放电均衡保养，使电池容量得到充分利用，减小动力电池组的容量衰减，延长动力电池组的使用寿命。

9.1.4 动力电池的常见故障及排除

根据对整车的影响，动力电池的故障划分为三个等级：一级故障用红色灯显示，代表非常严重；二级故障用黄色灯显示，代表严重；三级故障用浅黄色或白色灯显示，代表轻微。动力电池常见故障见表 9-1。

表 9-1 动力电池常见故障及解决方案

常见故障	解决方案
动力电池荷电状态(SOC)异常显示，或无显示	①停车或关闭上电开关后重新启动，若故障仍不消失，执行下一步；②检查仪表其他报警灯有无点亮，并做好记录，联系专业人员进行检修
续驶里程低于正常值	检查充、放电过程，查看电池容量是否衰减，BMS 控制是否正常
电池过热报警	①停车检查有无其他故障，并做好记录；②若运行中连续三次出现电池过热报警，而停车后消失，需联系维修
动力电池荷电状态(SOC)过低报警	动力电池荷电状态(SOC)低于 30%且出现低电量报警，并自动进入减速行驶状态，需寻找最近的充电站进行充电
电压/电流明显异常	关闭上电开关，下车保持适当距离观察或联系专业人员处理
上电开关接至 ON 后数分钟车辆不工作	①检查仪表盘上的故障指示；②检查低压电源及保险
不能充电	①检查充电线缆是否连接正确；②检查环境温度是否超出使用范围；③检查动力电池荷电状态(SOC)当前的数值
运行时高压数据短时间丢失	①检查主回路是否接触良好；②检查仪表报警灯是否点亮；③检查高压电路屏蔽层是否损坏

一级故障：动力电池一般不会出现该故障，一旦出现该故障表明一段时间后整车会出现安全事故，如起火、爆炸、触电等。若一级故障的灯点亮，表示动力电池内部短路或温度过

高、控制器部分功能丧失，请求其他控制器在1s内予以停止正在进行的充电或放电。

二级故障：动力电池正常工作一般不会上报该故障，电池管理系统一旦上报该故障表明内部有通信故障或绝缘电阻过低，停止能量回收和充电功能。

三级故障：动力电池管理控制系统上报该故障，表明电池处于极限温度下或单体电池的一致性出现劣化，动力电池性能下降。三级故障灯点亮表明该车进入限功率行驶状态和不能进行快速充电状态。

9.2 驱动系统故障诊断维修

电动汽车的驱动系统由动力电池组、驱动电机及控制器、整车控制器、DC/DC电源转换器、上电（点火）开关以及高低压导线和插接件等组成。当电动汽车出现不能够驱动行驶故障时，可分为两种情况：车辆电气系统均无电，车辆不能驱动行驶，简称为无电不能行驶故障；车辆电气系统工作正常，车辆不能驱动行驶，简称为有电不能行驶故障。

9.2.1 无电不能行驶故障

故障现象 打开电动汽车上电钥匙开关后仪表无显示，开启灯光也不亮，按喇叭不响，将挡杆至于D前进挡或R后退挡时，踩下加速踏板车辆不动作也无反应。

故障检查

① 检查钥匙开关是否正常，是否转到运行位置。

② 检查车辆是否处于高压断电保护状态。

③ 检查12V低压小电池电源是否未连接。

④ 检查12V低压总保险是否熔断。

⑤ 检查整车控制器是否有故障不工作。

⑥ 检查维修保养开关是否断开。

⑦ 检查高压互锁回路控制单元是否使自动断路器处于断开状态。

故障排除 故障检查的顺序由简至繁，即①→③→④→⑥→⑤→②→⑦，依据故障原因确定并排除故障。

9.2.2 有电不能行驶故障

故障现象 车辆低压电气系统、仪表显示等均工作正常，将挡杆至于D前进挡或R后退挡时，踩下加速踏板车辆不动作也无反应。

故障检查

① 检查并确认高压动力电池具体电量的多少。

② 若动力电池无电应及时充电，若高压电池有电继续下一步检查。

③ 检查挡位信号是否传至电机控制器。

④ 检查加速踏板信号是否传至控制器。

⑤ 根据控制器的故障报警分析判断故障（表9-2）。

⑥ 用诊断仪检查控制器的制动信号、加速踏板信号、电源电压和挡位信号，以确认控制器是否具有工作输出的条件。

故障排除 故障检查的顺序是由简至繁，依据故障原因确定并排除故障。

表 9-2 他励驱动电机控制器故障报警

故障名称	报警方式(鸣笛方式：长 3s 短 1s)	故障现象	故障处理办法
预充电故障	一长两短	电机不运行	检查控制器有无明显损坏，或线路连接有无断开、接触不良
控制器过热	一长四短	电机不运行	检查风扇是否正常工作，风道是否通畅
电池管理系统 BMS 故障	一长六短	电机不运行	检查电池管理系统 BMS
驱动电机过热故障	一长八短	电机不运行	增加驱动电机散热方式或停机冷却
动力电池欠压	两长一短	电机不运行	对车辆动力电池充电
动力电池过压	两长三短	电机不运行	检查动力电池是否正常，或临时关闭能量回收
加速踏板信号故障	两长五短	电机不运行	检查加速踏板信号线路
电流采样电路故障	长鸣	电机不运行	控制器返厂维修

9.2.3 驱动电机系统故障

电动汽车驱动系统出现故障时，仪表上显示的故障主要有驱动电机故障、驱动电机过热故障、超速，需要通过诊断仪读取由整车控制器报出的具体故障，然后由维修人员进行相应的处理。驱动电机系统常见故障及排除方法见表 9-3。

表 9-3 驱动电机系统常见故障及排除方法

故障码	故障名称	故障可能原因	排除方法
P114017	电机控制器直流母线过电压故障	①电机系统突然大功率充电；②高压回路突然非正常断开	测量分析整车电压数据，如果总线电压报文与实际电压不符，则需检查高压供电回路、高压主继电器、高压插件有无异常
P113119 P113519 P113619 P113719	电机控制器相电流过电流故障	①负载突然变化，旋变信号故障导致电流畸形变化，例如动力电池或主继电器频繁通断；②控制器采集电压与实际电压不符；③控制器损坏(硬件)	①检查高压回路，并处理故障；②标定电压，重新编写控制器程序；③更换控制器
P0A4400	电机超速故障	①整车负载突然降低，电机转矩控制失效；②电机低电压信号端子松动或退针；③控制器损坏(硬件)	①断电后重新供电；②检查信号线插头端子；③更换控制器
P0A2F98	电机高温过热故障	①电机低电压信号端子松动或退针；②冷却系统工作异常；③电机本体损坏(长时间过载)	①检查信号线插头端子；②检查冷却液是否充足，水泵是否正常工作，冷却管路是否堵塞；③更换电机
P117F98 P117098 P117198 P117298	电机控制器高温过热故障	①低电压信号端子松动或退针；②冷却散热异常；③IGBT 件损坏	重新插接处理信号线插头端子或更换电机控制器

续表

故障码	故障名称	故障可能原因	排除方法
U300316	电机控制器低压电源欠电压故障	①12V蓄电池电压过低；②35Pin线束原因导致控制器低压接口电压过低	①检查蓄电池电压，给蓄电池充电；②检查控制器低压接口，测量35Pin插件1脚和24脚，电压是否低于9V
U010087	与整车控制器通信丢失	①线束问题；②网络干扰严重；③未收到整车控制器信号	检查测量35Pin线束连接是否正常，检查处理网络通信是否正常，更换电机控制器
P0A0A94	电机系统高压暴露故障	①电机控制器电源模块硬件损坏；②软、硬件不匹配；③网络上有部件报出高、低压互锁故障	刷新程序或更换电机控制器
	电机异响(噪声)	①电磁噪声(高频尖锐)；②机械噪声	电磁噪声为正常，机械噪声可检查各运转轴承等部件

9.2.4 驱动电机的更换

驱动电机的使用寿命较长，一般无需更换。但在个别特殊情况下驱动电机损坏需要更换时，要按照电动汽车高压操作的规范进行。拆卸驱动电机的规范操作步骤如下。

① 关闭所有的用电设备，并将上电钥匙旋至OFF挡后取下钥匙并妥善保管。

② 断开低压蓄电池的负极搭铁线。

③ 拧开散热器盖。

④ 将车辆在举升机上举起（电动汽车比传统燃油汽车质量大，举升前需检查举升机的最大举升质量是否允许举升所维修的电动汽车）。

⑤ 拆下机舱防护板。

⑥ 断开驱动电机的冷却管路，并释放冷却液。

⑦ 拆下驱动电机上的低压线束和高压线束接头。

⑧ 拆开驱动半轴与电机减速器等的连接。

⑨ 准备好举升台架托起电机。

⑩ 拆卸驱动电机的悬架螺栓。

⑪ 全部拆卸完电机螺栓后，下降台架从车辆下方取出电机和减速器总成。

安装驱动电机时，先在台架上连接固定好驱动电机和减速器总成，再按拆卸相反的顺序进行安装。电机总成安装后的检查如下。

① 各高压部件的绝缘是否更换良好。

② 各线缆所有连接电源的电压等级和正、负极性是否正确。

③ 各插接器连接是否到位，相应的插口是否拧紧或锁紧。

④ 各机械部件安装是否牢固可靠。

⑤ 冷却管路是否安装紧固，加液检查是否有滴漏现象。

⑥ 电机空转有无异响，是否正常。

⑦ 试车检查电机驱动加速和制动馈电回收是否正常。

9.3 电动汽车绝缘报警故障诊断维修

电动汽车是以电池储存能量来驱动车辆运行的，其动力电池电压大部分都在DC60V至DC600V之间，随着技术的发展将来可能更高。根据GB 3805《安全电压》的要求，人体的安全电压是指不直接致死或致残的电压。在一般环境下允许人体持续接触的安全特低电压是DC36V，电动汽车动力电池的电压区间已远远超过了该电压。因此，国家的电动汽车安全标准对人员的触电防护提出了明确的要求，其中包括对绝缘电阻值的最低要求。根据国标GB/T 18384.3—2001第6.2.2条的规定，动力系统的测量阶段最小瞬间绝缘电阻为0.5kΩ/V。各整车厂开发的电动车辆，则根据各自设定的电压等级来确定动力系统的绝缘电阻报警值。如东风御风电动轻型客车，动力系统的绝缘故障是以仪表及上位机的报警来实现监测的。依据系统电池电压，该车型最低报警绝缘电阻值定为500kΩ。2014年10月起总装下线的整车在试验及调试过程中，发生了多起绝缘报警故障，现就排查的故障进行总结，并介绍其具体的排查方法和步骤。

9.3.1 绝缘报警初步排查

高压报警故障的种类和故障部件表现多种多样，可根据以下步骤进行初步排查。

① 若车辆的仪表能正常显示，并正确反映是否有故障，则说明动力电池管理系统BMS绝缘监测系统本身无故障工作正常。

② 若车辆仪表显示绝缘无连接（也有对应的故障码），此时应检查低压控制线路是否正确或可靠连接；若无低压连接线路问题，则需检查排除CAN总线的通信故障，检查终端电阻阻值是否正常，并联测量正常值应是60Ω，拆开单独一端测量应是120Ω。若阻值低会消弱信号，引起通信不正常。

③ 当车辆的组合仪表显示有明确的绝缘系统故障，此时表明车辆的绝缘故障发生在高压回路，高压部件出现了绝缘电阻过低的情况。由于该绝缘监测系统无法对绝缘故障点进行定位，这时需要对高压系统部件进行人工排查。

9.3.2 高压系统部件排查

电动汽车高压系统回路如图9-4所示。高压系统回路由驱动电机系统、安装电池组的高压配电箱、车载充电机、高低电压直流转换器DC/DC、高低电压交流转换器DC/AC、空调压缩机和PTC加热器等组成。安装电池组的高压配电箱一般安装在汽车中后底部。图9-4中所有粗线条代表的高压电连接的部件，均有超过人体安全电压的高压电，操作时需特别注意。

（1）高压系统维修操作注意事项

① 必须是经过车辆高压系统培训并取得合格操作资质的人员方可进行高压系统作业。

② 操作者必须熟悉操作规程，操作前应按规定佩戴好防护用品，检查工具的绝缘性。

③ 对有高压维修开关的车辆，必须首先断开高压维修开关，等待10min以上，以释放残余高压。

④ 对无高压维修开关的车辆，可通过断开高压直流接触器的办法断开高压电，也必须

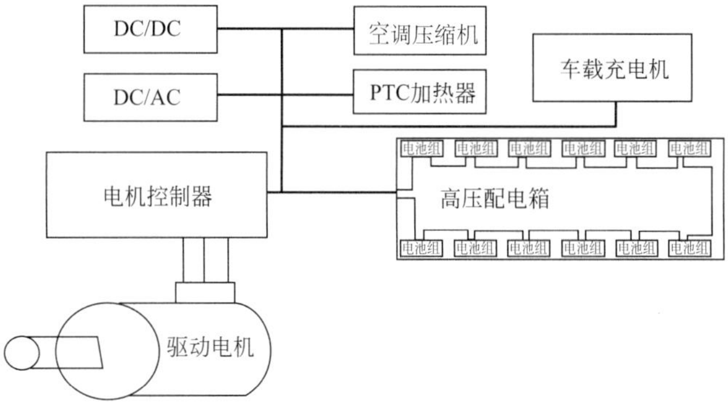

图 9-4 电动汽车高压系统回路

等待 10min 以上。

⑤ 电动车辆在断开高压电 10min 后，系统会将电压降至 36V 人体安全电压以下，但对于正、负极导线接头仍应进行绝缘包扎处理，以防触电。

（2）高压系统绝缘故障排查步骤

① 将车辆放置到合适的举升机或地沟上，以方便车辆的底部操作。

② 断开车辆的维修开关或直流接触器，等待 10min 后进行下一步操作。

③ 拔掉电源分配盒连接高压配电箱的高压线束插接件，此时高压回路被分成了前后两部分。前部为安装于车辆前舱的驱动电机控制器、DC/DC、DC/AC、PTC 加热器和空调压缩机等，后部安装动力电池组和车载充电机。

④ 分别用绝缘表检查前后两部分总高压线正、负对底盘的绝缘阻值，如果前部的绝缘阻值低于报警电阻值，则说明故障在前部高压部件内。需逐一断开前部驱动电机及控制器、DC/DC 等各高压部件，继续测量检查高压部件的绝缘值，直至确认具体元件。

⑤ 如果后部的绝缘值低于报警电阻值，则说明故障在后部充电机或高压动力电池组上，需再继续断开充电机或高压电池组逐一检测，直至确认具体元件。

⑥ 如果拔掉某个负载元件总正或总负对底盘的绝缘阻值提升了或恢复正常了，说明该元件绝缘有故障。

9.3.3 插电式混合动力汽车绝缘监测报警故障实例

插电式混合动力汽车电池容量较大，可以外接电网充电后以纯电动模式行驶；在不方便充电的场合以燃油发动机提供的动力模式行驶，并可适时向动力电池充电。插电式混合动力汽车是在目前纯电动汽车续驶里程较短情况下的产物。

故障现象 一插电式混合动力客车安装某深海绝缘监测仪，用于监测整车高压系统对搭铁的绝缘性。在夏天一场大雨过后车辆仪表不定时报出绝缘监测一级报警，在仪表中读出的绝缘值低于报警值 62kΩ，检测的最低绝缘值为 27kΩ。

故障分析 该插电式混合动力客车的高压绝缘监测系统总成的主要参数：输入高压电压为直流 0～800V；低压电压为直流 18～32V；功率≤2W；测量绝缘电阻为 0～50MΩ；绝缘电阻测量误差为±10kΩ；测量响应时间≤20s；数据更新周期为 1s。绝缘监测仪的报警状态分为四种：正常、一级报警、二级报警和无效值。该车辆设定的报警值一级是 62kΩ，二级是 307kΩ。

绝缘监测仪的绝缘监测控制原理是当测得绝缘电阻值在 62～307kΩ 之间时，高压绝缘监测总成判定为高压绝缘二级报警，并将报警值上报给 HCU，HCU 令仪表绝缘报警灯点亮变为红色。二级报警期间在整车断电（熄火）后仍可以再上电（点火），HCU 不进行记录。当测得绝缘电阻值≤62kΩ 时，高压绝缘监测系统判定高压绝缘为一级报警，将报警值上报给 HCU，HCU 令仪表绝缘报警灯点亮，同时整车断电（熄火）后无法再上电（点火），HCU 记录故障报警信息。该车为一级报警。

故障检查 按高压系统绝缘故障排查步骤对该车进行故障排查，因该车较重，将车辆移到合适的地沟上，对车辆的底部高压部件进行检查。操作前应按规定佩戴好防护用品，检查工具的绝缘性。实施检查的方法是断开法，即将高压部件逐一断开与高压系统的连接后，查看绝缘报警值的变化。具体过程如下。

① 断开高压总线正、负的直流接触器，测量绝缘值前部为 31kΩ，后部为 2760kΩ，这说明问题在前部高压部件中。

② 断开驱动电机控制器，绝缘阻值为 31.5kΩ，这说明故障点不在该控制器。

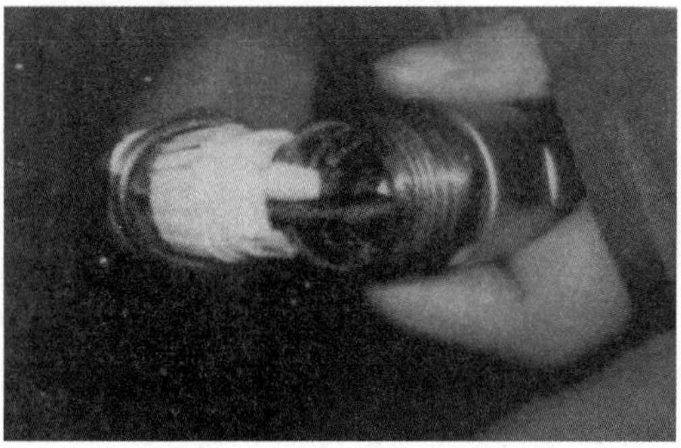

图 9-5 DC 高压电缆连接端子

③ 断开空调压缩机，绝缘阻值为 46.5kΩ，再断开 PTC 加热器，阻值没有变化。

④ 断开 DC/DC，绝缘阻值上升到 6.3MΩ，看来问题就出在这里了，打开 DC/DC 高压导线连接端子，发现密封圈损坏，如图 9-5 所示，内部有潮气进入，导致绝缘阻值降低，使系统报警。

故障排除 更换 DC 高压导线连接端子后绝缘阻值上升到 6MΩ 以上，虽然还是略低，但已将故障排除，绝缘控制系统不再报警。

故障总结 该插电式混合动力汽车高压线束采用的是航空插接件，这类插接件因早期运用在飞机等航空领域而得名，如今在军事武器装备、航空航天和航海等领域的线路连接上广泛使用。航空插接件由固定端插座和自由端插头两部分组成，固定端插座通过方形（或圆形）结构固定在高压用电设备上，自由端插头一般连接高压线缆，并通过螺母实现与固定端的连接。如果自由端螺母旋得过紧或两者之间橡胶密封圈位置不当，就会破裂，进而造成阴雨天气潮气侵入，影响其绝缘性能，引起故障报警。

9.4 电动汽车空调系统故障诊断维修

电动汽车空调系统是实现对车厢内空气进行制冷、加热、换气和净化的装置。

9.4.1 电动汽车空调控制原理

电动汽车空调压缩机驱动方式与传统燃油汽车的空调压缩机不同，电动汽车空调压缩机使用的是电动压缩机，可以采用变频的方式工作。供电频率高，压缩机转速快，空调器制冷

（热）量就大；而当供电频率较低时，空调器制冷（热）量就小。变频空调的核心是它的变频器，它通过对电压的转换来实现电机运转频率的自动调节，变频空调每次开始使用时，通常是让空调以最大功率、最大风量进行制冷，迅速接近所设定的温度。当空调高功率运转，迅速接近所设定的温度后，压缩机便在低转速、低能耗状态下运转，仅以所需的功率维持设定的温度。这样不但温度稳定，还避免了压缩机频繁启停所造成的对其寿命的缩减，而且耗电量大大下降，实现了电动汽车空调高效节能的目的。

（1）空调的控制　某电动汽车公司所生产的电动汽车，其空调控制原理如图 9-6 所示。

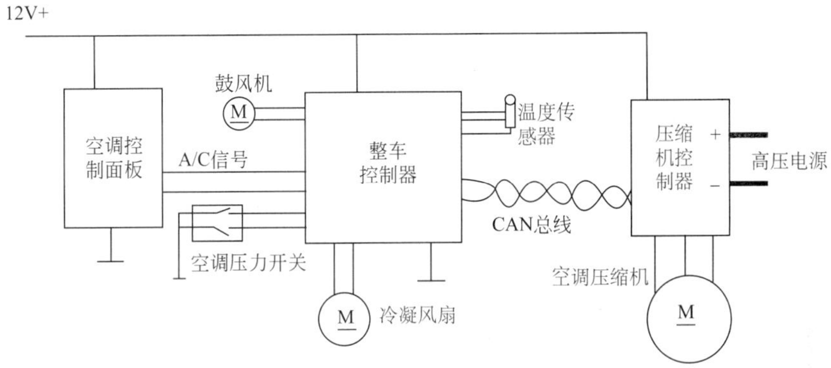

图 9-6　电动汽车空调控制原理

该车利用整车控制器控制空调的开启与关闭，上电开关接通后按下 A/C 开关，表示空调制冷功能需求输出，此时整车控制器接收到 A/C 请求信号，同时 A/C 开关上的工作指示灯点亮，整车控制器根据内部设定的程序来控制制冷系统工作，也有的电动汽车采用单独的空调控制器来控制空调系统工作。

（2）冷凝风扇的控制　电动汽车空调系统冷凝风扇与散热系统冷却循环使用的是同一电子扇，其运行与否和制冷管路内的压力、驱动电机、驱动电机控制器和动力电池等的温度有关，冷凝风扇的工作条件如下：风扇的开启条件为，有空调 A/C 开关请求信号或动力电池制冷请求信号，制冷管路内的高、低压压力开关闭合；风扇的关闭条件为，有空调 A/C 开关关闭信号或动力电池制冷信号取消，制冷管路内的高、低压压力开关断开；关闭延时控制，在待机模式下高、低压压力开关断开，冷凝风扇延时 5s 关闭，在开机模式下，高、低压压力开关断开，冷凝风扇延时 5s 关闭，若关闭 A/C 开关，则冷凝风扇也是延时 5s 关闭。

（3）空调系统的控制器通信

① 空调控制器与 PTC 控制器的通信　某公司车型空调控制器与 PTC 控制器通过 500Kbps 的 CAN 总线网络交换信息，如图 9-7 所示。

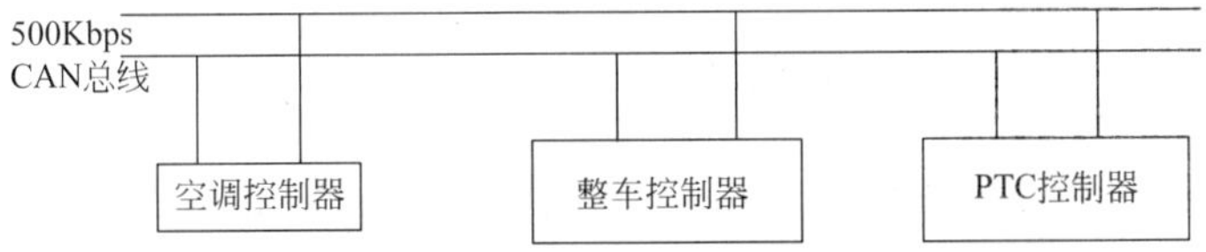

图 9-7　空调控制器与 PTC 控制器的通信

根据 CAN 总线的报文协议，在冷暖调节至暖区时，空调控制器发出 PTC 控制器工作命令，当环境温度大于30℃时不允许PTC加热器工作，当收到整车控制器停机命令后，不允许启动PTC控制器进行加热控制，若已经启动则应及时停止其工作。在PTC控制器启动状态下，若乘员关闭空调，则鼓风机延时5s后停机，同时风向调整至吹足模式，此延时状态仅用于PTC控制器散热。

② 空调控制器与压缩机控制器之间的通信　空调控制器与压缩机控制器也是通过500Kbps的CAN总线网络交换信息的。在按下A/C制冷功能按键后，A/C工作指示灯点亮，并自动启动联动内循环，在冷暖调节至相应的区间后且空调管路内的最低压力足够则启动空调电动压缩机。若冷暖未调节至相应的区间且未达到空调管路内的最低压力，则只表示目前处于制冷需求状态，不表示实际电动压缩机工作。电动汽车空调系统制冷的实际工作，受蒸发器温度（温度过低不工作）、冷暖调节区间、空调管路压力和整车控制器等多种因素控制，A/C开关只是驾乘人员对空调的需求信号。在待机停车非车辆运行时也可操作此按键唤醒空调，启动制冷功能。

③ 空调的控制命令　根据报文协议，控制电动压缩机启停，同时发出使能工作目标转速信息，压缩机的目标转速根据制冷程度高低，分别对应的选择最冷是3500r/min、中冷是2500r/min、一般制冷是1500r/min。冷暖调节为中间状态或制暖状态时，不允许电动压缩机工作，蒸发器温度目标控制上、下限分别是1℃和4℃，当环境温度低于5℃时不允许电动压缩机工作。在收到整车控制器停止压缩机工作命令后不允许电动压缩机工作，若此时已启动电动压缩机，也会立即停止制冷工作。

9.4.2 电动汽车空调系统常见故障及排除

电动汽车空调制冷系统的常见故障与传统燃油汽车空调制冷系统的故障一样，其故障现象和排除方法见表9-4。

表9-4 电动汽车空调系统故障现象和排除方法

故障	现象	原因及判断	排除方法
空调不制冷	压缩机不工作	电气故障	查明原因予以排除
	高、低压均低	制冷剂不足或泄漏	补充制冷剂
	高、低压均高	制冷剂过多	适当释放制冷剂
蒸发器及低压管路结霜	高压正常，低压偏低	蒸发器温度传感器失灵、位置不合适或控制器失灵	调整传感器位置；更换传感器或控制器
压缩机异响	压缩机振动、异响	减振螺栓松动或减振件安装不合适；液击现象	重新选择减振件，更换、固定压缩机
制冷循环系统内堵塞	高压正常，低压过低	①制冷剂中有水分造成冰堵； ②系统中有其他污染物造成膨胀阀或膨胀管堵塞	①更换储液干燥器、膨胀阀等堵塞部件； ②重新加注制冷剂和冷冻润滑油

（1）电动汽车空调的电气故障　包括CAN总线故障、欠电压故障、过电压故障、过热故障和过电流故障五类。

① CAN总线故障　当空调控制器接收来自CAN总线的指令时，控制器将根据控制指令执行相应的动作。压缩机在运行过程中控制器要不断接收来自CAN总线的信号，若5s内

未接收到有效的CAN指令，则认为有CAN总线故障，压缩机将停止运行。

② 欠电压故障　当空调控制器输入电压低于DC280V时进入欠电压故障模式，控制器通过CAN总线信息将故障上传。

③ 过电压故障　当空调控制器输入电压高于DC420V时进入过电压故障模式，控制器通过CAN总线将故障信息上传。

④ 过热故障　控制器通过内部传感器可以实时监测IGBT模块的工作温度，当其工作温度高于90℃时，控制器将给出停机指令，停止压缩机工作并将过热报警信息通过CAN总线上传。

⑤ 过电流故障　在控制器运行过程中，如果载荷超过系统最大载荷能力或出现较大扰动时，会造成系统输出相电流变大，当相电流达到硬件设定值时将触发硬件过电流保护功能。控制器立即停止运行并通过CAN总线上报故障信息。

（2）空调制冷系统维修的注意事项

① 压缩机的绝缘电阻不得小于20MΩ。

② 遵守高电压部件的安全操作规程。

③ 拆解空调管路后应及时密封各管路开口，防止水或潮湿空气和杂质等进入管路系统。

④ 连接安装各管路接口时注意管口清洁，安装O形密封圈时必须涂抹冷冻润滑油。

⑤ 制冷剂和冷冻润滑油的加注量必须在规定的范围内。

（3）制冷系统故障排查流程

① 确认操作是否正常。

② 检察系统压力是否正常。

③ 检查空调系统的电路插接器是否存在接触不良、断路或短路等故障。

④ 检查空调控制面板控制器、整车控制器输入和输出的信号是否正常。

⑤ 检查电动压缩机控制器电源和输入信号是否正常。

（4）PTC控制器故障

① 确认操作是否正常。

② 检查电路系统连接是否正常，是否存在插接件接触不良或插头漏插等情况。

③ 检查高电压输入PTC加热器的熔丝是否正常。

④ 通过故障诊断仪进行故障检查。

9.4.3 电动空调压缩机和PTC加热器常见故障及排除

电动空调压缩机和PTC加热器分别是空调系统制冷部分和暖风部分的核心部件，常见故障及排除见表9-5和表9-6。

表9-5　电动空调压缩机常见故障及排除

故障	现象	原因及判断	检测及排除措施
驱动控制器不工作使压缩机不工作	电动压缩机无启动声音，电源电流无变化	①低压12V电源未接入驱动控制器；②控制器电源电压不足；③插接件端子接触不良或松脱	①检查驱动控制器电源插头端子是否松脱；②检查驱动电源到驱动控制器之间的导线连接；③测量控制电压是否达到要求（DC12V控制大于9V低于15V）

续表

故障	现象	原因及判断	检测及排除措施
驱动控制器工作但压缩机不工作	电动压缩机抖动或发出沉闷异响	①电机缺相；②冷凝风扇未正常工作，③加注的制冷剂过多导致压缩电动机负载过大不工作	①检查驱动控制器与电机的连接插头和导线，保证其接触良好且导通；②保证冷凝器风机正常工作；③释放部分制冷剂降低压力和负荷
	压缩机无启动工作声音，电源电流无变化，各端口电压正常	驱动控制器未接收到空调控制器的A/C开关信号	①检查A/C开关是否有故障；②检查空调控制器是否有A/C开关信号输出；③检查压缩机控制器是否接收到A/C开关信号
	压缩机无启动工作声音，高压电压不足或无供电	欠电压保护启动	检查整车高压电源是否正常，若不足进行充电。若充足则关闭整车主电源，检查主电源到压缩机控制器之间的导线或端子连接是否有故障

表 9-6　PTC 加热器常见故障及排除

故障	现象	原因及判断	检测及排除措施
PTC控制器不工作	开启暖风开关后一直为凉风	①冷暖模式设置不正确；②PTC控制器故障；③PTC熔断器断路；④PTC控制器线路及端子未连接	①检查冷暖设置是否选择在制暖；②断开高压插件后测量PTC高压正、负极电阻是否正常；③检查并更换熔丝；④更换PTC控制器
PTC控制器过热	出风口温度异常升高或从空调出风口闻到塑料的焦煳味	PTC控制器控制模块内部损坏不能正常断开电路	关闭制热功能，断电检查PTC控制器加热器和PTC控制器控制模块

9.5　宝马I01电动汽车高压蓄电池

高电压蓄电池单元是宝马电动汽车I01驱动装置的蓄能器，相当于传统汽车的燃油箱。在车辆驱动时高压蓄电池为车辆驱动电机供电，在制动能量回收时可使高压蓄电池进行部分充电。该车可选装一个小型两缸汽油机驱动的发电机作为增程器为高压蓄电池充电。

高压蓄电池的主要构成组件：电池组件、电池监控模块、SME控制单元、热交换器、线束、（电气、制冷剂、排气）接口、壳体及固定部件。单只电池额定电压为3.75V，属于锂离子电池，由韩国三星公司提供，在宝马丁戈尔芬工厂组装成完整的高压蓄电池单元。表9-7列出了高压蓄电池单元的技术参数。

表 9-7　高压蓄电池单元的技术参数

电压	360V 额定电压	259V(min)至396V(max)
电池	96只串联	单只电池额定电压3.75V，额定容量60A·h
最大可用能量	18.8kW·h	为保护电池寿命储存能量不可全部使用

续表

最大功率	短时 147kW,持续 40kW	放电时
	50kW	125A 直流充电(80%SOC 快速)用时 0.4h
	7.4kW	交流充电(80%SOC 慢速)
总质量	233kg	
尺寸	1584mm×892mm×171mm	
冷却系统	欧规 R1234yf 制冷剂	ROW R134a 制冷剂
电气加热装置	1000W	选配

9.5.1 高压蓄电池安装位置及接口

宝马电动汽车 I01 高压蓄电池单元的安装位置如图 9-8 所示，位于驾乘舱室的底部。高压蓄电池单元利用 12V 车载网络接口为集成式控制单元提供电压，确保总线信号、传感器信号和监控信号正常。为了防止高压蓄电池单元充电过程中温度过高，在其电池单元的框架内布置了制冷剂的循环管路，如图 9-9 所示。

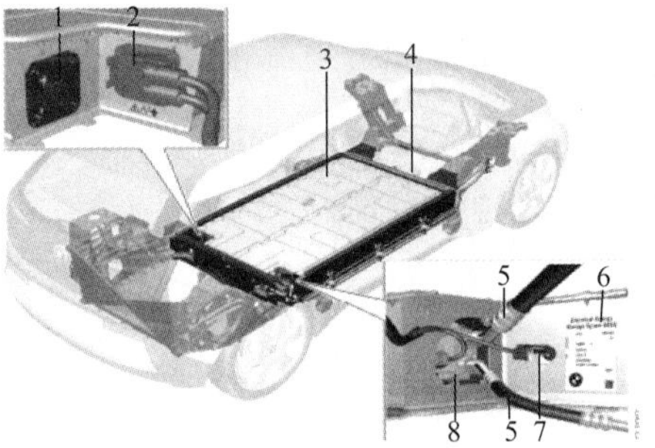

图 9-8 高压蓄电池单元的安装位置

1—蓄电池排气口；2—高电压接口；
3—高压蓄电池单元；4—框架及驱动器控制模块；
5—制冷剂管路；6—铭牌；7—12V 车载网络接口；
8—膨胀截止组合阀

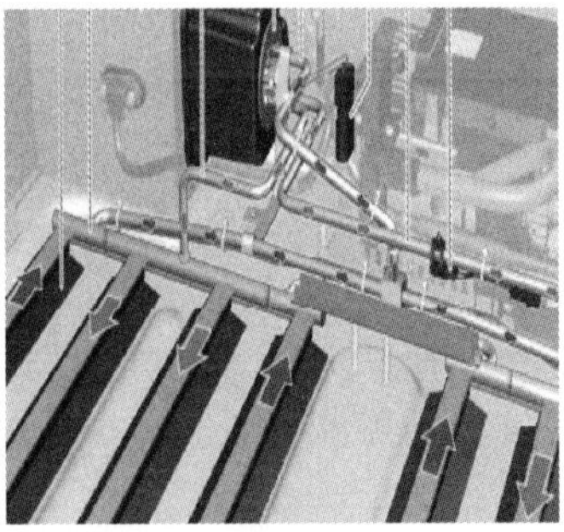

图 9-9 制冷剂的循环管路

高压蓄电池单元的壳体通过 26 个螺栓以机械方式与驱动器连接在一起，螺栓可直接从下方接触到，不必拆下底部饰板。拆卸高压蓄电池单元时必须首先将其切换至无电状态，然后将总成升降台升至蓄电池单元的下方才允许进行相关作业。

高电压接口是高压蓄电池单元连接电机控制单元的高压导线接口，如图 9-10 和图 9-11 所示。

高压蓄电池右侧有两个接口（图 9-12）：一个是空调膨胀截止组合阀接口；另一个是高压蓄电池单元车载网络接口。

高压蓄电池单元的 12V 车载网络接口即 SME 控制单元导线接口，有三种类型的导线：为 SME 供电的总线端 30F 和总线端 31；为电机接触器供电的总线端 30（碰撞信号线）；车身域控制器唤醒线。

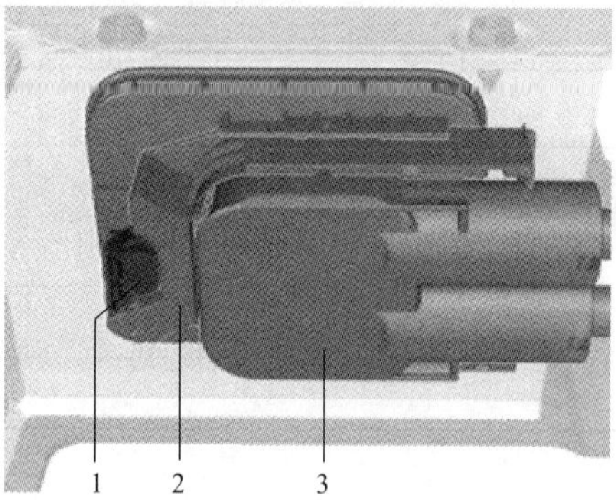

图 9-10 插有高压导线的接口
1—高压触点监控电桥（插合状态）；
2—机械滑块；3—高压导线插头

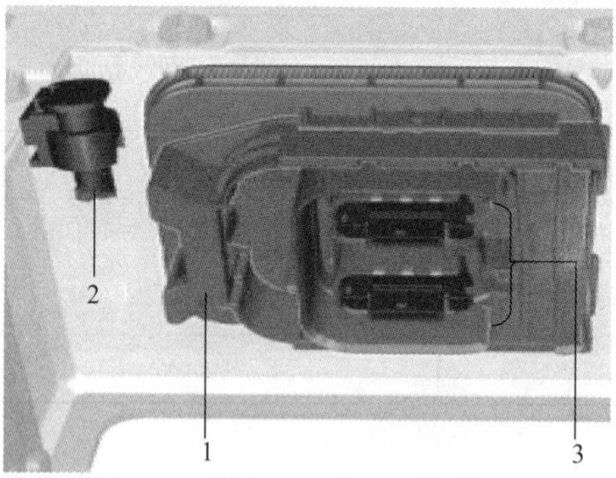

图 9-11 松开高压导线的接口
1—机械滑块；2—高压触点监控
电桥（断开状态）；3—高电压接口

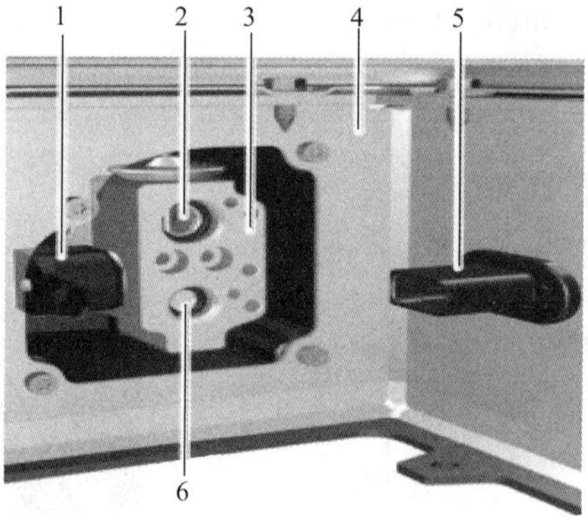

图 9-12 高压蓄电池右侧接口
1—膨胀截止组合阀接口；2—制冷剂低压管路接口；3—膨胀截止组合阀；
4—高压蓄电池单元壳体；5—12V 车载网络接口；6—制冷剂高压管路接口

9.5.2 加热装置和制冷系统

在电池温度明显低于最佳运行温度（25～40℃）时，锂离子的化学反应会变慢，能量转换效率不理想。在电能充足的情况下，在驾驶员选择了车辆温度调节功能时，开始对高压蓄电池进行加热。高压电源管理系统 EME 根据电池温度控制加热功率，当电池达到最佳运行温度时，管理系统 EME 即会关闭加热装置。

高压蓄电池加热系统如图 9-13 所示。车辆在环境温度低于 0℃行驶或充电时，应将高压蓄电池加热至最佳温度，这样蓄电池才会提供最大的功率。高压蓄电池单元控制模块 ECU 启用高压蓄电池加热系统，使电流通过加热丝对电池单元进行加热。因冷却通道与电池模块接触，加热丝沿冷却通道布置，从而使加热丝产生的热量快速传至电池模块。加热会消耗部分高压蓄电池的电能，会减少续驶里程，因此在行驶时不使用加热系统。行驶时的电机驱动电流会使高压蓄电池变热，数分钟后方可提供全部驱动功率。

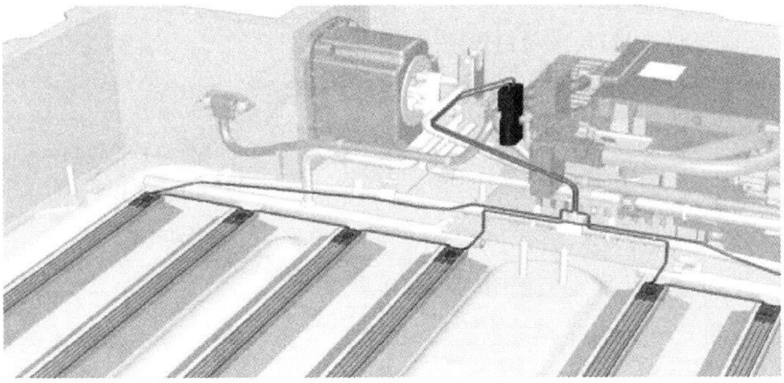

图 9-13 高压蓄电池加热系统

由于是通过高电压系统为加热装置供电，此处采用橙色导线作为标记。在高压蓄电池作业时，由于作业前拉开高电压安全插头高压系统切换至无电状态，因此加热装置导线也会处于无电状态，不再有危险电压。高压蓄电池在温度处于 25～40℃ 的最佳范围时，处于既不加热也不制冷的运行状态。

宝马电动汽车 I01 的空调制冷系统循环回路由两条并联回路构成（图 9-14）：一条回路用于车内驾乘舱室冷却；另一条回路用于高压蓄电池单元的冷却。两条回路各有一个膨胀截止组合阀，用于相互独立地控制冷却。高压蓄电池单元控制模块 ECU 控制打开或关闭膨胀截止组合阀，使制冷剂进入高压蓄电池单元内得以膨胀蒸发，从而实现对高压蓄电池单元的冷却。

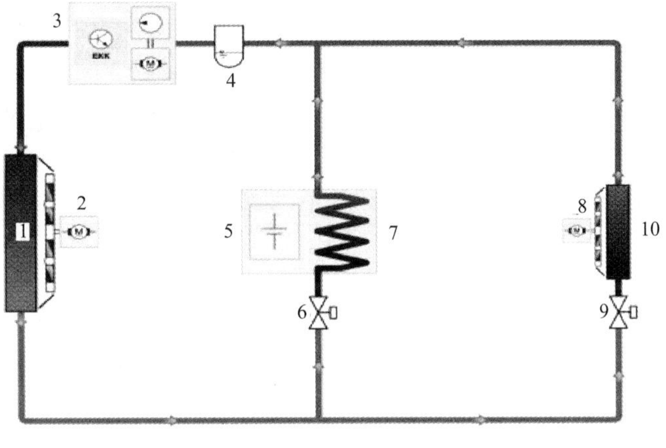

图 9-14 制冷系统循环

1—冷凝器；2—散热风扇；3—压缩机及控制器；4—气液分离器；5—温度传感器；6,9—膨胀阀；7—动力电池内制冷循环管路；8—鼓风机；10—蒸发器

高压蓄电池冷却系统的工作原理：电动压缩机工作后使制冷剂在系统中形成高、低压循环，电池热量传至膨胀阀后的制冷剂管路，制冷剂受热膨胀而蒸发流至压缩机后，被电动压缩机压缩成高压制冷剂，通过冷凝器将热量散发到环境大气中去，降温后的制冷剂重新变为液态制冷剂在循环管路中继续循环使用。

膨胀截止组合阀通过一根控制线由 SME 控制单元进行 0V 关闭、12V 打开两种状态控制。当 SME 通过 LIN 总线接收到 IHKA/IHKR 控制单元高压蓄电池冷却的需求时，通过步进电机（0～100%）连续调节膨胀阀开度（图 9-15）。

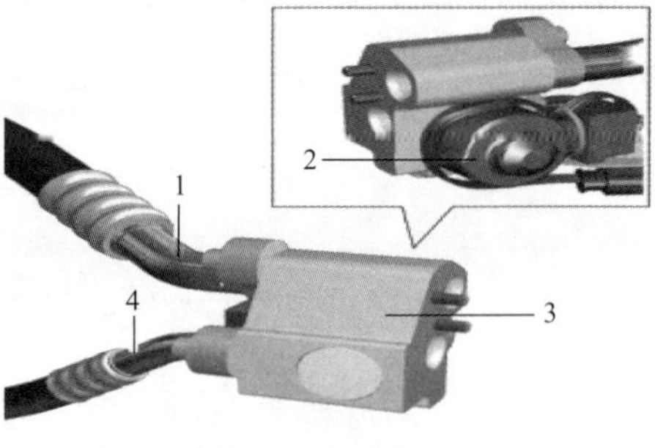

图 9-15　调节式膨胀截止组合阀

1—制冷剂抽吸低压管路；2—步进电机；3—膨胀截止组合阀；4—制冷剂高压管路

9.5.3　高压蓄电池控制单元

为了满足高压蓄电池的设计使用寿命和功率的最大化，在使用时必须有严格的保护措施：使蓄电池运行在最佳的温度范围内（加热/冷却或限制电流）；均衡所有电池的充电状态；在特定的范围内可用完蓄电池的储存能量。为此设计了 IHKA/IHKR 高压蓄电池控制单元，如图 9-16 所示。除 8 个电池模块外，还包括蓄能器管理装置、电池监控电子装置 CSC、带接触器和熔丝的安全盒及可选装的电气加热控制装置等。

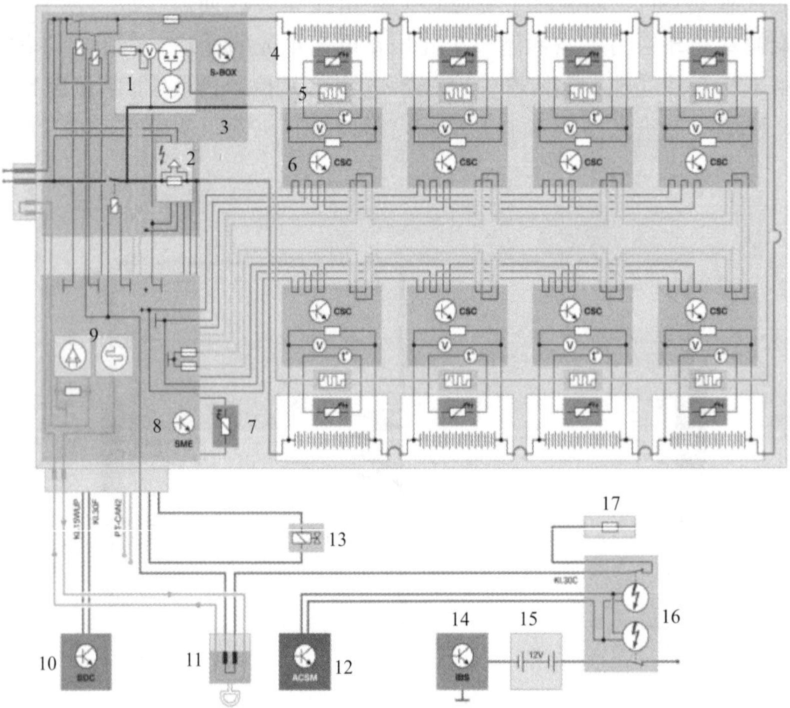

图 9-16　高压蓄电池控制单元电路

1—电气加热控制装置；2—测量高压蓄电池单元负极导线电流强度的传感器；3—带接触器和熔丝的安全盒；4—电池模块；5—电气加热装置；6—电池监控电子装置 CSC；7—制冷剂管路温度传感器；8—蓄能器管理装置；9—高压电触点监控电路控制装置；10—车身域控制器；11—高压电安全插头（维修时断开此连接）；12—触发安全型蓄电池接线柱的 ACSM 控制管路；13—冷却液管路截止阀；14—智能型蓄电池负极传感器；15—低压蓄电池；16—安全性蓄电池接线柱；17—前部配电盒

（1）SME 控制模块　在高压蓄电池控制单元中蓄能器管理装置 SME 是电池的核心控制管理模块。SME 控制模块执行以下任务：根据要求控制高压系统的启动和关闭；分析所有电池电压、温度和高压电路电流强度；控制高压蓄电池单元的冷却系统；确定高压蓄电池的充电状态 SOC 和老化状态 SOH；确定高压蓄电池的可用功率或提出限制要求；电压、温度、高压触点和绝缘的安全监控；识别并发送故障状态和存储故障代码。在 SME 单元的故障代码存储器内不仅可存储控制单元的故障，还可存储高压蓄电池单元内其他组件的故障。根据故障的严重程度和提供的功能分为以下三种。

① 立即关闭高压系统　当出现的故障影响到高压系统安全或产生高压蓄电池损坏危险时，就会立即断开电动机械式接触器触点关闭高压系统。此时车辆失去驱动能力，但通过 12V 车载网络电源提供能量的转向助力和制动助力依然存在，驾驶员可滑行并就近靠边停车。

② 限制功率　高压蓄电池无法继续提供最大功率和全部能量时，为保护组件会限制驱动功率和续驶里程，此时驾驶员可明显感受到驱动功率的降低，并被提示已缩短续驶里程。这时驾驶员需将车辆驶至最近的维修点或待援地点进行处理。

③ 对客户无直接影响的故障　在高压蓄电池单元模块之间通信短时受到干扰时，只产生一个故障代码记录在存储器内，客户不会感受到车辆功能受限。这些故障代码只是在维修保养时，由维修站点人员通过诊断系统进行记录和分析，对客户使用车辆无影响。

（2）电池模块　高压蓄电池单元由 8 个串联的电池模块构成，每个电池模块都分配有一个电池监控电子装置。每个电池模块均由 12 个串联的电池构成，每个电池额定电压为 3.75V，电池模块额定电压为 45V。为确保宝马 I01 电动汽车所用锂离子电池的正常运行，电池电压和电池温度不允许低于或高于特定数值，否则可能导致电池损坏。电池模块的顺序如图 9-17 所示。

在维修更换电池模块时必须按相应的编码顺序进行，因为该顺序编码存储在诊断系统内，可用于故障查询分析。

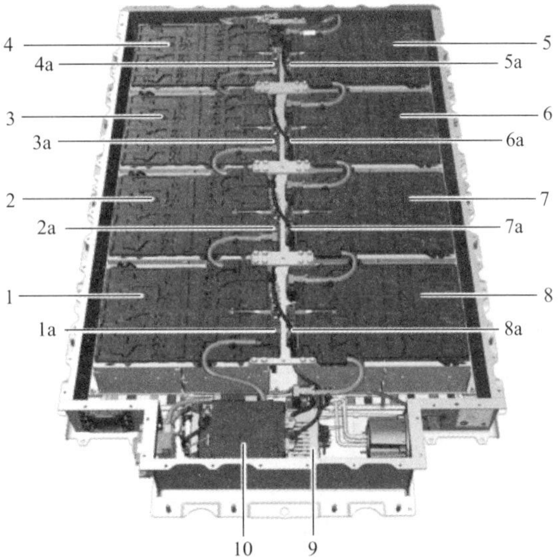

图 9-17　电池模块的顺序
1～8—电池模块；1a～8a—电池监控电子装置；
9—安全盒（S 盒）；10—蓄能器管理装置

（3）电池监控电子装置　执行测量和监控每个电池的电压、测量和监控电池模块的温度、将所测量参数传递给 SME 控制模块和补偿电池电压 4 项任务。电池监控电子装置以每 20ms 一次扫描频率测量电池电压，来识别充电过程或放电过程是否结束。每个电池模块装有 4 个 NTC 温度传感器，根据测量值来确定各电池的温度，从而来识别电池是否过载或有电气故障。若发现过载或有电气故障，SME 控制模块立即降低电流或关闭高压系统，以免电池进一步损坏。若所测的电池温度处于较高或较低的范围内，则控制模块 SME 启用冷却或加热系统，确保蓄电池始终运行在最有利于自身功率和使用寿命的温度范围内。

(4) 安全盒(S盒) 在高压蓄电池控制单元内设有独立壳体的开关熔丝盒，简称S盒，在S盒内集成了以下5项功能：蓄电池负极电流传感器；蓄电池正极电流熔丝；两个电动机械式接触器；缓慢启动高压系统的预充电电路；测量蓄电池总电压和监控绝缘电阻的电压传感器。

另外，组成高压蓄电池控制单元的还有底部的壳体、带密封条的盖板、带膨胀截止组合阀的冷却通道、排气口和两组连接线束等。

9.5.4 高压蓄电池的充电

通过外部电网连接导线插入接口为宝马电动汽车I01高压蓄电池充电。在充电时SME控制模块根据电池充电状态和温度，来确定高压蓄电池目前可吸收的最大功率。该充电数值还以总线数据电码形式通过PT-CAN2总线传输给电机控制单元EME。充电期间SME控制模块持续确定已达到的充电状态，并监控高压蓄电池所有的传感器信号。为了确保最佳充电状态，SME控制模块根据检测到的信号参数值持续计算当前最大充电功率，持续控制高压蓄电池的加热和冷却系统，以确保快速有效的充电过程的进行。

9.5.5 高压蓄电池的维修

宝马电动汽车高电压蓄电池的维修条件是只允许具有“BMWi全方位服务”和“BMWi扩展型蓄电池服务”的经销商对高压蓄电池单元进行修理作业。

修理高压蓄电池单元的修理工位必须洁净、干燥、无油脂、无飞溅火花，即此工位必须远离或与车辆清洗场所和车身修理工位隔离。修理高压蓄电池单元的主要专用工具：可移动总成升降台MHT1200；拆卸和安装高压蓄电池单元的适配接头套件；高压蓄电池模块充电器；高压蓄电池单元试运行的EOS测试仪；拆卸和安装电池模块的起重工具；高压蓄电池单元的起重横梁；用于松开高压蓄电池内部卡子的塑料楔块。宝马公司规定只允许进行过高电压车辆作业专业培训、I01高电压系统培训和I01高电压蓄电池单元修理培训并取得合格证书、获得资质的维修人员进行这项工作。

对高压蓄电池进行维修前必须使用宝马诊断系统进行检测，只有在高压蓄电池外部没有机械损伤且检测结果指向高压蓄电池单元内部的情况下，方可打开高压蓄电池单元，并根据维修计划更换损坏的组件。除更换损坏组件外不允许进行高压蓄电池单元内部包括线束在内的任何修理工作。

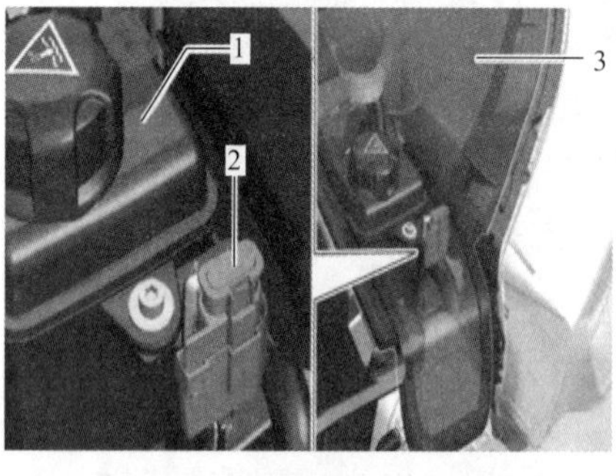

图9-18 高电压安全插头

1—冷却液补液罐；2—高电压安全插头；3—前大灯

拆卸电动汽车高压蓄电池的步骤如下。

① 拉开位于车辆正前方左侧冷却液补液罐旁边的棕色部件高电压安全插头(图9-18)，使高压系统自动关闭，切换到无电压状态。

② 抽吸制冷剂。

③ 为确保能够顺利拆卸和安装高压蓄电池单元，使用双柱举升机抬起车辆。

④ 断开12V车载网络、高压导线、空调膨胀截

止组合阀。

⑤ 用专用塞子密封住制冷剂管路接口。

⑥ 将可移动总成升降台移至高压蓄电池单元下方，将适配器安装到高压蓄电池上进行固定并观察是否正确就位。

⑦ 松开模块上的固定螺栓和电位补偿螺栓。

⑧ 缓慢降低升降台，降下高压蓄电池单元并脱离车体。

⑨ 全方位直观检查电池单元壳体是否存在污物、损坏和过热烧蚀现象。

⑩ 送至高压蓄电池专用修理工位。

高压蓄电池是一个尺寸较大且较重的组件，在更换和固定电池模块时应特别注意使壳体位于规定的可移动总成升降台适配器上，防止作业期间壳体变形。

对高压蓄电池单元进行更换修理后在装车前必须使用EOS测试仪进行最终测试。EOS测试仪如图9-19所示。首先进行密封性测试，然后进行耐压测试、绝缘电阻测试和SME绝缘监控测试，读出故障代码并记录，若无故障就会输出测试代码。此后高压蓄电池单元可以装车。

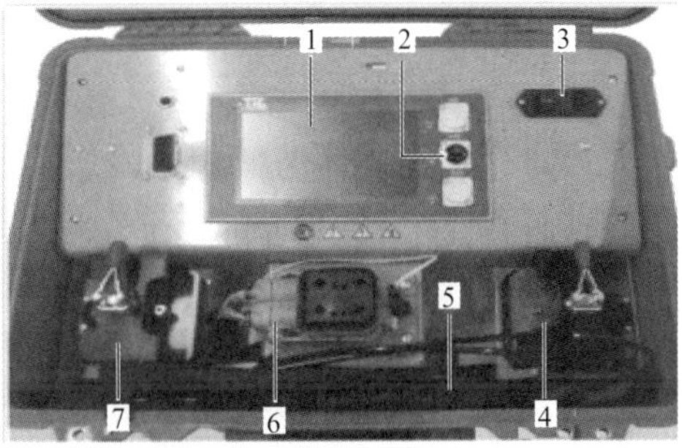

图9-19 EOS测试仪

1—操作触摸屏；2—USB接口；3—网络电缆和主开关接口；4—I01的加压钟形罩；5—连接电缆；6—高压电插头；7—I12的加压钟形罩

安装高压蓄电池时首先使用移动升降台将电池单元移动到车辆下方，缓慢升起电池，分别装入固定螺栓，分三次对称紧固，再装入电位补偿螺栓，最后对全部螺栓按规定的拧紧力矩进行检查紧固。移除升降台，连接车载网络、高压导线、空调膨胀截止组合阀；放下车辆，接通高压安全插头；加注回收的制冷剂，试车无误后高压蓄电池维修完毕。

9.6 电动汽车故障维修实例

9.6.1 充电故障

当车辆停稳后断开上电开关钥匙关闭驱动系统，将车载充电电源的标准插头插入充电插座或充电桩相应的标准插座内，再将移动充电枪插头插入车辆充电口的充电插座内，并确认移动机械锁止卡扣进入插座相应的卡槽内，此时充电指示灯变为红色常亮数秒后开始闪烁，充满后变为绿色常亮。充电完成后，先按住充电枪头上的红色按钮，将机械锁止卡扣脱离插座的卡槽，然后慢慢拔出充电枪插头，再将充电插头从充电桩或充电插座中拔出，扣合上充电盖板。下面分别阐述两例江淮同悦iEV的充电故障。

案例1 12V低压蓄电池亏电引起的车辆无法充电故障。

故障现象 一辆江淮同悦iEV2，已行驶5600km，两个月未使用，出现无法充电的故障。

故障排除 检查车辆随车充电线正常，连接充电插座或充电桩车内仪表台中的充电指示灯不亮。插入上电（点火）钥匙拧到ON接通运行位置仪表无反应，任何灯都不亮，这说明低压电源无电。检查发现该车暖风风机开关和小灯开关未关，用万用表检查电压已降至7.6V，查阅该车型相关资料得知，该车动力电池充电需要CAN总线唤醒使充电继电器工作才能充电，如图9-20所示。如果低压电源无电无法唤醒CAN总线则不能使充电继电器工作，也就不能对动力电池组充电，进而影响车辆使用。对车辆12V的低压蓄电池断开负极搭铁线后，对该小蓄电池充电1h后停止，连接该小蓄电池负极，再连接该车的充电线到充电插座，车辆的充电指示灯开始点亮，几秒钟后闪烁进入正常的充电状态。

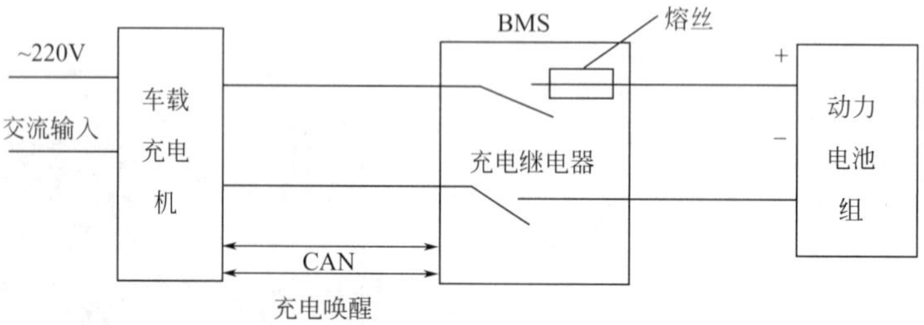

图9-20 同悦iEV充电控制示意图

故障总结 该车使用后未经充电长时间放置停用，引起12V低压蓄电池严重亏电。同悦iEV电动汽车装配两种电池：一种是用于驱动车辆行驶，向驱动电机供电的锂离子动力电池，另一种是12V的铅酸低压蓄电池（与燃油汽车铅酸蓄电池相同）。12V的铅酸低压蓄电池也安置在动力前舱与高低电压直流转换器DC/DC一起为前照灯、喇叭、仪表、雨刷等低电压系统用电设备供电。同时在车辆运行时12V铅酸蓄电池接收高低电压转化器DC/DC转化出来的多余电能，并将其储存起来，在车辆停用DC/DC不工作时为车辆的防盗等其他用电设备供电。该同悦iEV电动汽车停驶转换器DC/DC是不工作的，但12V铅酸蓄电池是工作的，不断为防盗等其他用电设备提供电能，时间一长该蓄电池的电能即被耗尽。该车的设计是通过CAN总线网络唤醒动力电池管理系统BMS后才能进入充电模式，因低压电池能量耗尽CAN总线不工作也就无法唤醒动力电池管理系统BMS，因而也就不能进行充电工作了。

案例2 紧急维修开关引起的车辆无法充电故障。

故障现象 一辆江淮同悦iEV4，车辆因故障维修后出现无法充电的故障。

故障排除 检查车辆随车充电线正常，连接充电插座或充电桩车内仪表台中的充电指示灯不亮。插入上电（点火）钥匙拧到ON接通运行位置仪表灯点亮，这说明低压电正常，但断开钥匙连接充电枪仍不充电。上电后将挡杆置于D挡，踩动加速踏板，车辆无反应，此时发现仪表的电量指针处于最低位置，高压电没有接通。车辆的控制器及主继电器是正常的，高压电不会无故断开，只有紧急维修开关在车辆维修前使其处于断开状态，接通后备舱中红色的紧急维修开关，如图9-21所示，再将钥匙拧到ON接通运行位置，电量表指针回到接近F位置，如图9-22所示。关闭钥匙开关后，再连接充电枪充电正常。

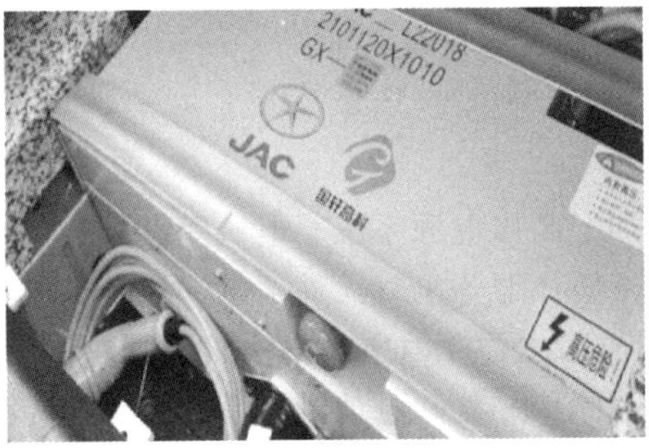

图 9-21　紧急维修开关

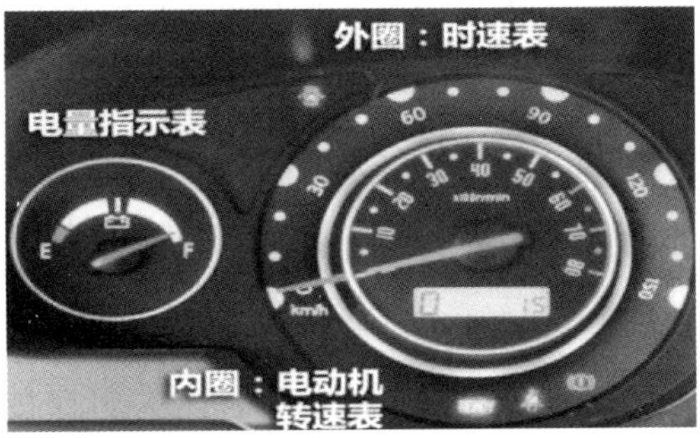

图 9-22　电量指示

故障总结　紧急维修开关是保证电动汽车高压电安全的关键部件，在维修电动汽车举升车辆时必须断开紧急维修开关（图 9-23）。紧急维修开关有两种布置方式：一种是位于动力电池高压电的正极；另一种是布置在动力电池组中间。该车在断开紧急维修开关维修完成后，忘记接通紧急维修开关就给车充电，从而导致不能充电。紧急维修开关的操作要求如下。

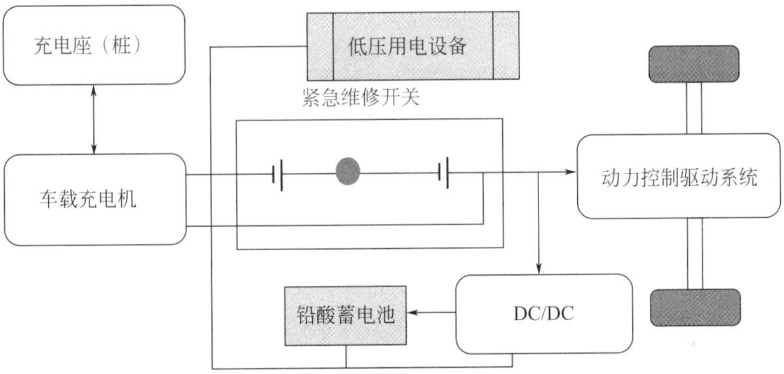

图 9-23　紧急维修开关与电动汽车电路示意图

① 只有在车辆维修、车辆高压漏电报警等特殊情况下才能断开紧急维修开关。

② 无论是哪一种紧急维修开关，只能在车辆停止状态下才能实施断开操作，正常行车时不允许断开紧急维修开关，以防发生危险。

③ 采用按压或拔下紧急维修开关手柄断开高压电时，操作人员必须佩戴绝缘手套等劳保用品，以防发生高压触电等安全事故。

④ 拔下紧急维修开关手柄后应妥善保管直至检修完毕方可装回，按压式断开的紧急维修开关应设置在隐蔽处。

⑤ 断开紧急维修开关后必须至少等 10min 以上，并在维修操作前对高压电线路的余电进行释放。

电动汽车维修作业的操作步骤如下。

① 断开上电（点火）开关，并将钥匙移离智能钥匙系统的探测范围。

② 断开低压蓄电池的负极端子。

③ 佩戴绝缘手套后断开紧急维修开关。

④ 断开紧急维修开关 10min 后，对高压电正、负线路的余电进行触碰对接释放。

⑤ 确认高压部件无剩余高压余电后进行车辆高压部件拆装维修作业。

9.6.2 无法驱动故障

电动汽车在传统燃油汽车车身和底盘的基础上增加了高压电源系统、电机驱动及控制系统、车载充电及电池管理系统、整车控制器和高低电压转换器等电气元件。电动汽车电气系统结构框图如图 9-24 所示。电动汽车常见的无法驱动故障主要原因之一是主接触器未闭合，导致动力电池高压电无法接入驱动电机控制器模块，因此无法控制电动机运行导致车辆无法驱动。

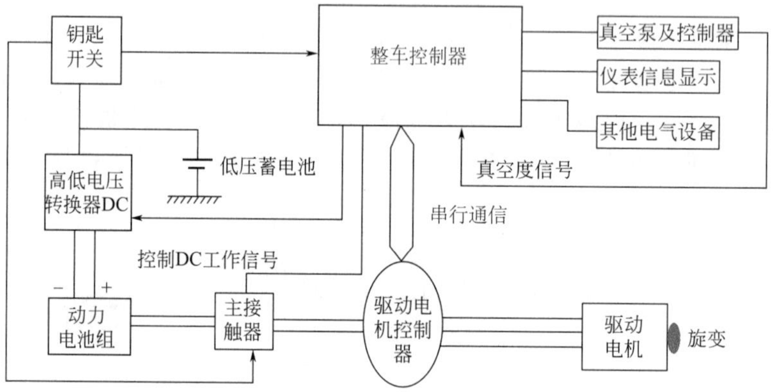

图 9-24 电动汽车电气系统结构框图

案例 1 东风电动微型客车运行中“熄火”。

以某东风汽油版微型客车为基础设计开发了一款电动微型客车，其最大的差异是动力装置和能源系统，用永磁同步电机和电机控制单元（MCU）来取代原来的汽油发动机，用锂离子动力电池和电池管理系统（BMS）取代原来的燃油箱，还增加了整车控制器（VECU）、高低电压直流转换器（DC/DC）和车载充电机等部件。整车控制单元（VECU）、电机控制单元（MCU）和动力电池管理系统（BMS）都通入 12V 常电，三大控制器通过 CAN 总线实现相互通信，停车时处于休眠模式。当车钥匙拧到 ON 挡接通时，三大控制器都会得到 12V 的电压信号被激活，进入正常工作模式。首先开始预充电，预充电结束后动力电池的高压电加到电机控制单元（MCU）上，至此整车准备就绪，将挡杆置于 D 挡或 R 挡，松开驻车制动，踩下加速踏板车辆就可以行驶了。

故障现象 在电量充足的情况下动力不足，车速变慢，在行驶中“熄火”，反复踩加速踏板车辆无反应，只得缓慢滑行至路边停车。

故障排除 为了能快速排除故障，根据故障规律，首先检查在电机控制器内的直流接触器，如图 9-25 所示。通断电时虽能听到有触点吸合的声音，但仍不能驱动，拆开控制器检查内部的接触器，外观检查没有发现任何问题。凭经验还是更换了该直流接触器，更换后试车，行车良好，故障排除。

故障总结 该车是由于典型的直流接触器触点接触不良导致的故障，由于接触器在控制器内部，触点又在接触器内部，不易观察判断，又因为是通过的高压大电流，也不易测量。

图 9-25 控制器内直流接触器

故常用替换验证的方法处理该类故障。

案例 2 江淮同悦电动汽车无法行驶故障。

江淮同悦 iEV2 搭载额定功率为 11kW 的永磁直流无刷电机，车辆识别码为 LJ1EFKRNXB4219408，累计行驶 20145km。其动力电池组为磷酸铁锂动力电池，额定电压为 320V，总能量为 15.2kW/h。

故障现象 该车起步时仪表盘上的“READY”灯点亮，挂前进挡时仪表盘上能显示“D”，挂倒挡时仪表盘上也能显示“R”，但踩下加速踏板车辆不动无行车反应。

故障诊断 此车仪表盘上液晶显示屏能够显示 6 位数字，通过这 6 位数字故障码可读取车辆的电机状态、加速踏板开度、充电机 CAN 总线通信状态和车辆故障信息。拧动钥匙开关至 ON 挡，随后将挡杆置于 D 挡，按压仪表盘上的复位杆保持 5s 以上，仪表盘即显示故障码信息 120000。江淮同悦电动汽车仪表盘显示的故障码信息见表 9-8。

表 9-8 江淮同悦电动汽车仪表盘显示的故障码信息

首位代码及含义	第二位代码及含义	第三位代码及含义	第四位代码及含义	第五位代码及含义	第六位代码及含义
电机运行状态	电机工作状态	加速踏板开度电压信号	充电机 CAN 总线状态	电机及电池故障码	
1:运行	1:牵引	0:0.75～0.8V 1:0.8～1.275V 2:1.275～1.5V	0:故障或无通信	00:正常 02:电机 U、V、W 故障 03:电机通信故障	
2:停止	2:制动	3:1.5～1.85V 4:1.85～2.25V 5:2.25～2.65V 6:2.65～3.00V 7:3.00～3.75V 8:3.75～4.25V 9:4.25～4.5V C:溢出范围	1:正常	04:电机母线过压 05:电机母线欠压 06:电机控制器过温 07:电机过温 08:电机短路过流 09:电池严重故障 10:电池一般故障	

根据故障码 120000 可知，电机运行状态为 1 正常；电机工作状态为 2 制动；第三位加

速踏板开度电压信号为 0 表示低电压 0.75～0.8V；第四位充电机 CAN 总线状态为 0 表示故障或无通信；第五位和第六位电机及电池故障码为 00 正常。由此可知此车驱动电机、控制器和动力电池均没有故障。由于该车处于工作状态是不能连接充电机充电的，充电机 CAN 总线无通信也为正常。踩下油门踏板第 3 位数字随加速踏板开度增大的变化而变化，说明加速踏板传感器工作正常。至此以上故障码显示为正常信息没有故障，而该车却依然不能行驶。

故障排除 经分析造成车辆不能行驶的故障还有挡位开关信号、充电机工作信号、电机位置传感器、制动踏板开关信号、整车控制器和电机控制器。下面只能使用排除法一一排除了。首先，排除充电机工作信号，因为在故障码显示中是 0 无通信，此时也没有连接充电机；其次，排除挡位开关信号，因为此车在挂前进挡和倒车挡时，在仪表盘的显示屏上能正常显示 D 和 R；第三检查制动踏板开关信号，发现制动踏板开关上的橡胶套损坏；更换制动踏板开关后故障排除。此车故障若注意到故障码第二位为数字 2 电机工作状态“制动”也许会很容易地排除故障。

案例 3 江淮同悦无法倒车故障。

江淮同悦 iEV2 搭载额定功率为 11kW 的永磁直流无刷电机，车辆识别码为 LJ1EFKRN4B4218951，累计行驶 5145km。其动力电池组为磷酸铁锂动力电池，额定电压为 320V，电池组容量为 50A·h，总能量为 15.2kW/h。

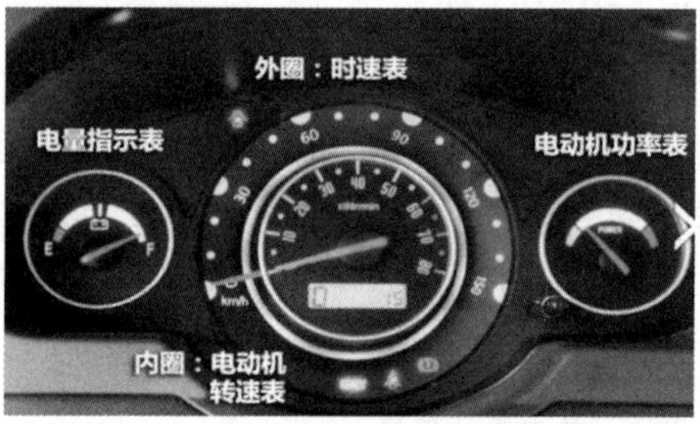

图 9-26 同悦电动汽车仪表显示

故障现象 该车挂前进 D 挡时能正常前进行驶，仪表盘上的挡位信息也有字母 D 的显示，但当挂倒挡时车辆不能后倒，仪表盘上也无倒挡字母 R 的显示。当接通钥匙开关后仪表显示屏依次显示车辆累计里程、小计里程、电量指示、高压总电压、高压总电流以及电机状态功率和故障信息等，如图 9-26 所示。

故障诊断 按压仪表盘上的复位杆保持 5s 以上，此车仪表显示屏上显示有 6 位数字的故障码，但故障码的含义表没带在身边，车辆说明书上也没有，不知道其含义内容，因此我们不能靠读取故障码分析故障。根据该车的故障现象分析，该车挡位开关信号的控制原理如图 9-27 所示，可知只有在电机位置信息、加速踏板信息、仪表控制模块信息和挡位信息这四个信号同时满足要求的情况下电机控制器才能控制电机运转。因为该车前进 D 挡能正常行车使用，可以排除驱动电机、控制器、电机位置传感器、仪表控制模块有故障的可能。现在只需检查挡位开关和电机控制器之间的线路故障。

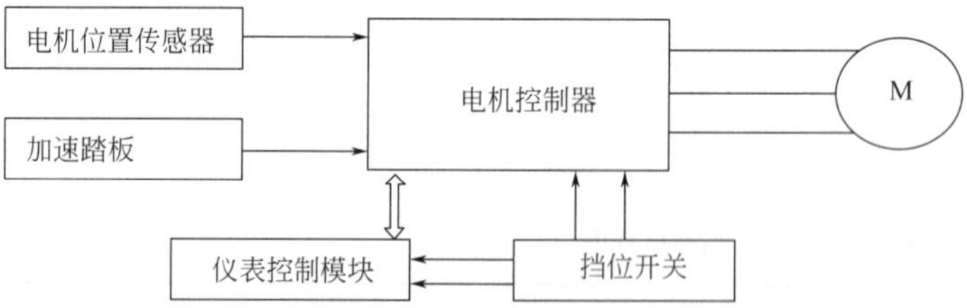

图 9-27 同悦电动汽车挡位控制原理

故障排除 接通钥匙开关测量挡位开关对电机控制器的输入信号，前进 D 挡时为 1V，倒退 R 挡时为 0.049V，R 挡过压控制器不能识别，所以仪表不显示，控制器也不能使倒挡运行。更换挡位开关总成，试车故障排除。

故障总结 该车挡位开关信号采用的是线控制技术，在挡位开关和电机控制器、仪表之间传递的是数字信号，如表 9-9 所示。当电机控制器和仪表控制模块接收到的信号电压过低时，控制器将此信号作为低电平处理，输出的电机信号为空挡时的状态信号，倒车不能行驶也就容易理解了。

表 9-9 挡位开关信号输出的三种状态及所对应的数据

挡位	挡位信号电压(D线/R线)	仪表控制模块	电机控制器	电机运转状态
N	D:0V R:0V	00	00	不转
D	D:1V R:0V	10	10	正转
R	D:0V R:1V	01	01	反转

案例 4 前进和后倒的挡位错乱故障。

一电动大巴出现故障，该车为 FDG6111HEVG，采用集中式控制，配置 55kW 三相变频调速驱动电机，该驱动电机采用星形接法，用冷却液冷却，已行驶 350000km 以上。

故障现象 该电动大巴因电机损坏更换后挂前进挡 D 时则倒车行驶，挂倒车 R 挡则前进行驶的挡位错乱现象。一开始认为是一简单故障，只要将驱动电机上的 U、V、W 这三根线任意两根调换就可以解决问题了，为防止出错认真记录每一次调换的接线，但无论怎样连接均未成功解决问题，其结果是要么不走车，要么仍旧是挡位错乱。

故障分析 一般认为普通三相电机只要将三根相线的任意两根调换，就可改变电机的旋转方向，该车虽然装的是变频电机，但原理是一样的。将变频器输出的 U、V、W 三根动力导线与电机上的 U、V、W 三相接线端子相连接，在不知道端子名称的情况下，理论上要接 6 次才能接正确。我们认真记录连接了 6 次仍不能排除故障。

查阅相关资料，该车的驱动电机控制电路原理如图 9-28 所示，对照此图分析如下。

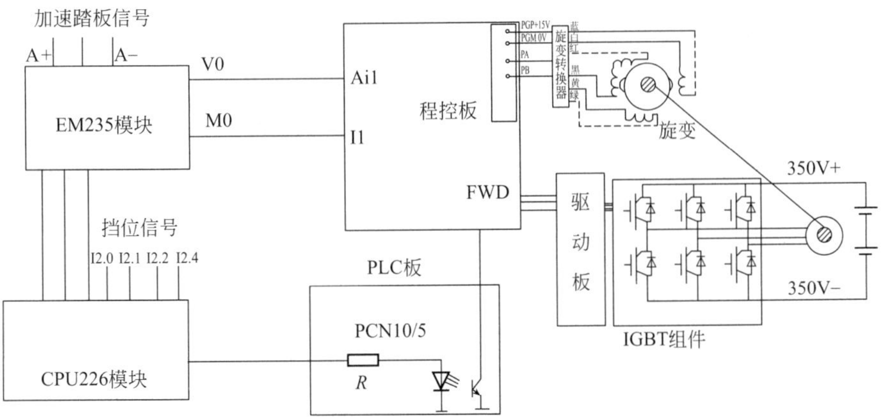

图 9-28 驱动电机控制电路原理

(1) 驱动电机控制原理 当将变速杆置于前进 D 挡或倒车 R 挡时，控制器 CPU226 模块收到挡位的逻辑信号后输出 24V 的高电位信号，到 PLC 板中经电阻 *R* 限流后送入 PC 光耦元件的触发极，光耦 C、E 极饱和导通，通过 PCN10/5 号脚将程控板 FWD 端子 20V 高电位转换为 0.3V 的低电位。程控板即进入工作待命状态，程控板 FWD 端子的这个 0.3V 低电位信号称为程控板的工作信号。

变速杆挂入前进 D 挡或倒车 R 挡且踩下加速踏板时，加速信号通过 A＋、A－端子输入到 EM235 模块，EM235 模块将此加速踏板模拟信号转换成数字信号后，通过排线输入到 CPU226 模块。CPU226 模块将采集到的加速踏板信号和挡位信号经处理后，再通过排线将数字动力信号输送至 EM235 模块，EM235 模块将此信号经数模转换后从 V0、M0 输出模拟动力信号至程控板的 Ai1 和 I1 端子。进入工作待命状态的程控板此时输出驱动信号至驱动板，驱动板触发 IGBT 组件，IGBT 组件将单相直流电逆变成三相交流电，为驱动电机 M 提供动力电源，使驱动电机开始旋转。

在电机旋转的瞬间测量驱动电机转速的旋转变压器（图 9-28 中的旋变），在驱动电机输出轴的驱动下产生旋变信号，输送至旋变转换器，通过旋变转换器内的 A/D 模数转换器转换成数字信号输送至程控板。程控板接收到正确的旋变信号后，继续输出驱动信号至后级电路，后级电路继续工作，实现电机的连续运转驱动汽车行驶。程控板对驱动电机的控制，在旋变传感器的检测与旋变转换器的转换与反馈作用下是一个闭环的控制过程，其闭环控制回路如图 9-29 所示。

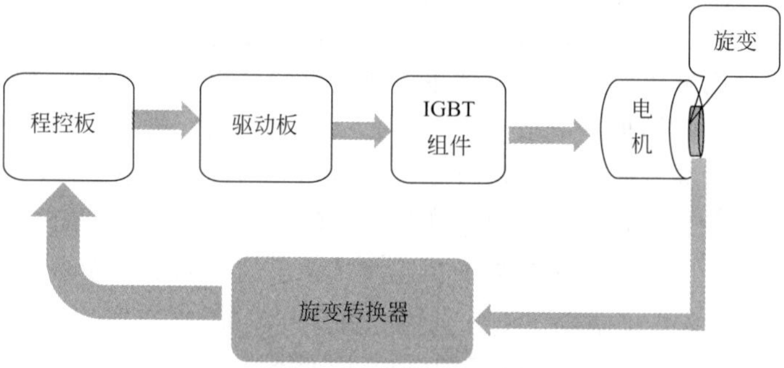

图 9-29　驱动电机的闭环控制回路

（2）旋转变压器的结构　旋变装于驱动电机的输出轴上，其转子部分随驱动电机的输出轴一起转动。定子绕组由三组线圈组成，其中红、黑色引出线的一组为励磁绕组，阻值为 16Ω；还有两个信号绕组，蓝、白色引出线的一组和黄、绿色引出线的一组均为信号绕组；这两个信号绕组的阻值均为 32Ω。两个信号绕组的电气角度相差 90°，分别输出频率、幅值相同、相位角相差 90°的正弦和余弦两个交流信号。

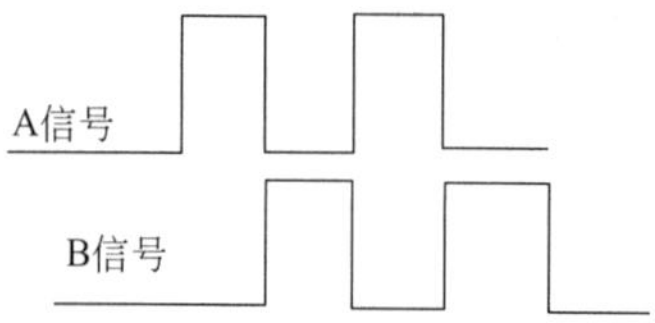

图 9-30　A、B 两组旋变信号

（3）旋变的作用　在旋变的励磁绕组上施加电压，转子旋转后，两个信号绕组产生相位差 90°的旋变信号，其频率与电机的转速成正比。经旋变转换器转换成如图 9-30 所示的 A、B 两种数字信号，这两种数字信号等幅、等频、等宽，全部输入程控板的 PA、PB 端子。车载主变频器利用其中一个信号作为电机输出轴的转速信号，在车载显示屏上显示电机转速，并将此信号换算成车速信号输送至仪表盘，仪表盘利用此信号显示车速并计算出里程信息。同时，程控板将这两个信号作为电机在旋转的确认信号；另外，程控板将

A、B 信号的初相角进行比较，以确认哪个超前、哪个滞后。若 A 信号超前 B 信号 90°，则认为电机在正转；若 A 信号滞后 B 信号 90°，则认为电机在反转。这就是旋变信号作为驱动电机正、反转识别信号的原理。

由以上分析得出该电动大巴行驶必须具备以下三个条件的结论：CPU 能正常输出工作信号和动力信号；程控板能输出驱动信号及后级电路正常工作；旋变信号及其反馈电路工作正常。

故障诊断 根据以上分析该车能行走的三个条件均具备，所不正常的是 D 挡和 R 挡错乱。首先怀疑是挡位电路故障，将挡位操纵杆分别拨入 D 挡和 R 挡，查看车载显示屏，结果显示挡位与挂入的挡位一致，没有出现错乱现象，这说明挡位电路正常。为了验证挡位电路是否确实正常，还可检测挡位电路的逻辑符号，其逻辑信号表如表 9-10 所示，其检测点见图 9-28 中“挡位信号”I2.0、I2.1、I2.2、I2.4 四个端子。

表 9-10 挡位逻辑信号表

挡位	I2.0	I2.1	I2.2	I2.4	I2.8
	A24(棕)	A34(橙)	A35(黄)	B6(绿)	36(蓝)
N	1	0	0	1	
D	0	1	0	1	
L	0	1	1	0	
R	1	1	0	0	1

注：1 为 24V；0 为 0V。

在 CPU 挡位信号输入正常，显示屏显示挡位正常，这说明车载主变频器信号采集、信号处理和信号输出均正常。但 D 挡和 R 挡却错乱导致车辆在此情况下不能行驶，可以确定不正常的是车载主变频器的输出信号执行元件与反馈元件。对于车载主变频器来说其输出信号的执行元件是驱动电机，反馈元件是旋变和旋变转换器。由于该车进厂维修更换的正是驱动电机，旋变装在驱动电机的输出轴上，故在换电机时旋变被一起换掉。至此基本可以确定问题出在电机、旋变或旋变转换器上。

对驱动电机来说，与普通的三相异步电机原理一样，旋转方向是由三条相线和三相电源线的连接顺序来决定的。驱动电机现在能正、反转，说明电机本体无问题，问题出在旋变和旋变转换器上。但如果旋变或旋变转换器本体有问题，程控板收不到电机的反馈信号，车辆就不能行驶。旋变转换器至车载主变频器的线路在本次维修过程中未涉及，也未拆动过。所以，问题一定会出在旋变或旋变转换器的线路上。询问修理工旋变的接线方法得知，修理工是按照图 9-28 中的导线颜色接线的，而且以前一直就是这么接的，唯独这一次出了问题。由此怀疑这个旋变在出厂时将 A、B 两相的颜色弄错了。以前遇到过高低电压转换器 DC 输出端正、负极导线颜色出厂时颠倒弄错造成严重故障的情况。

在驱动电机相线接线正确而 A、B 两相旋变信号线接反的情况下，挂 D 挡踩加速踏板时，驱动电机会有很微小角度的正转。但旋变在这微小角度的正转下产生的反馈信号是 B 相超前 A 相 90°（即反向了）。程控板得到的是反转信号，与输出指令不符，故切断了驱动信号，所以电机不运行，车辆不走车；此时挂 R 挡不走车的原理也一样。通常情况下车辆不走，修理工检查大都知道是相线接错了，调换相线就能解决问题。但在驱动电机相线接线正确，而A、B两相线旋变信号接反的情况下，调换相线后挂入D挡时，电机此时相应的由正转变为反转，但此时的旋变信号反接。旋变反馈信号A相超前B相90°，程控板误认为电机是在正转，也符合D挡正转的输出指令。固程控板继续输出驱动信号至后级电路，电机实现连续反转使车辆起步后退，使前进挡变成了倒挡运行。同理，挂入R挡时，电机虽然在正转但旋变信号B相超前A相90°，但程控板认为R挡时B相超前A相是对的，故继续输出驱动信号，电机继续正向运转，此时虽在R挡，车辆却起步前进。

这就是图9-28中PA、PB两旋变信号接反后，车辆要么不走，要么前进和后退挡位错乱颠倒的原因。

故障排除 为了验证上述的原理分析和怀疑是否正确，决定对电路进行改动。旋变电路导线端子改动如图9-31所示。车辆发生挡位错乱，调换驱动电机的U和W两相线，其目的是让驱动电机在D挡时正转；同时，调换程控板上的旋变信号线PA和PB，其目的是将旋变在正转时A相超前90°的信号输入程控板。做好上述调换后装复试车，果然故障排除。证明上述的原理分析、故障假设和验证操作是正确的。

图9-31 旋变电路端子改动

故障总结 由于旋变转换器输出的A、B两相的信号线仅凭万用表根本无法判断，故在出厂时用颜色将其定义，方便操作者使用，以免出错。即使高低电压转换器的DC输出正、负极两根线，能用万用表判断，但也用红、黑（蓝）色导线明确分出，以提高装配工作的效率。本次故障的根本原因就是该旋变出厂时将A、B两相的颜色颠倒配错，导致按颜色接线后，车辆前进D挡和后退R挡出现错乱。经过这次故障诊断、原理分析和故障排除可知，维修前需对控制系统原理有深入的理解。

参考文献

[1] 何洪文等.电动汽车原理与构造［M］.北京：机械工业出版社，2012.

[2] 李春明等.汽车电路识图［M］.北京：高等教育出版社，2013.

[3] 何明山等.空调器原理与检修［M］.北京：高等教育出版社，2006.

[4] 陈新亚等.电动汽车为什么会跑［M］.北京：机械工业出版社，2016.